Dieses vorliegende Buch ist Teil der Buchreihe „Einweihungen“, in welcher ich über die mir gegebene Gabe der Kommunikation mit feinstofflichen Energien das Bewusstsein für die geistigen Welten erwecken und die Kommunikation mit ihnen fördern möchte.

Dieses Buch ist deiner Seele gewidmet.

Mögen diese Botschaften uns lange überdauern
und bis in alle Ewigkeit in unseren Seelen klingen.

∞

Impressum

Herstellung: BoD – Books on Demand
Cover- und Buchgestaltung: Anja Jakob; www.ey-jay.com
Lektorat: Birgit Groll, Benediktbeuern; www.birgit-groll-coaching.de
Grafik Stockerpoint

ISBN: 978-9962-702-15-3

Kontaktinfo Sylvia Leifheit
www.sylvialeifheit.de
contact@silverline-publishing.com

Bücher aus der Silverline Publishing gibt es in jeder Buchhandlung und in den bekannten Online-Shops.

Geliebte Seele

Dieses Wissen, das ich hier mit dir teile, diese Botschaften, die ich dir hier schenke, will deine Seele berühren, damit sie sich entfalten und liebevoll wandeln kann.
Diese Worte und diese ewige Berührung wird dich begleiten durch alle Zeiten und alle Orte deines Seins, durch dich wirken und dich beflügeln, wo du vergessen hast, dass du fliegen kannst.
Verbinde dich mit der Kraft dieser Worte und du wirst eine neue Form des Seins erfahren.
Erinnere dich, was du wirklich bist und was du einmal sein willst.
Liebe es.

In Liebe und Freude,
Freund der Indianer

Inhaltsverzeichnis

I. Einführung

∞

II. Das kosmische Alphabet

III. Praktisches

IV. Fragen und Antworten

V. Epilog

∞

„Bewusstsein und Liebe sind feinstoffliche Elemente,
wie Feuer, Wasser, Luft und Erde Elemente unseres Planeten sind.“

Sylvia Leifheit

Einleitung

Das Leben ist dazu da, in Freude schöne Erfahrungen zu machen und im besten Fall nur Liebe zu geben. Jedes andere Gefühl, das nicht mit Liebe unterstrichen ist, und jede Tat, die nicht aus einem liebenden Herzen entsteht, ist nicht im Einklang mit dem Kosmos und wird Resonanzen hervorrufen, die sich vielleicht in Krankheit oder anderen negativen Erfahrungen widerspiegeln werden.

Tatsache aber ist, dass es keinen Grund gibt, nicht im Einklang mit den Gesetzen zu handeln. Nicht einmal das Vergessen, das mit der Wahrnehmungsveränderung im Inkarnationsprozess einhergeht, darf die Verantwortung von uns nehmen - im Gegenteil. Jeder Mensch ist für sich selbst und seine Taten verantwortlich. Also muss auch jeder Mensch in dieser Eigenverantwortung den Prozess der Erkenntnis und damit der Reinigung ganz alleine durchwandern. Niemand kann ihm das abnehmen.

Lediglich um kosmische Hilfe können wir bitten, doch auch diese kann nur dort wirken, wo wir wirklich dazu bereit sind.

*

∞

Über die Vermittlerin

Seit meiner frühen Kindheit bereise ich andere Welten. Wenn ich aus meinem Körper „heraustrat“, war das oft verbunden mit dem Gefühl, als würde man mir einen Panzer abnehmen. Ich fühlte mich federleicht und frei von allen Zwängen des weltlichen Seins. Kehrte ich dann wieder zurück, fühlte es sich an, als würden mir tausend Tonnen schweres Blei um den ganzen Körper gelegt werden und alles wurde beklemmend und unangenehm heiß. Schon früh begann ich die Erlebnisse in den anderen Wahrnehmungswelten aufzuzeichnen.

Doch im Laufe der Jahre wuchs der Druck der „Armee Menschheit“, wie ich sie nenne, mich doch den Regeln und Gesetzen des irdischen Seins anpassen zu sollen. Eingebunden in feste Strukturen fügte ich mich dem, und mit jedem Tag, an dem ich meine Gedankenfreiheit aufgab, verschwand meine Fähigkeit des Bereisens anderer Bewusstseinsebenen.
Bis ich sie fast vergessen hatte.

Doch eines Tages, inmitten einer ganz normalen Nacht, erinnerte sich meine Seele wieder an den Zustand der Freiheit. Das Tor wurde wieder geöffnet und ich schwor mir, von nun an nie wieder die Wahrnehmung der Getrenntheit, die die Menschen leben, als meine eigene Wahrnehmung zu akzeptieren.

In meiner Wahrnehmung gab es nie eine Trennung zwischen den Menschen und den feinstofflichen Energien. Im Gegenteil. Die Menschen kamen mir immer wie die Schüler einer Vorschule vor, die auf ihre sehr unbewusste und vernebelte Art versuchten, die Welt zu be-

herrschen, dabei jedoch noch nicht einmal das ABC konnten. Dementsprechend missverständlich betrachteten sie meine Art zu denken und zu handeln - bis ich es aufgab, die Gedanken zu teilen. Die Lieblosigkeit der Menschen ist vielfältig und ich hatte schlicht und ergreifend keine Lust mehr, sie zu provozieren. Also tat ich einerseits so, also sei ich Teil der „nie hinterfragenden und immer nur alles ausführenden Armee Menschheit“ und andererseits erweiterte ich meine Gabe von Jahr zu Jahr immer mehr.

So lebte ich in dauerhafter Kommunikation mit Elfen, Zwergen, Engeln, Meistern, Lehrern, Schutzgeistern, Verstorbenen, hohen Energien aus Ebenen, die keinerlei Form mehr kennen - und so vielen mehr. Sie waren und sind Teil des Ganzen - wie wir alle Teil eines Ganzen sind.

Eine mich immer begleitende Kraft ist meine Neugier. Und vor allem ist es die Neugier, den Kosmos zu „verstehen“. Wie eine feinstoffliche Wissenschaftlerin nutze ich meine Gabe der Kommunikation mit feinstofflichen Energien, um von ihnen Wissen zu erfahren. Nichts was ich jemals geschrieben habe oder schreiben werde, habe ich in anderen Büchern gefunden. Die Suche dort nach Antworten habe ich sehr schnell aufgegeben, da ich niemals eine derartige Vielfalt an Erklärungen für die wirkliche Ganzheit fand, wie ich sie erfuhr, wenn ich mit den feinstofflichen Energien Kontakt aufnahm.

Der Weg ist das Ziel und so hat mich der Forschergeist in mir immer weiter und weiter geformt, bis ich eines Tages vor dem Medium Joao de Deus stand, weil ich selbst aus den feinstofflichen Welten bis dato keine Antwort bezüglich meiner immer schwächer werdenden Augen finden konnte. Also hoffte ich, dass mir dort geholfen würde. Das

∞

wurde es, doch wie ich jetzt weiß, waren meine Augen nur ein Anker in eine Richtung, die ES in mir leben wollte. Denn ziemlich gegen Ende meiner ersten Reise zu Joao und den Wesenheiten sprach die Wesenheit aus ihm: „Du wirst eine Gabe entwickeln."

Für den Leser dieser Zeilen mag das nicht sehr „besonders" klingen, doch für mich bedeutete dieser eine kleine Satz die Welt. Denn ich wusste, es gibt jemanden, der meine Fähigkeit erkannte und mich sogar auch noch darin bestätigte. Ich fühlte mich wie ein Kind, das sich schon damit abgefunden hatte, immer alleine mit sich auf der Welt zu sein und das nun von jemandem an die Hand genommen wurde, der ohne Worte genau wusste, was des Rätsels Lösung war. Deshalb war dies nicht nur irgendein Satz für mich, sondern die Bestätigung, wieder mehr zu dieser Fähigkeit zu stehen und sie noch deutlicher zu leben.

Von da an veränderte sich meine innere Haltung mit jedem Schritt und jeder Antwort aus der geistigen Welt. Ich entwickelte mich zu einem Menschen, der die Verbindung mit allem bewusst erfährt und lebt und in dauernder Kommunikation mit anderen Ebenen und deren Energieformen steht.

Und damit war der Startschuss gegeben, das erste Buch mit dem bis damals erfahrenen Wissen zu veröffentlichen. Das 1x1 des Seins fasst dieses Wissen zusammen und soll so einen ersten Einblick in die Ewigkeit geben, wie sie sich meinem forschenden Geist, seit ich denken kann, offenbart. Jeder, der sich für das Wieso, Weshalb, Warum des Kosmos interessiert, findet dort erste Antworten.

Die Gabe hat sich weiter entfaltet. Ich kommuniziere mit Verstorbe-

nen, mit Wesenheiten aus unterschiedlichen Ebenen und mit Tieren. Alles, was durch Bewusstsein belebt wird, trägt Informationen, die, wenn es erlaubt ist, gelesen werden können.
Um den Leserinnen und Lesern dieses Buches eine kleine Grundlage mit auf den Weg zu geben, will ich eine kleine Einführung in die kosmischen Gesetze geben, wie ich sie von den Wesenheiten der anderen Ebenen gelehrt bekommen habe. Das kann helfen, die kommenden Kommunikationen mit den Wesenheiten besser zu verstehen und einzuordnen. Daher bitte ich, dies vor den Botschaften dieses Buches sorgfältig zu lesen.

1. Ein bestimmter Teil des kosmischen Wissens erreicht die Menschen immer nur zu einer bestimmten irdischen Zeit. Das hat kosmisch-energetische Ursachen.

2. Wissen ist Verantwortung. Verändern sich die kosmisch-energetischen Umstände, so verändert sich die Wahrnehmung der Menschen und damit ihr Bewusstsein. Dies geht eng einher mit der Verantwortung, die es zur Umsetzung des erlangten Wissens in der Materie bedarf. Je bewusster ein Wesen, umso verantwortungs- und respektvoller sein Umgang.

3. Der menschliche Organismus unterliegt Naturgesetzen, doch auch diese unterliegen in der Fortführung den kosmisch-energetischen Gesetzen. Diese Gesetzmäßigkeiten sind dafür verantwortlich, welches Wissen die Menschen erreicht haben und wie sie es »übersetzen«, verstehen und aufnehmen. Der Mensch wirkt also als Filter, durch den diese Energien in Form von Wissen fließen können. Die Bildung des Betrachters, des Filters Mensch, ist zusätzlich entscheidend dafür, wie das eintreffende Wissen dann gedeutet, formuliert und ver-

standen wird. Aus diesem Grund sind beispielsweise unsere bisherigen Naturwissenschaften keine Wissenschaften der Natur, sondern Wissenschaften der menschlichen Interpretation der Natur.

4. Die Dimensionalität eines Planeten erschafft die Wahrnehmungsmöglichkeiten der Wesen, die auf ihm leben. Unsere dreidimensionale Wahrnehmung gibt die Grenzen vor, in denen das Wissen verstanden werden kann. Ein anderer Planet schafft andere Voraussetzungen. Auch andere Körperlichkeiten können andere Sinne hervorbringen und somit dieselbe Information ganz anders wahrnehmen. Vierdimensionalität lässt vierdimensional wahrnehmen usw.

5. Alles, was du aus der Vergangenheit an Wissen irgendwo niedergeschrieben findest, galt für die damalige Zeit und das damalige Bewusstsein, für den »Filter« dieses Menschen und der Gesellschaft, für die Bildung und das Glaubenssystem, in die dieser Mensch eingebunden war.

6. Deshalb bewahre dir immer die Offenheit und die Neugier, dieses alte Wissen nicht als das einzig Geltende und Richtige anzuerkennen, sondern achte auf die Interpretationen der damaligen Zeit. Und solltest du Impulse haben, bestimmte Dinge anders zu sehen, dann gehe ihnen nach und gib ihnen Raum.

7. Denn das Wissen des Universums ist so allumfassend, dass wir immer nur ein Stück von ihm verstehen und auch wirklich aufnehmen können. Das bisher kommunizierte Wissen ist ein Teil davon, doch das, was du heute empfängst, ist ein weiterer Teil, eine weitere Stufe.

8. Es gibt keine Grenzen, und alles ist möglich – nur allein mit dem Bewusstsein. Das Bewusstsein ist ins Unendliche erweiterbar und dehnbar.

9. Die Energie in uns nutzt die unterschiedlichen Ausdrucksformen der Materie, um das Bewusstsein zu formen und über die Körperlichkeit das Wissen zu erfahren. Das Bewusstsein ist dabei der Schlüssel, wie die Erfahrungen aufgenommen, verarbeitet und verstanden werden.

10. Nur die Bewusstwerdung allen Seins in allen Formen, in allen Möglichkeiten und Frequenzbereichen bedeutet, die Ganzheit des Seins zu erfahren. Es gilt nicht nur, zu wissen, sondern das Wissen zu werden. Dann BIST du ganz, weil dein Bewusstsein alles Sein durchdringt.

∞

Beipackzettel

Meine Gabe ist es, Energien so stark zu „fühlen“, als seien sie Teil meines Körpers. Jeder noch so kleine Muskel wird dabei durch diese feinstofflichen Energien gelenkt. Ich habe im Laufe der Zeit durch viele Übungen einen Weg gefunden, das Wissen dieser Energien so zu kanalisieren, dass es für uns verständlich wird.Dabei begebe ich mich in einen meditativen Zustand, vollziehe bestimmte Regeln des Schutzes und dann lasse ich die jeweils erfühlte Energie durch die Bewegung meiner Muskeln schreiben. Im wahrsten Sinne des Wortes schreiben sich die Buchstaben einer nach dem anderen von Geisterhand. Nie weiß ich, wenn der erste Buchstabe sich schreibt, welches Wort sich schließlich formen will. Dies fordert meine vollste Hingabe und Konzentration, doch ist dieser meditative Zustand gleichzeitig sehr entspannend und gibt mir unendlich viel Kraft. Die kosmische Energie, die dabei ungebremst durch mich fließt, nimmt mir keine Kraft sondern erfüllt mich ausschließlich mit einem sehr weiten, unendlichen Gefühl an Liebe und Vertrauen.

Die Antworten des Kosmos fließen sehr schnell im Vergleich zu unseren menschlichen Abläufen, sodass ich im Laufe der Zeit diese Art des „Schreiben lassens“ etwas verfeinern wollte und einen Weg fand, der nicht mehr an das Schreiben auf Papier gebunden ist, sondern die Hand in der Stellung eines bestimmten Mudras ohne Stift bewegen läßt.

Ich befinde mich während der Gespräche in einer anderen Wahrnehmung, die derjenigen ähnlich ist, wenn wir träumen. Das hat „leider“ zur Folge, dass ich mir keine der Antworten merken kann. Und

∞

da sich die Botschaften nun nicht mehr auf Papier schreiben, spreche ich das, was sich schreibt, gleichzeitig laut aus und lasse dabei immer ein Band laufen. Das ermöglicht, dass ich einerseits jede einzelne Antwort wortgenau festhalten kann und gleichzeitig ermöglicht es eine vielfachere Geschwindigkeit. als die, wenn die Botschaften sich über einen Stift und der möglichen Bewegung auf dem Papier festhalten würden. Du liest daher den direkten Dialog, genau so wie er sich schrieb. Die Energien/Wesenheiten, die ich dabei kontaktiere, nutzen meinen Wortschatz und mein Wissen, um die Antworten zu schreiben. Es ist, wie den Finger in ein Meer aus Informationen zu halten aber nur mit meinen Messgeräten diese dann verständlich für die Menschen aufzubereiten.

Ich werde und darf die Antworten der Wesenheiten niemals verändern, da ich als Kanal diene und nicht als wertender Filter. Das eine oder andere Mal mag es etwas ungewohnt sein, einen mündlichen Dialog zu lesen, doch es vermittelt gleichzeitig auch ein Gefühl für das jeweilige Wesen.

Jede Antwort formt meine weiteren Fragen. Ich setze unbewusst das Wissen aus all den vorherigen Antworten voraus, daher ist es in jedem Fall ratsam, dass ihr die anderen Werke auch einmal gelesen habt.

Außerdem beanspruche ich auf keinen Fall, dass das, was ich auf diesem Weg erfahre, die einzig richtige Beschreibung des Unsichtbaren sein soll. Es ist MEIN Zugang, meine Gabe, aus meiner Perspektive und meinem Kraftpotential. All dies wandelt stets. Daher ist das hier festgehaltene in jedem Fall „nur" eine Momentaufnahme meiner Wahrnehmung in diesem Leben, durch diesen Körper, in dieser Kraft

∞

meiner Seele. Sicher gibt es noch viele andere wunderbare Seelen, die ähnlich wahrnehmen - oder auch nicht. Das ist wertfrei und sollte es in jeder Richtung bleiben. Auch ich bewahre mir diese Offenheit, um weiter wachsen und dehnen zu können. Dennoch teile ich sehr gerne diese Momentaufnahme der Erkenntnis mit euch.

Kein Mensch und auch keine Wesenheit ist allwisswend, doch schenken sie uns in diesen Dialogen gerne ihre Art der Wahrnehmung. Die Durchsagen fordern daher von den Lesern auch eine gewisse Bereitschaft, die alten Formen unseres Glaubens in Frage zu stellen und einmal aus einer anderen Perspektive zu betrachten.

Ich wünsche dir viele erweiternde Erkenntnisse und vielleicht auch die Antworten auf schon lange unbeantwortete Fragen. Wenn du wirklich bereit bist und dich öffnest, wirst du sie hier finden!

Sylvia

PS: Vor jeder Session beginne ich mit den Worten:

„Ich bin bereit, ich vertraue. Ich bitte um die Erlaubnis, den Schutz und die Verbindung mit … in diesem Buch: Freund der Indianer.“

Ich rate auch Dir, diese Worte immer zu sprechen, wenn Du Dich mit diesem Buch beschäftigst. Es ist Erlaubnis, Schutz und Führung zugleich.

Einführung

Herkunft

Wir beginnen mit den Aufzeichnungen zu den Interviews mit dem Freund der Indianer. Lieber Freund der Indianer, lass uns bitte zunächst versuchen, zu beschrieben, wo du herkommst, wer du bist und warum du das tust, was du tust. Möchtest Du dazu gleich etwas sagen?

Es ist sehr, sehr lange her, dass ich als Mensch inkarniert war. Es ist möglich alle Formen des Lebens zu erfahren. Ich habe verschiedene Formen erfahren. Nicht nur als Mensch.

Heißt das also, du warst auch schon Tier ...? Was genau meinst du damit?

Das Leben ist vielfältig. Und wenn wir inkarnieren dann meist in die Form, die wir wählen. Ich wollte alle Formen leben, damit ich verschiedene Perspektiven auf das Sein im Kosmos erfahren kann. Das ist mir auch bestens gelungen.

Möchtest Du mir sagen, du warst sowohl als Tier und auch auf anderen Planeten, in andere irdische Formen inkarniert?

Ja.

Gab es von all diesen Formen, die du gewählt hast, eine, die dir besonders gefallen hat?

Sehr viele. Die Form des Lebens auf der Erde genoss ich sehr. Denn die Erde ist ein sehr liebevoller Planet.

Lieber Freund der Indianer, wie meinst du das - ein „liebevoller Planet“? Viele Menschen können sich nicht vorstellen, dass ein Planet eine bestimmte Energie ausstrahlt. Wenn du magst, kannst du dazu jetzt schon etwas sagen, oder wir kommen dazu später.

Es wäre besser, später dazu mehr zu berichten. Doch ich wollte dir berichten, wie gerne ich auf der Erde war.

Und gab es auf der Erde eine bestimmte Form, die du sehr gemocht hast?

Ja.

Welche denn?

Die Form des Menschen war mir eine sehr, sehr erfreuliche.

Und gab es noch eine andere Form hier auf der Erde, die dich sehr beglückt hat? Wenn ja, welche denn zum Beispiel?

Die Form des Hundes.

Ach, warum das?

Die Hunde leben sehr verbunden mit den Tieren und Menschen. Das ist eine sehr interessante Erfahrung, da diese Form der Verbindung sehr intensiv erfahrbar war.

Ich möchte trotzdem noch ein bisschen nachhaken ... Auf anderen Planeten hattest du auch andere Formen. Gab es dort auch eine Lieblingsform? Möchtest du mir davon berichten?

Dort sind die Formen der Körper ganz andere. Daher ist es schwer für mich diese zu beschreiben, weil du sie nicht kennst. Hier weißt du, was ich meine, wenn ich sage: Hund oder Mensch, doch dort befinden sich andere Lebewesen auf den Planeten. Ich verbleibe dabei, dass wir uns besser nur über die Formen auf Planet Erde unterhalten, da sie den Menschen bekannt ist.

Ja, das macht Sinn. Ich wollte nur wissen, ob du im Vergleich zu deinen vielen, vielen Inkarnationen am meisten, am liebsten auf der Erde warst ... oder ob es da keine Struktur oder Statistik geben kann.

Das ist tatsächlich nicht von Relevanz, Liebes.

Okay, dann lasse ich es tatsächlich aus. Ich finde es nur spannend, wenn man den Menschen nahelegen kann, dass es eben auch andere Planeten und andere Formen gibt und wie vielfältig der Kosmos ist.

Das Besondere an der Erde ist ihre Wärme. Die Kraft, die sie strahlt, ist für die Seelen relativ warm.

Aber lieber Freund der Indianer, dieser Planet ist - vor allem was seine Wesen angeht - unglaublich grausam. Was ist mit dieser Energie?

Das ist die Lebensform, die diese Energien erschafft, doch der Planet selbst ist sehr wohlig und liebevoll in seiner Ausstrahlung. Es ist wichtig zu unterscheiden: Die Energie, die ein Planet erzeugt, und die Energie, die seine Lebewesen erzeugen.

Ja, das macht Sinn. Aber wie kann es sein, dass auf einem Planeten, auf dem sehr viel warmherzige Energie herrscht, die Lebewesen auf ihm fähig sind, so viel negative Energie zu erschaffen. Wie kann das sein? Muss das nicht in Resonanz zueinander stehen?

Das ist eine tiefgreifende Frage. Wir werden diese erörtern im Laufe der nächsten Wochen. Doch heute möchte ich nur kurz anmerken, dass die Lebensformen eines Planeten immer auch wählen, was sie erschaffen.

Ja, verstehe. Wir reden so oder so nur von der Lebensform Mensch, die fähig ist deratig Negatives zu erschaffen. Wir reden ja nicht von den Tieren, richtig? Die Tiere sind sicherlich auf ihre Art und Weise einfach nur am „Sein“ und nicht am extrem grausam sein oder?

Die Tiere der Erde leben in Einklang mit dem Kosmos. Damit hast du die Essenz der Problematik erfasst.

Gut. Zurück zu meiner Frage. Du hast also sehr, sehr viele unterschiedliche Lebensformen auf unterschiedlichen Planeten erlebt. Und hier auf der Erde ist der Mensch deine Lieblingsform gewesen, und der Hund. Warum mochtest du es, Mensch zu sein?

Die Leben als Mensch waren einerseits sehr kalt, doch andererseits auch sehr lehrreich. Ich habe durch diese Leben mit

das meiste an kosmischem Wissen erfahren können. Das alleine ist ein Gottesgeschenk, denn egal, wie hart die Schule ist, wenn das Ziel - die Lehren des Kosmos - erfüllt wird, dann ist es ausschließlich ein Geschenk.

Verstehe. Weißt du noch, wie oft du auf der Erde warst?

Dutzende Male.

So viel? Und in diesen vielen, Dutzenden Malen, gab es eine Lebensweise, die du besonders gemocht hast. Ich meine damit konkret eine Zeit und eine Form, also in Form von Weiblichkeit oder Männlichkeit.

Das ist schwer zu beantworten, da alles sehr komplex ineinander wirkt. Die Form der Weiblichkeit ist mir bekannt und ich habe sie sehr gemocht, da diese Kraft sehr viel Leben in sich trägt. Doch die Form der Männlichkeit war mir die liebere, weil ich dadurch mehr Kraft in mir erfahren konnte. Damit meine ich die körperliche Kraft, die mir diese Form schenkte. Außerdem hatte ich dadurch verschiedene Möglichkeiten, mehr durch Reisen in andere Zivilisationen zu lernen. Zu sein in einer männlichen Form, ist einfach die freiere Form, allein dadurch, dass man keine Kinder aufziehen muss und dadurch fest an einen Ort gebunden ist. Außerdem hatte ich dadurch mehr Kraft, die lebensnotwendigen Verrichtungen zu tun.

Okay, ich verstehe. Gab es irgendeine Zeit, die du sehr mochtest? Und in der du sehr, sehr viel gelernt hast? Oder die du sehr mochtest, unabhängig vom Lernen.

Die Zeit von Atlantis war mir die liebste, denn damals war die Menschheit sehr verbunden mit den kosmischen Kräften. Ich habe damals das meiste erfahren von dem, was ich heute noch lehre.

Also gab es Atlantis wirklich?

Aber ja. Warum fragst du so? Du selbst warst dort.

Daran kann ich mich aber jetzt und heute in diesem Körper nicht erinnern. Daher bin ich, was das angeht, bisher noch sehr unbewusst. Du kannst es klarer sehen.

Das weiß ich, doch weißt auch du, was deine Aufgabe in Atlantis war und du kannst dich daran erinnern, wann immer du magst. Du warst meine Schülerin und danach meine weiterführende Vertretung.

Aber in einem anderen Leben sind wir uns nicht mehr begegnet?

Nein.

Aber als du verstorben bist, damals in Atlantis, als mein Lehrer, hatten wir dann dennoch weiter intensiv Kontakt?

Das hatten wir. Du hast deine Gabe damals schon intensiv nutzen können und die Kommunikation in die feinstofflichen Welten war für dich wie das Sprechen mit anderen Menschen.

Daher war dir der Übergang, den ich damals nahm, keinerlei Verlust.

Gab es damals ein Thema über das wir am meisten und liebsten gesprochen haben?

Ja, du wolltest die feinstofflichen Welten kennen und ihre Natur. Das war unser Feld der bewussten Erweiterung unserer Seelen, die wir neben dem Lehren der Botschaften ausweiteten, indem wir uns reisend alles berichteten, was uns begegnete und danach festhielten.

Wie haben wir eigentlich in Atlantis geschrieben?

Das war auf eine Art Papier aber doch anders als ihr es jetzt habt.

Also, Atlantis hast du sehr gemocht. Das bringt mich zu der Frage, ob du weißt, was mit Atlantis passiert ist. Ich muss das fragen, da es noch zu viele unbeantwortete Fragen dazu gibt.

Das ist keine logische Frage, es ist eine menschliche Frage, doch ich beantworte sie dir gerne.
Damals war Atlantis in einer besonderen Verbindung mit dem Kosmos. Diese wurde allgemein vom Universum sehr ausgewählt behandelt. Das bedeutet, dass wir Besuch hatten aus anderen Welten wie die Sira, die unsere Resonanz fühlten. Das Problem dieser Begegnung war die lebenserneuernden Energien der Sira. Diese hatten für die Form der Sira andere Wirkungsweisen als durch die Menschen. Das verän-

derte unsere Form als Mensch und machte uns noch bewusster, doch gleichzeitig brachte es auch sehr viel Leid mit sich. Denn diese hohen Energien, die die Sira auf die Erde brachten, als sie uns helfen wollten die Lebenszeit zu verlängern, diese Energie brachte uns den Verlust der Verbindung.

Wie kann das sein?

Es ist sehr leicht zu erklären. Die Form, die der Mensch hat, ist eine natürlich erschaffene Form. Diese Form ermöglicht der Seele in angemessener Zeit die Kraft in sich zu erfahren und zu leben. Doch wenn du beginnst die Form zu manipulieren, so beginnst du auch den Prozess der Lebenszeit der Seele in diesem Körper zu manipulieren. Das bedeutet, dass die Kraft des Körpers, die weniger wird im Laufe des Lebens, von der Seele als wichtiger Prozess bewusst erlebt wird. Nimmst du dem Mensch diesen Prozess, so nimmst du der Seele die Jahreszeiten der Entwicklung in einem Körper. Das ist schwer zu beschreiben, doch letztlich hat es uns die Verbindung, die wir hatten in den Kosmos, genommen.

Aha. Und dann?

Das führte zu einer anderen Problematik. Denn wenn wir jetzt Lebenszeit verlängerten, so zerstörten wir sie mit dem Ego unserer menschlichen Form.

Aber wo waren die Sira in all dieser Zeit?

Die Freunde der Planeten waren bei uns. Doch verließen sie

uns, als sie die Umkehrung der Energie verspürten.

Ich verstehe. Und darf ich nur noch eine kurze Frage stellen zu den lebensverlängernden Energien? Wie wurde das gemacht? Wie ist es geschehen?

Das war bereitet durch die Maschinen der Sira.

Was war deine Aufgabe in Atlantis?

Es war die Form, die ich als Priester erlebte. Das war mir das liebste, doch verstehe Priester nicht als das, was ihr als Priester kennt. Wir waren in Einklang mit dem Kosmos immer sehr in der Natur. Daher meine tiefen Einblicke in die Natur.

Vielleicht kannst du mir etwas mehr über Atlantis berichten. War zuerst Lemuria? War zuerst Atlantis? Kannst du mir dazu bitte irgendetwas geben, dass ich und die Menschen es besser verstehen?

Als Erstes waren die Lemurianer Bevölkerer dieses Planeten. Das ist sehr lange her und wenn du nach Spuren suchen willst, dann findest du keine mehr. Danach kamen die Atlanter. Und diese Zivilisation opferte ihre ganze Existenz dem Reinigen dieses Planeten. Die Kräfte, die sie erzeugten, waren leider nicht nur positiv.

Und dann?

Dann begann alles von ganz vorne und die Lebensform musste ihre neue Erfahrung in einer neuen Form machen.

∞

Lebewesen wie die Menschheit brauchen meist nur einen Impuls, um wieder zu entstehen.

Und dieser Impuls, kam der von außen?

Dieser Impuls war eine lebenskorrelierende Form mit Menschenaffen und Sira.

Ich erinnere mich, wir haben den Neandertaler gefunden und ... plötzlich gab es den Menschen, wie wir ihn heute kennen. Es fehlt aber bis heute die Verbindung.

Das ist richtig. Die Menschenaffen waren die erste Form nach der großen Reinigung, die menschenähnlich war. Doch um den entscheidenden Impuls zu erfahren, der aus dem Affen das macht, was der Mensch heute ist in eurer Zeitlinie, das haben die Sira vollbracht und vollzogen.

Und wie haben sie das vollzogen?

Das ist eine lange Geschichte. Lass uns nicht zu sehr abschweifen, schließlich will dieses Werk nicht über die Sira berichten.

Trotzdem habe ich noch eine Frage zurückgehend zu Lemuria und Atlantis. Warum ist Lemuria untergegangen?

Es ist nicht untergegangen. Es lebte fort in Atlantis.

Waren die Menschen von damals irgendwie anders als jetzt?

Sie waren ähnlich, doch sie hatten die Wahrnehmung feinstofflicher Prozesse besser ausgeprägt. Es gab ein Organ, das damals besser ausgeprägt war und bei der Reinigung und dem Beginn mit Menschenaffen verloren gegangen ist.

Aber kann es nicht sein, nachdem wir doch ein Mix sind aus affenähnlichen Tieren und den Sira, dass dieses Organ sich wieder entwickelt?

Das ist richtig. Und du bist schon weit, was das angeht. Doch dem größten Teil der Menschheit fehlt diese Formung. Ich denke, dieser Prozess dauert noch einige Zeit.

Okay, ich glaube, ich habe dazu erst einmal keine Frage mehr. Es sei denn, du möchtest mir noch etwas sagen.

Das reicht.

Dann lieber Freund der Indianer. Gibt es etwas, das du mir das Nächstes von dir berichten möchtest?

Das möchte ich.

Dann beginne doch einfach.

Das Nächste, was ich mir als Form wählte, war ein Bauer.

Ein Bauer? In welcher Zeit?

Als die besondere Zeit der Bewirtschaftung von Feldern be-

gann. Das ist lange her, doch ich habe diese Zeit sehr genutzt, dass ich die Form des Menschseins als normaler Mensch verleben durfte. Ich meine damit nur, dass ich keinerlei spirituelles Wissen leben konnte. Das war nicht angebracht.

Aber was war deine Erkenntnis aus diesem Leben?

Dass wir alle immer verbunden sind, auch wenn wir es nicht bewusst wissen.

Und warum hast du diese Erkenntnis gehabt? Woraus hast du sie gezogen?

Daraus, dass ich erkennen konnte, dass ich im Sterbeprozess die Verbindungen mit den Menschen, die ich liebte, wahrnehmen konnte. Das war sehr deutlich, denn ein ganzes Leben unbewusst verleben, formt eine bestimmte Wahrnehmung, und dann, wenn man in die neue Wahrnehmung über dieses Ableben geht, werden viele Dinge klarer als vorher.

Lieber Freund der Indianer, du hast dich mir als Freund der Indianer vorgestellt, aber du hattest mir einmal erzählt, du wärst nie Indianer gewesen. Bitte berichte mir dazu.

Das ist richtig. Ich war nie direkt ein Indianer in meinen Zeiten als Mensch. Doch habe ich diesen Namen erfahren, als ich im Laufe der Zeiten hier als Wesenheit wirkte. Denn die Indianer waren es, die meinen Kontakt meistens suchten und fanden, und dadurch hat sich dieser Name geformt. Nicht Indianer, sondern, Freund der Indianer zu sein.

Wie haben die Indianer es geschafft, den Kontakt zu dir aufzunehmen?

Das ist prinzipiell nicht schwer, wie du weißt, doch sie schafften es über die Kräuter, die sie nahmen, und dadurch konnte ich zu ihnen sprechen.

Aha. Und dann hast du sie begleitet in ihrem Wissen? Oder hast du von ihnen gelernt?

Das meiste habe ich sie gelehrt, aber ein paar Dinge habe ich auch von ihnen gelernt. Das ist das Schöne an dieser Begegnung gewesen.

Also warst du sehr gerne der Berater für die Indianer und du warst in Atlantis, was möchtest du mir noch zu dir erzählen?

Dass ich die Form, wie ich sie jetzt habe, wirklich sehr mag. Doch diese Form war nicht leicht zu erlangen. Dazu möchte ich dir berichten.

Dann bitte beginne.

Die Form, wie ich sie jetzt habe, ist eine rein feinstoffliche Form. Das war nicht immer so, wie du ja schon erfahren hast. Die vielen Inkarnationen und Leben, die ich lebte, waren alle sehr geprägt von intensiven Erfahrungen und Wahrnehmungen, doch eines Tages, wie ihr es nennen würdet, begann meine Seele diese Art der Wahrnehmung nicht mehr zu mögen. Es war ihr nicht mehr die richtige Form, um weiter zu wachsen, daher begann sie die Entscheidung zu fassen, das menschliche Kleid abzulegen. Die Art und Weise dieser wesentlichen Entscheidung war eine sehr typische für Seelen, die um eine wirklich tiefgreifende Wandlung bitten.

Du möchtest damit sagen, dass die meisten Seelen eines Tages an den Punkt kommen, an dem sie die Werkzeuge eines Organismus ablegen möchten und andere Werkzeuge, die Werkzeuge der feinstofflichen Welten, erfahren möchten, richtig?

Ja, das möchte ich.

Was war denn der ausschlaggebende Impuls dieser Entscheidung, die ja gemessen an den vielen, vielen Inkarnationen dann doch eine sehr, sehr tiefgreifende Wandlung darstellt. Bis dahin waren es die Leben, die die Erfahrungen bringen sollten und plötzlich nicht mehr?

Das ist eine schöne Frage, danke dir dafür.
Die Eigenverantwortung, die wir alle in uns tragen, verlangte von mir, dass ich die Entscheidungen, die ich getroffen hatte und auch lebte, mehr und mehr weiter entfernt von den menschlichen Formen treffen musste und weniger und weniger mit den Menschen zu tun hatte. Ich lebte verlassen und zurückgelassen in unwürdigen Verhältnissen - alles aus der Erkenntnisse heraus, dass Liebe das einzig wertvolle Gut im Kosmos ist. Doch die Art so zu sein, war nicht wirklich erfüllend, da ich einerseits fühlte, wie die Liebe mich bereichert, doch andererseits fror ich und hungerte. Diese Art des Lebens war keine schöne und meine Seele aber wollte Schönheit erfahren, daher beschloss sie eines Tages, die Transformation in sich zu erfahren, dass dies das letzte Leben sein soll.

∞

Und du warst damals ganz alleine, nicht einmal eine Frau war bei dir in diesem letzten Leben?

Es war nicht die Sehnsucht meines Herzens, eine Frau zu lieben.

Was war denn die Sehnsucht deines Herzens?

Die Sehnsucht meines Herzens war die Erfüllung der Herzlichkeit.

Wie meinst du das?

Die Erfahrung der Liebe allen Wesen gegenüber.

Aber wenn du doch allein warst und Abstand zu den Menschen hattest, dann hatte das doch seinen Sinn. Meist entsteht das bei Seelen, die den Weg der Erkenntnis gehen, weil sie die Grausamkeiten der Unbewusstheit der Menschen nicht mehr erfahren wollen. Wie konntest du sie lieben, wenn du doch gleichzeitig Abstand genommen hast, womöglich WEIL sie dich verletzt haben ...?

Du hast recht, sie waren auch sehr verletzend.

Und wie konntest du sie dann dennoch lieben?

Das konnte ich, da ich in ihren Herzen die Liebe verloren sah, und diese Krankheit erkannte. Doch konnte ich ihnen nicht für ihre Krankheit böse sein. Das war nicht möglich.

∞

Und dann bist du deswegen aber auf Abstand zu ihnen gegangen. Wo hast du gelebt?

Die Form, die ich lebte, war in einer Wüste.

Wie hast du da überlebt?

Das war möglich, da ich viel Wissen über die kosmischen und natürlichen Kräfte hatte, das ich anwenden konnte.

Kannst du mir ein Land beschreiben, wo das war, am besten nach den heutigen Einteilungen?

Dort, wo jetzt das Land Marokko liegt.

Hast du damals einer Glaubensrichtung angehört? Das ist dort sehr prägend.

Das gab es für mich nicht, denn ich fühlte anders als die anderen, die nur mitliefen.

Und dann hast du gewartet, bis du gestorben bist, oder hast du den Übergang anders vollzogen?

Um keinerlei negative Verunreinigung zu verursachen, wartete ich, bis ich natürlich und seelisch ganz gesund den Übergang erfahren durfte. Die unerlaubte Beendigung des Lebens war mir ein zu großes Risiko.

Du meintest, es sei nicht so leicht gewesen, doch es scheint, als hät-

test du „nur“ geduldig warten müssen?!

Das mag sein, doch wenn man den Weg der Seele gehen möchte, dann kommt die eine oder andere Problematik auf einen zu. Und als ich beschloss, nicht mehr zu inkarnieren, war ich noch ein relativ junger und gesunder Mensch. Die folgenden Jahre, die ich erleben musste, als einsamer Mensch, waren keine leichten. Denn einerseits wusste ich, wo ich hin will, doch andererseits konnte ich es noch nicht leben. Das war eine harte Prüfung. Daher meinte ich, dass es nicht leicht war, diese Form zu erlangen. Die Lebenszeit eines Menschen kann ewig wirken, wenn man darauf wartet, dass sie beendet wird.

Hattest du auch Zeit deines Lebens Kontakt zu den feinstofflichen Welten - ähnlich wie ich das habe?

Ja das hatte ich.

Mit wem denn und wie hast du kommuniziert?

Die Freunde der Weisen Bruderschaft waren bei mir.

Und wie hast du mit ihnen kommuniziert?

Das war ähnlich wie bei dir, doch hörte ich sie.

Ach, also hast du sie nicht schreiben lassen wie ich jetzt dich, sondern du hast sie gehört?

∞

Ja genau.

Doch weiter zu deinem Übergang. Bitte berichte mir davon.

Die Freude und die Kraft, die ich für diesen Moment und seine Auswirkungen fühlte, waren so groß, dass ich es kaum erwarten konnte. Die Liebe des Kosmos war meine Heimat und ich wollte wieder nach Hause kommen. Die Lebenszeit war wie die Form eines Exils im Vergleich zu der Kraft, die man unter dem Himmelszelt des Kosmos erfahren kann.

Aber bitte berichte mir, wie war der Übergang dann genau? Bist du eingeschlafen, oder wie geschah das?

Ja, das bin ich. Ich verstarb in nächtlichem Schlaf und begann meine Seele langsam vom Körper zu lösen. Die Art der Wahrnehmung, die sich sofort einstellte, war, dass ich die Freunde der Weisen Bruderschaft wahrnahm. Das war eine sehr schöne Erfahrung, denn ich war als Mensch viel Einsamkeit gewohnt, und als ich den Übergang aus dem Körper begann, nahm ich sofort die Kraft der Freunde der Weisen Bruderschaft wahr. Damit war ich weniger einsam als als Mensch. Das war eine wunderschöne Erfahrung, die mir sofort den Halt und die richtigen Impulse gab, um den Übergang rein zu erfahren.

Wie ging es dann weiter? Hast du sie wirklich gleich sofort gesehen, oder gab es eine Zwischenstufe?

Die Weise Bruderschaft war sofort für mich sichtbar. Ich war also eben noch in der Dunkelheit des Körpers, doch sofort war ich in dem Licht der Freunde der Weisen Bruderschaft. Diese beispielhafte Entfaltung meiner Seele zeigte, wie sehr ihr danach dürstete, endlich wieder frei zu sein.

Und dann warst du sofort bei ihnen?

Ja, das und noch viel mehr. Die menschliche Form hatte ich unter großer Freude abgelegt und die Freunde wahrgenommen, doch noch viel viel mehr.
Die nächste Zeit, wenn man in Zeit messen kann, die ich dann erfuhr, war eine Reise durch den Kosmos. Ich bereiste viele Planeten und viele andere Ebenen, die keine Planeten mehr haben. Dort traf ich andere Wesenheiten und kommunizierte viel mit ihnen, tauschte mich aus und lernte nun die feinstofflichen Welten auf diese Weise kennen. Das bereicherte mich unendlich. Die Form, die ich hatte, war leicht und liebevoll, licht und kraftvoll. Das Reisen war wie das Fliegen, ohne dass ich die Flügel bewegen musste. Die Art und Weise dieser Bewegung vollzieht sich unterschiedlich, doch immer und immer nur mit der Kraft der Seele.

Wie kam es dann dazu, dass du der Lehrer wurdest, der du jetzt bist?

Das war eine Frage der Zeit, auch wenn wir hier keine Zeit, wie ihr sie kennt, haben. Dennoch gibt es Abläufe und in meinem Ablauf war das Belehren der anderen Wesen des Kosmos eine Frage des Entschlusses in mir, die angereicherten Informationen weiterzugeben. Dann bin ich Werkzeug des Kosmos, dann werde ich zu dem Diener des Kosmos, der mich erneut bereichern kann und weiten kann. Daher beschloss ich diese Dienerschaft und begann Bereitschaft zu signalisieren, dass ich Wissen weitergeben kann und möchte. Diese Impulse wurden von unterschiedlichen Wesen im Kosmos wahrgenommen und sie begannen, mich zu fragen. Die Menschen wie auch andere Wesen.

Wie kam es, dass du zu dem Freund der Indianer wurdest?

Das passierte eines Tages, als ein Indianer mich kontaktierte, um Wissen über die natürlichen Kräfte zu erfahren. Er fragte mich, wie ich heiße und ich hatte keinen Namen für ihn, da hier Namen nicht von Bedeutung sind. Daher begann er mir einen Namen zu geben und wie du weißt, bezeichnen Indianer ihre Brüder immer mit derartigen Verzierungen, also wurde ich der Freund der Indianer.

Gab es spätere Generationen dieses einen Stammes, die dich dann anders nannten?

Ja, das gab es. Ich könnte dir eine Vielzahl nennen, doch nur wenige kennt ihr.

Du kannst mir ein bisschen helfen, indem du mir die Stämme nennst, mit denen du viel Kontakt hattest.

Das kann ich gerne machen, doch auch diese kennst du nicht alle. Die Apachen waren die intensivsten meiner Freunde. Die folgenden Menschen kontaktierten mich unter „Seele" oder „Wolke" oder „weise Seele" oder besonderen Namen.

∞

Und was ist mit den ganzen Gottheiten, die auch bei den Mayas so präsent waren?

Diese Gottheiten waren nicht mir gewidmet. Sie waren meist etwas ganz anderes, da sie die vergangenen Weltenbesucher der Erde benannten, nicht feinstoffliche Wesen.

Gut, und seitdem wirkst du als dieser Lehrer, der du bist, ohne Zeit und Raum

Ja genau.

Und nach deinem Ableben in Atlantis bist du aber dann öfters noch inkarniert.

Ja, auch auf anderen Planeten in andere Körper und deren Werkzeuge.

Dann bin ich gespannt auf unser gemeinsames Werk. Vielen Dank schon jetzt für all deine Offenheit, deine Liebe und deine Hingabe, den Kosmos für alle verständlich zu beschreiben.

∞

Zustand der Menschheit

Lieber Freund der Indianer, gibt es etwas, dass du zum Zustand der Menschen in Worte formen möchtest?

Der Zustand der Menschheit ist für mich nur als Energiefeld wahrnehmbar. Die Menschen in ihren individuellen Formen kann ich nur wahrnehmen, wenn ich sie direkt kontaktiere. Doch wenn du mich nach dem Zustand der kollektiven Menschheit fragst, dann muss ich dir folgendes sagen: ***Die Menschheit ist erblindet den kosmischen Gesetzen gegenüber.*** *Die Kraft der Menschen, die das Ego leben und nur auf ihren Vorteil bedacht sind, wird mehr und mehr. Ich befürchte die verlorene Verbindung in die feinstofflichen Lichtenwelten wandelt die Menschen immer mehr in besorgte Wesen, die kein Vertrauen kennen und keine Liebe leben. Die Angst ist der treue Begleiter all dieser neuen Energien, die noch viel Leid verursachen wird.*
Ich möchte die leise Hoffnung formulieren, dass wir mit diesem Werk hier die Menschen noch einmal versuchen zu erreichen, dort, wo bisher sie niemand erreichen konnte. Ich habe diese Hoffnung.

Ja, das kann ich verstehen. Lieber Freund der Indianer, es gibt doch aber Religionen, Kraftorte, andere Gruppen … es gibt so viele suchende Menschen. Willst du sie alle ausblenden, als wären sie nicht da? Oder wie genau meinst du das?

Das ist richtig, dass wir diese Formen auch benennen müssen, doch musst du differenzieren. Die Kirche, wie ihr sie lebt, ist eine der lieblosesten Formen auf der Erde, die aber nach außen hin anders auftritt. Die Krankheit der Form wird mehr und mehr wachsen, und die Menschen, die in dieser Form wirken, werden aggressiver und hilfloser werden. Die Verbindung in die liebevollen Welten wird weniger und weniger, da sie mehr und mehr das Ego leben. Wenn du weiter in Formen lebst, die kalt und lieblos sind, dann wirst du selbst lieblos und kalt. Dieser Prozess ist in eurer Zeit seit vielen Jahren leider im Gange, sodass ich, so gerne ich es hätte, derartigen weltliche Formen zu helfen, die Verbindung in den Kosmos zu finden, diese nun aber vernichten muss hier mit diesen Worten, denn sie ist nicht gesund. Du kannst dir das vorstellen wie einen Prozess der Befreiung. Die Leiden, die diese Formen hervorgebracht haben, alle Formen der Unterdrückung und der Lieblosigkeit, werden erst gehen müssen, bevor die neuen beginnen können.

Daher bitte vermerke: **die alten Formen eurer bestehenden Religionen werden brechen müssen.** *Denn nur dann ist die Liebe wirklich möglich. Das, was jetzt beginnt, ist lange überfällig. Die lebensvernichtenden Formen der Religionen eurer Welt, der Formen dieser Religionen müssen sterben. Nur dann können die neuen Formen beginnen.*

Das Wichtigste ist dabei die Reinigung. Die Reinigung eurer Seelen. Die Reinigung eurer Gedanken und damit die Reinigung eurer Wahrnehmung. Denn es kann nicht und darf nicht sein, dass ein Mensch einen anderen vernichtet, die kindliche Unschuld in ihm missbraucht wird durch körperlichen Missbrauch, die Verbote, die die Liebe zwischen Mann und Frau

bestimmen. All dies kann nicht sein und gleichzeitig dafür stehen, dass die Idee dahinter in Liebe und Licht wirken kann. Das eine schließt das andere aus.
Verstehe bitte, diese Kraft, die in diesem Verständnis liegt. Die Menschen können nicht einerseits die Fehler der Menschen dieser Religionen als etwas Wirkungsloses ansehen und andererseits die Menschen, die in dieser Institution wirken, weiter mit Glauben beschenken. Das ist nicht richtig. Die Menschen, die weiterhin daran festhalten, dass die Verbote, die Misshandlungen und die Verstorbenen, unzähligen Verstorbenen nicht Mahnmal genug sind, dass dies verunreinigt und kranken Geistes ist, halten an einer Lüge fest. ***Ich bitte dich, die kraftvolle Intention hinter meinen Worten weiter zu geben, dass nicht mehr nur die leeren Formen länger angebetet werden dürfen, sondern der Inhalt erkannt werden muss. Das ist mir ein wichtigstes Ziel dieses Werkes. Bitte, liebe Menschen, hört auf daran zu glauben, dass die Menschen vor der Idee, die sie verbreiten, weniger wirkungs- und verantwortungsvoll sind. Das Gegenteil ist der Fall.***
Ihr werdet in diesem Werk erfahren, wie wichtig Worte sind, wie wichtig Taten, und wie wichtig auch schon die Gedanken sind.
Ihr werdet erfahren, was Verbundenheit wirklich bedeutet, und ihr werdet erkennen, dass es nicht sein kann, dass die Menschen Worte sprechen, die ihr hört und weiterhin daran glaubt, dass dies Gottes Worte sind, die durch diesen verunreinigten Menschen sprechen.
Ihr werdet erkennen, dass das eine das andere bedingt, und daraus resultierend werdet ihr wandeln wollen, was nur noch leere Form ist.

Ihr werdet erleichtert sein und liebevoller miteinander wirken wollen. Denn ihr habt erkannt, wo die Lüge lebt und wo die Wahrheit der Liebe. Ich bin ein Werkzeug des Lichtes und ich muss darauf hinweisen, wo Dunkelheit ist.

Daher bitte ich alle, ihre Herzen zu öffnen, diese Worte wirklich ernst zu nehmen und nicht nur als Floskeln abzutun, die ihr mal dort und da lest und wieder vergesst.

Die Menschen müssen lernen, dass alles miteinander verbunden wirkt, dass alles miteinander „ist". Niemals gibt es Trennung, niemals gibt es Liebe und gleichzeitig Hass- und lieblose Formen. Das eine bedingt das andere. Die Liebe schließt den Hass aus. Die lichten Formen verwandeln die dunklen Formen.

Die Menschen brauchen Licht, um endlich zu erkennen, wo das Dunkle ruht und wirkt. Doch ich bitte genau zu berichten, dass ich mit dunkel nur die Formen meine, die nicht erstrahlen, in dem Licht, das sie eigentlich tragen. Die Dunkelheit, die ich eigentlich meine, ist nur die Unbewusstheit, die die Menschen leiden lässt.

Lieber Freund der Indianer, das ist eine sehr lange Botschaft gewesen, und ich danke dir dafür. Ich werde mich bemühen, so tief wie ich nur kann hineinzugehen, in das Verstehen, wie alles miteinander verbunden ist und wirkt. Kannst du erkennen, was die Ursache ist, dass so viel Dunkelheit, also Dunkelheit in Bewusstsein, in den Menschen herrscht? Warum, wieso, wie konnte es überhaupt dahin kommen?

Eine schöne Frage, Sylvia. Die Menschen haben vergessen, wie sie die Verbindung finden, die ihnen die Wege zeigt. Die Verbindung in die liebevollen, lichtvollen Wege hinein ist

nicht leicht zu halten, in einer Welt, die mehr und mehr Ablenkung schafft. Das ist das größte Problem. Der menschliche Geist ist beeinflussbar. Das bedeutet, dass er von den weltlichen Formen, die euch umgeben, schnell beeinflussbar ist. Doch gleichzeitig hat er diese Ablenkung zu unterbrechen, indem er innehält und sich reinigt. Dann fließen die Energien des Kosmos wieder stärker in ihm und geben ihm die richtigen Impulse, den Weg des Lichtes zu gehen

Die Menschen brauchen Führung. Das ist die andere Problematik. Denn wo Licht sehr selten ist, wird schnell auch eine Lebensform, die lichtvoll ist, in alle Verantwortung gezogen. Damit will ich sagen, dass die Vernebelung der inneren Wahrnehmung schnell auch macht, dass die Ausrichtung, selbst wenn sie in das Licht will, die Formen im Äußeren sucht. Das bedeutet, dass schnell auch die Menschen, die lichtvoll wirken, Verantwortung tragen müssen, für die, die dieses Licht suchen. Doch ist letztlich die Verantwortung nur in euch, jedem Einzelnen. ***Daher beginne ich dieses Werk mit dem Aufruf, dass ihr alle bitte die Liebe in euch leben lasst, jeder EINZELNE. Und die Verantwortung für diesen Weg tragt ihr alleine. Jeder alleine. Kein Führer, kein Glaubenshüter, kein Religionshüter, keine leitende, führende Position und Mensch, kann euch diese Verantwortung abnehmen. Die lichtvolle Lehre ist nur alleine erfahrbar. Daher sind Gruppierungen wie ihr sie lebt in euren Formen, Religionen und Führungen nicht richtig. Der Ansatz ist falsch. Die Führung, die die Menschen suchen, ist IN IHNEN. Das ist die Wahrheit. Das ist lebenswichtig. Dann, wenn ihr erkannt habt, dass die Liebe und das Licht nur in euch, aus euch heraus, erwachsen können, dann fragt ihr nicht mehr***

im Außen. Ich gebe gern die Impulse diesen Weg zu gehen, doch ist es mir wichtig, dass ihr ihn allein geht. Die Unterstützung aus dem Kosmos, so werdet ihr lernen, ist immer da und wird immer für euch da sein. Doch ist es wichtig, dass ihr erkennt, wo ihr fragen müsst und wen. Die lichtvollen Wesen des Kosmos sind immer bereit, eure Bitten zu hören und eure Erlaubnisse zu erledigen. Ich bereite euch nur darauf vor.

Das ist toll, was du berichtest, und ich halte es fest für alle Ewigkeit. Wir haben also abschließend festgestellt, die Religionen, die Gruppierungen, die aktuell auf der Erde sind, sind nicht richtig und nicht falsch und es darf nicht sein, dass die Menschen es weiter akzeptieren, dass sie etwas anbeten, etwas als Werkzeug akzeptieren, das in sich so kaputt ist, richtig?

Ja.

Und gleichzeitig möchtest du darauf hinweisen, dass jeder für sich in seinen „inneren Tempel" geht, in dem er in sich entdeckt, was die Wahrheiten des Seins sind, und nicht länger im Außen sucht. Du willst nun den Weg gehen, diese Impulse zu geben, richtig?

Ja.

Darauf freue ich mich sehr. Möchtest du dazu noch etwas sagen?

Nein. Lass mich bitte nun den Weg der Reinigung beschreiben. Ich beginne den Tag des Menschen zu beschreiben, wie er ihn verbringen sollte vom Beginn bis zum Ende.

∞

Das Versprechen

Lieber Freund der Indianer, was möchtest du den Menschen an Übungen und an wichtigem energetischem Wissen mitgeben, wenn sie sich reinigen möchten?

Zunächst ist es wichtig, dass du den Menschen weiterleitest, dass die Erfolge, die sie sich immer wünschen in ihrem Leben, keine Erfolge der Seele sind. Das ist klar zu trennen hier. Die besonderen Ratschläge, die ich hier weitergebe, basieren auf natürlichem Wissen.

Bitte erkläre ganz kurz „natürliches Wissen“, damit meinst du doch sicher das Wissen, das aufgrund der Naturgesetze besteht.

Das ist richtig. Ich meine die Zusammenhänge der Natur mit eurem Geist, der Seele und den Kräften des Kosmos. All dies zusammen und noch verschiedene andere Komponenten werde ich versuchen zu benennen und davon berichten. Daher bleibt eine wichtige direkte Benennung dieser Komponenten nicht aus. Ich muss dies tun und will damit gleich zu Beginn der praktischen Impulse vorbereiten, dass hier keine Worte missbraucht werden dürfen für den Nutzen des menschlichen Egos, sondern dass alles, was ich hier weitergebe an Wissen und Impulsen nur für die liebevolle Entfaltung der Seele gilt und niemals für die Entfaltung des Egos und dem egoistischen Handeln des Menschen. Ich möchte dies wirklich streng betonen, denn es ist sehr wichtig. Das Wissen, das ihr, liebe Men-

schen, hier irgendwann einmal lesen werdet, hier erfahrt, ist lange in mir gereift und es ist teilweise viele Jahre von wissenden Wesen auf Planeten angewandt worden. Ich möchte euch die Essenz all dieses Wissens schenken, doch ich bitte vorher um ein Versprechen. Jeder Einzelne von euch, der diese Worte liest, muss versprechen, dass dieses Wissen nicht für den Eigennutz des menschlichen Egos sowie auch niemals gegen jemand anderes angewandt wird. Dieses heilige Versprechen sollte jeder nun für sich selbst formulieren. Ich bitte dich also nun zu Beginn dieses Buches diese Worte laut zu sprechen:

Das Versprechen:

Diese direkte Verbindung, die ich nun erfahren darf, halte ich in Ehren und Liebe, mein ganzes Wirken lang.
Niemals werde ich dieses Wissen gegen andere Wesen einsetzen und niemals werde ich es zu meinem eigenen Nutzen verwenden.
Immer ist der kosmische Plan mein Leiter und Führer und die Liebe ist die Kraft dahinter.
Ich verspreche hier und mit allem Bewusstsein, das ich heute besitze, dass diese Kraft in mir nur dem lichtvollen und liebevollen Wirken im Kosmos dienen wird.

Danke Dir dafür. Dann kannst du den Menschen vielleicht schon auf Grund dieses Versprechens erklären, wie wichtig es ist, dass man solche Versprechen gibt.

Das tue ich gerne.
Die Worte, die wir sprechen, sind Resonanzen im Kosmos. Wie jede Tat es auch ist.

∞

Diese Worte bleiben bestehen wie kleine Energien, die aus euch heraus im Kosmos bestehen bleiben. Wer die Verantwortung dieser Tatsache verstehen will, der sollte sich bewusst machen, dass ihr keine Energieerzeuger seid, sondern es erlaubt ist, dass ihr sie transformiert. Das bedeutet, die kosmische Energie, die ihr um euch habt, und die Energie, die eure Seele jeweils ist - diese beiden sind in Resonanz zueinander und immer miteinander verbunden.

Beginnt ein Mensch nun die Worte aus sich heraus zu formen, so taucht er die Kraft seiner Seele in die Kraft des Kosmos und dabei entstehen kleine Wesen aus Energie, die in Absicht der Seele weiter im Kosmos wirken werden - Immer und immer weiter wirken werden. Solange bis ihr die Wirkung aufhebt. Das sind wie kleine Vögel, die alle Teile eurer Energie sind, die ihr aussendet.

Daher beachtet, wie wichtig es ist, dass jedes gesprochene Wort wirklich der Wahrheit entspricht. *Denn tut es das nicht, so verunreinigt es eine Zeit lang den Weg, den eure Seele gehen möchte. Das ist nicht nötig.* ***Die Kraft eines Versprechens ist genauso stark wie die Kraft einer Verbindung, die ihr aufnehmt. Dieses Versprechen verbindet die Energie eurer Seele mit der Energie des Kosmos in DIESER Absicht.*** *Also mit diesem formulierten Ziel.*

Und diese Tatsache, dass das Ziel die Kraft immer weiter lenkt, bedeutet, dass es ratsam ist, das Ziel immer liebevoll und lichtvoll zu gestalten. Niemals negativ oder dunkel.

Das habe ich verstanden. Vielen Dank. Also die Worte sind mehr oder weniger kleine Lebewesen.

Ja.

Und so ein Versprechen gilt, solange bis man es selbst wieder aufgelöst hat.

Ja.

Kann man denn ein Versprechen einfach so zu jeder Zeit auflösen, oder wie ist das?

Das ist nicht so einfach, denn mit jedem Tag, den die Seele die Absicht dieses Versprechens lebt, werden Taten gesetzt. Das Versprechen zu lösen, heißt dann nicht gleichzeitig auch die Taten und ihre ganzen Resonanzen, die man gesetzt hat, auch verabschieden zu können. Meist müssen diese durch bestimmte Erfahrungen ausgeglichen werden.

Darf ich kurz fragen: Wenn es gute Taten sind, müssen sie nicht ausgeglichen werden?

Ja, genau.

Und wenn es negative Taten sind? Was ist, wenn jemand unbewusst ist und gar nicht weiß, dass er gerade eine negative Tat tut, wie verhält es sich dann?

Das ist eine sehr wichtige Frage, Sylvia. ***Die Taten, die ihr alle tut, sind verbunden mit euch. Und wirken noch in alle Zeit hinein.***

∞

Das komplexe Konstrukt eurer Taten ist also nichts, das man von heute auf morgen wieder verändern kann. Das wiederum erläutert die Verantwortung, die ihr tragt - für euch selbst in jeder Sekunde. Dennoch ist es natürlich möglich. Wenn jemand unbewusste Taten gesetzt hat. Dann ist er beschützt, jederzeit die ERKENNTNIS dieser unbewussten Taten zu nutzen und um Hilfe zu bitten, diese auszugleichen. Diese Hilfe wird ihm zuteil, indem er neue Möglichkeiten bekommt, neue Herausforderungen. Und er muss dann beweisen, dass er über seinen Mut diesen Ausgleich auch wirklich will.
Der Kosmos schenkt jedem immer wieder die Chance, die Unbewusstheit zu reinigen. Letztlich ist es nur Verunreinigung, wenn du von Unbewusstheit sprichst. Die Verunreinigung selbst aber ist Teil der Inkarnation. Und dadurch ist die Möglichkeit, diese Verunreinigung zu klären, zu reinigen - allein schon durch die erlaubte Bitte -, gegeben. Die Menschen und alle Wesen im Kosmos, die um Hilfe bitten und um Reinigung der Seele, werden diese bekommen.
Der Kosmos gleicht selbst damit aus, was er an Verunreinigung ermöglicht. Verstehst du?

Ja, ich verstehe. Die Tatsache, dass der Kosmos ermöglicht, dass man verunreinigen kann, wird von ihm selbst durch die Tatsache, dass man jeder Zeit um Hilfe bitten kann und dann einen Weg gehen kann, der diese unbewussten Taten wieder ausgleicht, wieder aufgehoben, Richtig?

Ja.

Ich möchte kurz noch einmal genau fragen: Wenn eine Seele unbewusst ist und wenn sie dann eines Tages an einem Punkt angelangt ist, an dem sie weiß, sie möchte sich reinigen, dann ist ihr alles geschenkt, diese Taten auszugleichen, solange sie auf diesem Weg bleibt. Ist das richtig?

Ja. Dieses Buch kann viel dazu beitragen, diese Reinigung zu beschleunigen. Denn Bewusstheit bedeutet auch immer viel Verbindung, und ihr fallt aus der Verbindung, wenn ihr inkarniert. Mehr oder weniger. Diese Verbindung könnt ihr durch Sylvia nun wieder herstellen, indem ihr ihren Informationen folgt. Das ist wie eine Brücke in die andere Welt.

Das hast du schön gesagt. Okay, also jeder Mensch, der unbewusst ist, wenn er verspricht, dass er den Weg der Reinheit und der Liebe gehen will, hat also allen Schutz von deiner Seite und deine Unterstützung, richtig?

Ja. Das ist richtig.

Möchtest du dazu noch etwas sagen?

Es ist wichtig, dass die Formeln immer täglich gesprochen werden.
Der Mensch ist so oft abgelenkt von Aufgaben und Verantwortungen weltlicher Dinge, dass ich euch jetzt schon zu Beginn dieses Werkes aufrufen möchte, dass alles, was wir hier übermitteln, immer und immer wieder wiederholt wird. Denn so dringt es tiefer in eure Schichten und damit in den Kosmos ein. Eure Absicht ist der Schlüssel der Reinigung.
Wer sich reinigen will, der wird es schaffen, so, wie er darum

gebeten hat. Doch ist es letztlich nicht das Außen, das euch reinigt, es seid ihr selbst.
Diesen Weg müsst ihr alle alleine gehen. Jeder für sich.

Das bringt uns wieder an den Punkt, an dem wir das letzte Mal von der Eigenverantwortung gesprochen haben. Ich möchte gerne den Begriff „innerer Tempel" einführen. Wenn die Menschen diesen Weg gehen, dann gehen sie also in ihren inneren Tempel. Was hältst du davon, wenn wir das so formulieren?

Das finde ich großartig und richtig. Denn so ist es. Dieser Tempel ist leer. Nur ihr seid dort. Ganz für euch alleine. Die Fragen, die ihr habt, stellt sie in diesem Tempel, also in der Stille, in euch. Fragt nicht im Außen, fragt nicht die Menschen im Außen, sondern findet die Antworten in euch. Die Hilfe der Geisterwelt und des Kosmos ist euch immer zuteil, solange ihr euch liebevoll und lichtvoll in seine Richtung begebt. Die Bezeichnung „Tempel" ist also wunderbar, und wir werden sie noch oft nutzen.

Also zum Zusammenfassen für alle Leser: Es ist sehr wichtig, dass man versteht, dass man die Eigenverantwortung zu 1000 Prozent trägt. Denn wenn alle Menschen in Eigenverantwortung liebevoll handeln, dann ist die Welt eine liebevollere, richtig?

Ja.

Eine mit weniger Gier, Hass, Geiz, richtig?

Ja, das ist relativ. Die Menschen werden immer auch hassen und gieren, doch wenn der Ausgleich in liebevollen Taten geschieht, dann ist das in Ordnung. Solange kein Lebewesen zu Schaden kommt dabei.

∞

Ein Tag der Reinigung

Was möchtest du den Menschen mit auf den Weg geben, wenn sie jetzt die ersten praktischen Tipps bekommen, um ihr Leben in ihrem inneren Tempel zu verbringen?

Das Wichtigste im Leben ist die Reinigung und damit die Reinheit.
Der Mensch verunreinigt, wenn er inkarniert. Das bedeutet, dass die Seele verunreinigt, wenn sie in den menschlichen Körper inkarniert. Dieser Prozess ist wie er ist und das Entschleunigen der Energie in einen langsamen Zustand hinein will diese Erfahrung auch machen. Daher ist die Verunreinigung nichts Negatives, sondern Teil des kosmischen Planes, den wir hier immer wieder benennen werden.
Die Verunreinigung der Seele im Inkarnationsprozess bedeutet, dass ihr die Impulse, die Signale und helfenden Wesen aus dem Kosmos nicht mehr so klar wahrnehmen könnt, wie das ohne Körper der Fall wäre. Die Kraft der Seele wird schwächer, da der Körper immer mehr und mehr Kraft braucht um zu wachsen und zu leben. Eure Art zu leben, verlangt das „nach außen gerichtet sein", und so wird die Verbindung in die geistigen Welten täglich schwächer und schwächer. Die Verbindung kann soweit verunreinigen, dass der Mensch glaubt, er sei völlig abgeschnitten von anderen und lebe nur einmal.
Dem ist aber nicht so, liebe Menschen.
Die Seele ist verbunden mit der kosmischen Quelle, immer da,

und die Quelle erlaubt es, die Erfahrung in einem Kokon wie dem menschlichen Körper zu erfahren.
Dennoch verlangt sie auch, dass die Verbindung zu ihr bewusst wahrgenommen wird, denn nur so ist die Liebe in dem Kokon, wie ich es gerne nenne, auch spürbar. Das eine hängt mit dem anderen zusammen.
Und bitte verstehe mich nicht falsch, der Kosmos erlaubt alle Formen des Seins, doch besteht die Verantwortung der Energien in dieser Erlaubnis, weiter, nicht negativ, in diese Form, die sie grade bewohnt und belebt, zu wirken. Die Liebe sollte unser höchstes Gut sein und weiterleben in allen Formen des Seins.

Du hast gesagt, die Quelle verlangt, dass man die Verbindung hält. Wie meinst du das?

Das meine ich natürlich nicht wie ihr „verlangen" versteht. Ich meine es als eine Art energetisches Gesetz. Die Verbindung zur Quelle ist nötig wie ein Wasserstrahl die Blumen tränkt, so braucht ihr, eure Seele, die Kraft der Quelle. Diese kann aber nicht blühen und kraftvoll sein, wenn die volle Aufmerksamkeit auf ganz andere Dinge gerichtet ist, die körperlich und egoistisch ist. Das ist alles in Ordnung und Teil des Kosmos, dennoch bittet die Quelle, die Verbindung zu ihr zu halten, damit die Impulse, die ihr in eurem Kokon lebt, nur liebevoll und friedvoll sind.

Nun, du weißt in welcher Zeit die Menschheit sich gerade befindet, und dass es nicht so ist, dass tagtäglich jeder in jeder Sekunde seine Impulse in Liebe, Licht und Friede lebt. Vielmehr taumeln sie von einem Ort zum nächsten, von einem Zustand in den nächsten und von einem Tag in den nächsten. Was raten wir diesen Menschen? Wie kommen sie aus dieser Verunreinigung heraus?

Das ist eine schöne Frage. Denn genau das möchte ich weitergeben:
Die morgendliche Besinnung ist das Erste, was ihr bitte tut. Dabei redet mit euch selbst. Beginnt zu fühlen, wer ihr seid, was ihr wollt, wo ihr hinwollt, meditiert und visualisiert, wo ihr einmal sein wollt. Immer im Ziele der Liebe. Wer leben will ohne Sorgen, der soll dies formulieren. Wer leben will in Fülle, der soll dies formulieren. Doch all dies sollte formuliert sein in Liebe.

Also meinst du, am Morgen sollen die Menschen beten. Gibt es jemanden, den sie anrufen sollen bei diesem Gebet?

Das ist nicht wichtig, wen sie anbeten. Es ist wichtig, welche Ziele sie haben. ***Es ist das Ziel, das entscheidet, wohin du deine Taten und Entscheidungen lenkst, egal wen du anrufst.***
Die Bitte wird im Kosmos erhört, wo auch immer man ist, wo auch immer man sich befindet und egal, vor welcher Statue oder vor welchem Symbol man kniet, während man diese Ziele bittend formuliert.
Das ist also nicht an eine Form gebunden, nur das Ziel zählt.

Ich habe verstanden. Möchtest du den Menschen, wenn sie beten, noch eine andere Übung mitgeben?

Ja, noch viele.

Die nächste Übung, die die Menschen am Morgen tun sollten, ist das Dreieck. Die Verbindung der beiden Arme mit dem Kosmos. Fühlt wie die Kraft aus euren Händen fließt und der Kosmos diese Kraft erwidert und speist. Die dritte Kraft ist der Kosmos. Die beiden Arme jeweils eine. Rechts und links.

Was passiert, wenn man das tut?

Dabei beginnt der Körper sich zu weiten und die Ausrichtung der Seele weiter und liebevoller zu werden, da die Wahrnehmung nicht mehr auf das rein Körperliche gelenkt wird, sondern beginnt, den Kosmos zu erfühlen.

Gut und während sie das tun, sollen sie dabei nicht doch jemanden anrufen? Es hilft den Menschen, wenn sie sich konkret an jemanden wenden, vielleicht eine Energie personifiziert anrufen.

Das ist nicht nötig, doch ich verstehe deine Frage.
Diejenigen unter euch, die glauben, dass Figuren nötig sind, um die Verbindung zu fühlen, diejenigen können versuchen, den Kosmos zu fühlen. Die Weite, seine Größe, die Liebe und die Kraft in ihm, als Ganzes fühlen. Es ist nicht leicht, doch ist es leicht. Es ist eine Frage der Erwartungshaltung. Wer nicht erwartet, dass er nun eine Energie fühlt, die greifbar, personifizierbar, ansprechbar ist, der ist in der Anrufung des Kosmos besser als derjenige, der eine mit menschlichen Geist verständliche Form erwartet.

Was ist mit denjenigen, die bereits eine Form anbeten? Es gibt alle möglichen Gläubigen, wie zum Beispiel die Christen, aber auch andere Religionen… sollen die nicht vielleicht einfach ihren Gott anrufen?

Das können sie, solange dieser Gott das ist, was sie als ihre liebevolle, höhere Instanz erkennen und akzeptieren, dann ist es egal, wie der Name dieser Energie ist.

Okay, verstehe. Also wir fassen zusammen. Man stelle sich hin, nicht hinlegen.

Ja.

Mit beiden Füßen wahrscheinlich auf den Boden. Also ohne Schuhe, richtig?

Das muss nicht unbedingt sein, doch ist es förderlich.

Dann hebe man beide Arme zur Seite, richtig?

Das ist relativ egal. Die beiden Arme können auch nach oben gestreckt werden oder direkt vor das Herz. Die Frage ist nicht, wo die Arme sind, die Frage ist nur, was ihr empfindet, während ihr das tut, was ihr tut.

Ich stelle mir vor … ich nehme die Arme zur Seite, zu einem Kreuz und versuche mit meinen Handflächen den Kosmos zu empfinden, den Geist in den Kosmos zu richten und beginne währenddessen, meine Bitten in den Kosmos zu formulieren.

Das ist richtig. Die meisten Menschen nehmen dazu ihre

Hände zusammen, um zu beten, doch ist die Handfläche geöffnet, ist es leichter zu empfinden.

Wenn sie dann so stehen und beten, was gibt es als Nächstes zu beachten?

Der Kosmos hört alles, deswegen ist es wichtig, dass ihr die Worte, die ihr formt, liebevoll und lichtvoll formt. Die Resonanzen auf diese Worte beginnen nämlich sofort im Kosmos zu wirken.

Und dann?

Und dann, wenn ihr fertig seid, beendet die Kommunikation mit einem „Danke".

Und dann? Kommt dann noch etwas? Es gibt Menschen, die wollen dann bestimmt Amen sagen.

Das ist relativ egal, denn die Absicht dahinter ist wichtig. Ein Abschluss muss geschaffen werden, damit alle Energien beginnen können zu fließen.

Verstehe.

Der liebevollste und kraftvollste Impuls ist, wenn man „Danke" sagt und „Liebe" zugleich.

Also meinst du, man soll „Danke - Liebe" oder „Liebe - Danke" sagen …?

∞

„Danke - Liebe".

Okay verstehe. Wie würdest du den Menschen bitten weiterzugehen?

Der nächste Schritt ist das energetische Kreuz. Dazu bitte bleibt stehen und faltet die Hände nun, wie Sylvie eben benannt hat, neben euch auf wie einen Falter.

Also die Arme ausgebreitet, als ob wir mit unserem Körper ein Kreuz bilden, richtig?

Ja. Dann bleibt so stehen und sprecht folgende Worte:

„Ich verbinde mich mit der Kraft des Kosmos und bitte nun um die Kraft von Oben."
Dann entsteht ein Gefühl, als würde man Wurzeln unter seinen Füßen bekommen.
Dann beginnt die Energie durch den Menschen noch stärker zu fließen, da die Bitte wirkt.
danach bitte folgendes sprechen:
„Ich bitte um die Verbindung mit dem Kosmos und bitte um die Kraft von unten."
Danach bittet den Kosmos um die Kraft in die Hände, mit folgenden Worten:
„Ich bitte um die Verbindung mit dem Kosmos und bitte um die Kraft von links."
Fühlt wie die Energie von links in Richtung eures Herzens fließt. Ist diese Kraft im Herzen dann spürbar, weiter:
„Ich bitte um die Verbindung mit dem Kosmos und bitte um die Kraft von rechts."

Alle diese Kräfte fließen nun im Herzen zusammen, dort wo das Verbindungstor in die Seele ist.
Dann atmet der Körper meist tiefer, weil er die Kraft der Seele beginnt noch deutlicher zu spüren. Die Aufmerksamkeit ist nun im Herz und dort kann diese Kraft noch etwas nachempfunden werden. ***Die Menschen, die ihre Herzenswünsche noch etwas formulieren möchten, können nun die Hände langsam zusammenfalten vor ihrem Herz und weitere Gebete sprechen.*** *Diese Worte werden nun mit dieser zentrierten Energie noch kraftvoller in den Kosmos gegeben.*

Dann haben die Menschen also gebetet und die Zentrierung erfahren, sie haben sich nach oben und unten verbunden, und sie haben die Kräfte von links und rechts bekommen. Alles sammelt sich im Herzen und verbindet sich dort. Als Nächstes beginnen sie dann vielleicht mit der Formulierung ihrer Bitten für den Tag, oder der Bitten für die Ziele des Seins, um diese Kraft wieder in die Welt hinauszusenden, richtig?

Ja.

Was möchtest du nun den Menschen raten?

Diese Kräfte beginnen nun im Kosmos zu wirken und jeder Schritt sollte in Einklang mit diesen Worten beginnen. Als Nächstes sollte die Waschung kommen. Beginnt den Tag mit einer Waschung der Kräfte der Nacht. Wie jeder das mag.

Also in meinen Worten würde ich sagen, der eine geht duschen, der andere wäscht sich nur so.

∞

Genau.

Und gibt es jetzt etwas zu beachten, wenn man in die Welt hinausgeht?

Das Wichtigste ist nun, bevor ihr in die Welt hinausgeht, um euren Taten zu folgen, die Bitte um Schutz. Dazu gibt es viele Möglichkeiten.
Die leichteste Übung, um Schutz zu bekommen, ist ***ein Wesen des Schutzes anzurufen, das euch begleiten soll und bei euch bleiben soll,*** *wenn ihr in der Welt wirkt. Die Namen dieser Schutzfiguren sind mannigfaltig, daher sollte jeder für sich herausfinden, welche Form er als beschützende Form wählt. Du kennst doch sicher auch die Talismane der Menschen.*

Ja, stimmt, das sind von Steinen bis Puppen alles …

Das können solche Formen sein, die die Menschen um Schutz bitten.

Was geschieht dabei?

Der Mensch bittet eine „Energie des Schutzes" ihn zu beschützen. Die Form, das Objekt, das er dabei anspricht, ist nur eine Art „Brücke" in die eigentliche Energie, die über das Betrachten des Objektes leichter erreicht wird.

Ja, das macht Sinn. Also hilft die Form, die man wählt, der Bewusstwerdung, dass es eine Energie gibt, die einen beschützt. Schaut man sie an, wird man sich dieser deutlicher bewusst und sie kann deutlicher wirken, weil man sich ihr öffnet. Habe ich das richtig verstanden?

Das hast du toll erklärt. Denn genau so ist es.

Dann geht man also in die Welt hinaus, nachdem man einen Schutzgeist angerufen hat, der einen beschützt.

Ja.

Was kann man noch tun?

Das Nächste, was man tun kann, ist; man nimmt reinigende Kräuter oder Harze mit sich in die Tasche, diese bleiben dann im Aurafeld der Menschen und dort können sie dauerhaft reinigend wirken. Ich möchte betonen, dass die Kräuter die Auraschichten reinigen können, doch nicht den Geist. Das bedeutet, ich würde empfehlen, dass ihr beides tut. Nehmt Kräuter/Harze mit und nehmt die Bitte an das schützende Wesen zusätzlich wahr.

(Anmerkung der Vermittlerin: Kräuter bzw. Harze sind in seiner Bezeichnung immer so etwas wie Weihrauch oder Salbei)

Du hast gesagt, es gibt noch andere Möglichkeiten, was denn zum Beispiel noch?

Sehr viele. Einige können bestimmte Symbole tragen, die sie schützen können. Darüber gibt es Literatur, die euch hilft,

schützende Symbole zu benennen.
Doch rate ich auch immer selbst zu schauen, welche Dinge mit einem in Resonanz gehen. Nicht alles, was den einen schützt ist auch für den anderen hilfreich. Daher bitte ich um besondere Sorgfalt bei der Auswahl der Symbole, die euch schützen sollen.

Was ist noch wichtig?

Die Formulierung der Erlaubnis. Die Erlaubnis ist mit großer Vorsicht zu behandeln. Denn, um um Erlaubnis zu fragen, braucht man viel kosmisches Wissen. Dennoch ist es wichtig, dass wir diese Möglichkeit benennen. Denn der ein oder andere Leser dieser Zeilen wird weit genug sein, die Verantwortung, die damit einhergeht, zu tragen.
Die Erlaubnis ist der größte kosmische Hebel, um die Kräfte des Kosmos zu bewegen. Der Mensch kann diese Hebel, wie ich es nenne, bewegen mit seinem freien Willen. Dennoch ist jede dieser Bewegungen wie in einem vielfältigen Meer aus kraftvollen Energien vorsichtig zu behandeln. Ist ein Mensch klar und rein genug, dies zu tun, so kann er beim Verlassen des Hauses oder der Wohnung, um Erlaubnis bitten, in der Welt den wahren lichtvollen Energien zu dienen.
Doch gleichzeitig kann er auch die ***Nicht-Erlaubnis*** *aussprechen, indem ihr beim Verlassen des Hauses benennt, was ihr nicht erlaubt. In etwa: „Ich erlaube nicht, dass negative Kräfte meinen Tag bestimmen. Ich erlaube den liebevollen und lichtvollen Energien des Kosmos mich zu begleiten und zu führen.“*
Diese Erlaubnis gleicht einer Einladung, die mit Vorsicht zu

genießen ist. Die Kräfte des Kosmos bleiben verbunden, bis wir die Verbindung lösen. Selbst dann sind wir nie alle voneinander getrennt. Dennoch bedeutet die Einladung wie auch die Erlaubnis, eine große Verantwortung zu tragen, für sich selbst, für alle resonierenden Energien sowie die Kräfte, die man ruft.
Die Nicht-Erlaubnis dagegen bedeutet eine deutliche Kommunikation der Begrenzung, die man auf Grund seines freien Willens ziehen darf. Diese Grenze ist wiederum nur geistig, nicht energetisch. Doch dazu werde ich ein andermal noch mehr berichten, wenn wir das Thema Erlaubnis noch tiefgreifender erläutern. Es ist ratsam, das Thema separat zu behandeln.
Nun haben wir die fünf Regeln der beginnenden Hilfe aufgezeichnet. Diese fünf Regeln könnt ihr jederzeit und jeden Tag wandeln, doch bleibt bitte bewusst und handelt immer in Licht und Liebe.

Gut, dann gehen die Menschen in den Tag hinaus. Gibt es denn nun irgendetwas, was sie weiterhin zu beachten hätten? Sie haben um Schutz gebeten und sie haben gleich am Morgen ihre Wünsche und Ziele formuliert. Gibt es etwas, was sie im Laufe des Tages beachten sollen?

Die Kraft muss hell bleiben. Das heißt, die Menschen sollen darauf achten, dass die Energie bei ihnen durch den ganzen Tag hinweg lebendig und liebevoll fließt. Spürt ihr Kraftlosigkeit, dann reagiert darauf und nehmt euch einen Moment der Stille. Spürt ihr Angst, dann begebt euch in einen anderen Zustand, der euch wieder in das Vertrauen bringt.

∞

Bleibt miteinander verbunden in Liebe und die Möglichkeiten und Chancen des Schicksals werden sich euch offenbaren.

Sollen Sie vielleicht noch ein paar Dinge wissen, was das Essen angeht? Wir müssen uns schließlich im Laufe des Tages ernähren. Hast du dazu ein paar schöne Tipps?

Das habe ich. ***Bitte achtet darauf, dass das Essen reinigend wirkt.*** *Die Verköstigung von Fleisch ist nicht rein und die Verköstigung von Schweinefleisch ist es am allerwenigsten.*

Warum ist das so?

Das ist die Art des Wesens des Tieres, des Schweines, die vielfressend, ungefiltert isst, was es vor die Nase bekommt. Diese Tiere können leider nicht filtern, was positiv und was negativ für ihren Körper ist. Deswegen nehmen sie durchaus viele negative Felder auf. Die Art wie sie leben wiederum verschlimmert die Programmierung, wie ihr es nennen würdet, der Körper, also des Fleisches dieses Tieres. Und diese negative Nahrung sowie die negative nicht verbundene Haltung dieser Tiere lässt das Fleisch negativ strahlen. Ich meine mit negativ nicht die beiden Pole, die ihr in eurer Schule lernt, die Pole von Strom. Die Negativität, die ich meine, ist die Kraftlosigkeit von kosmischen Energien. Kraftlosigkeit bewirkt Bewusstlosigkeit und Bewusstlosigkeit erschafft weitere negative Energiefelder. Diese Tiere nehmen negative Energiefelder auf und transformieren sie nicht. Das wiederum bedeutet, dass ihr im Verzehr dieses Fleisches diese negativen Energiefelder wieder aufnehmt. Das solltet ihr vermeiden.

Wasser solltet ihr viel trinken, denn es ist mit eines der besten Möglichkeiten die Reinigung voranzutreiben. *Dennoch bitte ich folgendes zu bewahren: Das Wasser ist, wie ihr in eurer Sprache sagen würdet, „programmierbar"- Man kann es besprechen. Das ist wichtig, damit ihr wisst, dass es die Möglichkeit gibt, dass ihr Nahrung in Form von Getränken zu euch nehmt, die besprochen sind. Wer sich ein wenig energetisch auskennt, weiß, dass man Wasser liebevoll besprechen kann und diese Kraft bleibt in ihm erhalten, und dann beginnt die Nahrungsaufnahme dieser besprochenen Energien über das Wasser. Das kann natürlich in alle Richtungen angewandt werden. Die positive Besprechung ist die einzig richtige Richtung.*

Der Verzehr von versüßten Dingen ist auch nicht nur positiv. Denn diese Droge Zucker benebelt den Geist wie eine Droge. Dies ist nicht zu unterschätzen. Nur weil es nicht als Droge in eurer Welt bezeichnet wird, ist es dennoch etwas, wovon ihr abhängig werden könnt und bei Entzug sehr in Ungleichgewicht fallt. ***Daher bitte ich darum, die Aufmerksamkeit sehr auf die Verringerung des Konsums von Zucker zu legen.***

Des Weiteren bitte ich festzuhalten, dass meine Erfahrung gezeigt hat, dass die Konzentration der Menschen weniger wird, wenn sie die Kraft der Sonne erleben. Doch ist dies genau verkehrt. Die Sonne kann euch helfen, die Konzentration und Kraft wieder zu finden. Doch wisst ihr nicht wie. Daher bitte, kommuniziere den Menschen, dass es wichtig ist, in ruhigen Momenten der Stille sich ***kurz mit der Sonnenkraft zu verbinden.*** *Diese Kraft hilft uns über viele Zustände hinweg. Die Kraft der Sonne bereichert eure Seelen mit viel Kraft. Diese Kraft verliert ihr, wenn ihr nicht in Verbindung mit der Sonne* *steht, daher beginnt dann eine Art Teufelskreis, wie ihr es nennt, denn wenig Kraft bedeutet wenig Bewusstheit. Wenig Bewusstheit bedeutet falsche Entscheidungen. Falsche Entscheidungen bedeuten Verunreinigung und damit viele negative Felder. Dies ist ein Teufelskreis, der letztlich über die Kraft der Sonne begonnen werden kann zu beenden.*

Bitte versuche ein bisschen detaillierter zu beschreiben, wie die Menschen sich mit der Sonne verbinden können.

Es ist sehr leicht, mit der Sonne in Kontakt zu treten. Teilweise reicht ein Blick mit geschlossenen Augen in die Richtung, wo die Sonne scheint, um ihre Kraft und Wärme zu fühlen. Die Momente dieser Erfahrung können euch eine vielfache Krafterhöhung schenken, als ihr erreicht, wenn ihr nur im Bett liegt und oder meditiert. Die Verbindung mit der Sonne ist essentiell, weil sie die Quelle des Lebens ist und gleichzeitig auch die Quelle verschiedener anderer Energien, die ihr nicht wahrnehmen könnt. Besonders eurer Seelenkraft.

Und sehe ich das richtig, dass diese Ausrichtung auf die Sonne auch nur mental geschehen kann und nicht mit einem wirklichen Blick mit geschlossenen Augen in die Sonne einhergehen muss?

Es geht darum, sie zu fühlen ... das kann man auch über die Erinnerung an das Gefühl. Man sollte mit der Wahrnehmung in ihre Richtung fühlen. Das heißt, nehmt alle eure Wahrnehmungen von der Außenwelt weg und richtet sie in die Richtung der Sonne. Dann beginnt eine Art Brücke zu entstehen, die die fließende Energie zwischen euch und der Sonne noch

bewusster macht.
Dann ist es aber auch möglich, mit ihr in Kontakt zu treten über Meditation. Dabei beschleunigt die Kraft der Seele um ein Vielfaches durch die Kraft der Sonne. Doch muss jeder für sich selbst entscheiden, wann und wie er diese Quelle der Kraft fühlen will.
In jedem Fall aber rate ich euch, im Laufe des Tages mehrfach dies zu leben.

Was möchtest du als nächsten Schritt beschreiben, wenn wir den Tagesablauf eines Menschen weiter abschreiten wollen?

Der nächste Schritt ist der Abend. Wenn die Energie der Sonne beginnt sich zu verringern, dann ist dies der Moment, um verschiedene besondere Energien in euch zu erfühlen. ***Die Nacht bringt das Licht in euch zum Scheinen. Der Tag bringt das Licht um euch hervor. Daher gilt: Wer es kann, versuche abends in die Meditation zu gehen.*** *Das kann viele unterschiedliche Formen haben.*

Wenn man den ganzen Tag draußen herumgelaufen ist, sich an Arbeitsplätzen und in Flugzeugen usw. aufgehalten hat, dann kann man sich doch nicht einfach hinsetzen und sagen: So, und jetzt meditiere ich. Gibt es da nicht eine Art Übergang?

Das ist richtig, danke. Das ist gut, dass du so genau nachfragst. Natürlich baucht es eine Art Übergang.
Ich rate den Menschen deshalb, dass sie ***bereits erste Momente nach der Arbeit versuchen, in die Stille zu gehen. Davor bitte ich jeden, die Hände zu waschen und den Mund.***

Dort liegen viele Energien und wenn wir das Wasser nutzen, um dies kurz zu reinigen, hilft dies der Stille. ***Dann nach der kleinen Waschung begebt euch in die Stille.*** *Lauscht, was sich euch hinter der Dunkelheit eurer Wahrnehmung zeigen mag. Lauscht den Gefühlen, den Worten und den Sinnen, die ihr habt. Dabei kann viel verarbeitet werden, doch* ***ist das Hauptaugenmerk dieser Übung die Weite der Seele,*** *die nach einem Tag voller verdunkelter Wahrnehmung nun ihr Licht zeigen darf.*

Das heißt, es steht jedem frei, was er jetzt macht. Ob er jetzt Mudras, Mantras, Trommeln nutzt ... alles mögliche ist erlaubt, richtig?

Das ist richtig. Solange es die Stille als absolutes Ziel hat.

Verstehe, also nach dem Krach machen, leise machen.

Genau.

Gut, und dann? Soll man dann zu Abend essen oder wie?

Wer weise handeln will, nimmt ***nur etwas Leichtes zu sich.*** *Nicht unbedingt schwere Kost wie Fleisch oder Kohlenhydrate. Ich möchte an dieser Stelle darauf hinweisen, dass der Körper nicht darauf ausgerichtet ist, Fleisch oder andere doch sehr schwermütige Produkte zu verdauen. Das Beste wäre leichte Kost, die den Körper nicht belastet. Doch ich weiß, dass es dazu schon viele Erkenntnisse gibt, die ich nicht hier erläutern möchte.* ***Erkundigt euch, was das Beste für euren Körper ist und lebt es.*** *Die Impulse, die ich gebe, sind* *vor allem energetisch, und ich meine, dass* ***jegliche fleischige Nahrung nicht rein ist*** *und wer reinigen möchte, braucht auch reine Nahrung.*

Wenn du sagst, Fleisch ist nicht rein, was ist denn dann rein?

Das Beste ist Gemüse am Abend zu essen.

Okay und dann, wenn man sein Abendessen zu Hause gegessen hat, möchtest du vielleicht noch eine Regel nutzen oder eine Regel einführen ... wenn wir essen, wie können wir das Essen positiv laden?

Es ist relativ leicht und wurde früher auch mehr praktiziert. ***Die Menschen können durch den Dank an das Mahl verunreinigte Formen entfernen.*** *Der Dank muss aus tiefem Herzen erfolgen. Dann wird das Essen positiv aufgeladen. Diese Ladung nehmen die Menschen dann auf und damit dann positive Energie.*
Der nächste Schritt ist die Waschung vom Tage. Vermittle den Menschen bitte, dass sie erste Wandlungen dadurch vollziehen können.
Wenn es negative Erfahrungen gab aus dem Tag, dann können diese hier verwandelt werden in positive. Dazu braucht ihr das Gefühl, das ihr hattet während der negativen Erfahrung, und nun fühlt das Wasser, wie es diese negativen Felder und die negative Erfahrung einfach von euch spült. Dabei ist es hilfreich, die Form der Reinigung wie eine Lichtdusche zu empfinden. Wer in Licht duscht, fühlt, wie die Negativität durch den Abfluss abfließt. Wer sich badet, stellt sich vor, in Licht zu baden und diese lichtvolle Kraft bei sich zu halten.

∞

Nur die negativen Felder verlassen durch den Abfluss den Raum, dann bleibt die positive Ladung bei euch. Und damit ist ein weiterer größerer Schritt in die Reinigung erfolgt.

Gut und jetzt? Wenn die Menschen schlafen gehen ...

Das ist wichtig. Wenn ihr schlafen geht, bitte ich euch folgende Punkte zu befolgen:

1) Betet und bedankt euch für den Tag und seine Erfahrung.

2) Bedankt euch für die Kraft und die Führung des Lichtes.

3) Dann bittet den Schutzgeist um Schutz für die Nacht und lasst euch davon weiter umarmen. Ich sage umarmen, weil die schützende Kraft der Energien, die schützen können, wirklich wie eine Art Decke oder Wolke fühlbar ist, die sich um einen legt. Also, stellt euch vor, wie die warme, liebevolle Energie einer Schutzwolke die Form eures Körpers umschließt. Dann ist der Schutz vollbracht.

4) Dankt dem Schutzgeist und bleibt in diesem Gefühl.

5) Dann könnt ihr gerne noch zum Einschlafen eine bestimmte Reise formulieren, die ihr in dieser Nacht mit der Seele vollziehen möchtet. Dies geht tief in euer Unterbewusstsein und wird von dort aus weitergeführt, während ihr im Bewusstsein schlaft.

Was ist mit der Erlaubnis in der Nacht?

Das ist nicht nötig, da hier der Schutz des Schutzgeistes reichen sollte. Es ist nicht wirklich nötig, dennoch kann die Erlaubnis oder Nicht-Erlaubnis auch angewandt werden, doch wie ich schon betont habe, nur für höhere Geister. Dies ist die hohe Schule des Kosmos, die dies erlaubt.

Und was ist mit der Einladung?

Nein, keine Einladung. Das wäre kontraproduktiv dem reinigenden Prozess gegenüber. Denn die Wesen der Reinigung verbinden sich mit euch, während ihr das Ziel eurer Seele formuliert und sind dann immer bei euch, auch des Nachts. Gerne könnt ihr natürlich die Einladung der Wesenheiten der Reinigung noch einmal aussprechen, doch ist dies nicht geschehen, ist dies auch nicht schlimm.

Nun sind die Menschen schon im Bett, gibt es noch irgendetwas, was man noch tun kann, was man wissen müsste?

Damit beginnt alles den Weg der Reinigung, was noch nicht gereinigt ist.
Diesen Prozess und Weg sollte man nun jeden Tag weiterleben. *Besonders zu Beginn dieses Weges ist die* ***Disziplin*** *sehr wichtig. Denn der Kosmos prüft genau, wer WIRKLICH um die Reinigung bittet und wer nicht. Die Bitten werden erhört. Das Reinigen beginnt.* ***Doch wer nicht konzentriert ruft, wird auch nicht weit reinigen können.***

∞

Das habe ich verstanden. Gibt es noch etwas, das du zum Abschluss dieses Kapitels hierzu sagen möchtest?

> ***Die Menschen sollen bitte jede freie Minute nutzen, die Kräfte in sich zu konzentrieren. Reinigung ist wichtig und wer reinigt, ist weiter im Sinne von der Weite in seiner Seele. Er reinigt also nicht immer nur seinen Körper, sondern auch immer seine Seele mit. Dies wird belohnt mit dem Gefühl der Freiheit und Liebe, das mehr und mehr euer Leben bereichern wird. Nicht Mangel und Angst sind es, die den Tag vollziehen, sondern Liebe und Licht. Wer also die Möglichkeit hat, den Tag noch mehr der Reinigung zu widmen, ist in jedem Fall auf dem richtigen Weg.***

Was ist denn mit den Menschen, die Kinder haben und dadurch ständig im Außen abgelenkt sind? Wie soll man denn dann diese Ruhemomente finden, die so wichtig sind, wie du gerade sagst?

> *Das ist tatsächlich nicht so einfach, doch wer wirklich reinigen will, findet die Möglichkeit, den Moment der Stille in sich zu finden, den es braucht, um jeden Tag ein kleines Stück mehr zu reinigen. Ich weiß, dass es geht. Doch ich weiß auch, dass man dazu konzentriert und wirklich bereit sein muss.*
> ***Daher bitte ich euch um Mut und Hingabe, diese kleinen Stufen zu gehen, jeden Tag ein Stückchen mehr. Ihr werdet reich belohnt, reich an Licht, Kraft und Liebe in euch. Dieses Gefühl ist das höchste Gut im Kosmos, denn es bleibt bestehen und vergeht nie, wenn ihr es reinhaltet. Diese Verantwortung liegt bei jedem von euch.***

Zusammenfassung:

1) Morgendliche Besinnung
2) Das Dreieck zur Öffnung
3) Das Kreuz zur Zentrierung
4) Die Bitte mit der Herzenskraft
5) Waschung

6) Die 5 Regeln des Schutzes:
   a) Die Bitte um Schutz
   b) Schutzwerkzeuge
   c) Die Erlaubnis
   d) Die Nicht-Erlaubnis
   e) Die Einladung

7) Halte täglich die Verbindung mit der Sonne
8) Meditation
9) „Reine“ Nahrungsaufnahme
10) Waschung
11) Dank und Gebet für die Nacht
12) Schutz für die Nacht

∞

Wandlung

Kommen wir nun zum Thema „Wandlung". Prozess der Wandlung, hast du es genannt, lieber Freund. Ich bitte dich jetzt zu beginnen, was du zum Thema Wandlung sagen möchtest. Ich weiß nicht genau, wo du ansetzen möchtest, da es ein sehr komplexes Thema ist, aber bitte beginne einfach. Wie möchtest du das Thema aufbauen?

Die Wandlung ist wichtiger Bestandteil des Kosmos, und jedes Wesen sollte verstehen, wo, wann und wie Wandlung vollzogen wird. Ich möchte als Erstes die Begriffe besser formulieren. Du hast nun schon mehrfach lesen können, dass die Kraft der Seele viel von der Verunreinigung ihrer Energie abhängig ist.

Die Seelen beleben Körper, um in diesen verschiedenen Formen Erfahrungen zu sammeln. Die Transformation einer jeden Kraft ist wichtiger Bestandteil des Prozesses der Erfahrungen.

Wenn eine Seele inkarniert, so beginnt sie die erste Form der Wandlung zu vollziehen. Indem sie beginnt einen Körper mit Bewusstsein zu füllen. Diese erfolgte Befruchtung erschafft mit dem Organismus eine Art Kokon, in den die Seele taucht, um dort nun die nötigen Erfahrungen zu sammeln, um wachsen zu können. Diese neue Form, in die sie schlüpft, ist körperlich und damit weit empfindlicher als die reine Energie. Die Energie kann nie vergehen, der Körper kann es. Das bedeutet, dass ab Beginn dieses Prozesses die Energie nun besonderen Prozessen ausgeliefert ist, die alleine mit dem Kör-

perlichen einhergehen. Dieser Umstand bedeutet, dass die Lebensabläufe viel Kraft und viel Aufmerksamkeit ziehen, die weiterhin verunreinigend wirken können. Das alles zusammen bedeutet eine konzentrierte Herausforderung an die Seele, nicht ganz zu verunreinigen. ***Denn mit jedem Moment der Verunreinigung verliert sie an Kraft.***

Ich möchte die Problematik gerne noch etwas intensiver betrachten. Der Mensch glaubt immer, die Dinge seien alle voneinander getrennt. Doch ist dies nie der Fall. Die lebensnotwendigen Prozesse des Körpers brauchen viel Kraft. Diese Kraft kann er aus der Nahrung ziehen, doch auch aus der Seele selbst, die viel Energie besitzt. Das ist wie eine Biene, die den Stock belebt. Es ist kein Bienenstock, der lebt, sondern es ist ein System, das erschaffen wird von vielen kleinen Bienen, die letztlich dort viel Kraft aufbringen, um ihre Aufgabe dort zu vollziehen. Der Mensch ist die Wabe, und die Biene ist die Seele.

Diese Metapher soll euch erläutern, wo die Quelle eurer Schaffenskraft sitzt. Es ist nicht der Körper und auch nicht euer Geist, der durch das Ego gelenkt wird. Es ist ausschließlich eure Seele, die den Weg beginnt und beschreitet. Wer wahrnimmt, dass die Biene in euch lebt, soll freudig lachen, denn ihre wache Kraft ist ein Geschenk des Schicksals. Zurück zu der Komplexität. Die Menschen sind nicht nur der Körper, der sie glauben, dass sie es sind. Die Menschen sind verwandelte Energie des Kosmos in vielen Formen.

Die erste Wandlung beginnt mit der Inkarnation *und wandelt nun weiter und weiter.* ***Die Jahreszeiten des Lebens sind Wandlungsprozesse des Körpers, die der Seele gleichzeitig die Möglichkeit geben, diese Wandlung mitzuerleben und in***

jeder ihrer Farben die jeweiligen Erkenntnisse zu formen. *Die Biene kann weitere Waben erschaffen, doch niemals kann sie die Wabe befruchten. Ich meine damit, dass die Körper nur weitere Körper erschaffen können. Doch niemals kann eine Seele in einem Körper eine weitere Seele erschaffen, das ist unmöglich. Die Wandlung, die ich anspreche, ist die Wandlung der Kräfte IN euch. Die erste Wandlung ist die Inkarnation, in der die Seele verkleinert und verengt in den Körper tritt. Die Jahreszeiten des Lebens bereiten ihr weitere Möglichkeiten der Wandlung. Doch bedeutet dies nicht, dass die Seele reiner werden muss.*

Die Wandlung ist Potenzial in alle Richtungen zugleich. *Doch was genau meine ich, wenn ich von Wandlung rede? Die Wandlung ist die Veränderung der Frequenz in euch. Es ist wie eine Farbe, die ihr euch vorstellen müsst, die ihr seid. Manche sind auch ein Farbenmix. Doch diese Farben können wandeln wie die Lichter des Kosmos.*

Lieber Freund der Indianer, ich kenne die Lichter des Kosmos nicht. Was meinst du damit?

Die Kräfte des Kosmos sind Lichter und auch sie wandeln sich. Die Farben der Seele können wandeln je nach eurer Ausrichtung. Das bedeutet, dass, wer gestern noch lebensfroh und munter in viele Projekte involviert war, kann dies morgen in kurzer Zeit sofort ändern, indem er beschließt, dies zu ändern. ***Diese Kraft des freien Willens in euch ist die Kraft der höchsten Erkenntnis. Denn wer verstanden hat, dass er ganz allein bestimmt, wann er wohin wandelt, der ist der Meister seines Schicksals.***

∞

Doch zurück zu der Wandlung selbst. Der Beschluss, eine neue Richtung zu gehen, ist der ausschlaggebende Impuls, den eine Seele erfahren kann, um zu wandeln. Dieser Entschluss ist der Anfang eines Weges, der die Seele weiter formen wird und ihre Wandlung vollziehen wird. Das bedeutet, dass die ***Ausrichtung*** *als erster Impuls den Startschuss gibt, um Wandlungen in der Seele und damit im Geist erfolgen zu lassen.*

Die Kraft der Menschen erlischt im Laufe des Lebens immer mehr. Doch ist dies vor allem wegen der nicht vollzogenen Wandlung der Fall. Ich meine damit, dass viele Menschen ihr Leben nur leben, wie sie es immer leben. Keiner geht freiwillig den Weg der Wandlung und nimmt dies gerne an. Die Menschen haben aber nunmal die Kraft der Seele in sich, die Wandlung braucht. Das ist wie ein Vogel, der nicht immer im Ei bleiben kann. Er will fliegen. Die Seele will sich entfalten. Diese Entfaltung kann nur geschehen, wenn der Mensch den Impulsen der Seele folgt. Das braucht Verbindung. Verbindung zur Seele. Daher ist die Reinigung wieder ein extrem wichtiger Bestandteil des kosmischen Seins. ***Seelen wollen wachsen und Seelen wollen weiten.*** *Wer also in seinem Leben die alten Formen als eng und nicht mehr befriedigend empfindet, der folgt nur dem Zyklus des Seins.* ***Die Wandlung ist fester Bestandteil des menschlichen Lebens, weil sie fester Bestandteil der Seele ist, die das Leben lebt.*** *Diese Formel ist essentiell und wirklich wichtig, denn sie verlangt von euch Bereitschaft, den Moment zu leben wie er ist und gleichzeitig weiter wandeln zu können in jedem Moment. Die Angst ist Begründer aller festhaltenden Formen, in denen ihr steckt, und damit Begründer vieler Krankheiten in den Menschen,*

den Körpern, den Geistern.
Die Wandlung ist die Essenz der Seele. *Und wer die Wandlung lebt, der wird belohnt mit der Schönheit der Erkenntnis, dass niemals Leben befruchtet wird, wenn Bewegungslosigkeit herrscht.* ***Wandlung ist die Essenz des Seins. Wandelt eure Prozesse, wandelt eure Muster, wandelt eure Leben in die Form, die flexibel und leicht durch das Leben wandelt.***

Kannst du bitte noch einmal näher auf die Farben eingehen? So weit ich es verstanden habe, trifft der Mensch eine Entscheidung, und dann kann es sein, dass die Farbe sich verändert und damit sein ganzes Leben. Was passiert mit der Seele? Verändert sie, jetzt mal ganz plakativ gesehen, nur ihre Farbe, oder verändert sich noch etwas anderes in ihr?

Die Farbe ist nur Symbol für viel mehr, das die Seele ist. Es verwandelt sich die ganze Frequenz der Seele, die ganze Energie der Seele, wenn sie beschließt, die Wandlung zu leben. Das ist, als würdest du eine Blume blühen lassen, wo du sie vorher nicht befruchtet hast. Verstehst du?

Ja, ich verstehe. Das heißt, es gibt Menschen, die halten die Seele wie einen Samen in ihrem Körper, der nicht einmal sprießen kann. Richtig?

Ja, das ist ein schönes Bild. Die Menschen halten die Kraft der Seele fest und verhindern dadurch, dass die Kreativität in ihnen materialisiert und damit ihre Kraft weiter wächst.

Und wenn die Menschen es zulassen, dann kann man aus einem sol-

chen Samen, der man ist, wenn die Seele inkarniert, wie eine Blume blühen. Die Seele kann wie eine Blume blühen, richtig?

Ja.

Ich hab das so weit verstanden. Jetzt gibt es doch aber im Leben auch die Möglichkeit, dass man andere Dinge wandelt. Worte wandeln, Taten wandeln ... Möchtest du dazu etwas sagen, oder ist all das Teil des Prozesses, in den man einsteigt, wenn man sich entschließt, die Wandlung mitzugehen. Oder möchtest du darüber jetzt nichts sagen?

Diese Wandlungen sind alle Teil des Prozesses der Wandlung, doch werden wir uns noch derartigen Details widmen. Ich wollte den Menschen vermitteln, wie wichtig es ist, die Prozesse des Lebens mitzugehen, denn wer dies nicht tut, beschneidet sich und seine Seele in der Vielfalt der Erfahrungswelt, die ihr auf der Erde leben könnt.
Die Kraft der Seele ist Wandlung. Der Mensch, der diese Kraft lenken lässt, ist geführt von kosmischen Kräften und weit kraftvoller und beschützter als alle anderen, die meinen, dass sie die Kraft lenken.

Das hast du schön gesagt. Also ein Aufruf, auch zu vertrauen, richtig?

Ja.

Lieber Freund der Indianer, was möchtest du noch weiter zum Thema Wandlung sagen?

Die Wandlung ist nicht nur etwas kosmisch Vollzogenes, sondern auch etwas, das jedes Wesen von allein lenken kann.
Die empfundene Passivität in den kosmisch geführten Wandlungsprozessen kann schnell in Aktivität umgelenkt werden, wenn der Mensch verstanden hat, dass die Werkzeuge des Kosmos auch seine Werkzeuge sind. Nicht die Ohnmacht ist das Werkzeug, sondern die Verantwortung jedes einzelnen Wesens im Kosmos. Daher möchte ich noch etwas intensiver über die Verantwortung im Prozess der Wandlung berichten.
Nun haben wir bereits davon erfahren, dass der Kosmos den Prozess der Wandlung als festen Bestandteil aller Energien lebt. Dies ist eine kosmische Gegebenheit. Doch widerspricht sie nicht der Tatsache, dass jedes Wesen selbst Lenker seines Schicksals ist.
Du bist der Lenker deines Lebens.
Du bist der Führer deines Lebens.
Du bist die Blume, die wächst im Fluss des Lebens. Doch beschleunigst du von ganz alleine dieses Wachstum. Die Kraft, die dir innewohnt, ist unendlich. Finde, lebe, liebe und wandle sie. Das heißt, verwandle deine Muster, deine Lebensumstände und deine Lebensaufgaben. Du bist der Wandler deines Lebens.

Kannst du bitte ein bisschen konkreter werden: Was genau meinst du? Ich verstehe deine Differenzierung der einen Wandlung, die vom Kosmos gesteuert wird, und ich verstehe auch, dass du darauf hinweisen möchtest, dass es eines jeden Handwerkszeug ist, selbst wandeln zu können. Aber wo und wie genau kann ein Mensch das?

∞

Es ist wichtig zu verstehen, wo man wandeln kann. Nicht die Naturgesetze, die euch umgeben können verwandelt werden. Das ist nicht erlaubt. Doch kann ein jeder die Art und Weise sein Leben zu bestreiten, wandeln. Ich versuche ein Beispiel: Die Lebensumstände, in denen ihr seid, sind oft nicht erfüllt von Liebe und Lebensfreude. Dies ist ein Produkt eures Geistes und seiner dunklen Wahrnehmung. Diese dunkle Wahrnehmung beginnt das ganze Leben zu steuern und zu lenken. Das bedeutet, dass ihr dauerhaft nur im Mangel empfindet und nicht in der Fülle, die der Kosmos um euch herum eigentlich ist. Die Verunreinigung ist die Ursache für diese dunkle Wahrnehmung.

Deswegen ist die Reinigung so wichtig?

Genau. Diese verunreinigte Wahrnehmung lässt die Energie klein und lebensnah empfinden. Das ist noch verbindend, dennoch nur sehr schwach.

(Anmerkung der Vermittlerin: Lebensnah – bezeichnen die Wesen immer einen Zustand, der nicht tot ist, aber auch nicht in seiner ganzen Kraft. Also gerade noch am Leben, lebendig, doch nicht kraftvoll.)

Diese lebensentwürdigende Form bedingt Lieblosigkeit und Freudlosigkeit. Doch wer verstanden hat, wie Wandlung geschieht, kann in einem einzigen Moment seines Lebens diesen Zustand verändern. Das ist leicht und schwer zugleich. Denn leicht ist es, weil es nur den Entschluss kostet. Doch schwer ist es, einen solchen Entschluss kraftvoll zu tun, aus der le-

bensentwürdigenden Form heraus. Das ist die Herausforderung. Die Menschen brauchen einen Impuls, um ihn zu nutzen, um sich aus dieser Form heraus zu bewegen. Dann ist die Wandlung der Wahrnehmung bereits im Gang. Diese Wandlung ist Teil der Verantwortung eines jeden Menschen selbst. Daher bitte übermittle ihnen, dass die Menschen jeden Tag und jeden Moment dazu nutzen können, die Wahrnehmung eines Mangels in die Wahrnehmung einer Fülle zu wandeln.

Ich weiß selbst, aus meiner Erfahrung und vor allem aus meiner wachsamen Beobachtung der Menschen, dass es nicht so leicht ist. Und dass es vor allem manchmal eine Weile dauert. Man mag vielleicht heute beschließen, dass man an dem jetzigen Zustand etwas ändern möchte, aber es kann manchmal Jahre dauern, bis das letztlich vollzogen ist. Was möchtest du diesen Menschen mit auf den Weg geben?

Das ist richtig, was du sagst. Doch ist es nicht die Frage der Befreiung aus dem Zustand. Die Frage ist die Kraft. Reicht eure Kraft, um diesen Weg wirklich zu gehen? Und dort möchte ich erneut auf die Reinigung hinweisen. ***Die Menschen können in jedem Moment den Entschluss fassen zu wandeln.*** *Dann beginnt eine Reise, die diesen Entschluss in Materie formt. Das eine Mal gelingt dies schneller, das andere Mal dauert es. Dennoch ist es in Arbeit, sowie der Entschluss gefasst wurde. Der Geist formt die Materie. Bitte vergiss das nicht. Die Kraft, den Weg weiter in Betrachtung des neuen Zieles, der neuen Wahrnehmung zu gehen, braucht dann nur noch die Beständigkeit der Kraft, diesen Weg zu gehen. Diese Kraft findet ihr über die Reinigung. Daher ist es* *wichtig, dass ihr jeden Tag die reinigenden Rituale befolgt.*

Das habe ich verstanden. Ich weiß, dass die Menschen in den ersten Momenten einer derartigen Wandlung viel mit ihren Ängsten zu kämpfen haben. Kannst du ihnen bitte etwas mit auf den Weg geben, damit sie mit ihren Ängsten umgehen können?

Das kann ich natürlich. Ich danke dir für die Frage. Sie ist wichtig, denn eine der ersten Prüfungen der Wandlung ist die Überwindung der Ängste. Daher bitte, freut euch mehr. ***Die Angst ist der Freund der Kraftlosigkeit. Die Freude ist der Freund der Kraft.*** *Wer also freudige Momente erschafft, bringt Kraft in sein Leben. Und diese Kraft wiederum kann helfen, die restlichen Ängste zu überwinden. Das Vertrauen beginnt mit dem ersten Schritt aus der alten Form heraus. Das ist eine weitere Komponente des Vertrauenfindens.*

Das kann ich sehr gut verstehen. Jetzt haben wir den Menschen die Freude mit auf den Weg gegeben als einen Schlüssel aus der Angst heraus. Aber wie finden wir das Vertrauen?

Das Vertrauen ist überall im Leben. Das Vertrauen ist in jedem Moment, den ihr lebt. Denn würde die Erfahrung der Liebe nicht vertrauen, so würde sie nie wachsen können. Denn Liebe wird immer auch Widersacher finden. Das Problem ist kein Vertrauensproblem, es ist ein weiteres Kraftproblem. ***Denn wer Kraft hat, vertraut in diese Kraft. Wer keine Kraft hat, vertraut nicht. Und wer nicht vertraut, kann nicht wachsen, kann sich nicht bewegen, nicht fort-bewegen aus dem Zustand, den er jetzt erfährt.*** *Daher ist es wieder wich-*

tig, Kraft zu bekommen. Wer versteht, wie wichtig es ist, die Seele in sich zu kräftigen, weiß den kosmischen Schlüssel weise einzusetzen. ***Denn nur wo Kraft ist, kann auch Bewegung sein.*** *Die Seele will sich bewegen. Sie ist lebendig in euch. Doch lebensnahe Menschen und ihre Zustände hindern diese Bewegung. Behindern die Bewegung.*

Verstehe. Nochmal für mich als Zusammenfassung: Freude kann man nutzen, um zu Kraft zu kommen und Vertrauen sollte man gewinnen.

Das Vertrauen findet ihr in der Liebe, die der Kosmos dauerhaft strahlt. *Wer die Augen dafür öffnet, beginnt diese Kraft zu erkennen, die euch alle umarmt. Die Blumen vertrauen, dass sie wachsen werden. Der Baum vertraut, dass er einmal Baum sein wird. Doch die Menschen vertrauen nicht, dass sie seelisch wachsen können. Das ist fatal. Jede Form des Kosmos vertraut in ihre Form und lebt diese in kosmischem Einklang. Nur der Mensch hat die Form so verunreinigt, dass er so kraftlos geworden ist, dass er die Verbindung nicht mehr wahrnehmen kann und dadurch Vertrauen verloren hat. Ich möchte an dieser Stelle besonders auf diese Misere hinweisen, dass der Mensch ein Teil des ganzen Kosmos ist, wie alle Tiere, alle Wesenheiten, die euch umgeben. Doch nur der Mensch und seine Form haben die Verunreinigung so in sich akzeptiert, dass sie vergessen haben, dass sie Teil des ganzen Konstrukts sind. Ich möchte daher auf den Zustand hinweisen, dass ihr alle den Schlüssel in das Paradies in der Hand haltet.* ***Die Verunreinigung beenden, die Reinigung leben, die Kraft wiederfinden und damit die Liebe in euch fühlen, die***

der Kosmos euch dauerhaft schenkt, und darüber das Vertrauen und damit die Verbindung wieder leben. Kraftvoll, stark und lichtvoll. Werkzeuge des Kosmos sein, die Liebe leben können in allen Formen, nicht den Schmerz.

Nun lieber Freund, da streifen wir ein anderes Thema. Ist der Schmerz nicht doch auch Teil des Kosmos und sollte man ihn annehmen wie eine Erfahrung, als Lehrstunden in vielen Schulklassen des Lebens?

Das ist richtig, doch ist die ***Freude das Ziel des Kosmos, nicht der Schmerz.***

Ja, ich weiß, ich verstehe. Ich meine ja auch nicht das Ziel. Als Teil dieses Weges ist doch der Schmerz auch immer mit Bestandteil des Wachstums?

Das ist richtig, doch werde ich nicht aufhören, die Freude über alle anderen Erfahrungen zu stellen.

Ja, da hast du recht. Lieber Freund der Indianer, was das Thema Wandlung angeht, glaube ich, hast du jetzt einiges gesagt. Wir haben gelernt, es gibt die kosmische Wandlung und die Wandlung, die die Menschen selbst hervorbringen in ihrem Geist, indem sie ihre Absicht formulieren und ihren Weg gehen. Und wie wichtig es ist, dass man dann Kraft hat … und so weiter. Möchtest du zum Thema Wandlung jetzt noch etwas sagen?

Das möchte ich.
Die Wandlung ist Teil des Kosmos. Bitte akzeptiert diesen

Prozess als festen Bestandteil des Kosmos. Jeder Moment wird nie wiederkehren, wie er jetzt ist. Daher lebt ihn in vollem Bewusstsein. Jede Form wird nie wiederkehren so wie sie jetzt ist, denn die Energien werden weiterziehen und jede Energie prägt die Form, die sie belebt. Alles ist daher individuell geprägt. Die Liebe ist der kosmische Begleiter aller Prozesse des Lebens. Denn lieben bedeutet geben und leben ist geben. Ihr habt die Möglichkeit, die Liebe anderen Menschen, Tieren, der Natur zu geben. Vielleicht auch wertvolle Projekte auf die Erde und in euer Leben zu bringen. Die Liebe bringt die Kinder, die ihr bekommt. Die Liebe ist die Essenz allen Lebens. Und diese kann sich auch verwandeln. Denn sie ist nicht in einem starren Zustand. Liebe ist auch Wandlung. Daher betrachtet jede Tat und jeden Moment, als sei das das letzte Mal, dass ihr ihn so erfahrt. Dass ihr so handelt, wie ihr es gerade tut.

Die weitere Botschaft, die ich zum Thema Wandlung habe, ist die Friedensform. Ihr braucht Frieden in euren Herzen und in euren Seelen. Daher wandelt die Prozesse, die lieblos sind und Frieden nicht vollbringen. Ihr alleine seid die Kreateure des menschlichen Leidens. Ihr ganz alleine. Niemand anderes vollbringt Leid im Kosmos.

Du hast doch schon so viel Erfahrung, auch in Bezug auf andere Planeten. Ist es wirklich so, dass nur auf der Erde Leid herrscht?

Nein. Dennoch meine ich es so, wie ich es sage. Die Menschen habe eine ganz besondere Qualität der Verunreinigung, und diese vollbringt negative Formen in Massen, die ich weniger auf anderen Planeten vorgefunden habe. Diese Art der Unbe-

wusstheit ist nicht zu kleinen Teilen bei euch der Fall.

Okay, bitte sprich weiter.

Die Wandlung ist der Schlüssel in eure Seele. Wandelt, wo ihr lebensunwürdigende Zustände findet, wandelt, wo ihr Lieblosigkeit findet, wandelt, wo ihr Herzlosigkeit findet, wandelt, wo ihr Negativität findet.
Ihr habt die Verantwortung und die Pflicht, diese Wandlungen zu vollziehen. Denn nicht die Traurigkeit ist die Essenz des Kosmos, sondern die Freude. Daher lebt die Freude bitte mehr als die Traurigkeit.

Möchtest du noch etwas dazu sagen?

Das ist das Wichtigste gewesen. Ich bin mit dem Thema Wandlung hiermit fertig. Daher bitte lass uns uns dem nächsten Thema widmen.

Was ist denn das nächste Thema?

Deinen Vorschlag mit der Beschreibung der einzelnen kosmischen Gesetze möchte ich gerne aufgreifen. Ich möchte es gerne nennen ... „Das kosmische Alphabet“.

∞

Das kosmische Alphabet

∞

Befreiung der Seele

Lieber Freund der Indianer, dann lass uns beginnen, das komische Alphabet festzuhalten. Was möchtest du den Menschen als allererstes kosmisches Gesetz beibringen?

Ich möchte beginnen bei der Befreiung.
Die Befreiung der Seele ist eine ganz wichtige Problematik des Lebens. Ihr habt alle noch immer das Gefühl der Trennung in euch, doch wisst ihr nun auch schon, wie sehr verbunden ihr mit eurer Seele wirkt. Der Körper ist keinesfalls nur der Körper. Er ist Werkzeug der Seele, und die Seele wiederum ist keine Kraft, die Formen kennt. Sie lebt in eurer Form, um zu erfahren, doch ist sie formlos, letzten Endes. Diese Kraft, die in euch wohnt, lebt in einem Körper als Lebensform, um die Erfahrungen der Liebe in sich zu leben. ***Zu erfahren, wo Liebe ist und wo nicht.*** *Das ist die Essenz aller Bewegung des Kosmos.*
Doch lebt die Seele in euch nicht in einem befreiten Zustand, denn ihr formt die Gedanken, die die Freiheit der Seele begrenzen. Es ist wichtig, dass die Menschen verstehen, dass die Seele keine Grenzen hat. Daher bedeutet alles, was menschliche Form hervorbringt, Begrenzung für die Seele. Doch möchte ich euch übermitteln, dass ihr unbedingt in eurem Leben Formen erschaffen solltet, die Grenzenlosigkeit empfinden lassen, denn dort ist die Seele frei und wo sie frei ist, ist sie kraftvoll. Ist sie kraftvoll, seid ihr verbunden mit dem Kosmos. Daher bitte vermittle, dass die Befreiung der Seele das

Wichtigste ist, was ein jeder Mensch in seinem Leben vollziehen sollte. ***Nicht die Grenzen der Menschen leben - die Befreiung der Seele leben- DAS ist Leben.***

Es gibt nun mal Gesetze auf unserem Planeten, die man befolgen muss, damit man in bestimmten Strukturen sein darf und in ihnen ist.

Diese Gesetze meine ich nicht. Ich meine die Formen, die euch bezwingen, die euch einengen und lebensunwürdig leben lassen. Die nicht Freude erzeugen, sondern Angst.

Aber dann müsste man sagen, dass alle Gesetze, die einem Angst machen, keine Gesetze der Freiheit sind.

Das könnte man sagen, doch ist diese pauschale Definition nicht so leicht. Ihr habt Formen, in denen Freiheit erlaubt ist. Und diese Formen sind wiederum nicht Formen der Angst. ***Daher bitte übermittle nur, dass die Freiheit eines der höchsten Güter des Kosmos ist und alles, was die Freiheit lebt, wird vom Kosmos unterstützt. Alles, was die Angst unterstützt, ist nicht von kosmischer Hand.***

Das hab ich verstanden. Das Lustige ist, dass ich Menschen kenne, die tatsächlich auch Angst vor der Freiheit haben.

Das ist richtig. Diese Menschen sind lebensnah. Ihre Kraft ist so schwach, dass sie sich festhalten an den Formen, die sie eigentlich verunreinigen.

Okay, trotzdem frage ich noch einmal weiter zum Thema Befreiung.

Es gibt manchmal Menschen, die sind, wie man so sagt, „frei von allen Ängsten und Zwängen", und sie morden dafür und tun anderen Menschen weh, weil sie so frei sind von jeglichen Formen, dass sie dann Leid erschaffen. Das meinst du doch sicher nicht?

Diese Frage ist wichtig, wobei ich sie nur ungern beantworte. Natürlich ist der Mensch noch nicht frei, wenn er mordet und Lieblosigkeiten vollzieht. Er ist dann nur verunreinigt in seiner Wahrnehmung, in welcher er zwar Freiheit empfindet, doch Krankheit ihn treibt.

Das hast du schön gesagt.

Das ist leider nicht schön, Sylvia.

Ja, ich weiß.

Das ist eine Krankheit des Geistes. Denn kein Lebewesen im Kosmos, das in Liebe und Kraft verbunden ist mit dem Kosmos, kann derartiges tun. Diese Menschen sind krank in ihrem Geiste. Dunkel in ihrer Wahrnehmung. Das Gefühl der Freiheit ist nicht das Gefühl, was ich meine. Ich rede von seelischer Freiheit, die in Liebe nur noch geben und wachsen will. Dieses Gefühl kann gar nicht morden. Dieses Gefühl kann nur lieben, und wer liebt, kann nicht anderer Leben nehmen.

Ja. Mein lieber Freund der Indianer, das habe ich sehr gut verstanden. Okay, also können wir als Resumee sagen: die Freiheit der Seele ... die seelische Freiheit will lieben, Liebe geben, und die Angst der Menschen vollzieht genau das Gegenteil.

∞

Das hast du nicht richtig gesagt, Liebes. ***Die Liebe ist die Form des Kosmos, die Angst ist die Form der Menschen.***

Ja, du kannst das besser formulieren. Konzentrierter und reiner. Klarer und deutlicher. Entschuldige. Möchtest du noch weiter etwas zur Befreiung der Seele sagen?

Das brauch ich nicht. Die Essenz ist festgehalten.

Dann lass uns das nächste Thema betrachten. Was möchtest du als Nächstes beschreiben, was kosmisch sehr wichtig ist?

Der freie Wille.

Die Essenz

Die Befreiung der Seelenkraft ist das Atmen ihrer Existenz. Die Inkarnation bewirkt ein Zusammenziehen dieser Kraft, was Wahrnehmungsverzerrungen und Gefühle der Enge mit sich bringt. Nach einer Zeit im Körper in diesem Zustand sollte jeder Mensch sich seiner Seele bewusst werden, um dann diese Kraft zu entfalten. Ein Leben lang ohne diese Befreiung der inneren eigentlichen und ewigen Kraft gelebt zu haben, ist, als ob man einen Vogel ständig in einen Käfig einsperren würde. Eine solche Seele konnte dann nie ihre Flügel ausbreiten, sich emporschwingen und das Sein aus anderen Perspektiven, mit ganz anderen Eindrücken und Erfahrungen der Freiheit bereichern. Eine solche Seele erfährt sich dann ausschließlich in den Fesseln der Materie, umgeben von Kälte und Lieblosigkeit.
Lasst das nicht zu, sperrt eure euch innewohnende Ewigkeitskraft nicht ein, sondern fördert sie und lasst sie wachsen - durch Liebe, Hingabe, Freude und Aufmerksamkeit.

Der freie Wille

Lieber Freund der Indianer, bitte sprich zum Thema „freier Wille". Was möchtest du dazu schreiben?

Sehr vieles. Der freie Wille ist Reaktion und Aktion zugleich, denn er beginnt mit der Reaktion auf besondere Ereignisse, und gleichzeitig erschafft er neue Aktionen.

Kannst du noch ein bisschen einfacher erklären, wie wichtig der freie Wille generell im Kosmos ist?

Der freie Wille ist die höchste Kraft der Seele. Er ist Herausforderung und Verantwortung zugleich, denn jede Seele verfügt über den freien Willen und verantwortet dadurch ihr Schicksal.
Der Mensch begeht seinen Weg als Abfolge freier Entscheidungen, und er folgt dabei den Impulsen des Kosmos, wenn besondere Verbindung besteht. Er folgt dabei den Impulsen des Geistes mit dem Ego, wenn keine direkte, klare und reine Verbindung mit dem Kosmos besteht.
Die Wahrnehmung des Einzelnen ist natürlich eine sehr vielfältige Sache. Denn erfährt der eine die Liebe durch eine Berührung - so reicht dies dem anderen nicht. Daher ist die Wertung, die Verbindung einzustufen nicht meine Funktion. Ich möchte nur berichten, dass der freie Wille die Kraft ist, die unabhängig davon, ob ein Mensch verbunden oder weniger verbunden ist, wirkt.

Der freie Wille teils mehr, teils weniger wahrgenommen - ***ist die lebendige Erlaubnis des Kosmos, unendlich wandeln zu dürfen.*** *Die Problematik, die mit dieser Verantwortung einhergeht, ist sehr explizit. Damit will ich sagen, dass es eine sehr feine und lebenswichtige Thematik ist, den freien Willen als Kraft voll anzunehmen. Der Mensch, der meint, dass er keine freien Entscheidungen treffen kann, ist geblendet von der Form und seinen Strukturen, die ihn umgeben. Denn wenn er erkennt, dass er diese Form gewählt hat und die Form daher auch wandeln kann, dann verlässt er die Wahrnehmung der Ohnmacht.*

Ich verstehe. Du willst damit sagen, dass die Menschen, die denken, dass sie doch nicht frei entscheiden können, doch entschieden haben, nämlich dass sie sich bestimmten Systemen ergeben, die für sie die Entscheidung treffen. Somit war ihr erster Schritt in die Abhängigkeit ihre eigene Entscheidung, richtig?

Ja.

Verstehe.

Du kannst es manchmal besser in Worte formen als ich. Es ist schwer durch die lange Zeit, in der ich kein Mensch mehr war, die richtigen Worte zu finden. Daher danke ich dir, wenn du es so leicht formulierst.

Bitte berichte mir, ist der freie Willen nicht eine Kraft, die jeder Energie zu eigen ist im Kosmos?

∞

Das ist nicht ganz richtig, denn jede Energie würde bedeuten, dass auch die Bäume und die Pflanzen alle frei entscheiden können. Doch ist dies nicht der Fall. Sie sind fest eingebunden in die Naturgesetze und deren Fluss - doch sie sind nicht einzelne Energien, die bestimmte Impulse selbst umsetzen können. Sie sind Teil eines großen Systems.

Okay, auf was können wir es dann reduzieren? Welche Energien im Kosmos haben denn den freien Willen?

Die Seele.

Ah. Und da Seelen ja mitunter auch in Tiere gehen, haben also auch Tiere einen freien Willen, oder?

Das ist richtig, Liebes. Doch nicht alle Tiere tragen die gleiche Kraft in sich und sind beseelt. Doch dazu später.
Die Tiere leben eine besondere Form des freien Willens - auch unabhängig von anderen besonderen Umständen. Es sind Lebewesen, die auch ausschließlich den freien Willen leben. Die Menschen, die Tiere in Käfige stecken, berauben die Tiere dieser Kraft. Das ist eine Form von Macht, die Menschen leben, die sehr unbewusst sind.

Nun, es gibt ja verschiedene Gründe, Tiere einzusperren auf diesem Planeten. Aber wir sind uns einig, dass keiner davon gerechtfertigt ist, richtig?

Ja. ***Die Freiheit der Seele ist das höchste Gut.*** *Der freie Wille kann nur leben, wenn die Seele frei ist. Daher beach-*

tet bitte, dass das eine das andere bedingt. Die Freiheit eurer Seele bedeutet, die Kraft des freien Willens wieder zu finden in seiner ganzen vollen Stärke. ***Die Lebenskraft ist eine unendlich starke und liebevolle Kraft, die aber nur in Freiheit blühen kann. Der freie Wille folgt der Freiheit.*** *Dann ist die Seele gesund.*

Bitte hilf mir kurz. Es gibt viele Menschen, die empfinden sich als ohnmächtig den Umständen gegenüber, in denen sie leben. So gibt es zum Beispiel schwierige finanzielle Verhältnisse, die einen nicht frei entscheiden lassen, dass man den Ort verlassen möchte oder ein anderes Leben führen möchte. Und viele Menschen leben dann ein Leben in Unfreiheit und haben das dann nicht mit ihrem freien Willen entschieden, zumindest nicht in der Form, wie du es gerade gemeint hast. Was möchtest du diesen Menschen mit auf den Weg geben?

Dass unsere Entscheidungen der Anfang sind für das Schicksal, das wir leben. Diese Menschen haben dennoch die Möglichkeit der Erfahrung, die Formen zu verändern. Auch wenn das lebensbedrohlich wirken kann, es wäre der richtige Schritt in die Freiheit. Die Seele will frei sein, das haben wir schon erfahren.

Du meinst also, die Menschen sollten über alles, was ihnen passiert, die seelische Freiheit stellen, und wenn sie das tun, dann folgen sie so oder so seelischen Impulsen und leben diesen freien Willen.

Ja.

∞

Gibt es etwas, das man beachten muss, wenn man den freien Willen lebt? Gibt es eine Art Regel?

Das gibt es nicht, denn der freie Wille lebt in Menschen wie in Tieren ohne eine Regel der Unfreiheit. Die Frage widerspricht sich.

Das stimmt.

Du kannst keine Regel haben, wenn etwas frei ist.

Okay, möchtest du noch etwas zum freien Willen sagen?

Dass die Menschen die Angst vor ihrer Entfaltung nicht länger über sich herrschen lassen sollten. Nicht die Unfreiheit wählen - weil sie ihnen Sicherheit schenkt. ***Diese Sicherheit ist ein Lüge der Materie. Sie befreit nicht.***

Nun ja, es gibt viele Menschen, die wenig Kraft haben und deswegen doch lieber die Sicherheit wählen. Du meinst also, dass all diese Menschen sich dauerhaft belügen?

Das ist richtig, solange diese Menschen noch nicht in sich das Gefühl der Freiheit leben.
Du musst unterscheiden. Es kann auch Menschen geben, die Freiheit gewählt haben und diese in einer Form leben. Dann ist es richtig, dass sie in dieser sicheren Struktur leben, aber sich dennoch befreit fühlen.

Ich verstehe, jegliche Form, die mit Angst arbeitet und in Angstsyste-

men die Menschen festhält, ist eine Form, die nicht die Freiheit fördert und damit den freien Willen nicht leben lässt. Und jede Form, die die Freiheit und den freien Willen fördert, ist also eine Form, die gesund ist.

Ja.

Du willst menschliche Gesellschaftsformen nicht generell verurteilen, richtig?

Genau.

Okay, das habe ich verstanden, und es ist eine schöne und wichtige Differenzierung. Möchtest du noch etwas sagen?

Dass wer immer den Weg der Freiheit geht, den freien Willen als das schönste und kostbarste Geschenk des Kosmos auf diesem Weg empfinden wird. Dieses Geschenk will euch helfen, die Kraft in euch zu entfalten mit jedem Schritt.

Möchtest du noch etwas sagen? Was wäre denn der nächste Begriff des kosmischen Alphabets, über den du sprechen möchtest?

Die Liebe.

∞

Die Essenz

Die Königskraft, das mächtigste Werkzeug, das einer jeden Seele innewohnt, ist der freie Wille. Kein anderes Werkzeug im Kosmos ist so kraftvoll, so bedeutungsvoll. Und wie unsere Körper die Luft zum Atmen, so wird eine jede Seele auf ewig diesen freien Willen besitzen und nutzen, um sich im Meer der Energien zu bewegen. Es gibt keinen wirklichen Moment ohne den freien Willen. Selbst wenn äußere Umstände wie beispielsweise eine körperliche Beeinträchtigung oder Umwelteinflüsse diese innere Kraft scheinbar aushebeln, so ist sie doch immer fester Bestandteil unserer Seele.

Je nach Bewusstseinsgrad, also entsprechend dem Grad der Achtsamkeit, der Hingabe und der liebevollen Verbindung mit dem Kosmos, wird dieses Werkzeug „freier Wille" von jedem Einzelnen eingesetzt. Der Unbewusste nutzt es für seine vergänglichen, egoistischen und meist andere Seelen verletzenden Ziele. Der Bewusste wird mit diesem Geschenk dankbar und demütig, barmherzig und liebevoll jeden seiner Schritte setzen und dabei ausschließlich eine Spur des Lichtes in der Materie hinterlassen.

Liebe

Was möchtest du den Menschen zum Thema Liebe mitgeben?

Die Liebe ist die kosmisch größte Kraft der Bewegung.
Die Liebe bewegt die Seelen wie ein Fluss, der die Kraft hat, euch weiter und weiter zu formen und lebendige Freude in euch zu erfahren. Wer Liebe in sich trägt, ist verbunden mit der kosmischen Kraft der Quelle, denn sie ist die Liebe - unendlich in Kraft und Form. ***Die Liebe weitet euch. Die Liebe lehrt euch. Sie nährt euch. Die Liebe lebt.***

Aber bitte erzähle, wie wichtig ist es zu lieben?

Die Liebe ist die wichtigste Kraft im Kosmos neben der Bewusstheit. Doch dazu später mehr.
Die Liebe ist die Kraft, die euch alle verbindet auch wenn ihr dies nicht bewusst erfahrt. Dennoch ist es so. Die Liebe ist lebendig wie ein Tier in euch. Doch könnt ihr auch dieses Tier verunreinigen, und dann vergesst ihr diese Kraft, die so stark ist wie eine Form unbeschreiblichen Ausmaßes, die nie vergehen kann. Das ist das Allerwichtigste. Liebe kann nicht vergehen. Wer nun besorgt verzweifelt, weil er Liebe als eine wandelnde Kraft erfahren hat, die nicht dauerhaft immer mit einem ist, der hat soeben die Erkenntnis der Verunreinigung gemacht. ***Denn wo Reinheit herrscht, ist Liebe dauerhaft in uns. Die Erfahrung des Mangels kommt nur aus der Verunreinigung des Geistes und der Seele. Die Erfahrung der***

Fülle ist die Schwester der Liebe.
Daher beachtet bitte, dass besonders der Lebensauftrag der Seele diese Verbindung ist. Wir alle sind immer verbunden, doch ist diese Kraft möglich zu stärken - wenn wir lieben. Daher bitte, verlangt nicht den Kosmos nach Kraft, lebt die Liebe in euch. Sie ist da und sie will leben.
Die Menschen, die Liebe nicht empfinden, sollen reinigen.
Die Menschen, die Angst vor der Liebe haben, sollen reinigen.
Die Menschen, die in Liebe Leiden finden, sollen reinigen.
Die Menschen, die Liebe nicht als das kostbarste Gut im Kosmos erfahren, sollten reinigen. Denn all diese Wesen sind nicht verbunden in ihrer ganzen Kraft. Sie sind wie lebensnahe, kranke Lebensformen, die den eigentlichen Sinn des Seins verloren haben.
Doch ich bin hier und helfe gerne, euch bewusst zu machen, wie wichtig es ist, dass die Liebe in euren Herzen lebt. Denn dort ist das Tor in die Liebe des Kosmos. Dort ist das Tor in die Kraft des ganzen Seins. Dort ist letztlich die Quelle eurer Kraft.
Die Menschen, die erkennen, dass die Liebe uns verbindet und lebendig macht, wenn wir einen Moment von Lustlosigkeit und Leblosigkeit empfinden, diese Menschen haben den Schlüssel ins Paradies entdeckt. So sagt ihr doch?

Ja, so sagen wir. Ich weiß, dass es viele Menschen gibt auf unserem Planeten, die die Liebe als etwas ansehen, das zwar „da ist, aber nicht so wichtig ist“. Und sie rennen von einem Tag zum anderen dem Geld hinterher, um noch mehr und noch mehr und noch mehr auf dem Konto zu haben, oder auf eine andere Art und Weise Besitz zu erhalten. Kannst du diesen Menschen irgendetwas mitgeben, die ihre Aufmerksamkeit so sehr auf die Materie lenken? Was können wir ihnen mit auf den Weg geben, was die Liebe angeht?

Dass die Liebe sie reich macht. Nicht das Geld, nicht diese Materie, die vergehen wird wie alle Materie. Das Bewusstsein der Menschen ist relativ begrenzt, wenn sie solchen Werten hinterher hasten, denn sie haben vergessen, dass sie keines dieser Werte mitnehmen, sondern das, was sie erfahren und empfunden haben und in der Folge in sich tragen. Diese Form, die ihr seid, die Energie, die ihr seid als Seele - nimmt keine der Erfahrungen der Materie mit auf ihre Reise durch die Zeit. ***Die Seele nimmt nur die Liebe in sich mit. Die Liebe in reiner Form oder in verunreinigter Form.*** *Doch den Weg wählt sie selbst. Diese Materie, die du ansprichst, ist leblos und lieblos. Sie ist wie eine Vertreibung aus dem paradiesischen Zustand, den ihr in euch erschaffen könnt. Die Worte gehen mir aus, wie leblos und sinnlos diese Art des Seins ist, doch vielleicht hilft es, wenn ich sage, dass jeder Tag, den ihr dem Geld und der Macht hinterherrennt, ein verlorener Tag für die Seele ist. Das ist sicherlich hart zu hören, doch es ist wahr.* ***Die Seele lebt nicht, wenn ihr Reichtum an Gold und Perlen besitzt. Die Seele lebt, wenn ihr in euch liebt und liebevolle Impulse in die Welt gebt.***

Das hast du sehr lieb gesagt. Heute ist es übrigens weniger das Gold und die Perlen, heute sind es mehr Aktien und andere Besitztümer aber ... am Ende ist es das Gleiche. Ich habe dich verstanden. Doch es gibt einige Menschen, die sehr viel Geld haben und mit diesem Geld gerne Großes vollbringen, also etwas Liebevolles.

∞

Das ist das Richtige. Dieser Weg ist der richtige Weg. Wenn man zu Reichtum in der Materie gelangt ist, ist es eine Verantwortung und eine Lebensaufgabe, diesen Reichtum zu teilen. Denn nur dann wächst die Seele.

Wie ist es mit Menschen, die sehr viel Reichtum angehäuft haben, ihn jedoch nicht teilen?

Diese Menschen sind nicht verbunden mit der Kraft der Quelle, die stets geben will. Diese Menschen behalten die Energie bei sich. Das Geld und der Reichtum ist Energie in verwandelter Form. Daher sage ich in dem Fall Energie. Diese Menschen behalten die Energie für sich. Doch wenn sie den Planeten verlassen, also die Seele, dann bleibt diese Energie hier und vergeht in andere Menschenhände oder andere Formen. Doch sie selbst nehmen nichts davon mit. Hätten diese Menschen geteilt, so hätten sie die Freude der Menschen erfahren können, denen sie diese Werte weitergeben. Und diese Freude wäre etwas, das ihre Seele erhellt und bereinigt hätte, erhoben und belebt. Diese Kraft ist mit nichts auf der ganzen Welt zu kaufen. Nur die Freude kann diese Kraft heben.

Ah, das hast du schön gesagt. Also wenn Menschen, die sehr viel Geld oder gar Reichtum haben, es schaffen, anderen Menschen sehr viel Freude zu machen, dann kommen sie mehr oder weniger in den Kreislauf, der sie kräftiger macht und wo sie tatsächlich mit diesem Reichtum kosmisch gesehen etwas zurückbekommen könnten.

Das ist nicht richtig so. Die Reichtümer der Materie, die ihr

habt, leben in eurer Welt. Diese Reichtümer existieren nicht in der Feinstofflichen Welt. Doch kann der Mensch über die Weitergabe dieser Reichtümer folglich die eigene Kraft heben. Das ist alles in seiner Verantwortung und nicht in der Verantwortung des Kosmos.
Und es ist auch nicht so, dass Menschen, die Reichtum haben und ihn nur weitergeben, nicht von alleine sich dadurch erheben. ***Es geht um die Erfahrung des Gefühls der Freude.*** *Darum geht es, denn es ist die Liebe, die dabei beginnt zu fließen. Daher ist es nicht nur die Tat der Weitergabe des Reichtums, es ist auch die Verbindung zu diesen Menschen und zu diesen Wesen, also vielleicht auch Tieren, die diese Fülle erfahren dürfen.* ***Nicht nur das einfache Geben, sondern das Verbunden-sein mit denen, denen man gibt - ist der Schlüssel.***

112 Und was ist mit Menschen, die nichts haben? Wie können die Freude geben und Liebe leben?

Das ist leicht. Wer nichts hat, der beginnt etwas zu erschaffen. Und dieses Erschaffene, wie klein und unscheinbar es auch ist, es ist liebevoll erschaffen und will Liebe geben. Wenn diese Menschen etwas aus Liebe erschaffen haben und weitergeben, ist dies mindestens genauso wertvoll wie das Große der Reichen, wenn sie weitergeben in Liebe. ***Daher wertet nicht die Masse der Materie, wertet die Liebe, die ihr gebt.***

Kann man den Menschen irgendetwas mit auf den Weg geben, das sie zu ihrem Lebensziel machen sollten, was dieses Thema angeht? Ich meine, wenn es jetzt Menschen gibt, die gerne Ihre Energie anheben möchten, die gerne reinigen möchten, die ihrer Seele gerne Kraft geben möchten, die gerne schöne Spuren auf diesem Planeten hinterlassen möchten, die aber trotzdem nicht so die Möglichkeiten haben, die einfach ein ganz normales Leben leben. Was kannst du ihnen mit auf den Weg geben? Wie können sie sinnvoll ihr Leben leben, ohne dabei große Materie bewegen zu müssen, Bücher schreiben zu müssen, oder was weiß ich nicht an Dingen vollbringen zu müssen. Wie können sie es auch für sich in kleinen Formen schaffen, dass sie diese Liebe weitergeben?

Das ist relativ leicht, denn jeder Tag, den ihr liebevoll miteinander seid, ist schon ein weiterer Schritt in diese Verbindung, und daher ist all dies keineswegs an Größe oder Kleinigkeit gebunden. Es hat nichts mit Materie zu tun, verstehst du?

Ja, ich verstehe. Es geht also um das Gefühl.

Genau. Das Gefühl des Weitergebens der Kraft der Liebe. Das Gefühl der Liebe generell. Wer Liebe empfindet, warm und lebendig in seinem Herzen, der ist auf dem besten Wege, die Seele zu kräftigen und lebendig zu halten in ihrer ganzen Kraft. Dann beginnt auch die Freiheit in der Seele weiter zu blühen.
Das alles hängt keineswegs von einer einzigen Materie ab. Alles was ihr braucht, ist der Entschluss, Liebe geben zu wollen, wem auch immer. Mit diesem Entschluss beginnt die Reise der Seelenaufgabe, die Liebe zu leben, so wie alle Wesen des Kosmos es tun.

Was ist mit Menschen, die sich bewusst dagegen entschieden haben, diesen Weg zu wählen. Die negative Felder erzeugen, die also so sehr verunreinigt sind, dass sie alle diese Dinge völlig vergessen, nicht kennen und nicht leben.

Diese Lebewesen werden leider weniger und weniger Kraft in ihrer Seele verspüren und wenn sie den Übergang antreten nicht lichtvolle Ebenen betreten. Denn wenn die Wahrnehmung der Seele so getrübt ist, dass sie keine Liebe erfahren hat in ihrem Leben, dann bleibt sie in einer sehr niedrigen Schwingungsebene, wenn sie den Übergang beginnt. Diese Tatsache besprechen wir ein anderes Mal näher, doch ist es letztlich eine Art „Bestrafung", die diese Seelen sich selbst auferlegen, dadurch, dass sie keine Liebe während des Lebens lebten.

Es ist nicht irgendetwas anderes, das über die Seelen richtet, es ist

die Seele selbst, richtig?

Ja. Der Kosmos richtet nicht. Der Kosmos bereinigt.

Wer richtet dann?

Die Seelen selbst richten über ihre Taten. Das ist alles, nicht mehr und nicht weniger.
Daher ist es wichtig, dass ihr besonders die Zeit des Lebens nutzt, um die Taten und Formen so liebevoll ihr nur könnt zu formen. Denn dann hebt die Seele ihre Kraft durch diese Liebe und Freude, die durch sie fließen. Das bedingt, dass die Seele im Übergang einen helleren leichteren Zustand erfahren darf und weniger negative Felder in sich trägt.

∞

Ich verstehe. Lieber Freund der Indianer, ich glaube, wir sind nun auch mit dem Thema durch, sind wir es?

Die Liebe ist sehr vielfältig, Sylvia. Du musst diese Vielfalt noch festhalten.

Oh, okay, möchtest du das jetzt?

Gerne.

Dann bitte, berichte.

Die Liebe ist nicht nur eine Form des Kosmos, die zwischen Mann und Frau oder in anderer Zwischenmenschlichkeit besteht.
Die Liebe ist die Kraft, die euch lebendig macht, wenn ihr Gutes tut, wenn ihr Freude auch bei anderen vollzieht.
Die Liebe ist alles, was ihr tut, wenn ihr es im Geben tut. Das ist im Prinzip die Essenz der Botschaft, die ich habe. ***Geben ist das Lieben.***

Also du willst damit sagen: wenn man eine Pflanze pflanzt, wenn man einem Tier etwas Liebes tut, wenn man egal, was man liebevolles tut, dann gibt man Liebe, ja?

Ja.

Gibt es noch andere Formen, die du beschreiben möchtest?

Nein.

∞

Über was reden wir denn als Nächstes?

Die Leiden.

Wieso die Leiden?

Das Leid ist ein Missverständnis der Menschheit, ich möchte dazu viel sagen.

∞

Die Essenz

Die kosmischen Energien sind in Bewegung. Die Kraft der Bewegung einer jeden Seele wird durch ihre Bewusstheit und ihre Liebe gelenkt und durch den freien Willen initiiert. Er setzt den Bewegungsimpuls, doch die Richtung bestimmen das Maß an Bewusstheit und Liebe in dieser Seele. Die Liebe ist dabei der Indikator für die Wahrnehmung der Verbindung dieser Seele zu den kosmischen Kräften. Wird diese Verbindung rein, also ungetrübt von Egoeinflüssen, wahrgenommen, so setzt dieser Mensch ganz andere Impulse, kreiert ganz andere Gedanken und Materie, als das ein Mensch tut, der diese immer existierenden Verbindungen im Meer der Energien nicht wahrnimmt, weil er abgelenkt und innerlich getrübt ist. Wer in sich Liebe allem Sein gegenüber empfindet, der fühlt den Herzschlag seiner Seele. Fühlt er dies, so kann er diese Kraft weiter und weiter zum Wachsen und Blühen bringen und diesen Planeten reich verlassen. Reich an Kraft, Licht, Liebe und Freude.

Leiden

Lieber Freund der Indianer, was möchtest du zum Thema Leid oder Leiden sagen? Bitte beginne einfach.

Die Menschheit wurde über viele Erfahrungen des Leides eine Menschheit, die Angst als wichtigen Bestandteil des Seins erlebte und akzeptierte. Dadurch entwickelte sich aus ihnen heraus ein Glaubensmuster, das Leid und Schmerz, Angst und Verängstigung als festen Bestandteil annahm. Die Religionen eurer Zeit haben großen Anteil an diesen Glaubensmustern. Die Zeit ist reif, die Lügen und falschen Muster der Menschheit zu beenden. Ich beginne dieses Ende der Unterjochung, wie ihr auch sagen würdet, nun. Ich möchte den Menschen vermitteln, dass Leid keineswegs ein fester Bestandteil des Lebens ist, sondern die Freude. ***Denn die Freude ist Seelenkraft.*** *Die Angst ist ein verursachtes Gefühl, das in euch entsteht.* ***Die Seele selbst kennt keine Angst.*** *Der menschliche Geist produziert diese. Es ist wie ein Geschwür, das die Menschen umhüllt.*

Du hast völlig recht, dass es viele Menschen gibt, die glauben, dass sie über das Leiden reinigen. Oder das Leiden sie einem angeblichen Gott näher bringt. Was möchtest du dazu sagen?

Das ist völlig falsch. ***Denn Leiden verringert die Kraft der Seele, Freude steigert sie.***
Wer also glaubt, dass die Leiden die Freude ersetzen können

und bewirken könnten, dass die Seele dadurch reinigt oder kräftigt, was letztlich dasselbe ist, ist ein Opfer der Fehlinformationen in euren Systemen. Das Leiden kostet Kraft. Das Leiden verringert die Verbindung. Die Leiden eines Menschen erschaffen in ihm nur Instabilität und Kraftlosigkeit. Das ist keineswegs im Sinne des Kosmos, der zwar verschiedene Seinsformen leben will, doch nicht die Form des Leidens als eine wichtige Form der Entfaltung erschaffen hat. Das Leiden ist wie ein Leitfaden der Seele, die Entscheidung zu treffen, ihre Umstände zu verändern, um nicht mehr zu leiden. Nicht mehr und nicht weniger. Die Menschen haben dieses Werkzeug verloren. Denn es ist letztlich nur ein Werkzeug. Doch ist es für uns aus den anderen Ebenen fatal zu beobachten, wie tief dieses Glaubensmuster in euch steckt. ***Leiden reinigt nicht, liebe Menschen. Leiden verunreinigt.***

Also, lieber Freund der Indianer, es ist genau entgegengesetzt. Die Menschen glauben, dass sie über das Leiden aufsteigen ... dabei tun sie genau das Gegenteil.

Das ist richtig. Die Kraft der Seele verringert sich durch das Leiden des Körpers. Dadurch bewirken sie keinen Aufstieg. Im Gegenteil. Die Kraft sinkt und dadurch auch das Potenzial, in hochschwingende Ebenen zu gelangen. In hochschwingende Zustände im Übergang.

Darf ich ein bisschen tiefer in das Thema hineingehen? Es gibt ja verschiedene Definitionen von Leid. Also abgesehen davon, dass jeder Leid anders wahrnimmt, der eine mehr aushält, der andere weniger ... Es gibt ja beispielsweise verschiedene Orden ... zum Beispiel einen, der heißt Opus Dei, in dem sich Menschen richtig körperlich Leid zufügen. Was sagst du dazu?

Derartige Praktiken sind mir fremd wie die Verantwortungslosigkeit der Menschen, die andere Menschen mit diesen Informationen belehren und dabei selbst verunreinigt sind. Diese Praktiken nehmen dem Menschen die Erfahrung der Freude und dadurch verringern sie die Kraft der Seele und lehren der Seele nur, wie es ist, wenn sie leidet. Diese Lehre ist letztlich keine wirkliche Erfahrung des Lebens. Es ist die Erfahrung, die das Ego dieses Menschen erzeugt hat. Keine Erfahrung der Seele, die aber im Körper gefangen diesen Weg des Egos leben muss und letztlich keine bereichernde Erfahrung mit in den Übergang nimmt. Das ist leider sehr schade. Wie ein verlorenes Leben, wenn Menschen derartige Praktiken leben.

Ich kenne mich ja nicht aus, aber manch einer dieser Menschen wird einem erzählen, dass er sehr glücklich ist.

Das ist eine Lüge, wie so viele Lügen in den Religionen herrschen, die ihr lebt. Die Menschen, die derartige Praktiken leben, können keine Erfahrung der Erleuchtung machen, denn die Kraft fehlt ihnen dazu. Du weißt selbst, wie viel Kraft du brauchst, um verbunden zu sein. Die körperliche „Verschmerzung" ist eine Ablenkung, die den Geist nicht ruhen lässt und gleichzeitig Energie zieht. Der Mensch, der diese Praktiken auf die Erde gebracht hat, war alles, aber nicht verbunden.

Und wie ist das mit Menschen ... die in klösterlichen Verbänden oder

Klöstern leben? Und die auch dort auf gewisse Weise Leid erleben? Das können kleine Dinge sein, wenn diese Menschen zum Beispiel Sehnsucht nach etwas haben, das nicht in diesem Kloster zu finden ist, was sie nicht leben dürfen. Was macht das?

Das ist letztlich das Gleiche. Diese Menschen werden vom Gedankenmuster dieser Glaubensgesellschaft festgehalten und leben dieses Ego-Konstrukt, doch keineswegs ihre Verbindung in den Kosmos. Diese Menschen leben vorbei an dem, was sie glauben, dass sie leben. Das ist noch viel schlimmer, da sie leiden in ihren Arten des Seins und glauben, dass dieses Leid ihnen Befreiung bringt, doch ist das genau das Falsche.

Du hast schon erfahren, dass Befreiung die wichtigste Kraft der Seele ist, und ***wer die Seele nicht befreit, befreit auch nicht seinen Geist und umgekehrt. Wer den Geist nicht befreit, kann die Seele nicht befreien.*** *Die beiden sind fest ineinander verbunden in einem Körper. Der Geist als Konstrukt des Egos und die Seele als Lebewesen des Kosmos. Die Menschen erfahren über ihre Religionen, dass Leid ein Bestandteil der Reinigung ist. Doch möchte ich, dass hier für alle nachlesbar ist, dass dies nicht richtig ist.* ***Die Leiden des Menschseins sind dazu da, ihnen auszuweichen und sie zu verwandeln und nicht in Ohnmacht zu leben.***

Lieber Freund der Indianer, ich wollte in diesem Zusammenhang noch auf eine andere Sache zu sprechen kommen. Und zwar, wenn diese Menschen, die in den Klöstern leben auch Keuschheit leben, was möchtest du dazu sagen? Denn ich empfinde Keuschheit auch als eine Leidensform. Es kann nicht sein, dass ein Körper, der lebendig ist und derartige Gefühle hat, gesund ist, wenn er diese Gefühle nicht leben darf.

Das ist richtig. Die Keuschheit ist letztlich eine weitere Form des menschlichen Geistes, Leiden zu erfahren. Diese Form ist subtiler und viel gefährlicher als ihr glaubt. Denn die sexuelle Kraft ist keine Kraft, die man unterdrücken kann. Diese Kasteiung der Energie ist eine Vergewaltigung an die Kraft des Körpers und wer diese Kraft verwandeln will, greift in den Kosmos ein, ohne eine Chance. Denn der menschliche Körper ist wie er ist und er will Leidenschaft erfahren so wie auch Lust. Die Kräfte sind Teil der menschlichen Form. Wer sich dieser beraubt, lebt eine weitere ungesunde Form des Seins. Daher bitte übermittle den Menschen, ***dass Leid nicht ihr Schlüssel ins Paradies ist, sondern die Freude. Die Freude und die Liebe.*** *Diese beiden Kräfte beleben euch. Alle anderen verunreinigen nur, wandeln eure Energie in leidvolle, kraftlose Zustände. Diese Zustände bleiben erhalten, solange ihr seid, bis ihr die Freude wieder lebt und wieder findet. Doch ist es ausschließlich in eurer Verantwortung, diese Freude wieder zu erfahren. Niemand anderes kann diesen Prozess einleiten.*

Da drängt sich mir eine Frage auf: Wenn die Menschheit daran festhält, dass Leiden so bereinigend ist und Leiden so wichtig ist, um weiter zu wachsen in seinem seelischen Prozess, wie steht es dann um die Energie der Menschheit, die so fest an einem Glaubensmuster hält, dass Leiden ein fester Bestandteil des Lebens ist? Was macht es mit den Seelen und was macht es mit den Seelen vor allem, wenn sie die Körper verlassen haben? Das müssen ja Millionen, Milliarden von Seelen sein, die diesen Körper in einem falschen Glauben verlassen haben.

Das ist richtig und genau deshalb beginne ich hier, die Worte an die Menschheit zu richten und diese verändernden Botschaften zu übermitteln:
Die lebenden Energien in euch wollen Freiheit und wollen befreit werden, nicht leiden.
Die verstorbenen Seelen, die in diesen Glaubensmustern lebten, verharren weiter in einem Zustand der Kraftlosigkeit. Die Hebung dieser Energien wird noch viele Tausend Jahre brauchen, wenn ihr in eurer Zeit rechnen wolltet. Es ist ein langer Prozess, den die Seele begehen muss, wenn sie durch diese Fehlleitung im Geiste des Egos, wandeln muss. Die Seele kann Zeit ihres Seins in einem Körper nicht die Kraft wandeln, wenn das Ego ihre Freiheit nicht zulässt. Deshalb verliert sie Kraft und kann diese wiederum nicht in der Zwischenwelt, das, was ihr Jenseits nennt, verstärken. Dazu muss sie erneut inkarnieren und dieser Prozess kann wieder Risiken mit sich bringen, nur in Glaubensmuster des Leidens leben zu müssen und nicht in Glaubensmustern der Befreiung. Diese Kräfte sind massiv, und wenn ihr versteht, wie letztlich alles ineinander wirkt, und vor allem, wie wichtig jede Entscheidung auf diesem Weg ist, dann könnt ihr verstehen, wie wichtig es mir ist, dass ich dieses Missverständnis heute mit diesen Worten in eurer Seele verwandle.
Denn wer kann, sollte heute, sofort, in diesem Moment beenden, was ihn leidend gemacht hat. Die Freude ist das Ziel, nicht die Leiden.

Das habe ich verstanden. Ich habe soweit jetzt keine Frage mehr zum

Thema Leid. Es wird vielleicht Menschen geben, die sagen „ich kann ja nichts machen, ich kann ja nichts ändern, ich bin ohnmächtig in der Situation, in der ich bin und in der ich leide“ ...

Dann übermittle ihnen bitte, dass dies eine Lüge ist. Diese Menschen leben in einer Lüge, die sie selbst verantwortungsvoll wandeln können. Doch wer die Kraft dazu nicht hat, sollte zunächst versuchen, die Kraft dazu zu finden. Befreit eure Seele in andere Möglichkeiten, dann kommt die Kraft. Und dann kommt auch die Kraft, den letzten Umstand zu wandeln, der euch leiden lässt. Das alles ist immer in viele Prozesse eingebettet. Doch muss ein erster Schritt begonnen sein, auch wenn es nur ein kleiner ist. Die Freude finden, ist in jedem Fall der richtige Weg.

Möchtest du noch etwas sagen zu diesem Thema?

Das Thema ist vielfältig, ich könnte noch um ein Vielfaches länger schreiben, doch ist der Kern der Thematik nun festgehalten. Die Menschen leiden und verunreinigen dabei. Das ist genau der falsche Weg. Wer reinigen will und wachsen will, der leidet nicht mehr. Das eine bedingt das andere. ***Wachstum ist nur möglich, wo kein Leid ist.***

Da fällt mir ein, vielleicht gibt es den einen oder anderen Menschen, der sagt: „Ja, aber in der Situation, in der ich gelitten habe, habe ich viel erkannt.“ Was sagst du zu diesem?

Es mag sein, dass derartige Leben eine Erkenntnis im Leiden mit sich brachten, doch wissen diese Menschen nicht, wie viele Erkenntnisse ihnen verloren gingen über die verlorene Freude. Die gleichen Momente und die gleiche Zeit hätten Sie in Freude erleben können und dann auch viele liebevolle und schöne Erfahrungen sammeln können, die letztlich die Seele hätten heben können. Doch diese Erfahrungen haben sie nicht gemacht. Umso wichtiger ist, dass sie dies jetzt beginnen.

Es gibt die katholische Kirche, die das ganze Prinzip des Leidens deswegen verbreitet hat, weil sie das Leiden Christi nachempfinden und nachleben will. Das Ganze basiert darauf, dass Jesus auf der Erde war und für die Menschen gelitten hat. Ich möchte von dir wissen, was du zu diesem ganzen Thema denkst. Denn nach dem, was du mir erzählt hast und was wir alles über das Thema Freude und Freiheit gelernt haben, kann an dieser Geschichte oder zumindest an deren Interpretation irgendetwas nicht stimmen. Deswegen bitte ich dich, mir zu berichten, was du über dieses Thema weißt und denkst, über Jesus und das Leiden und alles, was damit zusammenhängt.

Das ist eine sehr wichtige Frage. Ich danke dir, dass du sie stellst.
Die Menschen erfahren über die Kirche, dass das Leiden Jesus´ ein fester Bestandteil ihres Schicksals ist und der Mensch mit dieser Erfahrung einen Teil des Schicksals Jesus´ nachempfinden muss. Doch es ist ganz anders, liebe Menschen. ***Die Leiden, die Jesus erfahren hat, waren kein Vorbild, wie ihr es interpretiert, sondern ein Mahnmal des menschlichen Lebens.*** *Diejenigen, die Lichtvolles bringen, werden immer auch Verachtung und Undankbarkeit erfahren müssen. Diejenigen, die Liebevolles auf die Welt bringen, werden hingerichtet und misshandelt. Dieses Mahnmal*

war von Jesus bewusst gewählt, um den Menschen die Vorbereitung auf die Problematik Mensch zu geben. Diejenigen, die „wissen“, werden daher immer versuchen, in Abstand zu agieren und dennoch weiter ihre Mission voranbringen. Diejenigen, die nicht „wissen“, werden wieder und wieder, wie Jesus damals, unsagbare Leiden erfahren müssen. Das ist der Schatten der Menschheit. Jesus zeigte ihn euch. Der Schatten der Menschheit und in jedem Lebewesen.

In jedem Lebewesen oder in jedem Menschen?

Die Lebewesen dieses Planeten haben Leiden als Thema.

Wie meinst du das, was die Tiere angeht? Die Tiere sind doch verbunden mit dem Kosmos und leiden deswegen nicht so oder?

Doch. Denn auch dort sind es die Menschen, die die Tiere leiden machen. Die Verursacher dieser Hinrichtungen sind immer nur die Menschen.
Doch zurück zu den Menschen. Die Verbreitung des Missverständnisses, das Leiden Jesu sei ein wichtiger Teil der Entfaltung der Seele, ist etwas sehr Erschreckendes für die Wesen des Lichtes. ***Denn Jesus war nicht auf der Erde, um derartige Informationen zu verbreiten. Er war da, um das Mahnmal zu setzen, damit die Menschen wissen, was die Erfahrung hier auf der Erde mit sich bringen kann.***

Das habe ich gut verstanden. Möchtest du noch etwas zu diesem Thema sagen?

∞

Die Leiden Christi sind die Warnung, mehr Schutz zu erfahren. Denn ohne Schutz ist der Mensch einer Kraft ausgesetzt, die verunreinigt und lebensbedrohlich ist.

∞

Die Essenz

Es ist an der Zeit, die kosmischen Gesetze zu leben und nicht die Glaubensmuster unserer Religionen. Letztere predigen von Schuld, Sünde, Strafe und vor allem legitimieren sie Leid als angeblich festen Bestandteil des Seins. Dem ist nicht so. Leiden ist ausschließlich ein Aufruf, Kraft des freien Willens dieses Leid zu beenden. Den Weg, die Richtung des Lebens zu ändern. Zu wandeln. Leid kostet körperliche und geistige Kraft und verunreinigt damit auch die Seelenkraft, verhindert die Wahrnehmung der Verbindung und damit die Liebeskraft.

Der Kosmos fördert die Entfaltung der Seelen über unterschiedliche Erfahrungen. Leid ist dabei aber immer nur die „Leitplanke" des Bewusstseins in uns, welche uns durch die Erfahrung des Leidens an uns, unsere eigentlichen Ziele, Träume, Wünsche und an unsere seelische Befreiung erinnert. Sie ruft uns auf, aus diesem Leid herauszutreten und wieder ganz wir selbst zu werden. Im Gleichklang und in Balance mit den kosmischen Kräften des Friedens, der Freiheit, der Freude und der Liebe - dem Gegenteil von Leiden.

Lasst euch daran erinnern und nehmt Leid nicht als festen Bestandteil des Lebens einfach hin. Wandelt und verlasst die Orte, Menschen und Umstände, die euch Leid zufügen und erschafft euch ein Leben ohne Leiden!

Hingabe

Was möchtest du den Menschen zum Thema Hingabe berichten?

Die Hingabe ist ein wichtiger Bestandteil des Wachstums der Seele. Ihr braucht die Hingabe, um die Liebe und die Freude wirklich in euch zu erfahren. Das ist ein fester Bestandteil des Körpers, in dem ihr wohnt.

Die Hingabe ist eine wichtige Wahrnehmung, die möglich macht, dass der Körper in einen anderen Zustand übergeht. Das Fühlen dieser Komponenten ist der Schlüssel in die Erfahrungen der inneren Welt. Die Bereitschaft eines Menschen, in Liebe zu leben, ist der erste Schritt, diese auch zu empfinden. Das Gleiche trifft für die Freude zu. Der Entschluss ist wie immer der erste Schritt, doch braucht es dann wie immer auch die Bereitschaft des Menschen für die dauerhafte Wirkung. Die Kraft dieser beiden Komponenten ist wie eine Tür ins Paradies. Nur wer bereit ist diese zu öffnen und nur wer sie offen hält, ist letztlich derjenige, der die Kräfte des Kosmos in ihrer liebevollen und lichtvollen Strahlung wirklich erfahren kann.

Daher bitte ich euch alle zu vertrauen, die ihr jemals den Weg der Entfaltung der Seele in dem lichtvollen Zustand erfahren wollt, dass die Bereitschaft diesen Weg zu gehen und dann die Beständigkeit diesen Weg zu gehen, die Hingabe und die Freude weiter bestehen, immer und immer weiter. Jeden Tag, jeden Moment. Denn nur wo Hingabe herrscht, ist es möglich, dass ihr mit Hilfe eures Körpers die Welten der Fein-

stofflichkeit erfahrt.

Es ist eine Erlaubnis, die ihr gebt, dass der Kosmos durch euch hindurch wirken kann. Diese Erlaubnis müsst ihr erteilen und ihr müsst es immer wieder. Denn jeden Tag in Ablenkung und jeden Moment in Konzentration gerichtet braucht diese kosmische Kraft, die wiederholten Erlaubnisse, und damit die Einladung, um in euch und durch euch zu wirken. Dieser Prozess ist essentiell, um zu wachsen und in dieser Kraft die Seele weiter zu entfalten. Dann ist die weitere Erfahrung des Seins in einem ganz anderen Tonus möglich. Die Erfahrung der Intensität belebt euch wie nichts zuvor. Denn nur wo Hingabe herrscht, ist auch Intensität möglich. Und diese wiederum bringt euch die tiefe Erfahrung der inneren Welten, die wiederum alle Teil der äußeren Welten sind. ***Wie ein Brei verweichlicht ihr eure Formen, um mit dem Kosmos zu verschmelzen.*** *Das ist der Prozess, der letztlich durch die Entfaltung der Seele geschieht. Die Verschmelzung der Kraft in euch mit dem Kosmos, macht, dass die Grenzen eures Körpers weniger und weniger empfunden werden.* ***Diese Isolation, die euer Körper bietet, wird weniger und weniger und dadurch wird die Empfindung des Ganzen immer mehr und mehr.*** *Das ist, was geschieht.*

Doch der Schlüssel zu all dem ist die Hingabe und die Bereitschaft dazu - in dauerhafter Wirkung. Daher bitte ich jeden von euch, die Kraft der Hingabe tief in euch einzusaugen. Wer Ängste verspürt, sollte diese überwinden. Sie sind, wie ich schon gesagt habe, nur eine Krankheit des Geistes, des Egos, die ihr leicht überwinden könnt. Wer dies nicht leicht tut, braucht noch mehr Kraft. Findet diese, lebt in Freude und die Seele beginnt aufzublühen. Diese Kraft beginnt einen

Kreislauf, der lebensverändernd wirkt, weil er zuletzt eure Seele erhebt. Und dies wiederum ist die Lebensaufgabe der Seele in euch.

Ich habe verstanden lieber Freund der Indianer. Ich treffe viele Menschen, die sich schwer tun im Empfinden, vielleicht auch, weil sie in der Kindheit viele schlechte Erfahrungen gemacht haben, wenn sie mit dieser Offenheit durch die Welt gerannt sind. Was möchtest du diesen mit auf den Weg geben?

Diesen Menschen möchte ich mit auf den Weg geben, dass dieser Prozess etwas dauert. Es ist wie ein Muskel, den ihr vergessen habt zu bewegen. Die Körperlichkeit abzulegen und feinstofflich zu empfinden, braucht viel Übung. Diese Übung wird jedoch belohnt. Mit jedem Tag ein bisschen mehr werdet ihr fühlen, wie die Kraft in euch weiter strahlt als euer Körper besteht. Daher bitte verzagt nicht, übt jeden Tag ein bisschen weiter und fühlt die Größe eurer wirklichen Kraft. Das ist die Bereitschaft, die ihr braucht, um zu wachsen. Jeden Tag ein bisschen mehr.

Okay, möchtest du noch etwas zum Thema Hingabe schreiben?

Nein.

Was wollen wir denn als nächstes Thema besprechen?

Freude.

∞

Die Essenz

Um den Weg der Befreiung der Seele anzutreten, bedarf es eines Entschlusses, als Folge des freien Willens. Dieser formt die Bereitschaft, einen zwar ungewissen, aber dennoch gewollten Weg zu gehen. Doch alle Schritte können nur in Kraft gegangen werden, und wirkliches Wachstum nur durch Hingabe an die Aufgaben, die Erfahrungen und an die Möglichkeiten und Chancen auf diesem Weg der Entfaltung geschehen. Hingabe ist also der Schlüssel zur Intensität. Und Intensität ist die Bedingung des Kosmos an euch, tiefgehend wachsen und wandeln zu können. Je tiefer die Erfahrungen wahrgenommen werden, umso lehrreicher sind sie. Und wenn wir diesen Körper eines Tages verlassen müssen, können wir umso reicher an Erfahrungen und Erkenntnissen gehen, doch dieser Reichtum ist nur über die Hingabe zu erlangen.

Freude

Was magst du uns zum Thema Freude berichten?

Die Freude ist das Lebenselixier der Seelen.
Die Freude ist die Kraft des Kosmos.
Die Freude ist das Lebenselixier des Kosmos.
Nur wer Freude verspürt, ist in Verbindung der Liebe des Kosmos mit euch allen. Die Freude ist Licht.
Wer Freude erfährt, verspürt eine Kraft in sich, die nicht zu beschreiben ist. Und diese Kraft ist letztlich eine kosmische Kraft, die in euch weiterleben kann. Durch die Freude seid ihr verbunden mit der Quelle allen Seins, die liebevoll, lichtvoll und freudvoll Leben schenkt. Leben für die Seelen und Formen, die die Kräfte formen. Das ist wirkungsvoller als ich in Worte formen kann. Daher betone ich gerne immer wieder, dass die Freude wirklich wichtig ist.
Lebt die Freude in eurem Leben, jeden Tag, jeden Moment, lebt die Freude immer wieder und immer mehr. Denn sie ist die kosmische Kraft, die eure Seelen erhebt. Wer in Erhebung wandelt, der kann lichtvolle Erfahrungen machen. Nach dem Ableben in diesem Körper sowie auch danach. ***Die lichtvollen Ebenen sind voller Freude, diese zu erreichen ist nur freudvoll möglich.***

Das hast du schön gesagt. Aber es gibt auch Menschen, die empfinden Freude, wenn sie anderen Menschen etwas Böses tun. Oder sagen wir mal, sie finden Spaß daran. Was möchtest du dazu sagen?

Das ist keine Freude der Seele. Das ist die Freude des Egos und nicht einmal diese wirklich. Denn es ist eine Ego-Macht und Lieblosigkeit, die diese Menschen erfahren, und diese Kraft hebt keineswegs die Seele oder den Menschen in seinen Gefühlen. Es ist eine verlorene Kraft der Seele, denn sie verbraucht Kraft, weil sie ausgeglichen werden muss und niemand weiß, wann und wie dieser Ausgleich vonstatten geht. Daher sind derartig „negative Freuden", wie ich sie jetzt einmal benenne, alles andere als lichtvoll und begehrenswert. Bitte unterscheidet klar, welche Form von Freude ihr empfindet. Nicht die Freude des Egos, das Machtspiele und Lieblosigkeit erfahren will, ist die Freude, die ihr verspüren solltet. Die Lebensfreude, die liebevoll und lichtvoll wirken will, ist es, die euch erhebt. Alles, was euch negative Resonanzen vollziehen lässt, wird negative Resonanzen hervorrufen, bis ihr diese ausgleicht. Daher achtet bitte darauf, dass die Freude, die ihr erlebt, nicht negativ auf andere wirkt oder negative Resonanzen erzeugt, weil sie Leiden erzeugt. Die Freude der Seele ist nur Freude, die keinerlei Resonanzen bei anderen in negativer Form verursachen kann, weil sie tiefe Freude, herzliche, liebevolle Freude ist. Diese Freude ist es, die ich meine.

Also das heißt, immer dann, wenn Menschen in Machtspiele gehen und Spiele wie Rache oder derartige Dinge vollbringen, dann ist es nicht die liebevolle, lichtvolle Erhebung, die du meinst, sondern es sind dann negative Resonanzen, die erzeugt werden. Richtig?

Ja.

Möchtest du noch etwas zur Freude sagen?

Dass ihr hierher gekommen seid, um Freude zu erfahren. *Das dürft ihr nicht vergessen, niemals. Die Menschen leben viel zu sehr in Leben, die nur leidvoll erfahren werden und keinesfalls freudig. Ich möchte euch mit diesen Worten erreichen in dem Zustand, in dem ihr jetzt lebt.* ***Bitte bringt mehr Freude in euer Leben, egal wie es vonstatten geht, dass ihr die Freude erfahrt. Aber sie ist wichtig und sie ist essentiell für euch.***

Worüber wirst du als Nächstes sprechen?

Die Feinde des Lebens.

Was sind denn Feinde des Lebens?

Die Feinde des Leben sind fester Bestandteil des menschlichen Seins. Ihr müsst wissen, dass derartige Kräfte im Kosmos leben und dass sie wie eine bestimmte Art eines Tieres morden, um zu leben, weil sie keine Verbindung verspüren. Diese Wesen bedingen, dass man sich vor ihnen schützt. Dieser Schutz liegt mir am Herzen. Daher lass mich bitte morgen über die Feinde des Lebens schreiben.

∞

Die Essenz

Das Elixier des Seins.
Das Elixier allen Seins.
Das Elixier des Wachstums aller Seelen.
Die Freude ist der heilige Gral im Kosmos, denn sie ist es, die die Seelen reinigt, hebt und beschleunigt. Wenn die Liebe und das Bewusstsein die Elemente des Kosmos sind, dann ist die Freude das gemeinsame Element daraus und sie erschafft die Kraft, mit der die Liebe und das Bewusstsein erweitert werden können. Sie ist also Produkt und gleichzeitig „Bedingung" für den Aufstieg der Seele. Das macht sie zum „Perpetuum mobile" der Seelen, denn wo Freude ist, ist Kraft, wächst Kraft. Freude ist der Schlüssel für die eigene Kraft. Wer den Pfad der Freude wählt, schenkt sich, seiner Seele selbst, in ihrer Ganzheit, in ihrer gesamten Kraft, ihrem vollständigen Potential die Verbindung in die licht- und liebevollen Ebenen hinein. Freude ist die Musik der Seelen.

Feinde des Lebens

Lieber Freund der Indianer, bitte beginne festzuhalten, was du zum Thema „Feinde des Lebens“ festhalten willst.

Die Feinde des Lebens sind Wesen, die nicht das Wachstum und die Entfaltung als Lebensziel leben, sondern die Verengung und die Beengung.
Es gibt im Kosmos eine Regel, die verbietet, dass man in die Formen des Seins beschleunigend eingreifen darf. Ich meine damit, dass wenn Wesen in einem derartigen Zustand der Kraftlosigkeit und der wenigen Verbindung verweilen, diese keine Beschleunigungen erfahren dürfen über andere Wesenheiten. Was bedeutet, dass alle positiven Kräfte des Kosmos nicht eingreifen dürfen, wenn derartig negative Kräfte wirken.
Dieses Gesetz ist die Folge des freien Willens, der von allen Energien respektiert und akzeptiert werden muss. ***Niemand kann eingreifen, wenn er nicht darum gebeten wurde. Diese Tatsache bedingt unbegrenzte Verantwortung für die Energie selbst, die ihr alle seid.***

Bitte berichte mir noch mehr, was die Feinde des Lebens genau bedeuten.

Die Feinde des Lebens begehen verschiedene Wege. Manche wollen die Kraft erfahren, wenn sie verschiedene Menschen morden. Andere wollen die Erfahrung machen, wenn sie viele

Tiere vernichten. Wieder andere begehen Selbstmord. Wobei es in diesem Fall Differenzierungen gibt. Nicht das Erfahren des Endes dieses Lebens ist die Problematik, sondern die Erfahrung der Lebensaufgabe. Was ich sagen will ist, dass jede Art von Mord und sei es selbst die an einem selbst, negative Resonanzen hervorbringt.

Ist das eine Tatsache oder ein Gesetz? Warum ist das so?

Das ist so, weil die Kraft des Kosmos Leben hervorbringen will. Und nur das Leben selbst als Ausdrucksform der Kraft der Quelle entscheiden kann, wann es die Form verlässt, nicht aber das Wesen in der Form. Diese Entscheidung widerspricht dem Gesetz der Erlaubnis, die im Kosmos Leben fördern will. Jeder, der Leben vernichtet, widersetzt sich diesem Gesetz und beginnt einen langen Weg der Reinigung, diese erfolgte Tat zu verstehen und wieder auszugleichen. Wie der Ausgleich letztlich bei jedem selbst aussieht, ist nicht zu beschreiben. Denn jede Energie hat ihren eigenen Weg, und nie ist es der gleiche Weg, wie ein anderer ihn ging. Daher möchte ich nur darauf hinweisen, dass es zunächst Feinde des Lebens gibt - Menschen die anderes Leben vernichten. Und ich möchte darauf hinweisen, dass die Wertung über diese Schicksale nicht in unserem Bemessen ist, sondern vom Kosmos selbst geschieht. Die Widersetzung gegen die Erlaubnis nicht eingreifen zu dürfen, darf nur der Kosmos selbst.
Die Liebe ist die Kraft, die uns führen soll, nicht die Traurigkeit, nicht die Trennung. ***Wer Leben vernichtet, trennt den Fluss der Natur vom Fluss des Kosmos.*** *Dieses Gesetz zu brechen, bedeutet viele kraftvolle negative Impulse zu setzen,*

die alle ausgeglichen werden müssen.

Also für mich zusammenfassend: Es gibt Menschen, die kraftlos sind. Es gibt Menschen, die die Verbindung deswegen weniger erfahren und es gibt deswegen immer Menschen, die Leben vernichten wollen. Wenn sie das tun, dann brechen sie ein großes, heiliges kosmisches Gesetz. Richtig?

Ja.

Dann lass uns bitte genau nachfragen. Wir müssen ganz detailliert sein. Was zum Beispiel, diese Frage bietet sich an, was zum Beispiel passiert mit einem Wesen wie Hitler, der zum Beispiel sehr viele Menschen ermordet hat, im Glauben an irgendetwas. Ist so ein Mensch ein Feind des Lebens?

Ja. Er war eine massive Kraft der Zerstörung des Lebens. Dafür braucht es nun viele, viele bereinigende Wandlungen, um dies zu korrigieren. Doch wenn er es gewandelt hat, ist es seiner Energie erlaubt, wieder weiter und weiter zu werden. Nur der Ausgleich an sich ist eine Frage, die ich nicht beantworten kann.

Aber was ist mit den ganzen Soldaten, die in seinem Namen gehandelt haben? Sind die dann auch Feinde des Lebens?

Nein, diese Menschen waren Werkzeuge des einen Wesens, der sie anführte, daher sind sie nicht Feinde des Lebens. Feinde des Lebens sind Menschen, die bewusst handeln und bewusst entscheiden, wann sie morden oder nicht. Menschen,

die diesen Auftrag tun, haben zwar einerseits die Wahl diesen Auftrag nicht zu erfüllen ... dennoch weiß der Kosmos zu unterscheiden und zu erkennen, wo eine aktive lebensbedrohliche Energie existiert und wo nur eine dienende Energie existiert.

Gut, das habe ich verstanden und das macht auch Sinn. Gehen wir mal weiter. Die Menschen müssen sich ernähren und auch dafür werden Tiere ermordet. Was ist damit? Sind Menschen, die Tiere ermorden auch Feinde des Lebens?

Das ist eine sehr deffizile Frage, denn hier musst du fein unterscheiden. Denn Menschen, die Tiere morden, um zu überleben, werden deshalb nicht gleich zu Feinden des Lebens. Dies ist der Kreislauf des Seins. Doch morden die Menschen, um massenhaft Fleisch zu erzeugen, das dann erneut weggeworfen werden muss, dann beginnt ein Teufelskreis. Diese Menschen handeln zwar im Auftrag der Menschen, die diese Institutionen leiten, doch erschaffen sie die Fülle dieses Leides durch ihr Morden.

Wie meinst du das?

Sie morden zu viel. Und dieses zu viel beginnt Ungleichgewicht zu verursachen. Dieses Ungleichgewicht muss wiederum von ihnen ausgeglichen werden, nicht nur von dem Anführer.

Das verstehe ich nicht ganz, lieber Freund der Indianer. Das sind doch auch nur dienende Menschen, genauso wie die anderen, die

∞

Menschen im Auftrag eines Anführers umgebracht haben. Wieso sind dann diese Menschen dafür zu belangen?

Das ist eine Frage der Energie. Wenn du hilflose Wesen mordest, ist eine ganz bestimmte Energie notwendig, um dies in dieser Form zu tun. Der Mensch, der andere Menschen umbringt im Auftrag eines anderen Menschen, ist in einer Kriegssituation unter außergewöhnlichen Umständen. Der Mensch, der hilflose Tiere mordet, die sich nicht wehren können, die keinerlei Kommunikationsmöglichkeit oder wirklich Kraft haben, dieser Kraft zu begegnen, wirkt aktiver als der Diener des Führers, der in Systemen dienen muss.

Es gibt trotzdem ganz viele Menschen, die in so einer Fabrik arbeiten, wo viele Tiere umgebracht werden, die gar keine Wahl haben und sonst kein Geld verdienen. Es ist vielleicht weit und breit keine andere Fabrik, in der sie arbeiten könnten.

Das mag sein, doch ist es eine Frage der Kraft in euch, die euch bewegt. Und wenn ihr euch nicht von derartigen Orten fortbewegt, dann seid ihr in einer Energie, die Negativität erzeugt und werdet Teil davon. Diese Verantwortung liegt bei euch. Das ist ausschließlich der Fall, wenn Menschen mit ohnmächtigen Lebewesen agieren.

Du möchtest also sagen, dass es ein Unterschied ist, ob man viele Menschen mordet im Auftrag von einer Gruppe oder einem System, oder ob man viele Tiere ermordet, die ja auch alle die Problematik der Ohnmacht mit sich bringen.

Das ist richtig.

Ich treffe auch immer wieder Menschen, die sagen zum Beispiel, jemanden zu steinigen sei doch in Ordnung, oder - wenn Menschen eine bestimmte Religion gewählt haben, dann müssten sie damit leben, dass sie aufgehängt werden ... oder auf den elektrischen Stuhl gesetzt werden ... usw. Wie ist es mit diesen Punkten?

Diese Menschen sind meist nur verunreinigt und nicht in Verbindung. Sie wissen nicht, was sie sagen. Sie wissen nicht, was sie dabei an Kraft erfahren würden, wenn sie tun würden, was sie da sagen. Doch solange sie nur reden, existiert keine wirkliche Verantwortung. Diese Menschen werden erst in Verantwortung gezogen, wenn sie wirklich handeln. Die Menschen, die steinigen, werden zu Feinden des Lebens. Die Menschen, die andere Menschen als Richter beurteilen und verurteilen, um sie zu ermorden, wie du gefragt hattest, diese werden auch zu Feinden des Lebens.
Ihre Kraft wirkt so weit, bis ein Mensch den Tod findet - ohne den kosmischen Lauf, sondern durch den Menschen entschieden.

Gut aber, dass diese Menschen andere Menschen zum Beispiel durch den elektrischen Stuhl ermorden oder ähnliches, das folgt den Gesetzen, die die Menschen verfasst haben, und es gibt viele, die sagen: diese Gesetze sind Teil des Lebens, diese Gesetze sind Teil der Menschheit, und sie sind deswegen auch Teil des Kosmos.

Das ist falsch. Ihr könnt nicht die Gesetze der Menschen als höhere Gesetze, die über dem Kosmos stehen, ansehen. ***Nicht***

der Mensch macht das Leben. Der Kosmos macht es. Und nur der Kosmos darf es auch nehmen, wenn die Zeit reif ist und der Körper kraftlos.

Lieber Freund der Indianer, gibt es viele Menschen, die Feinde des Lebens sind?

Ja, leider.

Kannst du mir eine Prozentzahl geben? Ich weiß, es ist sicherlich schwer für dich, aber du siehst die Erde und du siehst die Menschen als Energie. Wie nimmst du denn die Feinde des Lebens wahr?

Die Feinde des Lebens sind kraftlose, taumelnde Energien, die wie Vampire, so würdet ihr sagen, den Menschen die Kraft rauben, die lichtvoll sind. Es sind Energien, die Macht und Lieblosigkeit leben und weiter erfahren wollen. Es gibt in ihnen nicht einmal die Sehnsucht nach Liebe und Licht. Das ist die Problematik der Kraftlosigkeit, in der sie sind. Sie schwingen derartig niedrig, dass das Bewusstsein so niedrig ist, dass es keine Kraft hat, um Liebe überhaupt zu empfinden. Diese Formen sind letztlich sehr gefährlich, denn sie leben wie Parasiten, ohne etwas zu geben.

Es steht die Frage im Raum, warum Seelen überhaupt einen solchen Weg gehen.

Das ist eine gute Frage, doch der Kosmos ist vielfältig und er wertet nicht. Er liebt und wer die Liebe nicht wahrnimmt, ist nicht verbunden, wie er es könnte. Doch er lebt und er hat da-

durch die Möglichkeit diese Form zu verändern, wann immer er will. ***Der Kosmos wertet nicht.***

Aber ich dachte der Kosmos wertet, nur beurteilen tun sich die Seelen selbst.

Der Kosmos wertet nicht. Er bietet die Plattform, die ihr alle seid, um verbunden zu wirken oder eben nicht.

Gut, deswegen habe ich die Frage gestellt: Wie viele Lebewesen gibt es, die Feinde des Lebens sind, und wie viele die nicht? Weil wenn es mehr sind, die Feinde des Lebens sind, dann haben wir irgendwann ein Problem.

Das ist richtig, doch noch ist es ausgeglichen. Es gibt immer auch Feinde des Lebens, die den Weg der Liebe beginnen möchten. Dann werden sie wieder zu lebensfördernden Energien. Nur dauert dies auf eurer Zeitlinie eben manchmal sehr lange. Das Spiel ist ohne Wertung, Sylvia.

Nun ja, wenn man hier in dieser Welt ist, in der es nun mal sehr weh tut, wenn man Menschen trifft, die vielleicht Feinde des Lebens sind, dann kommt man in den Bereich hinein, in dem man wertet. Und das ist auch klar. Das ist - glaube ich - ganz menschlich, ganz einfach, weil es weh tut. Gibt es etwas, was wir den Menschen mit auf den Weg geben können? Unabhängig von dem Bewusstsein, dass sie in vollster Verantwortung sind, dass jede dieser Taten, die sie leben, so wichtig ist. Gibt es etwas, was du ihnen mit auf den Weg geben möchtest, damit sie eben nicht Feinde des Lebens werden sondern eher Lebensförderer?

∞

Es ist lebensfördernd, die Erfahrung zu machen, sich dem Leben zuzuwenden und nicht dem Leben abzuwenden. Es ist beglückend, es ist reich an Kraft und Schönheit. Reich an Liebe und Licht und nur warm. Der Weg der Feinde des Leben ist kalt und wirklich hart. Ich selbst kann nicht beobachten, wann oder wie es geschieht, dass eine Seele diesen Weg einschlägt. Dazu kannst du gerne eine andere Wesenheit befragen. Doch ist es mir wichtig, dass ihr wisst, dass es derartige Energien gibt, die derartige Formen beginnen können und ihr euch bitte davor schützt. Betrachtet die Menschen wie eine Blume. Welkt sie, so tränkt sie mit Liebe und es besteht Hoffnung, dass ihr die Kraft des Lebens wieder in sie zurückholt und sie kein Feind des Lebens wird. Die Liebe heilt alles, auch derartige verirrte Seelen. Wenn ihr Menschen begegnet, die lieblos und kraftlos werden, dann gebt ihnen Liebe. Versucht es wenigstens eine Weile. Doch welkt die Blume weiter und weiter, begebt euch auf den Weg weg von diesem Wesen.

Du möchtest sagen, wenn man mitbekommt, dass jemand sich vom Licht abwendet, man ihm noch weitere energetische liebevolle Impulse geben soll; wenn man dann aber bemerkt, dass es keinerlei Sinn hat, weil dieser Mensch diese liebevollen Impulse nicht wahrnimmt, sondern sie sogar gegen den Impulsgeber einsetzt oder ihm Energie raubt, dass man sich dann sofort und schnell in den Abstand begibt, richtig?

Ja. Du kannst die Worte manchmal wirklich gut formen. Es ist schwer für mich, wenn es komplexe Themen sind.

Ja, das habe ich schon verstanden. Okay, was möchtest du der

Menschheit mit auf den Weg geben? Wir sind hier angeblich 7 Milliarden Menschen, oder vielleicht sind es schon acht, keiner weiß es so genau, weil nicht überall gezählt werden kann ... Die Menschen brauchen ja auch alle Essen. Ich komme wieder auf dieses Thema zurück, weil es wirklich ein sehr schwieriges Thema ist, finde ich. Was wäre aus deiner Sicht der Dinge die beste Form des Lebens? Unabhängig davon, dass es keine Kriege geben sollte, in denen Menschen sinnlos umgebracht werden. Was ist die beste Form für dich, in der die Menschheit so lebt, dass sie keine Feinde des Lebens hervorbringt.

Diese Form wäre eine Form, die liebevoll und herzlich miteinander umgeht. Lichtvoll und verbunden und warmherzig wirkt. Es werden nur die Tiere ermordet, die auch wirklich benötigt werden und nicht Tausende mehr. Die Menschen, die dies tun, tun dies in liebevollem Bewusstsein, dass sie einem Leben die Kraft nehmen, um einem anderen die Kraft zu geben. Diese Menschen könnten durch Besprechung dieses Momentes der Energie, die sie aus dem Körper nehmen, die weitere Beschleunigung ermöglichen, indem sie sie befreit und dankend in den Kosmos zurück geben. Diese Menschen wären Priester, die lichtvoll handeln und verantwortungsbewusst den Tieren gegenüber. Das wäre mein Wunsch.

Wenn zum Beispiel Menschen andere Lebewesen aus Versehen umbringen, das kommt immer wieder vor, was möchtest du ihnen raten?

Dann sollen sie sich bedanken für die Erfahrung, die ihnen geschenkt wurde, und die Energie in den Kosmos beschleunigen, indem sie sie in Liebe besprechen. Worte wie:

∞

„Ich danke dir für dein Leben und ich bitte den Kosmos um die Aufnahme dieser Energie in seine heiligen Hallen, wohl behütet und kraftvoll weiter zu wandeln, in Liebe und Licht.

Darum bitte ich,
Danke,
Liebe.“

Das ist also eine Art Gebet, das du den Menschen mit auf den Weg gibst, wenn ein anderes Lebewesen aus Versehen zu Schaden gekommen ist, richtig?

Das wäre sehr gut.

Denn es gibt ja auch manchmal Unfälle, bei denen Menschen oder eben auch Tiere sterben, und dann sollten sie derartige Sachen sagen, ja?

Ja. Das wäre sehr wichtig, denn ihr tragt auch die Verantwortung für das Lebewesen, dem ihr Kraft genommen habt. Diese Tat kann ausgeglichen werden schon in dem gleichen Moment, indem ihr die Liebe hinterherschickt und das Siegel vollzieht.

Du meinst das Siegel, indem sie einen derartigen Satz sagen, der ausschließlich liebevolle, dankbare Energien hinter diese Tat setzt, richtig?

Ja, das ist richtig. Immer sollte der Abschluss ein liebevoller Abschluss sein, der voller Dankbarkeit für die Fülle des Kosmos ist, und der wie ein nie vergehendes Bewusstsein weiß,

dass wir alle miteinander verbunden sind. Und wenn eine Kraft geht, wir selbst verantwortlich sind für diese Tat, und dafür bedanken wir uns.

Und was ist, wenn Menschen im Namen ihres angeblichen Gottes ganz fest glauben, dass sie Gutes tun und in diesem Namen dann morden?

Die Menschen, die morden im Namen eines Gottes den sie anbeten, sind Feinde des Lebens und werden dazu viel Ausgleich erschaffen müssen. Die Menschen, die derartig leben, sind verunreinigt und lieblos und werden nach dem Übergang keineswegs das Paradies erfahren, sondern die beginnende Reise des Ausgleichs, und dies bedeutet viele, viele weitere Inkarnationen mit vielen, vielen Riskien der weiteren Verunreinigung. Die Besonderheit dieser Menschen wird ihre beispiellose Wahrnehmung, die sie besitzen, wenn sie diesen Körper verlassen, denn sie werden die kosmischen Kräfte nicht wahrnehmen als Fülle, sondern den Mangel, den sie erschaffen haben.

Möchtest du noch etwas sagen?

Es ist schon viel gesagt, doch das Thema ist sehr komplex.Ich könnte sehr lange darüber sprechen, besonders über die Problematik der Menschen, die nicht wissen, was sie tun, wenn sie morden, egal ob Menschen oder Tiere.

Ich habe dazu noch eine andere Frage, die vielleicht etwas komisch klingt aber dennoch uns alle betrifft. Wenn wir zuhause Ungeziefer entdecken an Stellen, wo wir das nicht möchten, und diese dann vernichten, was passiert dann? Ist das auch so ein fataler Gesetzesbruch oder wie ist das zu sehen?

Die Größe des Lebewesens ist keineswegs Maßstab für den Gesetzesbruch. *Die Menschen haben keine Erlaubnis zu morden, nur um des Mordes willens. Nur die Beschaffung von Nahrung erlaubt dies und auch das nur in Maßen.* ***Daher bitte, bitte, BITTE, beginnt euer Bewusstsein weiter zu formen, dass ihr immer und IMMER wisst, was ihr tut, und wenn ihr mordet, und sei es noch so klein, ist dies ein Gesetzesbruch.*** *Der Kosmos wird den Ausgleich von euch fordern. Weniger oder mehr.*

Lieber Freund der Indianer, ich möchte vermeiden, dass wir in den Bereich hineinkommen, in dem die Menschen bisher dazu neigten, das Schuldthema und damit alle Eigenverantwortung auf andere Institutionen abzuschieben. Beispielsweise lehrt eine Religion unserer Zeit, man würde schon mit der Erbsünde geboren. Doch empfinde ich es nicht als richtig, derartig zu denken. Bitte versuche noch etwas mehr zu erläutern, wo die Schuld beim Morden und die Verantwortung beginnen, und wie weit sie wirken? Ist es der Kosmos, der einen „beschuldigt", oder wie würdest du das bezeichnen?

Es ist nicht der Kosmos, der einen beschuldigt, Liebes. Es ist Bereinigung, die ihr selbst vollzieht, wenn ihr verunreinigt habt. Das ist alles. Werte nicht zu sehr. Es ist nicht der Kosmos, der derartig wertet, und es ist auch nicht der Kosmos, der euch beschuldigt; er betrachtet - und werten tut ihr SELBST. Das ist wichtig. Der Kosmos verurteilt nicht, das

tun die Seelen. ***Der Kosmos betrachtet und lässt euch wählen.*** *DAS ist die Essenz! Die Menschen werten und die Menschen beurteilen sich selbst letztlich. Wenn sie im Übergang - also im Zustand des Todes - die Betrachtung ihrer Taten erfahren, dann erfahren sie auch die Resonanzen, und diese lassen sie werten. Diese Wertung aber ist noch eine Wertung aus der Erfahrung des Lebens heraus, und diese will weiter wachsen und reinigen.*
Daher bitte berichte den Menschen, dass wir keine Wertungen vornehmen, diese vollzieht ihr alle selbst, nicht wenn ihr lebt, sondern wenn ihr in den Übergang geht, die Resonanzen klar werden und die Taten in einem ganz anderen Licht erscheinen. Das Licht der Wahrheit.

Das schweift zwar etwas ab, aber wieso nennst du es das Licht der Wahrheit?

Das Licht der Wahrheit ist die Erfahrung der Ganzheit. Diese Menschen fühlen dann das erste Mal nach langer Zeit in einem Körper, wie die Verbindung mit den Lebewesen und den Taten, die sie setzten, bestand. In jedem Moment. Diese Empfindung bewirkt, dass sie selbst richten, über ihre Taten und ihr Wirken im Leben. Doch dann können sie sie nicht mehr korrigieren. Deshalb ist es mir so wichtig, dass ihr diese Worte hier hört und lebt in Bewusstsein und Licht. Dass ihr wisst, dass ihr jeden Tag, jeden Moment, die Taten die ihr gesetzt habt, ausgleichen könnt. Die Möglichkeit habt ihr nur in inkarnierter Form, niemals aber ohne Körper. Daher braucht ein Lebewesen, das als Feind des Lebens wirkte, beispielsweise viele, viele Inkarnationen, um diesen Prozess wieder zu reinigen, wo andere in der gleichen Zeitlinie viele schöne Erfahrungen leben konnten und diese beflügelt ihre Seele erweitern konnten.

Möchtest du dazu noch etwas sagen?

Das Wichtigste ist festgehalten. Ich bin soweit zufrieden.

Was wird denn unser nächstes Thema sein?

Die Lust.

Warum die Lust?

Die Lust ist eine Kraft, die noch lange existiert, auch ohne Körper.

Also haben die Seelen Lust?

Ja.

Echt?

Du musst feiner differenzieren. Ich meine nicht die körperliche Lust. Ich meine die Lust am Leben.

∞

Die Essenz

Der Kosmos ist ein lebensförderndes System. Auch wenn er den Verlust der Lebenskraft im Kampf ums Überleben als ein Prinzip dieses lebensfördernden Prozesses erlaubt, so ist selbst dies im Sinne der Lebenserhaltung anderer. Weil das Leben die Werkzeuge bietet, die Seelen zu formen, zu beschleunigen, zu reinigen.

Das Prinzip des Kosmos ist also Förderung, und somit ist alles, was blockierend und Energie raubend wirkt, nicht kosmisch gelenkt bzw. verursacht. Dennoch erlaubt der Kosmos alles, was sich ausdrücken möchte. Die lebensvernichtenden Energien wie auch blockierende, bremsende und sabotierende Seelen bzw. Kräfte sind somit Teil eines Ganzen. Zu erkennen, was was ist und vor allem, was dies jeweils bedeutet, ist die Aufgabe einer jeden Seele. Und wenn der Kosmos fördert, dass die Seelen sich weiten und wachsen, dann bedeutet jede Vernichtung von Leben nicht nur nicht in Resonanz mit diesen fördernden Kräften zu sein, sondern einen Bruch der Energiegesetze. Diese so erschaffene Dissonanz muss je nach Grad der Entscheidungsfreiheit bei dieser Tat und je nach Missbrauch durch eine vom Menschen erschaffene Hierarchie mal mehr und mal weniger ausgeglichen werden.

Und dieser Ausgleich wird Lebenszeit, Aufmerksamkeit und viele neue Risiken des Kraftverlustes der Seele mit sich bringen.

Daher gilt es wachsam, liebevoll und achtsam mit allem Leben umzugehen, um nicht zu einem Feind des Lebens zu werden. Das wäre der Anfang einer Reise ohne Freude, ohne Licht, ohne Wärme und Liebe.

Die Lust der Seelen

Freund der Indianer, bitte beginne uns zu berichten, was du zur Lust der Seelen festhalten möchtest.

Du beginnst die ersten Schritte einer neuen Erfahrung der Menschheit. Dieses Wissen, das wir hier festhalten, will helfen, die Brücke zu festigen, wohin die Menschheit sich bewegen kann. Ich tue dies mit großer Sorge und Hoffnung zugleich.

Lieber Freund der Indianer, das kann ich sehr gut verstehen. Und deshalb freue ich mich sehr, Werkzeug dieser Intention sein zu dürfen.

Es ist kosmisch gesehen eine wundervolle Aufgabe, die du da hast. Ich freue mich wirklich, jeden Moment einfach durch dich schreiben zu können. Das ist wie lebendig werden über deine Gabe.

Ich weiß, was du meinst. Du kannst wieder wirken, ohne dass du wieder auf die Erde kommen musst, gell?

Das ist richtig.

Gut, lieber Freund der Indianer. Dann lass uns beginnen. Wir waren bei der Lust der Seelen stehen geblieben. Ich bin schon sehr gespannt, was du mir dazu zu berichten hast.

Die Lust der Seelen ist eine Kraft, die sie begleitend wirkt.

Ist diese Kraft Teil von ihnen? Wie ein Charakter der Seelen?

Das könnte man sagen. Aber haben Seelen keinen Charakter, sondern Erinnerungen.

Aber was genau ist denn diese Lust? Was will sie, woher kommt sie?

Die Lust der Seelen bewegt sie weiter und weiter. ***Sie ist die Kraft hinter den Kräften,*** *wenn du so willst. Die Lebenskraft der Seelen beginnt in der Quelle, doch die Bewegung aus ihr heraus und in die vielen Formen hinein, ist die Lust der Seelen, lebendig zu werden, in verschiedene Formen zu gehen und verschiedene Erfahrungen über diese Formen zu machen. Diese Möglichkeit ist die übersetzte Erlaubnis des Kosmos, die Wahrnehmungen zu formen über viele verschiedene Formen.*

Und warum nennst du es „Die Lust der Seelen"? Ich hatte einmal von der Weisen Bruderschaft erfahren, dass es die Neugier ist, die die Seelen vorantreibt.

Das ist beides richtig. Ich nenne es gerne die Lust der Seelen, weil es freudiger ist. Weil es kraftvoller ist. Neugier bewegt dich, wenn du aus deinen Gedanken heraus handelst. Die Lust ist etwas, das deine ganze Form bewegt.

Oh ja, das kann ich verstehen, aber es ist natürlich trotzdem schwer, eine derartig differenzierte Unterscheidung zu machen, wenn man doch eigentlich körperlos ist. Und wenn man doch als Seele keinen Körper hat, wie soll man dann eine Art körperliche Kraft empfinden?

Das ist richtig, doch ist es einfach ein kraftvollerer Impuls, als neugierig zu sein. Das ist alles. Dennoch kannst du beide Worte verwenden. Ich nutze gerne die Bezeichnung „Lust der Seelen". Denn ihr alle kennt in euren Körpern die Lust des Lebens, verschiedene Dinge zu genießen. Und die Seele verspürt genau diese Art von Kraft, wenn sie über viele Leben hinweg besondere Erfahrungen macht.

Verstehe, es ist also eine Lust am Leben, eine Freude zu leben. Eine Kraft, die sagt: ja, ich will unbedingt auf verschiedenste Art und Weise empfinden, und ich will über diese Empfindung ganz viele verschiedene Erfahrungen machen, weil ich jeweils andere Wahrnehmungswerkzeuge bekomme.

Das ist genau das, was ich meine.

Oh, schön. Gibt es etwas, was die Menschen beachten sollten, bezüglich dieser Lust der Seelen?

... Dass sie sie nie verlieren, wenn sie leben ... die Lust und die Freude, in das Leben zu tauchen, wenn sie von den alltäglichen Ablenkungen vereinnahmt sind. Doch es ist die Lust eurer Seele und die Freude am Sein, die euch hierher gebracht hat. Diese Kräfte bewegen euch weiter und weiter. Und wer ihr Potenzial erkennt, kann viel in seinem Leben bewirken und weiter seine Entwicklung bewirken.

∞

Gibt es auch Seelen, die gänzlich ihre Lust verlieren, weil sie im Laufe von vielen Leben in unterschiedlichen Formen ihre Kraft verloren haben?

Das ist eine sehr wichtige Frage, denn es ist tatsächlich möglich, diese Kraft weniger werden zu lassen - durch Verunreinigungen in den Kräften der Seele. Wer verunreinigt, begibt sich daher auch immer in Gefahr, den eigentlichen Impuls, weiter zu werden und weiter zu wachsen, durch diese Verunreinigung zu schwächen, und dann ist es sehr schwer, wieder kraftvolle Impulse zu finden. Diese Seelen finden sich dann in einem Zustand, der es erschwert, Erfahrungen zu sammeln. Sie befinden sich wie in einem schläfrigen Zustand, der keine Bewegungen vollzieht. Daher ist es wie schon mehrmals betont, wichtig, dass ihr reinigt und beginnt, darauf zu achten, dass ihr nicht mehr verunreinigt. Dann beschleunigen eure Seelen und die Lust am Leben, wie auch die generelle Lust am Sein, bleiben erhalten und werden mehr.

Wie ist das bei dir? Du bist jemand, der nicht mehr in das Leben geht, sondern aus einer anderen Ebene wirkt. Hast du dann keine Lust mehr am Leben oder wie darf ich das verstehen?

Das ist auch eine sehr wichtige Frage. Danke dir dafür.
Die Wesenheiten, die bereits viele Erfahrungen gesammelt haben oder deren Energiepotenzial so hoch ist, dass sie kraftvoll genug sind, in höher schwingenden Ebenen zu wandeln, bleiben in diesen Formen, weil sie nun die Freude über die Formen der körperlosen Existenz empfinden. Sie brauchen nicht mehr den Körper und seine Werkzeuge und Sinne, um

die Erfahrungen zu sammeln. Sie wandeln und bewegen sich frei und kraftvoll im Kosmos. Das braucht etwas Training, würdet ihr sagen, sich in derartigen hochschwingenden Ebenen zu bewegen. ***Doch haben wir hier weiterhin unsere Kraft und mehr noch als in den Körpern der Lebewesen auf den Planeten, können wir die Lust am Leben fühlen, doch leben wir die Lust am Sein.*** *Das ist letztlich das Gleiche, doch sucht es sich in verschiedenen Formen seine Erfahrungen, und wenn der Energielevel einer Seele hoch genug ist, um frei wählen zu können, ohne oder mit Körper weiter zu erfahren, dann entscheiden sich viele für die Erfahrung ohne Körper, da sie freier ist. Die Entscheidung ... die Erfahrung mit Körper zu leben, bringt auch immer viele Risiken mit sich. Das ist die Möglichkeit einerseits kraftvolle Impulse in den Kosmos zu geben, dennoch ist es auch immer eine Möglichkeit der Verunreinigung. Dieses Risiko, wie du weißt, kann viel nach sich ziehen. Daher beschließen viele lichtvolle Kräfte, nicht mehr zu inkarnieren in Körper, um dieses Risiko zu umgehen.*

Nun, lieber Freund der Indianer, es gibt aber auch einige lichtvolle Wesen, die dennoch inkarnieren und sich dann dem Risiko aussetzen, um zu helfen. Das habe ich doch auch richtig verstanden, oder?

Das ist richtig und wer dies tut, ist in großem Schutz des Kosmos eingebettet. Denn wer wirken will und dabei kosmisch dient, wird immer und unendlich beschützt.

Verstehe. Sind es denn sehr viele Energien oder Seelen, die beispielsweise auf die Erde kommen wollen, um zu helfen?

Es sind nicht mehr viele, die sich dieser Gefahr der Verunreinigung aussetzen. Die Problematik der Verunreinigung wird mit jedem Moment der Unbewusstheit, in der die Menschheit existiert, etwas stärker. Die Form des Menschseins auf der Erde in der Zeit, in der ihr jetzt seid, kreiert mehr und mehr Verunreinigung, wenn ihr nicht beginnt, zu handeln. Dadurch werden weniger und weniger lichtvolle Wesen in diese Formen treten können und wollen, da es weniger und weniger möglich ist, unendlichen kosmischen Schutz zu bieten für sie, durch diese kraftlose Masse hindurch.

Verstehe. Lass uns zurückkommen zur Lust der Seelen. Gibt es Energien, die zu viel Lust haben können?

Nein. Der Impuls kommt aus der Quelle und diese ist immer da und gleichmütig beständig. Da gibt es keinen Unterschied in der Kraft hinter der Kraft. Sie wirkt immer wie die Sonne, die auch immer gleich strahlt.

Ah, so nach dem Motto: Es ist nicht die Sonne, die an einem Tag stärker oder schwächer scheint, sondern es sind die Wolken, die sie weniger für uns scheinen lassen.

Das ist ungefähr das, was ich meine. Die Kraft selbst bleibt.

Ja, natürlich. Gibt es noch etwas, das wir beachten müssen?

Die Kraft der Seelen bewegt sie. Wer also Lust am Leben empfindet, ist auch verbunden mit seiner Seelenkraft, die leben will. Das bedeutet, dass alles, was ihr in Freude und

Liebe tut, eure Kraft der Seele erhebt und die Lust am Sein fördert.
Das Leben will blühen.
Das Leben will wachsen.
Die Form will sich erweitern.
Die Seele will bewegen.
Lebt verbunden mit diesen Freuden und Kräften in euch, dann werdet ihr lebensfreudig und weit.

Sehe ich das richtig, dass das dein Schlusswort zu diesem Thema ist?

Ja. Das ist es.

∞

Die Essenz

Neben dem freien Willen ist die Lust am Sein ein tiefgreifender Antrieb zu inkarnieren - zu sein, zu erleben, zu erfahren und dabei zu wachsen. Ähnlich der uns bekannten Neugier handelt es sich hierbei um eine Art Charakter einer jeder Seele, welcher die Basis, den Basisantrieb der Bewegungen der Seelen darstellt. Sie wollen sein. Und natürlich ist dieser „Seinswille" auch an die innewohnende Kraft gebunden. Verlieren Seelen Kraft, verlieren sie auch ihre Lust am Sein. Sie taumeln „bewusstlos" (weil in geringer Bewusstheit) - sich selbst und dem Kosmos gegenüber - durch Raum und Zeit und finden sich in sehr verunreinigter Wahrnehmung des Lichtes und der Liebe wieder.
Der größte Schatz, den wir besitzen, ist die Kraft unserer Seele, denn mit ihr einher geht alles, was sie ausmacht: Der Antrieb (die Lust am Sein), die Liebesfähigkeit (Erfahrung der Verbundenheit), die Bewusstheit (ungetrübte Wahrnehmung) und natürlich die Intensität der Freude (das Wachstumselixier).

Verunreinigung

Lieber Freund der Indianer, was möchtest du zur Verunreinigung festhalten?

Die Verunreinigung ist fester Bestandteil des Kosmos und verstärkt die Verantwortung der Seelen für ihre Entwicklung. ***Denn wo es dunkel wird, wird die Sehnsucht nach dem Licht beschleunigt, und diese Kraft ist fester Bestandteil des Wachstums der Seelen.*** *Also ist die Verunreinigung ein fester Bestandteil des Laufes der Entwicklung einer jeden Seele.*
Die Verunreinigung beginnt, während ihr inkarniert. Dabei beginnt die Seele über eine kraftvolle Enge den ersten Schritt einer neuen Form zu beleben. Diese Enge ist die erste Prüfung, wenn sie beginnt zu fühlen, wie es ist, nun in einer engen Form zu sein, die lebendig ist, aber doch zugleich auch weiterhin eine Bewegung erfährt.
Diese erste Prüfung verunreinigt die Wahrnehmung der Seelen und macht ihre Kraft letztlich „enger". Diese kraftlosere Form erfährt nun verschiedene Prozesse der Wandlung und beginnt nun darüber weiter zu erfahren, welche Kräfte kraftfördernd und welche negativ, also kräfteziehend wirken.
Die besondere Art der Wahrnehmung durch den Körper bedeutet auch, weiteren Gefahren der Verunreinigung ausgesetzt zu sein. Die Nahrung, die Gedanken, die Taten, die Lieblosigkeit und ihre Resonanzen, wie auch die wirkungsvollen direkten Gefahren bringen die Seele wieder und wieder in eine Situation, die sie prüft. ***Das Leben selbst ist eine***

> ***beständige Prüfung des negativen Einflusses an die lichtvolle Energie in euch. Daher bereinigt euch, wo immer ihr könnt, und lebt die Freude, denn sie erhebt die Kraft in euch wieder.*** *Diese Kraft hilft euch die Verbindung zu entfalten, um über diese Verbindung eine beschütztere Form durch die Prüfungen hindurch zu erfahren. Die Lebensumstände eines jeden kollektiven Geistes, der ihr seid in euren Formen der Länder und Religionen in ihnen - diese Lebensumstände erschaffen euch unterschiedliche Möglichkeiten der Erfahrungen. Doch auch unterschiedliche Möglichkeiten der Verunreinigung.*
>
> ***Wer Weite empfinden will, muss viel bewegen, um diese zu erfahren. Wer Enge empfinden will, der braucht wenig zu bewegen. Denn die Formen der Menschen beruhen auf Enge.***

Was meinst du mit „ein Mensch, der Weite erfahren will, muss viel bewegen"?

> *Damit meine ich, dass verschiedene Erlaubnisse auf der Erde herrschen, die die Formung eurer disharmonischen Gesetze ermöglichen. Der eine Staat erlaubt es freier zu sein als der andere. Der eine kollektive Geist erlaubt es weniger, der andere mehr. Ihr müsst für euch selbst entscheiden, wer wo Freiheit empfindet und wer diese vielleicht gar nicht so sehr sucht. Diese Art der Wahrnehmung ist nicht in Werten zu messen und zu beschreiben. Es ist wie es ist.* ***Die Enge jedenfalls ist die schwerste Prüfung der Seele, um ihre Weite wieder zu finden.***

Gut, wir sind ja eigentlich beim Thema Verunreinigung. Was möchtest du noch dazu sagen?

Dass die Formen, die euch umgeben, verunreinigend wirken können oder eben befreiend. Verunreinigend können viele Regeln und Beschränkungen wirken. Erlaubt ist, weiter zu wandeln und die Formen freierer Gesetze zu erfahren. Dann wandelt ihr die Verunreinigung in der Seele in Freiheit und dadurch reinigt ihr.

Wo finden wir noch Verunreinigung außer in den Engen der Menschheit?

Die Leiden der Menschen verunreinigen ihre Geiste. *Das ist auch ein sehr wichtiger Aspekt.* ***Die Leiden wirken weit in eure Seele hinein. Bitte achtet darauf und lebt den Weg der Befreiung, die euch von Leiden entfernt.***

Ja, das haben wir schon erörtert. Was gibt es noch?

Die Lieblosigkeit ist ein verunreinigender Aspekt. ***Wer lieblos lebt, erfährt die Verbindung der beschleunigenden Kraft der Quelle nicht, wie wenn er verbunden wirkt.*** *Diese Wahrnehmung der Kraftlosigkeit verunreinigt und weniger und weniger ist es möglich, dass diese verunreinigten Wahrnehmungen in euch, die Liebe durch euch empfinden lassen.* ***Die Kraft, die ihr braucht, um zu lieben, ist nur eine Entscheidung weit.*** *Die Entscheidung, Weite zu leben oder die Enge.*

Moment, da muss ich ein wenig nachhaken. Heißt das, du willst sagen, dass Enge auch gleichzeitig Lieblosigkeit bedeutet?

∞

Ich will damit sagen, dass Enge die Kraftlosigkeit fördert, und wo wenig Kraft herrscht, ist es schwer, die Verbindung zu leben. Denn Verbindung braucht Kraft. Und wer lieblos handelt, verliert Kraft, verliert die Verbindung, braucht letztlich mehr Kraft, um wieder in die Form der Liebe zu finden. Die Form der Liebe ist, wie ich meine, die Verbindung in ihrer eigentlichen Form.

Verbunden sind wir ja immer alle, richtig?

Ja, natürlich. Doch ist die Art der Verbindung entscheidend, wie wir wahrnehmen. Das ist die Essenz dieser Botschaft.

Und wenn wir verunreinigt sind, nehmen wir weniger klar, weniger kraftvoll wahr, oder?

Ja.

Was möchtest du noch zu dem Thema sagen?

Die Kraft der Weite bringt Heilung in euch. Also verbindet euch mit der Kraft eurer Seele, die ausschließlich Weite kennt. Daher bitte lebt alles, was euch weitet und frei fühlen lässt.

Darf ich kurz einen Zusatz dazugeben? ... Natürlich in Liebe und Verbundenheit.

Das ist richtig, Sylvia.

∞

Was möchtest du noch zu dem Thema Verunreinigung schreiben? Bist du fertig?

Ja.

Vielen Dank.

∞

Die Essenz

Der Inkarnationsprozess ist ein Tanz der Seelen zwischen reinen Seinsformen in der feinstofflichen Materie und den vielen Risiken der Verunreinigung in der grobstofflichen Materie. Die Motivation zu inkarnieren ist die Lust der Seelen, möglichst viele Erfahrungen über viele unterschiedliche Seinsformen zu sammeln und dabei sich selbst, das tief innewohnende Potential in einer jeden Seele zu entfalten. Doch dieser Tanz kostet Kraft und er beinhaltet das Risiko, das wichtigste Werkzeug einer jeden Seele, nämlich ihre Wahrnehmung, zu trüben - zu verunreinigen. Wie bei einer Brille, die verschmutzen kann, bedeutet das, nicht nur täglich die Gläser sauber zu halten, sondern auch die Bewusstheit darüber, dass die Welt, das jeweilige Sein, immer wieder mit getrübtem, verunreinigtem Blick wahrgenommen wird. Das bedeutet in der Folge eine ganz andere Empfindung allen Seins. Das viel zitierte Glas Wasser, welches der eine als halb voll und der andere als halb leer bezeichnet, ist nur ein kleines Beispiel dafür, wie die Fülle um uns herum oder die Fülle des Kosmos beschrieben werden. Doch dieses kosmische Risiko ist natürlich nicht zufällig so wie es ist. Der Kosmos erlaubt Verunreinigungsrisiken nicht ohne Sinn in dem sogenannten „Lauf des Seins“. Daher ist die Gefahr der Verunreinigung einer der stärksten Aufrufe im Kosmos, sich der Eigenverantwortung in jedem Moment der eigenen Seelenreise bewusst zu sein. Dann geschieht keine Verunreinigung, und man sieht klaren Blickes durch die Gläser der Brille die tiefen Wahrheiten der ewigen Energien hinter den vielen vergänglichen Masken des Fleisches.

Die Formen der Bewegung

Lieber Freund der Indianer, was möchtest du zu den Formen der Bewegung sagen?

Es bedarf einiger Erklärung, um diese Wahrheit in eine verständliche Beschreibung zu bringen. Du musst erst erklären, dass Bewegung die Essenz der Energien ist.
Bewegung erschafft Verwandlung und Wandlung erschafft Bewegung. *Somit sind beide Prozesse voll miteinander verbunden und keiner kann ohne den anderen geschehen. Die Bewegung beschleunigt die Wandlung und die Wandlung bewegt die bereits existierenden Verbindungen. Somit ist die Bewegung der Kräfte einer Seele mit ihrer Wandlung verbunden. Doch lass mich bitte noch tiefer gehen.*
Die Formen des Lebens entstehen alle allein aus der Bewegung heraus. Diese Bewegung ermöglicht die Formen der Seelen in einem Körper. Die Formen des Lebens bewegen die Möglichkeiten des Lebens. Die Formen der Seele bewegen die Möglichkeiten der Seele.

Bitte versuche das ein bisschen deutlicher zu erklären, wie meinst du das?

Die Menschen beleben Materie, kreieren dabei eigene Impulse und erschaffen dadurch Materie. Die Seelen beleben die Formen aus den energetischen Prozessen, die weit länger wirken und tiefer als die Bewegung der Körper dies jemals

kann. ***Daher müssen wir unterscheiden zwischen der Bewegung der Seelen und der Bewegung der Körper.*** *Die Bewegung der Seelenenergie ist eine allzeit erlaubte Kraft. Sie kennt keine Zeit, wie ihr sie kennt. Sie kennt dennoch den Prozess der Reife. Die Kraft der körperlichen Bewegung kennt die Zeit und lebt in ihr. Die Reife des Körpers bedeutet aber nicht gleichzeitig auch die Reife der Seele.*

Ja, das macht Sinn und das ist gut, dass du das unterscheidest. Gibt es noch etwas, das du unterscheiden möchtest?

Die Reinigung der Energien fordert von den Menschen und den Seelen eine unendliche Geduld. Denn Seelen leben durch den Körper und Körper leben, weil sie beseelt sind. Doch ist all das eingebunden in den kosmischen Prozess der Reife und so mancher reift seelisch keineswegs, wenn er einen Körper belebt.

Also du möchtest sagen, dass viele Menschen durch ihre unbewusste Art zu leben die Zeit, die sie als Mensch auf der Erde verbringen, in keinster Weise nutzen, um ihre Seele zur Reifung zu bringen. Ist das richtig?

Ja.

Und die Ursache all dessen ist?

Die Ursache ist die Verunreinigung und die damit verlorene Wahrnehmung der Verbindung. Dadurch leben die Menschen weitestgehend in einem Trauma, das sie beschäftigt und sie vergessen lässt, wer sie wirklich sind.

Doch zurück zur Bewegung der Seelen, die letztlich über der Bewegung der Körper steht. Ich möchte darauf hinweisen, dass die Kräfte des Lebens immer in Bewegung sind. Die Menschen, die weiter verharren in Situationen und Umständen, die sie festhalten - diese erfahren nicht nur körperlich keinerlei örtliche Bewegung, doch auch und vor allem seelisch keine Bewegung. Die Bewegung der Seele braucht die Bewegung der Körper. Das ist aber nicht die Bewegung, die ich meine, wenn ihr sportliche Aktivitäten tut. Ich meine die Bewegung aus einem Zustand heraus. Du hast sicher Beispiele.

Ich überlege ... man könnte hier folgendes Beispiel nehmen: Wenn ein Mensch gerne den Beamtenstatus lebt, dann bedeutet das für ihn eine gewisse Sicherheit in dieser Form, die ihm bis zu seinem Ableben garantiert wird. Diese Menschen leben dann ihr Leben in dieser Form. Und ich glaube, du möchtest sagen, dass eine derartige Möglichkeit zwar einerseits diese Sicherheit bringt, aber andererseits auch keine Möglichkeiten bietet, dass dieser Mensch ganz andere, vielleicht viel erweiterndere Erfahrungen sammelt, sondern sich immer nur in diesem Rahmen bewegt. Ist das richtig?

Ja, das ist genau das, was ich meine. Ich meine mit Bewegung der Körper letztlich eine Bewegung aus euren bisherigen Lebenszuständen heraus in neue Erfahrungen von Zuständen. Doch dazu braucht es Mut und diesen haben Wenige. Die meisten Menschen verleben ihr Leben mutlos, und deshalb vergeht viel Zeit, in der sie sich seelisch nicht bewegen. Doch Menschen, die sich seelisch bewegen wollen, beschleu-

nigen ihre Energie und diese belebt den Körper umso mehr. Doch bitte ich hier vorsichtig zu sein, in zu weitreichenden Details zu landen, da es sicherlich für jede Energie und für jeden Menschen unterschiedlich ist. Die seelische Kraft in ihm ist ausschlaggebend, wie er sich folglich auch körperlich bewegt, und daraufhin ist auch die Kraft der Seele fest an diese Möglichkeit gebunden. Jeder Mensch kreiert sein Leben und seine Verantwortungen. Doch möchte ich hiermit kurz erwähnen, wie wichtig es ist, dass man sich in seinem Leben immer wieder auch aus den bestehenden Formen fortbewegt oder wenigstens die Bereitschaft dazu immer lebendig hält. Die Fort-Bewegung ist eine lebenswichtige Kraft, die lebendig gehalten werden muss. ***Nicht die wiederkehrende Erfahrung ist es, die die Seele beflügelt, sondern die neue Erfahrung.*** *Doch diese kann nur erfahren werden, wenn die Körper sich bewegen. Das Grundprinzip ist nun sicher übermittelt.*

Ja, das ist es. Du hast von Mut gesprochen. Dann muss ich auch auf die Angst zu sprechen kommen. Denn viele Menschen haben Angst, erst recht in den Strukturen, die die Menschheit erschafft und die meines Erachtens sogar besonders darauf ausgerichtet sind, den Menschen Angst zu machen, um sie niedrig schwingend zu halten. Was möchtest du diesen Menschen mit auf den Weg geben?

Das hast du richtig erkannt. Die Angst ist die Prüfung der Seelenkraft. Wer die Ängste überwindet, begeht den Pfad der Seele. Wer die Ängste lebt, begeht den Pfad der menschlichen Strukturen. Die menschlichen Strukturen unterstehen den kosmischen Gesetzen, doch wurden sie nicht in Einklang mit den kosmischen Gesetzen erschaffen, sondern

∞

meist aus der Auffassung und Wahrnehmung eines einzelnen Menschen oder einer Gruppe Menschen, die wiederum nicht in Verbindung handelte.
Diese Gesetze sind also Formen, die nichts mit kosmischen Gesetzen und der Abstimmung mit ihnen zu tun hat, sondern reine untergeordnete Gesetzmäßigkeiten, die oftmals die Entwicklung der Seele blockieren. Das ist eine wichtige Erkenntnis und es ist sehr wichtig zu differenzieren. Die Bereitschaft der Seele, sich zu entfalten kennt keine Grenzen sowie keine Angst. Da Menschen aber Gesetze und Formen schaffen, die Grenzen schaffen und Angst hervorrufen, blockieren diese Ängste diese Kraft der Seelen.
Deshalb ist Angst ein wichtiger Punkt, da er Teil DER blockierenden Kräfte ist, die die Menschen letztlich nicht bewegen, körperlich und daraufhin auch seelisch. Die körperliche Fortbewegung aus einem Zustand heraus ist ein wichtiger, entscheidender Prozess des menschlichen Lebens. Wer also lebenslang in den gleichen Formen verharrt, wandelt keinerlei Kraft in sich, die wiederum die Seele befreien könnte. Er hat das Ego entscheiden lassen.

Ich verstehe dich und deswegen möchte ich noch einmal ganz kurz zusammenfassen: Du redest nicht davon, dass es wichtig ist, dass man jeden Tag ins Fitness Studio geht, oder dass man auf dem Weg zur Arbeit Fahrrad fährt, sondern du redest davon, dass sich die Menschen die Kraft bewahren, die sie weiterbewegt aus ihrem jetzigen Lebenszustand heraus. Eine Kraft, in der sie sagen: „Ich möchte dies erfahren, ich möchte das noch erfahren, ich möchte dorthin gereist sein, ich möchte diesen Zustand erlebt haben; wenn ich zum Beispiel ein Jahr lang in einer Firma oder an einem Ort gearbeitet habe, dann möchte ich weiterziehen können, um dann die nächsten Erfahrungen zu sammeln.“ Und so hat die Seele die Chance, dass sie durch diese vielen erschaffenen neuen Möglichkeiten sich um ein Vielfaches erweitern und dadurch reifen kann, richtig?

Ja.

Aber, was ist mit der ganzen Problematik der Verantwortung? Die Menschen bekommen Kinder, es entstehen Familien, es wäre in den Augen der Menschen verantwortunglos, zu sagen: „Ja super, dann ziehe ich jetzt weiter - egal was mit den Hinterbliebenen wird ... Was machen wir denn mit solchen Menschen?

Das ist auch eine wichtige Frage. Entscheidend ist hier nicht die Form der Familie, sondern die Form des Glaubens.

Ach echt? Okay. Wieso die Form des Glaubens?

... Denn feste Strukturen fordern die Menschen gleichzeitig auf, die Flexibilität im Geiste zu öffnen. Ich meine damit konkret: Menschen, die Familien erschaffen, sind aufgerufen in dieser Struktur - die sie selbst erschaffen haben und die frei gewählt wurde - die Erlaubnis zu geben, dass sich respektvoll jedes Wesen in dieser Familie entfalten darf. Ich möchte vor allem in DIESEN Strukturen darauf hinweisen, dass es wichtig ist, dass ihr euch erweitert und öffnet in euren Glaubensmustern. Nicht die Kinder müssen euer Leben leben. Nicht die Eltern müssen die feste Form der Versorger sein. Sie sind dennoch auch freie Menschen, die weiter ein Leben in Flexibilität und Entwicklung leben können. Die Kinder müssen ihren El-

tern derartige Freiheiten geben sowie die Eltern den Kindern. Denn die Entwicklung der Seele ist niemals mit dem Entscheiden für eine Familie eingestellt. Das ist nicht gesund und nicht richtig, daher möchte ich es erwähnen. Die Kinder sind eigenständige Wesen, die wie wir alle in Formen geschlüpft sind, die ihnen ermöglichen, sich zu entfalten. Daher bitte, liebe Eltern, betrachtet eure Kinder genau, fragt sie genau, wo sie sich wohlfühlen und wo nicht. Fördert dies und blockiert nicht, was sich zeigt. Das Wesen will leben, es braucht eure Unterstützung, diese Bewegung zu tun. Auch hier ist es möglich Bewegung zu schaffen, obwohl feste Formen der Familie bestehen.

Verstehe. Also dein Aufruf lautet vor allem, wenn man feste Formen hat, die einen umgeben und die Verantwortung von einem fordern, dann soll man in dieser Form flexibel bleiben, denken und fühlen. Man soll jeden in dieser Familie so betrachten und lieben, wie er ist und ihm nicht immer sein eigenes Glaubensmuster und seine eigene Lebenseinstellung überstülpen.

Ja.

Okay, das habe ich verstanden. Sind denn Menschen, die eine Familie haben und sich trotzdem aus dieser Form gänzlich fortbewegen ... sich scheiden lassen oder von einem Tag auf den anderen verschwinden ... sind diese Menschen verantwortungslos oder verantwortungsvoll in den Augen des Kosmos? Wie ist das zu sehen?

Das ist eine extrem eigene Sache. Die Menschen, die Bewegung leben wollen, brauchen eine reine Wahrnehmung, um

DIE Formen zu erschaffen, die sie nicht an einen solchen Punkt bringen. Denn die Menschen, die seelische Fort-Bewegung leben wollen, können nicht wirklich anders, als diese Kraft in sich leben. Tun sie dies nicht, werden sie krank. Die Kraft ist immer da, doch wird sie unterdrückt, so beginnt sie sich zu einer Kraft zu entwickeln, die seelische Unzufriedenheit hervorruft und Krankheiten. Diese Kraft verursacht körperliche Krankheiten.

Moment, Freund der Indianer, ich muss kurz nachhaken: „Seelische Unzufriedenheit" - gibt es das?

Ja. Das Wort ist sicher nicht ganz treffend, bitte hilf mir. Die seelische Unzufriedenheit ist letztlich nur diejenige Kraft, die nicht fließen kann, sondern festgehalten wird vom menschlichen Geist, dem Ego.

Das heißt du willst die Menschen aufrufen, dass sie nicht erst anfangen in Strukturen hineinzugehen und diese zu leben, die ihnen eigentlich gar nicht entsprechen. Richtig?

Ja.

Auf Deutsch: überlegt euch genau, ob ihr beispielsweise Familien gründet und diese dann erhaltet ... seid ihr in dieser Form oder Struktur noch flexibel genug, um euch seelisch zu erweitern? Und wenn das nicht der Fall ist, dann findet eben eine andere Form und kreiert diese, Richtig?

Ja genau. Es muss nicht die Form einer Familie sein, die der-

∞

artige Blockaden darstellt. Alles was euch in einem energetischen Zustand verharren lässt, der eure eigentliche Kraft der Bewegung und Wandlung nicht zulässt, ist zu überdenken.

Aber gerade wenn es um die ziemlich feste Form einer Familienstruktur geht, gehören ja immer zwei dazu ... aber das ist sicher eine andere Geschichte ...

Das ist es.

Danke. Nun habe ich noch ein paar andere Fragen zu einem ähnlichen Thema. Es ist den Menschen immer wieder und immer mehr ein Rätsel. Ist das Licht eine Form der Bewegung, ist es die Quelle allen Seins oder etwas ganz anderes? Wie nimmst du Licht wahr? Was hat es für eine Bedeutung?

Das Licht ist die Kraft des Kosmos, die Weite und Fülle für die Wesen bringt. Es ist Teil der kosmischen Energie doch nur EINE Ausdrucksform. Verstehst du mich?

Ja, aber die Menschen haben in ihren Messungen dem Licht eine Geschwindigkeit zugeordnet. Unsere Wissenschaftler sind der Meinung, dass die Lichgeschwindigkeit das schnellste ist, was es gibt. Mir hat die Weise Bruderschaft aber noch viel mehr im Zusammenhang mit anderen Lichtgeschwindigkeiten und der Formung der Ebenen beschrieben. Ich habe dies in meinem Buch „Das 1x1 des Seins" festgehalten. Was sagst du dazu, wie nimmst du das wahr?

Das ist lustig. Weil die Lichtgewindigkeit kosmisch gesehen der Anfang der Geschwindigkeit des Lichtes ist und für euch

ist es das Ende.
Du benennst eine Thematik, die ich sehr gerne beschreibe. Die für euch empfundene schnellste Art, Energie zu bewegen ist kosmisch gesehen die Langsamste. Doch bewegen sich die kosmischen Energien viel, viel schneller und die Impulse dazu in deinem anderen Werk sind völlig richtig festgehalten.
Die verschiedenen Ebenen der Zustände der Wahrnehmung im Kosmos beginnen und bestehen alle unterschiedlich, doch immer ist es eine viel schnellere Kraft, als die, die ihr kennt. Die feinstofflichen Welten beginnen also genau dort, wo eure endet. Die Welt der Verstorbenen ist die Welt der ersten Lichtgeschwindigkeit. Das ist doch das Wort, das ihr dazu nutzt?

Ja.

Wir bezeichnen diese Kraft anders. Wir nennen sie Liebeskraft.

Warum Liebeskraft?

Weil Geschwindigkeiten nicht bestehen, wie ihr sie definiert, als eine Bewegung durch Raum und Zeit, sondern weil wir die Kraft benennen, die diese Geschwindigkeit erschafft. Die Kraft, die etwas bewegt. Eine feste Komponente der Liebeskraft ist die Weite der Seele. Weite ermöglicht die Wahnrnehmung der Liebeskraft und dadurch die Beschleunigung der Seele. Somit sind Weite und Beschleunigung ein fester Bestandteil dessen, was ihr als Geschwindigkeit benennen würdet, hier aber noch viel mehr noch als dies ist. Wie in eurer Welt die Bewegung durch Raum in einer bestimmten Zeit die

Geschwindigkeit bestimmt, so ist es hier die Beschleunigung der Seele und ihre Weite, die die „Geschwindigkeit" erschaffen. Die Liebeskraft ist die Kraft, die die Energien bewegt, Liebes, das weißt du doch.

Hm, ja das stimmt. Wir haben schon viel von dir dazu erfahren. Die Energie kommt aus der Quelle und beginnt dann sich zu entfalten. Im Laufe dieses Weges reichert sie sich mit Liebe an.

Das ist richtig.
Die Liebe wiederum ist dann die Kraft, die sie erneut weitet und stärkt und dadurch beschleunigen sie, weil die Liebe verbunden mit dem Bewusstsein die Energien der Seelen verwandelt und letztlich bestärkt.
Deshalb ist nicht nur das Licht eine Ausdrucksform der Kraft, sondern die Liebe, die alles bewegt. Eine sicherlich ungewöhnliche Beschreibung für eure Wissenschaft, doch ist es so. Die Liebe und das Licht sind beide ähnlich. ***Die Liebe bewegt die Seelen. Das Licht bewegt die Formen.*** *Das Licht verbindet die Ebenen miteinander. Die Liebe verbindet die Wesen alle in den Ebenen. Die Liebe ist eine kosmische Allkraft. Das Licht ist ein kosmisches Werkzeug. Die Lichtgeschwindigkeit wirkt in den Ebenen. Die Liebeskraft wirkt in den Seelen.*

Dann bewegen sich die Seelen nicht mit Lichtgeschwindigkeit, sondern mit Liebeskraft?

Die Seelen bewegen sich mit Lichtgeschwindigkeiten in den feinstofflichen Welten, doch ihre wahre Entfaltung bewirkt die Liebesgeschwindigkeit. Wobei ich das Wort Liebesgeschwin-

digkeit nicht gut finde.

Dann benenne es anders.

Liebesbeschleunigung.

Ich versuche zusammenzufassen. Licht bewegt die Ebenen, Liebe bewegt die Seelen in der jeweiligen Ebene.

Das ist richtig, ja.

Also bedeutet das, dass die Liebeskraft IN den Seelen wirkt und sie bewegt, und die Lichtgeschwindigkeit die Kraft beschreibt, die die Ebenen bewegt, oder in der sich die verschiedenenen Ebenen bewegen – also AUSSERHALB der Seelen stattfindet, wie eine innere und eine äußere Kraft?

Du kannst besonders die Liebeskraft als eine innere Kraft bezeichnen, ja.

Und die Lichtkraft?

Die Lichtkraft bewegt die Ebenen.

Dann ist sie doch eine äußere Form und nicht IN den Seelen, oder?

Die Lichtgeschwindigkeit wirkt in den Ebenen.

Sind die Liebeskraft und diese Lichtkraft ähnlich?

∞

Das sind sie nicht, denn die Liebesbewegung braucht die Entfaltung einer Seele, um erfahren zu werden und die Lichtkraft braucht keine Komponente, sie ist.

Also ist die Liebeskraft wie eine unsichtbare Kraft im Kosmos, die nur von den Wesen im Kosmos wahrgenommen werden kann, in ihrem Innersten?

Das ist richtig.

Und die Lichtkraft ist die Beschreibung der Kraft, die sowieso die ganze Zeit da ist, die muss nicht wahrgenommen werden, richtig?

Das ist richtig ja.

Bewegen sich alle Energien im Kosmos mit Lichtgeschwindigkeit?

Nein.

Ab wann bewegt sich etwas mit Lichtgeschwindigkeit?

Die Seelen, die die Körper verlassen, bewegen sich meistens in Lichtgeschwindigkeit, doch einige noch viel schneller.

Was ist mit den anderen Energien im Kosmos?

Diese bewegen sich meist alle noch viel schneller, doch kaum binden sie sich an einen Ort und einen Organismus, entschleunigen sie. Das bedeutet, alle Energien auf der Erde und anderen Planeten sind verlangsamt in ihrer eigentlichen

Form. Ihre Bewegung ist daher ein wichtiger Bestandteil, die eigentliche Art ihres Seins zu behalten und zu fördern.

Gibt es noch andere Geschwindigkeiten?

Die Lichtgeschwindigkeit ist die Komponente, die ihr kennt, daher machen andere Beschreibungen wenig Sinn. Selbst die Liebesbewegung ist schon weitestgehend schwer verständlich.

Kann man sagen, dass Menschen, die eine sehr weite Seele haben, eine hohe Liebesbewegung haben?

Ja das ist richtig. Denn sie lieben sehr stark.

Möchtest du noch etwas zu den Formen der Bewegung sagen?

Nein, das Wichtigste ist schon gesagt. Das Wichtigste durchgegeben.

Über was möchtest du als Nächstes berichten?

Die unendliche Ausdehnung.

∞

Die Essenz

Energie ist immer in Bewegung. Energie ist Bewegung. Und Bewegung ist die Bedingung für die Wandlung der Energien, wie auch die Energien Bedingung für die Wandlung sind. Alles wirkt fein aufeinander und miteinander abgestimmt zueinander. Nichts agiert eigenständig, weil es immer eingebunden in einem Meer aus Energie, in Aktion und Reaktion verbunden ist. Was wir mit dreidimensionalen Werkzeugen als Lichtgeschwindigkeit erkannt haben, zeigt sich im feinstofflichen Kosmos als Liebeskraft, und somit ist die Liebe, als Energie der Verbindung allen Seins zueinander und mit der Quelle allen Seins, die alles durchdringende, alles erschaffende Form der Bewegung im Kosmos. Bleiben wir bei der dreidimensionalen Sicht, so ist die uns bekannte höchste Bewegungskraft die Lichtgeschwindigkeit. Diese ist jedoch kosmisch gesehen die kleinste Einheit. Das verdeutlicht das Maß der Entschleunigung, welche jede einzelne inkarnierende Seelenenergie erfährt, und wie sehr dies mit der Erfahrung der Enge in einem Körper zusammenhängt. Die Thematik der Befreiung der Seele bekommt aufgrund dieser Erkenntnisse noch einmal eine größere Bedeutung und Brisanz. Die Befreiung der Seelenkraft in einem Körper ist essentiell, nicht nur, um sich selbst zu erfahren und um das Wahrnehmungsfeld der Seele in die eigentliche Weite zu dehnen, sondern auch, um eben genau an den durch diesen Umstand veränderten Empfindungen zu wachsen und das große Ganze noch einmal anders zu erkennen. Diese Erkenntnisse stärken die Wahrnehmung der Verbindung mit allem Sein, die Verbundenheit durch die Liebeskraft mit allem Sein. Und dies im „Empfindungskleid" des Körpers, mit den Sinnen des Körperlichen zu erfahren, ist die Krönung, das Geschenk des Kosmos: Die alles durchdringende, ewige Liebeskraft des Kosmos über die Sinne des Körperlichen zu fühlen und zu erfahren. Das ist die Königsklasse des Inkarnierens. Das Erkennen im Nebel der Bewusstlosigkeit formt die Sinne weit mehr als in einem klaren Feld.

Die unendliche Ausdehnung

Bitte berichte, was du uns über die unendliche Ausdehnung lehren möchtest.

Die unendliche Verbindung in den Kosmos besteht überall und in jedem Raum. Wer verstanden hat, dass Unendlichkeit das Prinzip des Kosmos ist, wird reichlich belohnt mit Gelassenheit und Friede, sowie Kraft und Liebe.

Lieber Freund der Indianer, doch ist die Unendlichkeit, soweit ich es verstanden habe, nicht etwas, das man als Seele gleich bewusst wahrnehmen kann. Ist das richtig?

Ja.

Bitte beschreibe mir den Weg einer Seele, um diese Haltung, diese Erkenntnis, die du gerade benannt hast, als Lohn zu erlangen.

Die Seele beginnt ihren Weg, verbunden mit der Unendlichkeit der Quelle, individuell zu formen. Dabei begibt sie sich in verschiedene Formen von Körpern und weitere Formen ohne Körper. Doch dies ist nicht unser Ziel heute zu beschreiben. Wenn die Seele und ihre Absicht reist, dann beginnt sie auch die Erfahrung der Verengung zu erleben. Jedes Mal, wenn sie in einen Körper eintritt, und jedes Mal, wenn sie eine neue Form betritt, begibt sie sich in eine derartige Enge. ***Diese Erfahrung lehrt sie, dass die Weiterentwicklung einer Seele***

nicht in der Unendlichkeit zu erfahren ist, sondern in der Enge.

Lieber Freund der Indianer, es drängt sich die Frage auf, warum das so ist.

Das ist ganz einfach, Liebes. ***Die Form, die uns beengt, zeigt uns, wie frei wir sind.***

Dennoch, die Seelen erfahren auf diesem Weg die Verengung und lernen dabei. Wie geht es weiter? Wie ist eine normale Reise einer Seele? In welchen Phasen oder Stufen ist das zu sehen, was diese Enge und Unendlichkeit angeht?

Die Seele erfährt während dieses Prozesses, wie wichtig ihr die Freiheit ist. Je nach der Bereitschaft diese Freiheit zu leben, beginnen die Seelen, unendliche Ausdehnung wieder als ihr Ziel zu erkennen und dies mit Hilfe der Werkzeuge der Enge.

Verstehe. Du hast von Bereitschaft gesprochen. Wovon ist diese Bereitschaft abhängig? Gibt es da Phasen einer Seele? Ich denke mal, eine Seele, die zum ersten Mal inkarniert, hat weniger Bereitschaft, die Unendlichkeit zu suchen als eben eine viel inkarnierte Seele. Gibt es irgendeinen Maßstab dafür?

Das ist schwer zu beschreiben, weil die Erfahrung der einzelnen Seelen und ihrer Erfahrungen von Fülle so unterschiedlich ist wie die Blumen eurer Welt.

Also falls der Beschluss, die Absicht: „Ich will die Unendlichkeit jetzt wieder erleben“, entsteht, beginnt die Seele die Erfahrungen einzuläuten, die ihr diese auch bewusst machen.

Ganz genau, das ist es, was passiert. Ihr begebt euch bewusst und bereit in den Weg der Bewusstwerdung der Unendlichkeit, die immer herrscht, auch ohne unendliche Formen. ***Die Formen der Welt, in der ihr seid, begrenzen zwar eure Energie, doch sie nehmen euch nicht die Unendlichkeit.***

Bitte erzähle mir noch mehr zur unendlichen Ausdehnung. Was passiert, wenn ein Mensch die Erkenntnis leben will, dass er sich ausdehnen möchte, in die unendliche Freiheit hinein. Was passiert während seines Lebens und was passiert, wenn er stirbt, also den Körper verlässt?

Das ist eine sehr komplexe Frage, doch ich versuche sie zu beantworten, so gut ich kann.

Der Mensch, der beschließt, dass er Unendlichkeit wieder erfahren will, beginnt den Pfad des Weisen und wandelt seine Wahrnehmung von beengten, begrenzten, beraubenden Formen in die Bewusstwerdung der freien Verbindung und der unendlichen Formen des Kosmos. Dieser Weg braucht viel Konzentration, denn die Formen der Enge, die euch umgeben, sind vielfältig und sehr ablenkend. Doch wenn eine Seele dies erkannt hat, begibt sie sich auf den Weg der Konzentration. Dieser Weg bereitet ihr viele Erfahrungen der Weite und Ausdehnung, selbst in euren engen Formen. Dieses Gefühl, das der Mensch dabei empfindet, bleibt Bestandteil seiner Wahrnehmung und diese Gefühle verwandeln seine Haltung und

seine Absichten.
Wie ein Kind, das erst beengt und bewusstlos lebt, dann aber plötzlich die Freiheit erfährt, wenn es draußen spielen darf. Weite, Freiheit, Liebe und Freude beginnen sich einzustellen. Dieses Gefühl will die Seele sich nie wieder nehmen lassen: ***bereits bewusst gemachte Erfahrungen bedingen die unbedingte Fortführung dieser.***

Gut und wie geht es dann weiter?

Diese gemachte Erfahrung der Freiheit ist nun fester Bestandteil der Seele und je freier sie lebt, umso mehr will sie diese Form beibehalten. Das bedeutet, dass eine derartige befreite Seele auch nach dem Ableben die Unendlichkeit weiter suchen wird und sich ausdehnt und weiter ausdehnt. Die Kraft, die sie dabei benötigt, wird ihr direkt von der Quelle bereitgestellt. In etwa wie ein Wesen, das erkennt, dass die Verbindung zur Quelle gleichzeitig auch ihre Lebensader ist, und diese kann die Weite auch erweitern, vergrößern. Wer sich also der Verbindung mit der Quelle bewusster und immer bewusster wird, vergrößert dabei diese Kraft, und das ermöglicht der jeweiligen Seele, unendlich weit zu dehnen.

Ich erinnere mich, dass ich einmal mit einem Wesen gesprochen habe, das gesagt hat, es freut sich oder es darf die Unendlichkeit erleben ... Das war, als ob wir Menschen sagen würden: „Mein Herz springt", also ein unglaublich freudiges Gefühl. Ist das richtig, dass ihr Unendlichkeit als ein Geschenk empfindet?

Das ist richtig, denn Unendlichkeit zu erfahren bringt die

volle Ausdehnung der eigenen Kraft, und dies ist ein wunderschönes Gefühl, wenn man von Gefühlen hier sprechen darf, doch ist es definitiv ein schönes Empfinden. Und wenn wir ausdehnen, dann fühlt sich das immer an wie ein Fest der Seele.

Ich denke, das Thema der Verunreinigung ist auch hier ein großer Bestandteil einer Blockade in die Unendlichkeit. Richtig?

Ja.

Sehe ich es also richtig, dass Seelen, die sich reinigen, sich auch auf gewisse Weise dehnen?

Das ist natürlich richtig, das weißt du doch. Die Verunreinigung blockiert die Verbindung und die Verbindung wiederum bedingt die Wahrnehmung. Das beides ist stetig in Zusammenspiel.

Es drängt sich die Frage auf: Was ist das Ziel? Wenn eine Seele die Unendlichkeit und Ausdehnung immer weiter und immer weiter und immer weiter erfährt, gibt es ein Ende dieser Erfahrung?

Das ist eine sehr kluge Frage, Sylvia.
Die Erweiterung einer Seele kann so lange eine Ausdehnung erfahren, wie sie erlaubt ist. Die Erlaubnis ist wie immer direkt und vielfältig. Die Erlaubnis ist der Schlüssel, um die Ausdehnung zu erfahren. Es braucht so gesehen nicht nur die Absicht der Seele selbst, auszudehnen, sondern es braucht auch die ***Erlaubnis des Kosmos diese Ausdehnung erfah-***

∞

ren zu dürfen.

Okay, aber von welchen Komponenten ist das abhängig?

Das besteht aus einer Vielzahl von verschiedenen Komponenten, die mit Verdienst und bereits erledigten Taten zusammenhängt. Der Kosmos verlangt von den Seelen, die mentale und körperliche, im Sinne einer energetischen, Ausdehnung im Gleichgewicht zu halten. Du kannst dir das ungefähr vorstellen, wie ein in sich erblindetes System.

Wie meinst du das?

Der Kosmos braucht nicht den freien Willen und den Beschluss der Seele, um die Ausdehnung zu ermöglichen. Er braucht Taten. Taten der Ausdehnung, Taten der Befreiung. Diese wiederum resonieren und kommunizieren mit allen anderen Energien, und daraufhin bedingt der Kosmos die individuelle Ausdehnung.

Also du willst darauf hinweisen, dass das System so komplex ist, dass es nicht einfach nur vom freien Willen abhängt, sondern dass man diese Dinge anhand von Taten wirklich bekräftigen muss, weil nur die Taten die Resonanzen hervorrufen, die wiederum Teil des Kosmos werden, der wiederum aufgrund der Taten dann auch oder überhaupt erlaubt, dass diese Ausdehnung passieren darf. Gott, das ist ganz schön komplex.

Das hab ich doch gesagt. Du beginnst aber schön verständlich diese Komplexität zu formulieren. Das freut mich sehr.

Denn es ist einerseits wirklich komplex, doch andererseits nicht unverständlich.

Ja, das stimmt. Okay und das meinst du mit Blindheit des Kosmos, weil der Kosmos nur sieht, wenn man durch Taten gewirkt hat, richtig?

Das meine ich, genau.

Wenn also eine Seele sich auf diesen Weg begibt und ausdehnen möchte, was möchtest du ihr mit auf den Weg geben, um eben genau diese Balance zu schaffen zwischen einerseits der Absicht und der Kraft, aus sich heraus diese Entwicklung nehmen zu wollen, und andererseits gleichzeitig auch die richtigen Taten zu setzen, damit die Erlaubnis entsteht?

Du kannst den Menschen durch die Übermittlung dieses Wissens hier helfen, diesen Weg zu beschreiten, weil er einerseits verständlich wird und andererseits beginnt, die Seele zu berühren.

Danke. Bitte gib ihnen den Tipp, wie sie diese Balance schaffen können.

Die Balance ist gar nicht so schwer zu erhalten. Ihr müsst eine Verbindung suchen, die ein Ziel formuliert, das ihr vollbringen wollt, das kein Ziel des Egoismus ist, sondern ein verbundenes Ziel mit allen Wesen des Kosmos. Und dieses allesbegleitende Ziel wird wie ein Speer, den ihr werft und der eine Leine besitzt, die euch miteinander verbindet, den Weg vorge-

ben, den ihr nun zu beschreiten habt. Die Formulierung dieses Zieles ist sehr wichtig und sehr bewusst zu wählen. Nicht egoistische Wünsche, nicht heimlich egoistische Ziele, dürfen diesen Weg beginnen, ***sondern es darf und muss ausschließlich ein liebevoller Aspekt des dienenden Helfens dahinter stehen.*** *Ihr verbindet dabei die materiellen Wünsche mit geistigen Impulsen eurer Seele, die auf ewig bleiben und den Menschen helfen, noch lange nach eurem Ableben auf dem Planeten in der Zeit, in der ihr gerade jetzt seid.* ***Ein derartiges Ziel sollten die Menschen sich suchen. Wirken und Helfen und Lieben ohne Forderung.***

Und wenn das Ziel einmal klar formuliert ist, begeben sich nun Dinge in Resonanz, und die dementsprechenden Aufgaben formen sich, richtig?

Ja.

Aha, okay.

Absicht ist der Anfang. Die Liebe ist der Pfad. Die Kraft ist der Lohn und die Unendlichkeit ist die Freude der Seele.

Lieber Freund der Indianer, auf die Frage, ob es ein Ende der Ausdehnung gibt, hast du gesagt, dass es gar nicht so einfach ist ... bezüglich der Erlaubnis. Das haben wir jetzt geklärt, aber: was passiert, wenn ein Wesen es geschafft hat, diese Balance zu erschaffen, sich auszudehnen, die Erlaubnis hat sich auszudehnen und zu erschaffen und so weiter ... Was ist dann das Ziel?

∞

Das Ziel der Seele, unendlich zu erfahren, bedeutet für sie, die Verbindung mit der Quelle noch intensiver zu erfahren. Das bezeichnet ihr als die letzte Erleuchtung. Doch ist dies nicht die Verschmelzung mit der Quelle selbst, sondern sie behält ihre individuelle Form aber beschleunigt so sehr, dass sie nahe der Quelle eine so große Kraft erreicht hat, dass die Seele selbst eine Mutterseele werden kann. Dann beginnt der Kreislauf von vorne, da kleine Teile dieser Energie beginnen sich abzuspalten. Das ist das höchste Ziel.

Aber das bedeutet ja, dass alle Seelen, die diesen Weg erfolgreich beschritten haben, Mutterseelen werden ... und dass es immer mehr Mutterseelen gibt.

Das bedeutet es, ja. Der Kosmos ist unendlich. Die Vielfalt der Seelen ist es auch. Daher frage nicht mit deinen menschlichen Begrenzungen. Du begreifst, was du begreifen kannst. Du begreifst aber nicht den Kosmos.

Gibt es also keine Stufe, die eine Seele nehmen kann, die noch höher ist als eine Mutterseele zu werden?

Nein.

Also sind alle ausgedehnten Seelen einmal eine Mutterseele geworden.

Ja.

Die Seele, die sich auf den Weg gemacht hat, um diese Ausdehnung zu erfahren, ist ja schon selber Teil einer Mutterseele. Was passiert denn, wenn eine Seele so kraftvoll wird wie ihre Mutterseele?

Du benennst eine sehr einzigartige Verbindung. Denn was schließlich passiert, ist, dass die Mutterseele der Seele, die immer ihre Mutterseele war, die Kraft der neuen Mutterseele miterfahren darf, eine Art Schwesterseele beginnt.

Und das ist so, weil diese Verbindung nie zu trennen ist.

Genau.

Und was bedeutet das? Hat das irgendwelche Vor- oder Nachteile, wenn sie Schwesterseelen sind?

Das hat keine Vor- oder Nachteile. Es ist, wie es ist.

Gut, es hätte ja sein können, dass die Verbindung irgendwelche Dinge begünstigt oder verursacht, wenn zwei Mutterseelen derartig miteinander verbunden sind.

Das tut es nicht, denn jede Mutterseele ist ein eigenständiges System, das weiterhin als dieses existiert.

Ist es denn möglich, dass eine Mutterseele mit der Quelle verschmilzt ... ist das überhaupt möglich?

Nein.

Warum nicht?

Die Mutterseele ist nicht fähig, derartige Energien zu halten. Die Quelle ist mehr als ihr euch vorstellen könnt. Vergiss jede Frage der Logik, und du hast die Quelle begriffen.

Also das höchste Ziel der Ausdehnung könnte sein, eine Mutterseele zu werden. Muss es aber nicht, oder? Weil es vom freien Willen abhängt.

Das ist richtig.

Was passiert denn mit Seelen, die beschließen, keine Mutterseele werden zu wollen, aber trotzdem die Kraft einer Mutterseele hätten?

Dass unsere Kraft nicht Mutterseele werden will, gibt es nicht. Denn ist die Kraft so weit und so ausgedehnt, so will sie GEBEN. Das Gefühl des Gebens lebt die Mutterseele in der höchsten Form.

Das Ausdehnen an sich bedingt ja auch liebevolles Geben in all ihren Taten. Und so ist die vollkommene Form dann die Mutterseele, und die will natürlich nur geben, richtig?

Ja.

Habe ich noch etwas vergessen?

Nein.

Möchtest du noch etwas sagen zu diesem Thema?

∞

Dass ihr eine wunderbare Chance habt, das Leben und euer Wirken zu verwenden für die seelische Ausdehnung, um danach in ein wunderbares und befreites Gefühl zu tauchen, das euch weiter fliegen lässt, weiter lieben lässt, ohne Angst und ohne Kummer. Eure Lebensaufgabe ist vor allem das Erkennen der Unendlichkeit, das Leben der Freiheit und das Akzeptieren der Formen eures Planeten.
Doch vor allem auch der Werkzeuge, die sie euch schenken. Die Lebensaufgabe eurer Seelen ist, all dies zu durchschreiten und wie Akteure eines - wie ihr es nennt - „Theaterstücks" ausschließlich Liebe zu leben und zu geben. Dann befreit ihr euch von alten Fehlern und andere von ihren Begrenzungen. Dies ist der Weg der Pilger.

Wie meinst du, dies ist der Weg der Pilger?

Der Weg der Seele entwickelt sich wie ein Weg eines Pilgers, der wandelt ohne zu hasten, ohne festzuhalten, doch immer liebevoll den Menschen begegnet, die ihm begegnen, ihm helfen oder ihn gar lieben. Dort wo Leid ist, hilft er und dort wo Freude ist, freut er sich. Dort wo Negativität herrscht, bringt er Positives. Dort wo Ohnmacht herrscht, geht er weiter. Diese Form beschreibt am besten, was ich meine, weil das Festhalten an euren alten Formen, die euch beengen, oft der größte Fehler in euren Leben ist.
Nicht die Verunreinigung, welche man reinigen kann jederzeit und jeden Tag aufs Neue, das Festhalten der alten Formen, die euch beengen, bedeutet das Beenden der Freiheit eurer Seele.

Die Essenz

Der Kosmos ist Unendlichkeit. Er ist keineswegs Chaos, sondern er ist vor allem Eines: energetische Ordnung. Doch in dieser Ordnung ist die Unendlichkeit, die „Nichtbegrenzung", das Spielfeld der Energien. Und die Seelenenergien dürfen in dieser Unendlichkeit über die unterschiedlichen Erfahrungen von Kontemplation und Kontraktion diese Unendlichkeit erfahren. Die Ausdehnung der Seelenkraft ist dabei das höchste Ziel einer Seelenform. Denn ist dieses Ziel einmal formuliert, dieser Wunsch kraft des freien Willens gefasst, beginnt der Weg des Wachstums einer Seele. Der Weg der Ausdehnung ihrer Kraft. Diese Ausdehnung bedeutet schlussendlich „nur" eine immer stärker und bewusster wahrgenommene Verbindung mit der Quelle. Und als würde sich die Seele der Quelle entgegenstrecken, so erlangt sie zu mehr und mehr Kraft, bis sie eines Tages die nächste Stufe der Ausdehnung einer individuellen Energie erreicht hat: Mutterseele zu werden. Diese Ausdehnung ist somit der Pfad der Erkenntnis, auf dem wir wandeln und wachsen, auf der Suche nach dem Gefühl der ewigen Freiheit, der Unendlichkeit.

Die Erfahrung der Verbindung

Lieber Freund der Indianer, was möchtest du zum Thema Verbindung berichten?

> ***Die Erfahrung der Verbindung ist die Berührung der Seele mit dem Kosmos.*** *Wir alle sind auf ewig mit dem Kosmos verbunden und diese Verbindung ist unendlich. Wer glaubt, dass wir diese Verbindung jemals verlieren können, der irrt und verwechselt Verunreinigung mit Trennung. Denn getrennt ist nie etwas im ganzen Kosmos. Das bedingt, dass alles durch die Verbindung zueinander, miteinander auf ewig in Aktion und Reaktion verbunden ist.* ***Die Verbundenheit untereinander ist für die Seelen wie für die Menschen die Luft zum Atmen.*** *Ihre Präsenz wird niemals in Frage gestellt.*
>
> *Das Besondere an der Erfahrung der Verbindung ist, dass sie abhängig ist von eurem Bewusstsein, welches wiederum eine Wechselwirkung darstellt mit eurer Reinheit. Daher ist es eigentlich eine Frage der Reinheit, die letztlich die Erfahrung der Verbundenheit formt. Du besuchst die Körper der Menschen als unendliche Kraft der Seele, die nie vergeht, doch die Verunreinigung des Körpers sowie die Verunreinigungen der Umwelt oder die mentale Ausrichtung eurer Religionen verursachen eine elementare Verwandlung eures Bewusstseins. Damit einher geht die Veränderung der Wahrnehmung eurer eigentlichen Kraft. Dies wiederum bedeutet, dass die Erfahrung der Verbindung weniger und weniger als solche bewusst wahrgenommen wird. Letztlich entsteht ein Gefühl der abso-*

luten Getrenntheit, die aber gar keine Getrenntheit ist. Wer verstanden hat, dass alles wie eine Masse aus Teig auf ewig Teil dieses Teiges ist, doch unterschiedliche Formen dieses Teiges annimmt und durch die unterschiedliche Form dieses Teiges unendliche Erfahrungen sammeln kann, der hat das Prinzip der Verbundenheit aller Kräfte miteinander verstanden. Die Tatsache, dass Formen sterben, weist nur auf eine Wandelbarkeit dieser hin, denn letztlich wandelt sich nur Energie.

Lieber Freund der Indianer, das ist ein schönes Bild, danke dir dafür. Die Erfahrung der Verbundenheit ist also eng an die Reinheit der jeweiligen Form gebunden. Gibt es also keinen Zustand, in dem eine Seele so verunreinigt ist, dass sie es tatsächlich nie wieder schaffen kann, sich zu reinigen?

Diese Form gibt es nicht, da etwas in ihr immer gespeist wird durch die Kraft der Quelle und diese Kraft immer auch eine gewisse Selbsterhaltung mit sich bringt. Du kannst dir das vorstellen wie eine kleine Lebensform, die immer noch die Kraft verspürt leben zu wollen. Diese Kraft vergeht niemals. DAS ist die Verbindung, die alles immer mit allem zusammenhält. Die Kraftlosigkeit wird immer auch durch die Möglichkeit der Sehnsucht, diese Kraftlosigkeit wieder zu füllen, gespeist.

Hab ich das richtig verstanden, dass die Erfahrung der immer bestehenden Verbindung nur abhängig ist von unserem Reinheitsgrad, weil sie in Resonanz mit dem Bewusstsein wiederum in Verbindung mit unserer Bewusstheit steht?

∞

Das hast du richtig verstanden. Du bereist den Weg der Seele mit dem Bewusstsein einer Unendlichkeit und verlierst diese über die Verunreinigung mehr und mehr, doch niemals ganz.

Gibt es unterschiedliche Abstufungen von der Erfahrung der Verbindung?

Diese Abstufungen sind so unendlich und so vielfältig wie eure Gedanken. Diese Frage ist unmöglich zu beantworten, da jeder anders empfindet.

Ich möchte deine wunderschönen Impulse über die Unendlichkeit aufgreifen. Sehe ich das richtig, dass ein Mensch, der sich seiner Seelenkraft bewusster und bewusster wird, auch die Verbindung mit der Quelle mehr und mehr wahrnimmt?

Das ist eine logische Folge dieses Prozesses, denn wer sich ausdehnt und weitet, verstärkt letztlich auch den Kanal in die Quelle.

Du sprichst immer wieder von der Quelle. Wie nimmst du eigentlich die Quelle wahr?

Die Quelle, liebe Menschen, ist kein Ort oder Raum, den ihr besuchen könnt. Die Quelle ist die Kraft hinter allen Kräften. Und wie eine leise Form entspringen ihr alle Formen. Alles was ihr seid, hat seinen Ursprung in diesem Zustand. Ich wähle bewusst dieses Wort, da es mir wichtig ist, dass ihr versteht, dass es keinen Ort der Quelle gibt, sondern nur den Zustand, der alles erschafft. Du hast dazu eine Beschreibung, versuche sie zu übermitteln.

Okay, ich versuche es. Und zwar würde ich die Quelle als etwas beschreiben, das wie eine Universalfrequenz funktioniert, aus der alles und in der alles entsteht. Eine Frequenz, die aber auch gleichzeitig alle Frequenzen einschließt, so dass diese immer Teil von ihr sind; aber eben letztlich diese Universalfrequenz alles erschafft, wie ein „Perpetuum mobile des Kosmos", das nie Energie verliert. Und weil diese Universalfrequenz alles durchdringt, gibt es keine Form, die diese letztlich hat, sie IST alles. Diese Universalfrequenz ist wie ein leiser Ton, der alles durchschwingt, die lichtvollen Frequenzen wie auch die weniger lichtvollen. Sie IST all dies. Für uns gibt es immer nur eine Abfolge von Zahlen und Formen, doch wir kennen keine Frequenz, die alles in sich einschließt und erschaffend wirkt. Ich sehe zu dem Thema immer ein Bild, das mir Folgendes zeigt: Ich sehe die Menschen wie Lebewesen des Meeres. Um sie herum ist überall diese kosmische Energie und nur die jeweiligen Körper trennen die Energie IN den Lebewesen von dem direkten Kontakt mit dem Wasser. Die Lebewesen empfinden mit den Sinnen ihres Körpers und bewegen sich mit ihm. Das Wasser ist für mich symbolisch die Kraft der Quelle, die uns alle umgibt, nur mit zwei Unterschieden zu dem Meer, wie wir es auf der Erde kennen: Erstens, durchdringt die Quelle alle Formen, was in meinem Bild bedeuten würde, das Wasser durchdringt die Körper der Lebewesen. Und zweitens erschafft diese allgegenwärtige Energie um uns herum ständig neue Formen. In meinem Bild mit dem Meer wäre das, als würde in dem Wasser plötzlich eine neue Lebensform entstehen. Im Feinstofflichen sind diese neuen Formen für uns nicht sichtbar, aber so in der Art, als immer erschaffende und gleichzeitig immer alles durchdringende Energie sehe ich es - zumindest mit meiner heutigen Wahrnehmung ... und ich bin mir sicher, das beschreibt es noch lange nicht in seinen feinen Ausformungen und den vielen Zuständen, die noch vor dem Zustand des Inkarniertseins in einen Körper existieren. Aber als grobe Richtung ... Hab ich das richtig erläutert?

Ja, das hast du. Die Quelle beschleunigt das Wachstum der Formen und verstärkt alles Entstehende. Die Verringerung von Kraft sowie alle Erfahrungen der Lieblosigkeit und Lichtlosigkeit eines Wesens oder der dadurch erschaffenen Materie beruht nur auf der verringerten Wahrnehmung dieser alles durchströmenden fördernden Kraft. ***Die Quelle selbst vernichtet nicht, sie erschafft und erhält!***

Das heißt, der Tod der Formen ist letztlich kein wirklicher Tod, sondern nur die Transformation der jeweiligen Energie?

Das ist richtig. Der Tod ist nur ein Übergang aus der einen Form in eine andere, doch niemals der Tod, oder das Ende eines Wesens ... einer Energie.

Lieber Freund der Indianer, mich interessiert, ob du weißt wo die Quelle herkommt?

Die Quelle war eine Energie, die wachsen wollte und niemals vergehen wollte. Diese Kraft und ihr Bewusstsein ermöglichten, dass eine sich ewig ausdehnende Energie sich einstellte, und diese Energie als Teil des alles wandelnden Kosmos wollte wie die Mutterseelen, die einmal EINE Seele waren, weitergeben, was sie ist. Und dieser Wille war es letztlich, der alles erschuf und weiter erschafft.

∞

Ein Mensch würde jetzt fragen, aber wer hat die Quelle erschaffen?

Diese Frage ist erlaubt, doch kenne ich nicht ihre Antwort, denn weiter als diese Botschaft ist es mir nicht erlaubt, zu wissen und weiterzugeben.

Die Menschen beten oder sprechen sehr gerne einen Gott an, manchmal glaube ich, sie sprechen damit eigentlich die Quelle an - sie meinen ja das, was uns alle erschafft und erhält. Hast du eine Erklärung dazu?

Das kann sein, ist aber nicht von Relevanz, denn wenn Menschen Gott anrufen, dann haben sie JEDER ein anderes Bild davon. Das ist solange belanglos wie es keine Begründung für Mord und Tod auf eurer Welt schafft. Doch sowie dieses Bildnis in den Menschen derartige Kräfte von Verletzung und Mord freisetzt, beginnt ein trauriger Weg für diese Seelen.

Das ist sicher ein anderes Thema, lass uns da nicht zu sehr hineingehen, aber wir sind uns einig, dass es keine Person oder ein Wesen ist, die man ansprechen kann, sondern eine Energie, die so unpersönlich ist, dass man es niemals als eine Person ansprechen kann.

Das ist richtig, allerdings darf ich erwähnen, dass es möglich ist, die Kraft der Quelle anzusprechen, doch dazu bedarf es einer ganz besonderen Gabe und Fähigkeit. Denn überall zu kommunizieren, bedarf einerseits Konzentration wie keine andere, doch andererseits auch die Weite, die man als Lebewesen gar nicht haben kann, da die Form es begrenzt, doch es ist möglich! Die Menschen brauchen dazu aber viel, viel Ver-

∞

trauen, Kraft, Liebe und vor allem Weite.

Lieber Freund der Indianer, aber ist denn der kosmische Vater die Quelle? Eine Wesenheit meinte zu mir einmal, dass sie mir die Frage nicht beantworten kann, ich mich aber an den kosmischen Vater wenden solle. Ist DAS die Quelle und wäre DAS der Weg, den du gerade beschrieben hast?

Das ist fast richtig. Das Bewusstsein der Quelle wird von allen kosmischen Wesen als der kosmische Vater bezeichnet.

Wenn die Menschen also vorhaben, dass sie mit dem kosmischen Vater, der Quelle, kommunizieren, bedarf das einer besonderen Erlaubnis?

Ja, die Erlaubnis, derartig weit zu beschleunigen, braucht Schutz und viel viel kosmische Unterstützung. Das kann kein Mensch oder Wesen alleinig beschließen. Es bedarf der Erlaubnis dazu. Denn nur dann sind alle Komponenten dazu auch wirklich bereit und die Möglichkeit gegeben. Doch letztlich möchte ich betonen, dass die Kommunikation mit der Quelle nicht wirklich sinnvoll ist, denn so wie du mit mir hier kommunizieren kannst, so kann ein jeder jederzeit alle Wesenheiten des Kosmos, die ja letztlich auch alle Teil der Quelle sind, kontaktieren, um mit ihnen zu kommunizieren. Die Informationen, die ihr sucht, findet ihr immer, wenn ihr nur offenen Herzens die Bereitschaft habt, und die Bitte formuliert.

Zurück zur Erfahrung der Verbindung, möchtest du dazu noch etwas sagen?

Nein.

Eine letzte Frage habe ich aber noch. Ich bitte dich, mach den Menschen noch einmal mit deinen Worten bewusst, wie wichtig die Verbindung ist, wenn es um die Kraft der eigenen Seele geht. Ich sehe beides in absoluter Relation zueinander.

Das ist richtig. ***Menschen, die verbunden sind, haben mehr Kraft als jene, die dies nicht sind. Daher ist es in jedem Fall ratsam, die Verbindung zu eurer Seele zu finden und damit auch die Verbindung in die Quelle. Diese Verbindung bedeutet unendliche Kraft, und wenn ihr diese Unendlichkeit erfahren wollt, dann bittet darum, betet, reinigt und liebt das, was ihr tut, dann entsteht ein Fluss an Energie, den Wörter nicht mehr beschreiben können.***

Gibt es noch etwas zum Thema Verbindung, das wir wissen müssen?

Das Wichtigste haben wir festgehalten.

Über was möchtest du als Nächstes berichten?

Die Bereitschaft einer Seele.

Die Bereitschaft? Wie meinst du das?

Die Bereitschaft leben zu wollen, die Bereitschaft wachsen zu wollen, die Bereitschaft sein zu wollen. Letztlich die Kraft der Absicht. Die Absicht ist die Folge der Bereitschaft, daher möchte ich über die Wichtigkeit der Bereitschaft einer Seele reden.

∞

Die Essenz

Eng mit der Problematik der Verunreinigung einer Seelenenergie ist die Erfahrung der Verbindung mit der Quelle und allem, was ist, verknüpft. Denn die Verbindung selbst vergeht nicht und verändert sich auch nicht. Sie ist wie die Luft, die uns umgibt und die wir atmen. Doch je nach Gesundheit unserer Lunge können wir diese Luft in uns mal mehr und mal weniger gut aufnehmen und im Körper zu Lebenskraft wandeln. Und so ist es auch im Kosmos. Ist die Wahrnehmung der Seele ungetrübt, so nimmt sie die Verbindung im Kosmos klarer wahr als die getrübte, verunreinigte Seele. Es ist letztlich eine ganz einfache Formel:

Reine Seele = reine Wahrnehmung der Verbindungen allen Seins zueinander.

Verunreinigte Seele = Wahrnehmung der Trennung; Alleinsein, Einsamkeit, Ängste, Sorgen.

Ich zitiere dazu gerne auch eine Botschaft König Salomons: "Die Dunkelheit am Horizont ist vorrübergehend wie die Wolken am Himmel, die Sonne aber scheint ewig."

Bereitschaft

Lieber Freund der Indianer, bitte sprich, was du zum Thema Bereitschaft sagen möchtest.

Die Bereitschaft einer Seele, verbunden mit ihrer Reinheit, entscheidet über die Bewegung in ihr. Damit möchte ich sagen, dass die Bereitschaft, eine der wichtigsten Komponenten der Seele und ihrer miteinander verbundenen Ego-Anteile darstellt. ***Die Bereitschaft wächst mit dem Grad der Reinheit und damit dem Grad der Bewusstheit.***
Doch um dir noch besser die Bereitschaft an sich zu erklären, beginne ich noch etwas anders. Die Bereitschaft ist eine Art Kraft, die ihr besitzt, wenn ihr Entscheidungen trefft. Da der freie Wille über allen Dingen des Kosmos steht, ist die Bereitschaft genauso wichtig und essentiell Teil dieses freien Willens. Denn jeder Mensch, jede Seele in ihm, kann eigene Kräfte entfalten und noch eine endlose Zahl an Entscheidungen treffen. Die eigene Bereitschaft ist die Fortbewegung aus den festen Formen. Du kannst über diese Kraft alles erreichen, was du möchtest. Doch neben dem freien Willen, den du innetrágst, brauchst du eine Bereitschaft, das zu tun, was du zu tun gedenkst. ***Diese Kraft muss frei und liebevoll ausgedehnt werden, wie die Seele selbst.*** *Die Bereitschaft und ihre Kraft ist eigentlich die erste Stufe aller Bewegung in und mit euch.*

Lieber Freund der Indianer, das habe ich jetzt schon verstanden. Das

heißt, man ist ausgestattet mit dem freien Willen, doch bringt dieser wenig, wenn es keine Bereitschaft gibt, sich wirklich bewegen zu wollen, wandeln zu wollen, tun zu wollen oder sich verändern zu wollen. Richtig?

Genau.

Gut, was sind die Hindernisse der Bereitschaft?

Hindernisse der Bereitschaft sind wie immer die Angst, der Zweifel, die Hilflosigkeit und die Verunreinigung. Die Kraft braucht eine Basis, auf der sie den freien Willen agieren lässt. Wie viele Menschen kennst du, die keine Bereitschaft haben, ihren freien Willen einzusetzen?

Oh, warte mal, da muss ich überlegen. Es sind ... sehr viele.

Du hast es erfasst. Eigentlich viel mehr Menschen als die, die Bereitschaft leben.

Ja, stimmt. Die meisten sind in Angst und Unterdrückung, in festen Formen eingezwängt, die sie sich vor lauter Angst nicht trauen zu verlassen oder zu verändern, und deswegen ist auch keine Bereitschaft da.

Genau.

Okay, und was ist der Grund?

Die Kraftlosigkeit.

∞

Und die Kraftlosigkeit kommt woher ...?

Die Kraftlosigkeit hat viele Ursachen, doch in eurer Welt meist von der Verunreinigung der Lebensmittel sowie durch die Umwelt und die mentale Verunreinigung eurer Religionen.

Und wie kann man die Bereitschaft fördern?

Die Bereitschaft kann man fördern durch die Lebenserkenntnis, dass alles nur ein Spiel ist, aus dem ihr freudig eine Menge Erfahrungen mitnehmen könnt. Du kannst dir vorstellen, dass es eine andere Kraft erzeugt, wenn man erkennt, dass alles aus Freude und Liebe geschehen soll, als wenn man glaubt, dass alles nur aus Druck und Verzweiflung entstehen muss. Die Bereitschaft ist nämlich gleichzeitig auch eine Kündigung an die Ohnmacht, die ihr meint zu empfinden. Die Ohnmacht, die ihr glaubt, dass sie Teil eures Lebens ist, ist letztlich nur die „Unbereitschaft", wie ich es nennen möchte, die ihr leben wollt. Die Unbereitschaft etwas zu ändern. Die Unbereitschaft das zu werden, was ihr wirklich seid. Die Unbereitschaft, die Liebe zu leben, wie ihr sie leben wollt. Die Unbereitschaft die Welt zu sehen, wir ihr sie sehen wollt. Die Unbereitschaft das Leben über alles zu stellen.
Der Planet Erde ist voll von Menschen, die das Leben nicht würdigen, die lieblos miteinander umgehen und herzlos miteinander leben. Die Bereitschaft dieser Menschen ist eigentlich keine Bereitschaft. Dies ist lebensvernichtende Ohnmacht.

Mich würde interessieren, inwiefern die Bereitschaft sich entwickelt. Gibt es eine Art Jahreszeiten oder ist sie da, nur weil man beschließt, dass man sie hat?

Das ist eine sehr schöne Frage.
Die Bereitschaft beginnt zu wachsen. Das bedingt die Kraft der Seele. Wenn ihr Verunreinigung beseitigen wollt, begebt ihr euch gleichzeitig auf den Weg des Bereitschaftswachstums. Die Lebenskraft steigt und damit auch die Bereitschaft. Das eine bedingt das andere. Wenn eine Seele diesen Weg geht, beginnt sie zu blühen und zu wachsen wie eine Rose oder wie ein Vogel, der seine Flügel ausbreitet.

So wie du die Seelen und die Menschen wahrnimmst, kannst du erkennen, wenn ein Mensch die Bereitschaft trägt, also in sich hat oder nicht?

Ja.

Woran erkennst du das?

Das erkenne ich an der Kraft einer Seele. Die Kraft einer Seele wiederum ist sichtbar an seiner Weite. Wenn eine Seele kraftvoll strahlt, weiß ich, sie ist bereit.

Verstehe. Und um ein Bild zu zeichnen, um den Menschen ein Gefühl zu geben, in welcher Situation wir uns befinden, so wie du gerade die Menschen beschrieben hast und die Seelen ... was würdest du sagen, wie siehst du die meisten Menschen, was ihre Kraft und damit ihre Bereitschaft angeht?

Die meisten Menschen leben unrichtig und fast bewusstlos

im Sinne des Seelenbewusstseins. Die Kraft in ihnen strahlt weiter als ihr glaubt, doch lange nicht so weit wie eine Seele, die bereit ist. Du kannst den Menschen übermitteln, dass eure Energiefelder ungefähr vier Meter um euch herum strahlen. Die Kraft einer bereiten Seele aber strahlt mindestens doppelt so weit. Damit ist alles gesagt.
Die Menschheit befindet sich in einem Zustand der Unbewusstheit und Besinnungslosigkeit. Die meisten Energien strahlen nicht weit. Das bedeutet, dass ihr wenig bereit seid, die eigentlichen Schritte der Seele zu gehen. Du selbst erlebst, wie die Menschen verzweifelt leben und keiner weiß, wie er etwas daran ändern kann.

Ja. Siehst du, gut, dass du es ansprichst. Was ist, wenn die Menschen gar nicht wissen, was sie tun müssen, wenn sie gar nicht wissen, was sie tun können. Wenn der kraftlose Zustand sie auch geistig so kraftlos und benebelt macht - was macht man denn dann?

Es ist in der Tat eine sehr komplizierte Erfahrung. Denn wenig Kraft bedingt diese Bewusstlosigkeit und diese Ohnmacht. Doch eigene Kraft gewinnen können die Menschen nur aus sich heraus. Du kannst den Menschen vermitteln, dass ihre Kraft immer da ist, wenn sie sie nur aktiv und bewusst wahrnehmen. Du hast viel über die Kraft der Quelle, die durch euch fließt, und den Zusammenhang mit der Weite und der Erweiterung der Seelen erfahren. Doch letztlich kann jede Kraft nur aus sich heraus wachsen. Das müsst ihr verstehen und wissen. ***Die Seele kann keine Energie von außen bekommen. Sie muss sie IN sich finden.*** *Wie ein besonderes Organ, das Leben in sich findet, nur über die richtigen Im-*

pulse, doch niemals von außen.

Hast du vielleicht noch ein besseres Beispiel?

Du kennst die Pflanzen. Du kannst sie nicht strecken, um sie schneller zum Wachsen zu bringen. Du kannst sie gießen, um das Wachstum zu fördern. Doch letztlich kann die Pflanze nur so groß wachsen, wie ihr Potenzial ist, und in ihrer Geschwindigkeit wachsen, ohne dabei eine Beschleunigung aus dem Außen erfahren zu können. Diese Beschleunigung ist genauso unmöglich in euch als Impuls von außen. Ihr müsst aus euch herauswachsen. Im wahrsten Sinne des Wortes. Dann entsteht Bereitschaft. Und diese Bereitschaft bringt verschiedene andere Kräfte in euch hervor. die ihr nicht einmal ansatzweise wisst, dass diese in euch schlummern.

Wenn ich jetzt noch ein bisschen weiter denke, würde mich zum Thema Bereitschaft noch interessieren: Wenn ein Mensch zum Beispiel ein Leben lang ohnmächtig und in wenig Bereitschaft und wenig Bewusstsein gelebt hat ... Wenn er dann den Körper verlässt, was passiert dann mit der Bereitschaft einer Seele?

Diese Seele bleibt in dem Zustand, in dem sie den Körper verlässt. *Das bedeutet, dass ihre Bereitschaft natürlich auch danach nicht wirklich vorhanden ist.*

Und was passiert dann? Wie geht es dann für so eine Seele weiter?

Die Kraft in ihr bleibt so lange so bestehen wie sie ist, bis die Seele das Verlangen empfindet, dies zu verändern. Dann aber beginnt die Bereitschaft. Also ist die Bereitschaft ein fester Bestandteil aller Wege. Der eine beginnt dies in seiner Lebenszeit zu verstehen, der andere eben erst danach. Wieder andere noch viel, viel später.

Okay, aber was passiert, wenn eine Seele in dieser Unbeweglichkeit ohne Körper ist, wer beschließt dann, dass sie wieder inkarniert? Die Seele selbst? Aber dann wäre sie ja bereit, eine Wandlung zu vollziehen.

Das ist eine sehr komplexe Frage, Sylvia. Die Frage sollte nicht lauten: „Wer beschließt die Inkarnation?" Denn das ist eingebettet in viele andere Komponenten, die wir ein anderes Mal erörtern. Die Frage sollte nur heißen: „Wer beginnt wann die Bereitschaft der Seele zu leben?" Ob dies im Prozess des Inkarnierens oder des Sterbens oder des Lebens erfahren wird, ist letztlich unwichtig. Denn tatsächlich ist es ein wichtiger Schritt einer jeden Seele.

Das erinnert mich an mein Buch „Das 1x1 des Seins", in dem ich beschrieben habe, wie die liegende Acht diesen Weg beschreibt. Wie die Seelen sich in diese Ohnmacht begeben, bis sie tatsächlich ihre Kraft in sich aktivieren, um endlich aus dieser Ohnmacht heraus wieder in einen aktiven Zustand zu treten. Kann man das auch so beschreiben?

Das kann man.

Gibt es noch etwas, das du zum Thema Bereitschaft sagen musst?

∞

Das Wichtigste ist gesagt. ***Doch möchte ich den Menschen eine letzte Botschaft mit auf den Weg geben. Die Kraft, die euch belebt, ist eine unendliche Kraft. Die Erinnerungen, die ihr tragt, werden niemals vergehen. Alles, was ihr lebt, alles was ihr tut, alles was ihr denkt, wird eure Kraft formen. Daher bitte ich euch, die Unendlichkeit dieser Tatsache zu verinnerlichen. Die Tage vergehen, alle Momente vergehen, doch in euch leben sie für immer weiter. Wer verstanden hat, dass das Leben nur eine Möglichkeit ist, Verwandlung zu vollziehen und dadurch die Seele wachsen zu lassen, hat das Prinzip des Lebens und das Prinzip des Kosmos verstanden. Die Menschen, die keinerlei Bereitschaft leben, leben eigentlich nicht.***

Bitte gib den Menschen noch mehr positive Kraft mit, dass sie wissen, dass alles gut ist und gut und richtig bleibt und wird, und das erst recht, wenn sie wandeln und keine Angst davor haben.

Das tue ich gerne. ***Liebe Menschen, die Kraft verändert sich und wandelt immer wieder, immer weiter. Doch dieser Prozess ist keine negative Tatsache, es ist das Sein selbst. Die Verwandlung der Energien, wie ihr erfahren habt, weitet euch, wenn ihr es wollt. Die Kräfte haben das Ziel der Entfaltung, der Erweiterung und der Liebe. Sie wollen euch nicht negativ beeinflussen. Sie wollen euch fördern. Der Kosmos fördert alle Wesen, die sich auf den Pfad der Befreiung begeben. Aber wer nicht um Hilfe bittet, kann nicht erhört werden. Aber bitte, bitte verinnerlicht: die Fragen, die ihr habt, die Traurigkeiten, die ihr lebt, die Probleme, die ihr meint, dass sie Probleme bleiben müssen ... All dies ist nur***

ein Spiel, das IHR kreiert. Das hört sich leichter an als es ist. Ich weiß darum. Doch, und es ist meine Aufgabe, das zu übermitteln, letztlich ist es die Essenz. Dann wenn ihr versteht, dass die Dinge immer im Wandel sind, und die Kraft in euch der entscheidende Impuls ist, alles, was ihr möchtet zu leben, dann beginnt ihr die Bereitschaft zu entwickeln und diese zu leben. Diese Bereitschaft treibt euch weiter und weiter und weiter und weiter, höher und tiefer, wo immer ihr hinwollt. Diese Kraft belebt eure Seele, lasst es zu, dass sie leben darf.

Das hast du schön gesagt. Ich möchte nur der Korrektheit halber nachlegen, dass du das bildlich meinst ... Denn die Seele lebt natürlich in uns ... Und sie tut es oft auf Sparflamme oder nur halb lebendig.

Das ist richtig. Doch ich möchte die Brisanz der Umstände besser beschreiben. Das geht oftmals über Bilder und vor allem über die etwas überzeichneten Bilder.

Seelen, die keinerlei Bereitschaft empfinden, auch wenn es nur ein vorübergehender Zustand ist, der aber letztlich doch ohne Zeit ist, wie darf ich mir sie vorstellen außerhalb des Körpers?

Derartige Energien befinden sich wie ein taumelnder Ball im Kosmos. Die Energien bewegen sich nicht aus sich selbst heraus, sondern als Teil der Masse, in der sie eingebunden sind. So in der Art würde ich es beschreiben.

Aha, verstehe. Und die Energien, die bereit und bewusst sind? Die bewegen sich aktiv von A nach B und von C nach D, auch wenn es keinen Raum gibt ... Aber wir wissen, was wir meinen, oder ...?

Das ist richtig. Diese Energien entwickeln Kraft, die sie bewegt, und diese Bewegung wiederum ist grenzenlos.

Möchtest du noch etwas dazu sagen?

Nein.

Über was wollen wir denn als Nächstes schreiben?

Das nächste Thema ist die Kraftlosigkeit.

Kannst du mir eine kleine Vorausschau geben? Ich denke, dass es ein sehr wichtiges Thema ist.

Die Kraftlosigkeit ist die Verunreinigung der Seelen, die wie ein Geschwür die Menschen dabei hindert zu wachsen.

Okay, danke dir.

∞

Die Essenz

Nach all den Jahren des Forschens und verstehen Wollens kann ich bestätigen, dass die Bereitschaft eine der wichtigsten Parameter in den Seelen ausmacht. Einfach nur kraft des freien Willens eine Entscheidung zu treffen, ist lange nicht so essentiell für die Realisation dieses Willens wie die Bereitschaft dafür in uns. Herrscht keine Bereitschaft, ist aller Wille kraftlos. Daher ist die Bereitschaft der Nährboden aller Impulse, die wir setzen, materiell wie auch feinstofflich. Ist sie stark, so wachsen die Impulse aus uns umso stärker. Ist sie schwach, wirkt der Mensch ohnmächtig taumelnd in seinem Leben (und auch danach). Erforscht in euch und in den Menschen, die euch begleiten, wo ihr Bereitschaft für die gemeinsamen Schritte findet und wo nicht. Ihr werdet erkennen, dass ohne wirkliche innere Bereitschaft, Schritte setzen zu wollen, allem Reden, allem Diskutieren keine tiefgreifenden Taten folgen werden. Ohne die Bereitschaft zu wandeln, bleiben Worte ohne Absicht. Und ohne Absicht bleiben sie ohne Taten. Doch wie sollte es auch anders sein, so ist die Kraft in der Absicht, die Kraft der Seele, entscheidend für die Intensität der Bereitschaft. Bin ich bereit, einen kleinen Schritt zu tun oder gar einen sehr großen Schritt zu setzen … ist dies ausschließlich Ausdruck der inneren Kraft, der Kraft des Entschlusses und damit der Kraft der Bereitschaft, wirklich wandeln zu WOLLEN. Ohne Bereitschaft, wirklich wandeln zu wollen, bleiben alle Träume nur Worte.

Kraftlosigkeit

Lieber Freund der Indianer, wir haben schon sehr viel über die Kraftlosigkeit erfahren. Das heißt, das Wort fiel immer wieder im Zusammenhang mit der Verunreinigung und der veränderten Wahrnehmung durch die Verunreinigung. Dabei ging es um die Kraftlosigkeit der Seele, welche dann wenig Bewegung erschaffen kann, und dadurch auch keine oder eben wenig Wandlung möglich ist. Des Weiteren haben wir gesehen, welch hindernden Einfluss sie auf die Bereitschaft der Seele, sich auszudehnen, hat. Das heißt, wir haben das Thema immer wieder gestreift. Was möchtest du dazu jetzt noch erzählen?

Du kannst die Bereiche und Ebenen der „Falle der Kraftlosigkeit", die ein Teil des Kosmos ist, aber eben die dunkle Form des Kosmos darstellt, nicht wirklich begreifen, da es so komplex ist wie die Quelle selbst. Eine Schattenwelt, die in sich selbst existiert und durch sich selbst existiert, die aber letztlich keine wirkliche Begründung hat. Damit möchte ich sagen, dass Kraftlosigkeit nur ein Zustand ist, der selbst erschaffen, ohnmächtig und selbst verschuldet entstanden ist. Keine Energie des Kosmos will von alleine kraftlos werden oder sein. Keine Wesenheit will in Kraftlosigkeit existieren. Keine heilende Energie erwächst aus den Zuständen der Kraftlosigkeit. Doch letztlich bilden diese Möglichkeiten der Kraftlosigkeit die entscheidende Erlaubnis für die sich erheben wollenden Seelenenergien, aus der lichtvollen, kraftvollen Energie heraus zu dienen und zu helfen und dabei den kraftlosen Energien einerseits zu helfen und andererseits ihre eigenen Energien durch ihre Unterstützung zu heben und sich schließlich dadurch selbst zu reinigen. Daher ist die Kraftlosigkeit weniger etwas Negatives als etwas Notwendiges im Kosmos.

Verwechselt die Kraftlosigkeit dennoch nicht mit der Verbindungslosigkeit, denn das eine mag wie das andere wirken, doch berichte ich hier von der Kraftlosigkeit, die auf Grund verschuldeter eigener egoistischer Fehler verantwortlich ist, für die Seele, die irrend und wirrend verweilt.

Doch ich möchte etwas differenzierter werden. Die Kraftlosigkeit der Seelen basiert auf der Verunreinigung ihrer Energien. Das habt ihr schon erfahren. Dass die Seelen reinigen können über das Helfen und Tun in heiliger Absicht, ist auch schon bekannt. Doch dass es Bereiche und Formen gibt, die aufgrund fehlerhafter Entscheidungen, egoistischer Entscheidungen und liebloser Entscheidungen eine beginnende Wechselwirkung erfahren, darüber habe ich noch nicht berichtet. Das möchte ich nun tun. Es ist eine Tat, die uns formt, es sind die Gedanken, die uns formen und es sind die liebevollen Absichten dahinter. Doch wenn die Absichten, Taten und Gedanken nicht liebevoll sind, dann entstehen Resonanzen, die darauf reagieren. Wie eine Spinne, die ihre Spinnweben webt, und die dieses Netz bewohnt. Doch das Netz, das der Mensch lieblos und negativ spinnt, beginnt dann auch lieblos und negativ für ihn zu werden. Das bedeutet, dass er täglich mehr und mehr Netz erzeugt, dieses Netz eine Verbindung hat, die ewig bestehen kann, doch nur die positiven und liebevollen Impulse des Menschen letztlich dieses negative Netz an Resonanzen und Reaktionen wieder ausgleichend umwandeln kann. Damit will ich sagen, dass es keine Einbahnstraße ist, so würdet ihr sagen, die wir beschreiten, wenn wir den Weg der Seele gehen. Doch es braucht Bewusstsein und bewusste Entscheidungen, diesen Weg letztlich positiv zu beschreiten. Die Unbewegtheit und ihre endlose Kraft bedeutet, dass der Mensch die Formen erschafft, die ihm letztlich Kraft rauben, und hier schließt sich der Kreis. Denn wenn ein Mensch eingebettet in ein Netz aus negativen Reaktionen und Aktionen, die er alle selbst verursacht hat, fest verankert lebt, unbewusst und keine Verbindung der Seelen zueinander lebendig erkannt habend, dann beginnt dieses Konstrukt, das letztlich Teil eurer verunreinigten Wahrnehmung ist, der Seele Kraft zu rauben. Damit will ich sagen, dass es ausschließlich die Unbewusstheit und damit das Ego und damit die egoistischen Entscheidungen sind, die es verursachen, dass die Seele Kraft verliert.

Warum verliert sie Kraft?

Die Antwort ist nach alldem, was ihr bereits erfahren habt, relativ nah und einfach. Doch ich gebe sie euch gerne.
Die Seele will erweitern, die Seele will blühen, will leben wie ein Vogel, der die Flügel ausbreitet. *Die egoistischen Entscheidungen wollen dies auch. Doch eingebunden in menschliche Gesetze und Formen vergisst der Mensch die übergeordnete Existenz der Seelenkraft, die verschieden wahrnimmt. Damit will ich sagen, dass sie unterschiedliche Entscheidungen treffen würden. Das Ego, das sich am Einzelnen orientiert, Entscheidungen mit dem Ziel der eigenen Fülle generiert und trifft, die Seele, die sich allgemein orientiert mit dem Ziel der seelischen Fülle des Kosmos reagiert und ent-*

scheidet. Beides zusammen kann nicht funktionieren. Daher verliert die Seele, die letztlich keinerlei Gehör bekommt, die Kraft, dann zu wachsen und zu erweitern, wenn sie es eigentlich müsste. Doch in diesem Moment wächst das Ego. Dann beginnt die Seele sich ein Nest zu erschaffen, das sie bewohnt, doch verschlossen bleibt für die Kräfte des Menschen. Wer das Ego lebt und keinerlei Erkenntnis über die seelische Existenz lebt und diese Verbindung befruchtet, lebt also einen begonnenen Weg der „Bewusstlosigkeit der Seele". Diese Bewusstlosigkeit nimmt euch Kraft und lässt euch glauben, diese durch egoistische und anders-orientierte Entscheidungen auf unterschiedliche Weise wieder zu gewinnen. Dann beginnen Nebenschauplätze, die Krankheit, Leid und Verzweiflung verursachen. Denn weiter wird die Kraft im Außen gesucht, die einem verloren gegangen ist. ***Doch niemand beginnt dabei zu realisieren, dass die Kraft im Inneren liegt und schläft.***

Lieber Freund der Indianer, das bringt mich auf zwei Fragen. Einerseits ist es ja nicht so, dass alle Menschen den Weg der Seele dann nicht gehen, sondern viele erkennen das ... Sagen wir mal einige ... Sie erkennen zum Beispiel über das Leid und ihre unbewussten Taten und ihre Resonanzen, dass es den seelischen Weg gibt ... Leider viele erst nach dem Leiden, aber gut, immerhin ...

Das ist richtig, doch wenn du die Verantwortung den Menschen nahe legen willst, dann brauche ich mehr ermahnende Worte als diese. Es gibt einige Menschen, die sich damit beschäftigen. Doch du weißt selbst über deine Aktivitäten, wie wenige es letztlich sind.

∞

Ja, das stimmt leider. Vor allem heißt, diesen Weg zu beschreiten nicht gleichzeitig, das Ego und seine Entscheidungen abgelegt zu haben. Man ist ja immer noch ein Mix. Es geht nicht, gänzlich den Schalter umzulegen.

Das ist genau das Problem. Denn wer den Weg der Seele beginnt, beschreitet ihn nicht gleich konsequent. Viele bleiben in verschiedenen Etappen stehen und leben dort das Ego.

Ja, leider hast du sehr recht. Leider. Meine andere Frage war ... Die Seele ist natürlich weiter Teil des Energiesystems und schläft im Körper und nistet sich dort ein, unbewusst ... Von welcher Energie lebt dieser Mensch dann zum größten Teil in den meisten Fällen?

Diese Frage ist sehr gut und wichtig. Danke dir dafür.
Die Menschen, die nicht über die bewusste Verbindung durch ihre Seele mit der Quelle leben, bekommen ihre Energie aus der Natur und den Gedanken, die sie haben. Das beides ist aber etwas limitiert. Denn wer nicht in die Natur kommt, der verliert Kraft dadurch. Wer negative Gedanken schürt, der verliert Kraft dadurch. Doch selbst positive Gedanken bleiben letzten Endes nur Gedankenkraft. Das ist letztlich kein Vergleich mit der kosmischen Kraft, die aus der Verbindung mit der Seele kommt.

Der Korrektheit halber, weil ich weiß, wie man manche Dinge falsch verstehen kann: Die Menschen sind ja weiter verbunden mit der Quelle, nur sie sind es sehr schwach, richtig?

Ja, das ist richtig. Die Menschen sind natürlich verbunden

durch die Seele mit der Quelle, doch diese Verbindung ist sehr schwach.
Wenn ich könnte, würde ich es euch aufzeichnen wie eine dünne Linie, die eine Verbindung in die kosmischen Kräfte bildet, doch die eigentliche Form dieser Linie wäre eine breite und lichtvolle Linie. Wenn du dir eine ungefähre Vorstellung machen möchtest, wie unterschiedlich diese Verbindungen sind, dann stelle dir vor, dass du einen Menschen als Zeichnung auf ein Papier machst, dem du dann eine dünne feine Linie mit einem Bleistift zeichnest. Dies ist die Verbindung, die die Menschen normalerweise haben, wenn sie unbewusst handeln und egoistisch vollständig empfinden. Dann nimmst du deine Hand und malst die Striche an den Rändern deiner Hand, dann siehst du, wie breit die Linie sein könnte, in ihrem besten Potenzial. Diese Verbindung ist um so ein Vielfaches größer, stärker, kraftvoller und wirkungsvoller, dass es fast nicht zu beschreiben ist, wie lebensunwürdig die Menschen leben, wenn sie sich für den Weg des Egos entschieden haben. Doch lass mich nicht zu sehr in der Beschreibung des Egos verweilen. Es ist Teil des Weges des Menschseins, das Ego nun einmal als Teil eures Geistes entwickeln zu können und zu überwinden und zu einem Werkzeug zu machen, nicht aber das Werkzeug des Egos zu werden. Das ist die Hausaufgabe des Menschen.

Lieber Freund der Indianer, ich kann dich verstehen und ich danke dir für das Bild. Das hast du ganz toll gezeichnet, weil es einem wirklich ein Gefühl gibt von der Brisanz dieser Kraftzustände, aber kann man wirklich sagen, dass es „nur“ das Ego ist, das die Kraftlosigkeit verursacht?

∞

Ja.

Okay. Das heißt letzten Endes, wenn wir in einer Gesellschaft leben, die keinerlei seelische Werte übermittelt, wir natürlich die ganze Zeit daran arbeiten, dass diese Kräfte weniger werden.

Das genau ist die Problematik. Denn ihr lehrt und übermittelt keinerlei seelische Werte und werdet dadurch keineswegs geschult oder bewusst gelehrt, dass und wie dies in Zusammenhang mit eurer Kraft steht. Das bedeutet, dass ihr letztlich von Beginn eures Lebens an darin eingebettet ein Leben lebt, in dem ihr nur verlieren könnt, im Sinne von, Energie verlieren könnt'. Es ist ein Verlust an seelischer Kraft, die bei der Geburt noch vollkommen vorhanden ist.
Doch mit jedem Tag, mit dem das Ego blüht, verliert die Seele Kraft.

Das haben wir nun verstanden, und das hast du wirklich ganz, ganz toll erklärt. Die meisten Menschen würden jetzt sagen: „Naja gut, es gibt ja die Religionen ..." Ich muss ein bisschen auf dieses Thema lenken, denn sie brüsten sich alle damit, dass sie die Verbindung zu Gott, zu den göttlich Kräften usw. herstellen und sie leben und sie lehren. Ich frage aus einem ganz bestimmten Grund, ganz bewusst in diese Richtung, weil ich in diesen Institutionen keinerlei Menschen kenne oder jemals gesehen habe, die diese Kraft haben, von der du gerade berichtest, sondern sie wirken eher blass, fahl und eben kraftlos auf eine gewisse Art und Weise. Ich empfinde sie kraftlos, weil sie ... schwer zu beschreiben ... leblos wirken ... Leblos ist das richtige Wort. Bitte, was kannst du mir dazu sagen? Wir reden von den Religionen dieser Welt.

∞

Das ist die härteste Prüfung eures Egos. Denn gerade diese Maske zu erkennen und als solche zu verbannen, wäre die letzte Prüfung des Egos.

Denn es beginnt bei den Menschen, die diese Lehren verbreiten. Wer sie sich genau anschaut und deren Leben genau betrachtet, wird keinerlei Freude, Liebe und Weisheit finden, denn sie leben ihre Kraft des Egos. Und das mag unbeschreiblich blasphemisch klingen, doch ich möchte die Aufmerksamkeit der Menschen, die diese Worte hier lesen, etwas in die Formen lenken, die euch umgeben.

Liebe Menschen, betrachtet die Menschen, die diese Lehren verbreiten. Betrachtet sie ganz genau. Lehren als Floskeln, die keineswegs die Verbindung der Seele wirklich leben, verbreiten letztlich nur Angst und Negativität. Die Institution der Kirchen und damit alle verbundenen Institutionen bereiten dabei den bekanntesten Weg. Eine andere lieblose Form der egoistischen Verbreitung von Lehren ist die des Islam, der die Freiheit der Seele keineswegs verbreitet. Im Gegenteil, er verbietet Freude, er verbietet Lachen, er verbietet Blühen der Seele. Alles dies und auch noch andere Religionen, wie die des Buddhismus, der Lehren verbreitet, die weise klingen, doch letztlich keinerlei Freiheit erlauben, besonders wenn es um die ausgleichende Energie der Weiblichkeit geht. Alle diese Religionen, wie ihr sie nennt, die Menschen nicht befreien, sondern Enge verbreiten, sie fördern das Ego. Letztlich fördern sie das Ego und keineswegs die seelische Kraft.

Lieber Freund der Indianer, dann bitte lass uns gleich hier den Moment nutzen und beschreibe mir, was können die Menschen tun ... Abgesehen davon, dass sie nicht mehr zu den Religionen schauen und sie in keinster Weise mehr fördern ... Was können sie tun, um ihre seelische Kraft zu stärken?

Das ist eine wunderschöne Frage, Liebes. Die Kraft, meine lieben Menschen, die ihr sucht, liegt IN euch. Es braucht vielleicht einige Zeit, doch es ist möglich, dass ihr zu Kräften kommt, wie ihr sie noch nicht vermuten könnt. Die einzelnen Schritte dorthin bedürfen Liebe und Achtsamkeit, Respekt und Verantwortung. Das ist alles.

Ich muss ein bisschen nachhaken. Es ist zu wenig, wenn wir den Menschen sagen, dass sie liebevoll, respektvoll, achtsam und diese Dinge, die du genannt hast, sind. Wie können sie diesen Weg gehen? Bitte gib uns etwas Handfestes. Gib uns etwas, was wir Schritt für Schritt tun können.

Die Beschreibung des Weges der täglichen Reinigung haben wir bereits getan. Dies ist der erste Weg. Denn nur wer reinigt verändert seine Wahrnehmung und über diese Wahrnehmung bekommt er die richtigen Impulse.
Doch möchte ich auch dazu aufrufen, die Verbindung zur Quelle zu beschreiten, indem ihr täglich die Sonne anbetet und ihre Verbindung sucht. Lebt einfach die Verbindung zu ihr und stellt euch vor, dass es die Quelle ist. Dann beginnt eine bewusste Öffnung eurer Kanäle. Und durch diese Kanäle der Energie fließt dann tatsächlich mehr Energie. Doch es ist nicht nur das Sonnenlicht, es ist dann auch kosmische Kraft. Diese Kraft wird wie ein Speicher in euch aufgenommen und die Seele beginnt zu wachsen. Daraufhin werden sich neue Erkenntnisse einstellen und werden euch eure Ängste vorfüh-

ren, die ihr bitte, bitte überwindet. ***Die Angst ist keine kosmische Kraft.*** *Vergesst das bitte nie. Wann immer ihr Ängste beginnt zu erfahren und sie beginnen sich zu zeigen, dann betrachtet diese, versucht zu reflektieren und begreift, woher sie kommen und verändert die Wahrnehmung dieser Ängste. Ich möchte ein Beispiel geben: Du kennst die Angst, dunkle Räume zu beschreiten.*

Ja, ich kenne die Angst.

Du hast aber nur Angst, weil du in ihnen nicht sehen kannst. Richtig?

Ja, das stimmt.

Dann beschreibe ich dir, was geschieht, wenn du Bewusstsein beginnst zu empfinden.
Eure Wahrnehmung kann auch in dunklen Räumen sehen. Damit meine ich, dass du nach einer gewissen Zeit durch deine Augen und ihre Rezeptoren die Dunkelheit ein wenig besser als etwas Strukturelles erkennen kannst. Du kannst auch noch in der Nacht die letzten lichtvollen Strahlen nutzen, um in dunklen Räume zu erkennen, wo du begehbare Wege findest. Dies ist ungefähr, was passiert, wenn der Mensch beginnt, den Weg der Seele zu beschreiten. Er beginnt, sich seiner EIGENTLICHEN Werkzeuge bewusst zu werden und über diese inneren Werkzeuge die vorherige Dunkelheit lichtvoll zu machen. Das dauert etwas und braucht Geduld, doch es ist letztlich das, was geschieht. Das Ende dieses Weges bedeutet, dass der Raum nicht mehr dunkel wahrgenommen wird, son-

dern als lichtdurchfluteter Raum wahrgenommen wird. Die Dunkelheit ist nur die Unbewusstheit, doch mit jedem Tag, mit dem ihr Bewusstheit schafft und lebt, wird es etwas heller.

Da ist ein schönes Bild und ich glaube, damit kann jeder etwas anfangen. Kann es also sein, dass Seelen auf die Erde kommen, und der jeweilige Mensch entwickelt ein unglaubliches Ego und seine Seelenkraft kann ein Leben lang nicht blühen?

Ja, leider.

Wow, und was passiert mit den Seelen, die so kraftlos im Leben existiert haben?

Diese Kraftlosigkeit bleibt bestehen. Das ist leider die größere Problematik. Denn wenn ihr Zeit des Lebens versuchen konntet über das Ego Kraft zu erfahren, so habt ihr eurer Seele Kraft genommen, die ihr nach dem Ableben nicht wirklich wiederfinden könnt. Denn das Problem des Übergangs ist nicht, dass ihr euch erweitert, sondern, ihr behaltet den Zustand, den ihr im Sterbeprozess habt.

Darüber werden wir sicher ein anderes Mal noch intensiver reden, gell?

Ja.

Das heißt, eine Seele verliert im Laufe des Lebens ihre Kraft und behält dann diesen Zustand im Übergang bei. Sie behält den Zustand auch in der Zwischenwelt bei.

Ja.

Ist Zwischenwelt der richtige Begriff?

Das ist nicht wichtig. Wenn du es so nennen magst, nenne es Zwischenwelt, doch es ist letztlich die erste Welt.

Ja, okay ich weiß, was du meinst. Gut, sie behalten also ihre schwache Kraft in der ersten Welt. Und dann?

Dann beginnen sie von vorne. Die Seele versucht sich als Kraft in einen Körper zu inkarnieren. Dort möchte sie wachsen. Doch vielleicht erfährt sie erneut, dass das Ego über die Seele regiert und dann beginnt der Weg von vorne mit der Potenz, noch mehr Negativität, problematische Verbindungen, Reaktionen und Aktionen in diesem Netz zu vollziehen.

Hm, toll. Das heißt, wenn ein Mensch über viele, viele Leben unbewusst war, dann hat er ja ein riesiges Netz an verunreinigten Reaktionen und Aktionen um sich ... Das ist ja dann Wahnsinn, das auflösen zu können.

Das ist nicht Wahnsinn, Liebes. Das ist kosmische Gesetzmäßigkeit. Wer sich für diesen Weg entscheidet, muss die Konsequenzen nun einmal leben und ausgleichen.

Weil wir gerade beim Ausgleich sind: Kann ein Mensch, der viele Leben so gelebt hat und ein unglaublich großes Netz an diesen Verbindungen der Negativität hat, in einem Leben das alles wieder gutmachen? Hat er Chancen?

> *Das ist ohne Wertung, Liebes. Die eigenen Impulse und Kräfte bestehen unendlich und ich kann dies nicht beurteilen. Wer diese Wege vollzogen hat, hat aber auch die Möglichkeit, diese wieder zu berichtigen. In welcher Geschwindigkeit er das tut, ist nicht einsichtig für mich.*

Okay, ich denke es liegt an der Bereitschaft, an der Absicht und an der Kraft dahinter. Und wenn jemand wirklich bewusst diesen Weg geht, dann kann er da vielleicht schon ganz viel tun. Würdest du das Kloster als eine Instanz befürworten, in der ein Mensch so etwas schnell korrigieren /ausgleichen kann?

> *Das kann es, doch ein Kloster selbst sehe ich nicht als befreiend an. Es braucht befreiende, ausgleichende und liebevolle Impulse. Wie soll ein Mensch in einem Kloster, das ausschließlich Enge lebt, befreiende Impulse geben?*

Naja, er kann ja für sich Befreiung erfahren in so einem Kloster, oder?

> *Das kann er, doch nur, wenn er Weite und Liebe in der Weite erfährt, weitet sich auch die Seele.*
> *Die Reinigung der Seele in solch einer Instanz ist meiner Meinung nach nicht wirklich weit. Es ist möglich, doch es ist nicht weit möglich. Die Weite ist doch der seelische Faktor.*
> *Die Menschen, die diesen Weg beschreiten, die seelische Befreiung suchen, sollten andere Wege gehen. Den Weg der ei-*

genen Entfaltung in alle Richtungen, doch vor allem und ausschließlich in liebevolle Richtungen. Wo, wie und wann er das tut, ist völlig frei von Form. Das seelische Kloster, den von dir so benannten inneren Tempel, könnt ihr in euch erschaffen. Doch die Weite der Taten, die ihr tut, sollte außerhalb dieser Form vollzogen werden.

Hm, aber es kann doch Menschen geben, die zum Beispiel in ein Kloster gehen und von dort aus Bücher schreiben, das ist doch dann auch Weite, oder? Weil sie weit streuen.

Das ist es, doch letztlich hat die Seele wieder keine Weite erfahren, sie hat Weite gegeben, aber keine Weite erfahren. Es geht doch darum, dass die Seele Weite erfährt.

Okay, ich gebe auf. Ich wollte nur das Bild, dass die Menschen Klöster erschaffen und in ein Kloster gehen, wo sie die großen Erkenntnisse haben, mit ins Spiel bringen.

Das Kloster ist richtig für einen Teil des Weges, doch nicht meine universelle Empfehlung.

Hm, verstehe. Das heißt die Form, die die Menschen leben, in der sie einfach nur Mensch sind, Gutes tun und dabei seelisch wachsen wollen. Das ist doch die beste Form, oder?

Das ist sie, solange sie kein Leid verursacht.

Gut, das ist natürlich schwer, wenn man eigebunden ist in menschliche Formen, doch es ist möglich, gell?

∞

Ja, genau.

Lieber Freund der Indianer, ich finde, du hast es ganz grandios beschrieben, wie die Kraftlosigkeit Teil des Mensch-Seins ist und was sie verursacht. Möchtest du dazu noch etwas sagen?

Nein.

Dann bitte berichte mir, worüber lehrst du als Nächstes?

Das Leben.

∞

Die Essenz

Der Kosmos ist Energie. Jeder Moment wird aus dem Zusammenspiel von Aktion und Reaktion in einem unendlichen Meer aus Energie erschaffen. Und dieses System ist nicht starr, sondern beweglich, in dauerhafter Bewegung und somit in dauerhafter Wandlung. Die Prinzipien dieser Bewegungen haben wir bereits in Teilen erörtert. Ausdehnung in Unendlichkeit, die Erfahrung der Weite, völlige Freiheit, vollendete Erfüllung, die tiefe Erkenntnis von Liebe und die Klärung des Bewusstseins, sind die Werkzeuge der Seelenkraft. Wer sie kennt und bewusst einsetzt, erfährt die Reise der Seele als einen bewussten (nicht ohnmächtigen) Akt mit weit mehr Erfüllung als dies nur über die Erfahrung eines begrenzten Bewusstseins über Äonen von Inkarnationen der Fall sein kann. Das Geschenk der bewussten Seelenreise ist Kraft. Der Preis des Taumelns in Unbewusstheit und kurzfristigen Egobefriedigungen ist die Kraftlosigkeit in der Seele. Doch in diesem Spiel ist der Ort der Kraftanreicherung (Wachstum) der gleiche Ort wie der des Kraftverlustes. Beide zeigen sich im gleichen Gewand, in den gleichen Situationen und Begegnungen, doch gilt es im Inneren so viel Reinheit, Weisheit und Eigenverantwortung angereichert zu haben, dass man die Masken in diesem Spiel durchschauen kann. Seelenwachstum und der damit einhergehende Kraftanstieg sind mit nichts im Äußeren zu erfahren, sondern in jedem Fall nur eine Erfahrung im Inneren.

Doch Kraftlosigkeit ist keineswegs ein Problem, es ist allenfalls eine Aufgabe, die es gilt zu bewältigen, um zurück in die eigene Kraft zu finden und diese zu erneutem Wachstum und zur Entfaltung zu bringen. Kraftlosigkeit bedeutet dennoch, dass im Spiel des Seins, jeder Impuls, jede Bitte, jede Aktion und Reaktion, freudloser, weniger intensiv, perspektivloser (weil getrübter), hoffnungslos und sinnlos erscheinen. Doch vergesst bitte nie: Das Spiel wird immer so sein, wie es ist; die Re-

geln, die Formen, die Umstände bleiben immer die gleichen. Es ist ausschließlich die Kraft in eurem Inneren, die dieses Spiel anders spielen lässt, euch anders wahrnehmen lässt. Ändert ihr die Kraft, so ändert sich eure Wahrnehmung; und was eben noch furchtbar war, scheint weniger katastrophal, weil ihr plötzlich die Kraft habt, dem Sturm zu trotzen.

Kraft ist die Sonne eurer Seele, lasst sie scheinen und nicht trüben von Angst, Sorge, Machtgier und Egoismus.

∞

Leben

Wir sprechen heute zum Thema Leben. Mein lieber Freund, bitte beginne und erzähle uns, was du über das Leben lehren möchtest.

> ***Das Leben ist die kosmisch entwickelte Form, die Erfahrungen zu sammeln, die man ohne Körper nicht erfahren kann. Der Sinn dieser Form ist die Erfahrung des Wissens.***

Lieber Freund der Indianer, ich verstehe. Das Leben selbst hat ja auch harte Zeiten, bringt Leid oder besteht aus Leid. Es ist ja nicht immer nur schön zu leben, ob als Mensch oder als Tier. Man erfährt Ohnmacht, man erfährt Schmerzen ... Was ist der Sinn dahinter?

> *Das ist eine sehr schöne Frage, Sylvia.*
> *Wenn ich dir beschreiben darf, wie sinnvoll Leiden ist, dann begreifen die Menschen, dass ihre Reise nicht vollendet ist und alles, alles, alles noch wandelbar ist und liebevoll werden kann.*

Dann bitte, bitte beschreibe mir, warum gibt es Leid auf der Erde und überhaupt in Körpern?

> *Das Leiden im Leben ist die Verkörperung, im wahrsten Sinne des Wortes, eurer fehlerhaften Entscheidungen und abgetrennten Entscheidungen. Das Leiden ist überall dort, wo die Verbindung, die ihr mit eurer Seele in den Kosmos lebt, keine starke Wirkung hat.* ***Das Leiden ist so gesehen der Maßstab***

für eure Verbindung. Die Menschen, die viel Leid empfinden, sind weit entfernt von der eigentlichen Fülle, die sie in ihrer Seele erfahren könnten. *Die Trennung, die Entwicklung des Egos, bereiten ihnen diese Empfindungen.*

Lieber Freund der Indianer, wir müssen unterscheiden. Es gibt ja auch Leiden, das schmerzlich ist. Das wirklich körperliches Leiden ist.

Das habe ich auch gemeint. Beides ist eines. Die geistigen Leiden sind genauso kraftvoll wie die körperlichen Leiden. Das eine beginnt wie das andere in dieser Trennung, die ihr in euch tragt.

Bitte berichte mir, was passiert mit Menschen, die ihr eigenes Leben beenden?

Das ist eine sehr komplexe Sache. Ein Leben ist kosmisch eingeleitet und wer freien Willens dieses kosmische Gesetz bricht, weiß nicht, welche Erfahrung ihn danach erwartet. **Der Austritt aus diesem Leben, heißt noch lange nicht das Ende dieser Leiden. Denn wer geistig erkrankt ist, hat diese Erkrankung der Energie weiter in sich.** *Und da die Seele ausschließlich aus den Erinnerungen der Leben weiter existiert, bleiben diese Empfindungen weiter Teil von ihr, aber dann ohne Körper. Die Menschen, die liebevoll diesen Übergang erschaffen, erleiden keine Schmerzen. Sie erleben, dass sie ihre Energie befreien, verbunden mit dem Kosmos in Liebe, aus ihren engen Formen des Körpers. Das Thema ist relativ komplex, ich möchte auch nicht zu sehr darüber be-*

richten, hier an dieser Stelle.

Die Liebe ist der Schlüssel, was immer ihr tut. Nimm dies bitte mit zu dieser Frage.

Okay, ich verstehe. Du möchtest mir also erklären, dass das Leben vom Kosmos eingeleitet wird? Kannst du dazu bitte ein bisschen mehr berichten?

Das Leben ist die höchste Form der kosmischen Erfahrung, das euch die Werkzeuge des Körpers schenkt und gleichzeitig, eingebettet in die Resonanzen der anderen Wesen um euch, also Menschen, diese Werkzeuge einsetzen lehrt. Dabei könnt ihr die Seele formen, doch ihr könnt auch nur das Ego formen. Das liegt letztlich bei euch selbst. ***Dennoch ist das Leben das kostbarste Geschenk, das euch der Kosmos machen kann. Denn er schenkt euch dabei die Möglichkeit des Wachstums der Seele, wie sonst nie. Ohne Körper ist das Wachstum nicht möglich wie in einem Körper, da hier extreme Umstände herrschen.*** *Die Umwelt. Die Familie. Die eigene Freiheit, die missbraucht werden kann. Die Liebe zum Menschen, die vergehen kann. Die Erfahrung der Entfaltung in einem Körper ist wie das Wachsen einer Blume, aber in einer Form ... Die Kraft erreicht ein Maß, das den Körper mitformen kann, die Lehren der Menschen, die vielen Verbote, es gilt diese zu brechen. Die Lüge zu leben, das Erleiden der Ohnmächte, die ihr miteinander erfahrt, das brechen dieser ... all dies und so viel mehr ist eine Palette aus vielen, vielen Möglichkeiten, die unbeschreiblich sind und letztlich alle nur dazu dienen, euch zu helfen, zu entfalten.* ***Die Schmerzen bedeuten eine Korrektur des Weges, den ihr bisher gegangen***

seid. Die Freiheit bedeutet die Entfaltung der Seele.
All diese Komponenten sind wie Parameter, sehr hilfreich, wenn man diese Reise beginnt. Doch wer entkräftet und lieblos das Leben lebt, verschenkt all diese Chancen und Möglichkeiten.

Lieber Freund der Indianer, es drängt sich die Frage auf: Was ist mit den Menschen, die morden? Ich weiß, wir haben darüber schon kurz gesprochen, aber ich möchte darauf hinaus, was mit ihnen ist, wenn sie Tiere morden ...

Dazu haben wir tatsächlich schon etwas gesagt, aber ich tue es gerne noch einmal.
Die Menschen, die morden, verstoßen gegen das Gesetz des Kosmos, das nur der Kosmos selbst das Leben beginnen und beenden darf. Dadurch reichern sie ihre fehlerhaften Taten mit viel Negativität an und müssen dies ein ander Mal ausgleichen. Letztlich wollen alle diese Menschen nur eines, sie wollen leben. Doch Leben durch Vernichtung von Leben zu erhalten, ist nicht die Lösung.

Ich weiß nicht, ob ich dich schon gefragt habe, was ist, wenn Krieg ist. In diesem Fall ist doch die lebenserhaltende Tat für einen selber gleichzeitig die Lebensvernichtung des anderen... Was würdest du denn da als Lösung mitgeben?

Das ist Not, Liebes. Not ist etwas anderes als aus freiem Willen dosiert Menschen oder Tiere zu ermorden. Das eine hat also mit dem anderen nichts zu tun. Der Mensch also, der Not erleidet und in dieser Not Gefahr besteht, dass er sein Leben ver-

liert, hat alle Erlaubnis des Kosmos, sein Leben zu schützen.

Das bringt mich zum Thema Schutz. Was ist, wenn ein Mensch sagt, er tötet ausschließlich aus Schutz. Vielleicht aus Schutz vor sich selbst ... Wie auch immer ... aus Schutz... Dann ist er doch eigentlich geisteskrank, wenn er das tut ohne Berechtigung?

Du sagst es. Der entscheidende Impuls ist nicht die freie Entscheidung, wer wen wann umbringt, der entscheidende Impuls muss eine Not sein, die keine andere Wahl lässt. Das ist der Unterschied.

Hm verstehe. Gibt es eigentlich eine weiter bestehende Verbindung zwischen dem Menschen, der einen anderen Menschen oder ein Tier umbringt ...?

Das ist eine sehr komplexe Frage. Wenn ein Mensch einen anderen Menschen umbringt, dann bedeutet dies, dass die Tat ein Ungleichgewicht in seiner Seele hervorruft. Dieses Ungleichgewicht will und muss anders ausgeglichen werden. Oft sind es andere liebevolle und lebensfördernde Taten in anderen Leben. Doch manchmal sind es auch Taten, die in einer anderen Inkarnation dem gleichen Menschen widerfahren. Das ist dann eine bestehende Verbindung, die erst dann wieder gelöst wurde ...
Auch da kann ich leider keine pauschale Beschreibung geben, doch ist es wichtig, dass ihr wisst, dass die Verursachung von Leiden dieser Art, wenn sie lebensbedrohlich wirkt, eine Verbindung entstehen lässt, die durchaus auch noch lange bestehen wird. Daher ist das Morden nicht nur eine Trennung von

∞

diesem Menschen oder dem Tier, es ist gleichzeitig auch eine Intensivierung der Verbindung zwischen den beiden.

Hm, das heißt, es ist nur eine körperliche Trennung und gleichzeitig eine feinstoffliche Intensivierung der Verbindung.

Das hast du schön gesagt.

Okay, ich fasse also zusammen: In der Not ist es nicht wirklich der freie Wille, sondern die Gefahr oder der Schutz, die ein anderes Leben vernichten können. Und einfach mal so zu töten ist eine Ausgeburt von Geisteskrankheit und hat letztlich schwere Folgen für die Seele und ihre weitere Entwicklung.

Das ist richtig.

Lieber Freund der Indianer, möchtest du noch etwas zum Leben berichten?

Die lebensfördernden, aus Liebe entstehenden Impulse, sind Impulse der Seele. Alles, was ihr in euch tragt, was Liebe empfindet, wirkt letztlich lebensfördernd. ***Denn wie das Wasser der Blumen, ist die Liebe das Wasser der Seelen.***

Das hast du aber schön gesagt. Mich würde interessieren, weil wir gerade beim Thema Leben sind und dabei, dass der Kosmos beschließt, wann ein Leben beginnt und wann nicht ... Wir haben zur Zeit den Umstand auf dem Planeten, dass es so viele Menschen gibt wie noch nie zuvor. Hat das einen bestimmten Grund, dass der Kosmos erlaubt, dass jetzt zu dieser Zeit so viele Menschen auf diesem

Planeten leben, oder ist es eine ganz natürliche Entwicklung?

Es ist eine ganz natürliche Entwicklung, die der Entfaltung der Seele entspricht. Wenn Menschen freie Entscheidungen treffen, die Leben fördern, dann beginnen viele Leben. Wenn also viele Menschen diese freie Entscheidung treffen, dann gibt es eben mehr Leben als vorher.

Woher kommen diese ganzen Seelen? Sind sie alle in der ersten Welt, in der Zwischenwelt und warten darauf, dass sie inkarnieren können? Oder anders gefragt, wo waren diese Seelen vorher, als es nicht so viele Körper gab?

Das ist eine sehr komplexe Frage, Sylvie. Ich weiß nicht, ob wir sie hier beantworten sollten.
Wichtig ist dabei nur, dass die Leben alle verbunden miteinander eine Kraft bilden, die die kosmische Erlaubnis haben. Woher die Seelen kommen und warum es diese Anzahl hat in eurer Zeit ist ein ganz anderes Thema, und wenn du mich fragst, relativ unwichtig.

Okay, vielleicht werde ich es noch einmal streifen, aber es lag gerade irgendwie auf der Hand. Ich habe nämlich einmal einen Menschen getroffen, der mir gesagt hat, dass jetzt so viele Menschen auf der Erde sind, weil jetzt so eine spannende Zeit ist, in der die Menschen bestimmte Werkzeuge und eine bestimmte Geschwindigkeit erfahren dürfen.

Dieser Mensch hatte recht, aber auch nicht recht. Es ist nicht die Tatsache, dass hier die Werkzeuge so sind wie sie sind.

Es ist die Resonanz des freien Willens, die dieses Leben vollbringt. Nicht mehr und nicht weniger, daher ist es einerseits richtig, dass diese vielen Seelen diese Chance nutzen wollen, doch andererseits ist es falsch, dass es beschlossen wurde von den Seelen ... Es ist die freie Entscheidung der Menschen gewesen, soviele Körper zu erschaffen, mehr nicht.

Lieber Freund der Indianer, möchtest du noch etwas zu dem Thema sagen?

Nein.

Haben wir schon alles?

Das Wichtigste ist festgehalten. ***Die Liebe ist der Schlüssel, die Freude ist der Pfad, das Lachen ist das Werkzeug. Das alles sind die Lebensziele einer Seele.***

Was wäre unser nächstes Thema?

Die Reise der Seele.

Okay, dann werden wir über die Reise der Seele sprechen. Das wird sicher ein komplexes Thema. Ich danke dir.

∞

Die Essenz

Wenn wir bei dem Bild des Spiels des Lebens bleiben, dann hat dieses Spiel zwei Spielflächen: Das Leben und das „Nichtleben“. Das Leben in einem organischen Körper, wie wir es kennen, eingebettet in die Natur eines Planeten, schenkt uns die Erfahrung des Seins über die Sinne dieses Körpers. Doch immer auch schwingen die „Sinne der Seele“ mit. (Liebesfähigkeit, Bewusstheit, Verbundenheit, Weisheit, Eigenverantwortung u.v.m.) Die Erfahrung über die dennoch sehr präsenten körperlichen Sinne trägt Chance und Aufgabe zugleich in sich. Denn zum Sklaven dieser Sinne sollte man nicht werden. Sie aber nutzen, um über die körperlichen Empfindungen, die Sinne der Seele noch intensiver zu erkennen, kann unglaublich bereichernd sein. Es gilt also wie immer, die Balance zwischen Werkzeug und Sucht zu finden. Das Leben selbst ist dabei das größte Werkzeug und Geschenk, das wir erfahren dürfen. Jede, wirklich jede Art von Situation ist in diesem Teil des Spiels zu erfahren. Mit Sinnen, die Intensität erschaffen, und mit dem dauerhaften Aufruf, die Masken zu durchschauen. Die Lenker dieses Spiels sind wir, wir ganz allein. Und bei alledem wachsen wir. Das Leben ist somit die schönste und kraftvollste Chance, dass wir ganz wir selbst werden, und dabei sollten wir viel Spaß haben.

Die Reise der Seele

Lieber Freund der Indianer, wir wollten über die Reise der Seele reden. Bitte beginne mit dem, was du dazu festhalten möchtest.

Die Reise der Seele ist eine Geschichte, die jede Seele erfahren muss. Denn wie die Jahreszeiten eurer Natur, so hat jede Seele die verschiedenen Entwicklungsstufen einer Lebenszeit zu durchlaufen.

Meinst du jetzt die Reise der Seele in einem Körper, also die Lebenszeit in einem Körper, oder die Lebenszeit einer Seele generell, also auch wenn sie keinen Körper bewohnt?

Du verwechselst die Lebenszeit der Seele mit der Lebenszeit des Körpers. Ich spreche von der Lebenszeit der Seele und meine natürlich die unendliche Zeit, die ihr dabei bereit steht. Doch letztlich möchte ich darauf hinweisen, dass jede Seele verschiedene Prozesse durchleben muss, um sich zu entfalten und zu wachsen. Daher benenne ich es Lebenszeit der Seele.

Ist dann nicht vielleicht Jahreszeiten der Seele besser?

Das wäre auch richtig, doch vermittelt es eine weniger komplexe Abfolge, als die, die ich meine. Die Jahreszeiten sind relativ überschaubar. Die Lebenszeit einer Seele ist fast nicht zu beschreiben, weil sie so vielfältig ist.

Okay, das verstehe ich. Dann bitte beginne mit der Reise der Seele, zumindest soweit du kannst. Was sind die Stationen, die eine jede Seele erleben und erfahren muss?

Das tue ich gerne.
Die Seele beginnt ihre Reise weit und liebevoll aus der Mutterseele heraus. Sie beschließt, verschiedene Erfahrungen in Form von Lebenszeiten in Körpern zu erfahren und dabei beginnt sie Fehler zu machen. Wie ein Kind, das dabei ist, die Welt des Kosmos zu entdecken. Diese Fehler können verursachen, dass Verunreinigung beginnt und dann ist die erste Stufe der Seelenreise erreicht: die Verunreinigung.
Die zweite Stufe ist die Realisation dieser Verunreinigung. Das braucht oftmals mehrere Leben und beschleunigt sogar die Verunreinigung. Das heißt, die zweite Stufe ist mehr oder weniger eine der schwierigsten. Denn hier werden einerseits die Energien mehr und mehr verunreinigt und verleben einen unbewussten Zustand, doch gleichzeitig entfaltet diese Verunreinigung die Sehnsucht nach einem besseren Zustand.
Die dritte Stufe der Reise der Seele ist die Bewusstwerdung der Verbindungen, die wir alle miteinander haben. Diese Bewusstwerdung beschleunigt die Reinigung und kräftigt die Seele wieder mehr.
Dann kommt die vierte Stufe der eigenen Entfaltung, in der die Seele Liebe geben will und Leben fördern möchte, ohne dabei was zurückzufordern. Die höchste Stufe des Gebens will sich entfalten. Die Liebe, die bedingungslos ist und keinerlei Abziehbild, wie ihr sagen würdet, von einer Erinnerung an das Ego, lebt.
Das braucht meist mehrere Leben, denn es verlangt in der

fünften Stufe dieser Entfaltung viel Hingabe und Kraft, diese lebensfördernden, beschleunigenden Eindrücke zu sammeln. Doch letztlich bedeutet dies Weite. Die sechste Stufe der Reise der Seele ist die Kommunikation mit den anderen Wesen des Kosmos, die weit entfernt von den körperlichen Wahrnehmungen, dort wo die feinstofflichen Welten weilen, existieren. Das wiederum begibt die Seele in eine verwandelnde Energie der lebenserzeugenden und gleichzeitig der weitenden Entfaltung, die beginnt, nicht nur materiell wahrzunehmen, sondern die Weite bis in die Feinstofflichkeit wahrzunehmen und zu akzeptieren, zu leben. ***Die Verschmelzung der körperlichen Wahrnehmung mit der feinstofflichen Wahrnehmung beginnt.***

Dann begiebt sich die Seele in die nächste Wahrnehmungsstufe, die siebte. Dort beginnt sie Liebe zu strahlen, ohne dafür eine Tat oder eine verbindende Reaktion zu erfahren. Sie strahlt nur und sie bleibt in dieser strahlenden Energie bestehen. Diese Kraft hatte das Wesen, das ihr Jesus nanntet. Er war derartig strahlend und liebevoll. Diese Art der Liebe meine ich. Doch sie ist leider nicht fähig, die materielle Form lange zu füllen. Denn wer derartig lebt, verbreitet in den unteren Bewusstseinsstufen viel Missgunst und Missverstehen. Dort entstehen dann Resonanzen, die dem Wesen, das die Energie leben will, nicht genügend Schutz bieten. Nicht in der festen Materie zumindest. Daher ist diese Form schon weit entfernt von der materiellen Form des Seins, die ihr lebt. Doch ich möchte sie dennoch benennen.

Die achte Stufe ist die liebevolle Fortführung dieser Kraft, aber ohne Körper. Dann weitet die Seele ihre Kraft so sehr, dass sie gar nicht mehr in einen Körper, egal welcher Rasse, egal auf welchem Planeten inkarnieren kann. Die Energie ist zu hoch und zu weit. Dann bleiben diese Energien in den feinstofflichen Welten bestehen und wirken von hier aus. Diese Art des Wirkens ist ausschließlich liebevoll, lichtvoll, kraftvoll und respektvoll verbunden mit allen Wesen, die hier weilen und die die unteren Schwingungen beleben, wie beispielsweise die Menschen. Doch die Verbindung zu ihnen besteht natürlich nur so, wie die Menschen diese Verbindung zulassen. Du hast schon viel erfahren zu diesem Thema.

Okay, wie geht es weiter?

Die nächste Stufe ist dann die Verwandlung der Energien in eine reine, kraftvolle Energie der Weite und der Unendlichkeit. Das ist die Vorstufe der Mutterseele, wie du sie bereits benannt bekommen hast.

Diese Energien, die so weit und so unendlich strahlen, beschließen dann in der zehnten Stufe, die Kraft einer Mutterseele zu werden und beschließen in dieser Energieform die Weitergabe ihrer Kraft durch Anteile, die wiederum Seelen werden. Dies ist die vollkommene Entwicklung der Seele und wer möchte, kann sie schnell erreichen oder wer möchte, kann sie langsam erreichen. Die Geschwindigkeit und die Art ist natürlich jedes Mal anders, doch letztlich sind dies die Stufen der Seele. Die Reise der Seele, die Lebenszeit einer Seele, auch wenn ich weiß, dass du das Wort Zeit in diesem Zusammenhang verwirrend empfindest, aber dennoch hilft es euch ein Gefühl zu bekommen, weit zu fühlen und zu denken, wer ihr seid und wohin ihr gehen möchtet. Ihr alleine entscheidet jeden dieser Schritte auf diesem Weg, wie du weißt.

∞

Ja, das weiß ich. Gibt es Planeten, auf denen nur eine bestimmte Art von Seelenstufen inkarniert, oder ist es auf jedem Planeten wie auf der Erde völlig durcheinander gewürfelt?

Du bereitest eine sehr schöne Frage vor. Ich verstehe. Wenn die Erde ein normaler Planet wäre, dann würden hier nur Seelen der vierten Stufe inkarnieren. Menschen, die helfen wollen. Doch die Erde ist kein normaler Planet, denn ihre Energie ist sehr besonders, wie du weißt. Daher findet ihr auf der Erde die meisten unterschiedlichen Seelenstufen vor. Diese Tatsache vereinigt natürlich auch viele Probleme. Doch gleichzeitig will jede dieser Seelen die Erfahrungen einer jeweiligen Stufe hier sammeln, weil die Erde nun einmal die Möglichkeiten dazu gibt. ***Daher ist der Schlüssel für das Wachstum dieser vielen unterschiedlichen Seelenstufen der Abstand.***

Der Abstand?

Ja, der Abstand voneinander. Denn im Bewusstsein der Verbindung leben die höheren Stufen und Energien weiter in der Verbindung. Sie brauchen keine Verbindung täglich miteinander, zueinander. Sie müssen sich schützen vor den unbewussten Taten der unteren Stufen. Das ist doch völlig verständlich.

Ja, natürlich ist das verständlich. Doch ist es eben schwer in einem Meer von Informationen, in dem man natürlich die Reise seiner Seele beginnt und als Erstes die liebevolle Hinwendung zu allen anderen Menschen gelehrt bekommt ... Vielleicht ist es eine Hausaufgabe zu erkennen, dass in der Stufe, in der man gerade selbst ist, dies doch nicht der richtige Weg ist.

Das ist die Chance, die wir haben in diesem Werk, Liebes. Die Menschen dürfen nicht nur lehren, was sie wissen. Sie müssen lehren, was die anderen Welten berichten wollen. Denn beides zusammen wirkt vielfältiger und intensiver als die einen Lehren der Menschen. Du selbst hast deinen Weg begonnen, als du nichts mehr gelesen hattest. Doch du bist ein Vertreter der Kommunikation in der sechsten Stufe und daher brauchst du keine Bücher mehr. Die Menschen, die sich auf der ersten Stufe befinden und auch auf allen anderen bis in die sechste Stufe hinein, brauchen Unterstützung. Die Bücher und Lehrer geben diese. Doch möchte ich darum bitten, dass die Bereitschaft in euch allen beginnt, die Kommunikation mit den feinstofflichen Welten zu suchen. Dort liegen die Antworten für euren Weg, nicht in Büchern oder Lehrern. Sie alle sind Begleiter. Aber sie werden euch niemals die letzte Frage beantworten. Das könnt ihr nur selbst. Doch ihr könnt es am besten mit unserer Hilfe.

Das hast du schön gesagt. Ich wollte eigentlich darauf hinaus, dass ich wissen wollte, ob auf anderen Planeten jeweils nur eine Gruppe inkarniert, oder ob das auch ein Mix ist.

Das ist unterschiedlich. Meist sind es weniger Gruppen. Denn diese Vielfalt auf der Erde verursacht viel Leid, und wenige Planeten habe so viel Leid wie ihr hier. Doch lass uns nicht die anderen Planeten betrachten. Bleiben wir auf der Erde und bei den Menschen.

∞

Ja, natürlich. Aber ich wollte ein Gefühl dafür bekommen, was das Leben auf der Erde genau bedeutet und was sie bietet. Eine weitere Frage wäre, ob ich es richtig sehe aus meinem Bewusstsein, dass der größte Teil an Seelengruppen zumindest zu diesem Zeitpunkt hier aus der erste Stufe besteht oder vielleicht auch der ersten und zweiten Stufe ...

Das hast du richtig beschrieben. Die Erde ist unsagbar voll von diesen beiden Gruppen.

Gibt es dafür eine Begründung? Weißt du, warum das so ist?

Nein, das weiß ich nicht. Es mag die Leidenschaft sein, die ihr fühlt, wenn ihr liebt, die die Seelen erfahren wollen. Es mag die Schönheit des Planeten sein. Doch es gibt auch andere sehr schöne Planeten. Die Antwort werden wir nicht finden. Dazu musst du vielleicht den kosmischen Vater fragen.

Wenn wir bei dieser Definition sind, dann bitte berichte mir, wenn du das kannst, wie viele Seelen aus den jeweiligen Stufen derzeit auf der Erde sind.

Am häufigsten finden wir die erste Stufe. Die zweithäufigste ist die zweite Stufe. Die vierte Stufe ist als Helfer in helfenden Regionen viel vorzufinden. Wo Menschen helfen, die Leid begrenzen wollen, verbringen die vierten Stufen ihre Taten. Die fünfte Stufe wirkt nicht viel auf der Erde. Doch die sechste Stufe, wie du, ist in manchen Ländern vertreten. Dort wird die Kommunikation mit den feinstofflichen Welten wertvoll und hochachtungsvoll weitergegeben. Du weißt, dass das Land,

das ihr Brasilien nennt, derartig begabte Menschen fördert.

Ja.

Dort beispielsweise findest du kommunikative Gruppen an Seelen. Du könntest dort auch verweilen, doch ist es nicht nötig. Dennoch gibt es viele Menschen dieser Entwicklungsstufe auf der Erde, nur leider nicht überall auf der ganzen Welt. Die Bündelung auf ein Land ist noch etwas wenig. Wir hoffen, dass die Menschen durch derartige Werke wie dieses Buch hier die Kommunikation mehr suchen.

Und die siebte Stufe, so wie Jesus war?

Diese Art der Seelen inkarniert zurzeit nicht auf der Erde. Ihr seid unweise mit diesem Wesen umgegangen, das diese Art der Energie hier vollbringen wollte. Aber dazu ein anderes Mal mehr.

Achte bis zehnte Stufe finden wir hier sowieso nicht mehr, oder?

Genau.

Das hast du sehr schön erklärt, möchtest du noch etwas dazu sagen?

Das Wichtigste ist festgehalten. Du könntest hier aufhören.

Dann habe ich noch eine Frage, weil du das Thema gerade erneut dahin gelenkt hast: Es geht um Jesus. Wir haben im Kapitel Leiden erfahren, dass du sehr viel Wert darauf legst, dass wir das Leiden nicht als Hauptbestandteil des Lebens sehen, sondern als eine Misere der Unbewegtheit, aus der man austreten sollte. Was ist mit dem Bild, das Jesus der Menschheit geschenkt hat und das ausschließlich Leiden zeigt, welches die Menschen bis heute anbeten. Ja, sie beten es wirklich an. Was kannst du mir dazu im Zusammenhang mit dem Kapitel Leiden hier an dieser Stelle, wo es um die Stufen der Seelen geht, sagen?

Das ist eine wichtige Frage, Liebes und ich bin sehr dankbar, dass du sie noch fragst. Der Prozess des Leidens, den die Seele Jesus' erfahren musste, ist wirklich traurig, auch für uns als feinstoffliche Wesen ist diese Erkenntnis sehr, sehr traurig gewesen.

Was ist die Erkenntnis?

Dass die Unbewegtheit der Menschen so hart und lebensbedrohlich wirkt, dass sie derartig liebevolle Impulse wie sie diese Seele in die Menschheit brachte, so behandelt. Das Bild, das ihr vergöttert und anbetet, ist kein Bild der Liebe. Es ist ein Bild des Mahnens und der Warnung an alle diejenigen, die Liebe und Freude lehren wollen. Die Übersetzung der Tat, die Jesus dort vollzog, wäre genau diese: Liebe Menschen, wer für Liebe und Kraft, Hingabe und Respekt kämpfen will, braucht viel Schutz. Wirkt in euren Hütten, wirkt in euren verschlossenen Räumen. ***Lebt besonders unscheinbar und in großem Abstand, aber bitte niemals unter den vielen unbewussten Menschen. Die Impulse, die ihr geben möchtet, werden die Menschheit weiterbringen, ohne eure Predigt unter ihnen, ohne eure offensichtliche Tat, wenn ihr ver-***

steckt und liebevoll besondere Botschaften berichtet.

Das habe ich verstanden, lieber Freund der Indianer. Also ist das Kreuz, das die Menschen anbeten, eigentlich eine Warnung bezüglich all dessen, was du gerade gesagt hast, und es drückt vor allem auch die traurige Erkenntnis aus, wie grausam die Menschheit sein kann, richtig?

Genau. Daher kam seitdem keine Seele der siebten Stufe mehr auf die Erde. Und ich kann auch nicht wahrnehmen, dass dies bald wieder geschieht. Die Masse der unbewussten Menschen ist zu groß.

Und damit die Gefahr ...

Genau. Die Unbewegtheit der ersten Stufe ist eine große Gefahr für alle, die weniger Bereitschaft haben, Schmerz zu erfahren. Daher ist es für alle, die Weite erfahren wollen, eine Expedition ins Ungewisse, so würdet ihr doch sagen.

Du wirst richtig kreativ!

Das bin ich schon immer, Liebes.

Ich hab es verstanden und ich weiß genau, wovon du redest, wenn du von Schutz redest. Es ist eine Tortur ... Wenn jemand feinstofflich sein will und verbunden durch euch wirken will und gleichzeitig in der Materie existiert, wirkt und sich durchsetzen muss. Da ist eine echte Hausaufgabe, ich weiß wovon ich rede, ich muss es jeden Tag aufs Neue üben ....

∞

Das weiß ich, Liebes, doch wie du erfährst, ist es machbar. Die entscheidende Erfahrung ist der Abstand.

Nun, dann sind wir durch mit dem Thema oder?

Das wären zumindest die Eckdaten, die ich euch für die Reise der Seele mitgeben möchte. Darüber selbst können wir Bücher verfassen. Doch das können wir gerne ein anderes Mal.

Das Lustige ist, ich hab meinen ersten Roman: „Javah, die Reise einer Seele durch die Zeit" genannt. Wohl bewusst, weil die Reise der Seele nicht nur auf ein Leben begrenzt ist.

Das weiß ich und ich freue mich, wenn die Menschen dieses Werk weiter begleitet und ihnen das Gefühl übermittelt, wie lange und wie weit alles miteinander verbunden ist. Nämlich: unendlich. ***Die Taten, die ihr setzt, die Gedanken, die ihr lebt, die Verbindungen, die ihr aufbaut. All dies bleibt für immer bestehen. Solange bis ihr es ausgleicht, solange bis ihr bereinigt, was verunreinigt war. All dies ist immer möglich, niemals existiert Endlichkeit im Kosmos. Außer in euren Körpern. Das ist die einzige Endlichkeit, die ihr besitzt.***

Das ist ja eigentlich eine schöne Hoffnung, dass man weiß, auch wenn man Fehler macht, kann man sie jederzeit ausgleichen. Das ist dann doch prinzipiell schön.

Das ist es auch. Deswegen meine ich auch, die Freude mehr zu leben. Es gibt keinen Grund Trübsal zu blasen. Die Menschen können Freude erfahren und über die Freude dem Kos-

mos, sich selbst und ihrer Seele viel Gutes tun. Doch, wenn sie es nicht wissen ...

Nun ja, wir ändern ja etwas daran.

Ja. Schon bald werden die Menschen die Botschaften von dir lesen und weitergeben.

Darf ich kurz korrigieren, dass das nicht meine, sondern deine Botschaften sind?

Du weißt, was ich meine. Du bist letztlich der Kanal, der dies ermöglicht.

Ich habe noch eine andere Frage zum Kraftpotenzial auf diesem Weg. Wie funktioniert das, dass Energie, die aus der Quelle sich so verwandeln und stärken kann, dass daraus einmal eine Mutterseele entstehen kann? Wir bekommen in den Schulen der Menschen gelehrt, Energie bleibt immer gleich groß?

Das hast du gut erfasst. Diese Thematik ist tatsächlich für euch Menschen nicht vorstellbar, da ihr Energie nur als etwas Funktionelles kennt, das nicht aus sich heraus wachsen kann. Doch ***kosmische Energie bildet eine Komponente, die aus sich heraus wachsen kann, wie die Blumen eurer Welt.***

Heißt also, die kosmische Energie, also auch unsere Seelen, haben das Potenzial unendlich groß und strak zu werden? Und der Hebel dazu ist das Bewusstsein - oder was genau?

∞

Das Bewusstsein in dieser Kraft und die Liebe, die die Kraft lenkt. Beides machen den kosmischen Vater und die kosmische Mutter aus, die letztlich die beiden Kräfte der Bewegung und des Wachstums sind.

Aber das Bewusstsein ist doch der Teil IN der Seele, dass wir einen freien Willen haben, welcher beschließen kann, zu wachsen; und die Liebe ist eine Kraft, die im Außen existiert aber im Inneren erfahren werden muss, oder verstehe ich das falsch?

Die Liebe, die euch umgibt, wird über die bewusste Erfahrung Teil von eurer Kraft, Teil eurer Seele. Dies beides verschmilzt und dadurch wird die Kraft, die vorher nur eine individuelle Seele war, mit allem verbunden und alles verbunden FÜHLEND. Diese beiden Komponenten machen, dass der Kosmos als grenzenloses und unendliches All empfunden wird, doch aus sich heraus und in der jeweiligen individuellen Energie.

Das heißt die Kraft bleibt für sich und ist sich ihrer selbst bewusst; und doch kann sie durch die Verschmelzung mit dieser Liebeskraft so empfinden, dass sie denkt, sie wäre unendlich.

Die Kraft denkt nicht unendlich, sie fühlt unendlich.

Es gibt eine Grenze in meinen Vorstellungen, das zu verstehen. Wir haben die körperlichen Grenzen, die uns die Grenzen der körperlichen Sinne bereiten, aber was sind die „seelischen Grenzen“, die ja letztlich aufgelöst werden? Inwiefern grenzt sich eine solche Energie trotz empfundener Weite dennoch weiter ab?

∞

Das tut sie über die Kraft, die sie hat. Das Potenzial ihrer Kraft. Wie eine Form, die aus einer bestimmten Kraft besteht, verstehst du?

Hm, ich versuche es mir in Farben vorzustellen. Es gibt eine Energie, die ist beispielsweise rot. Dann sammelt sie Erfahrungen und wird gelb. Und dann wandelt sie weiter und wandelt weiter und wird eventuell weiß. Und sie erfährt dabei in dieser dennoch individuellen Erfahrungen und der Farbe, die daraus resultiert, immer noch ihre eigene Kraft, obwohl sie den Kosmos mehr und mehr fühlen kann? Ist das richtig so? Man könnte sagen, sie wird zu der Kraft, die weiß den ganzen Kosmos ausfüllt, dennoch ist sie sich selbst bewusst als Teil dieser ganzen Kraft ... richtig? Sie nimmt beides wahr?

Ja ...und die Farblichkeit ist gar nicht so falsch. Die Kräfte, die hier wirken, sind tatsächlich farbenfroh.

Aber wenn es doch gar keine Augen gibt, wie entsteht dann Farbe, wie empfindet ihr dies?

Das beschreibe ich dir in einem anderen Werk, wenn wir über die feinstofflichen Welten berichten.

Okay, ich habe verstanden, die Energie ist bewusst und erfährt über den Weg der eigenen Bewusst-Werdung dann auch noch die Bewusst-Werdung des Kosmos durch die Liebe, die sie in sich holt.

Ja, das ist die Essenz.

Wie ist das bei Energie, die von Maschinen erzeugt wird? Hat diese auch Bewusstsein? Was unterscheidet sie von kosmischer Energie?

Die Maschinen eurer Welt erzeugen Energie nur aus den bereits bestehenden natürlichen Komponenten eurer Natur. Daher erzeugen sie keine wirkliche kosmische Energie. Diese Kraft kann kein Bewusstsein entwickeln, da es rein natürliche Kräfte sind und nicht kosmische Kräfte.

Was ist denn zum Beispiel eine natürliche Kraft?

Die Kraft, die ihr als Gewitter erfahrt, ist rein natürlich und besitzt keinerlei Bewusstsein. Diese Energie wandelt sich von einem Zustand in den anderen, aber bleibt Teil DIESER Natur.

Ah, du meinst, der Kosmos ist eine andere Natur?

Die Natur eurer Welt lebt in euren Formen. Der Kosmos hat andere Formen und andere Welten, die ganz anders funktionieren.

Das heißt diese Kräfte hier, diese Natur hier, kann eben nur hier wirken.

Ja, genau.

Möchtest du noch etwas dazu sagen?

Nein.

Dann hab ich noch eine andere Frage aus einer anderen Perspektive: Haben alle Seelen, wenn sie aus einer Mutterseele entstehen, ein und

das gleiche Kraftpotenzial, oder sind sie schon von Anfang an ganz individuelle Kräfte?

Die Seelen, die aus einer Mutterseele entstehen, werden alle schon individuell geformt. Das bedeutet, dass keine Seele gleich ist der anderen.

Ich dachte, dass sie alle gleich viel Potenzial haben zu Beginn und jeder dann in seiner Eigenverantwortung eben dies und jenes daraus macht?

Das kann nicht sein, denn eine Seele ist mehr als nur eine Energie. Sie ist Bewusstsein und wer bewusst ist, der beginnt zu formen. Die Mutterseele ist auch bewusst und sie bringt die Seelen hervor, daher ist, wie auch in eurer Welt, die Seele, die geboren wird, auch immer alles, aber nicht gleich den anderen.

Dann ist der Kosmos ja ausschließlich ein individuelles System, das ausschließlich Individuelles hervorbringt und keinerlei Pauschalitäten wie unter den Menschen?

Das hast du richtig erkannt, daher ist jede individuelle Form kosmisch gesehen die harmonischere.

Das bedeutet ja, dass jede Struktur die keine Individualität fördert, eine disharmonsiche ist im kosmischen Sinne?

Das ist richtig.

∞

Na super, und das in einer Welt, die voller Schemen und Einheitssystemen handelt.

Das ist Menschengesetz nicht kosmisches Gesetz.

Der Weg der Seele beschreibt ja dann eigentlich eine Entwicklung zu einer Vergrößerung einer Kraft, die immer schon da war aber sich über die Erfahrungen entfalten musste, oder?

Der Weg der Seele beschreibt die besondere Anreicherung der Energie mit Liebeskraft, die vorher nicht vorhanden war. Das ist schwer zu beschreiben, doch wenn eine Seele die Mutterseele verlässt, dann ist sie zwar individuell, doch leer, was ihre eigene Wahrnehmung an Liebe betrifft. Diese Wahrnehmung muss geformt werden und die eigentliche Liebe im Kosmos erfahren werden. Das bedingt, dass die Kraft dieser Seele sich weiten muss und ausdehen. Dann erkennt sie diese Fülle und wird selbst zu einer mütterlich gebenden Kraft.

Also geht es auf dieser ganzen Reise nur um Liebe ....

Das wäre die vereinfachte Formulierung, ja.

Was ist das nächste Thema, über das du lehren möchtest?

Die Konzentration.

∞

Die Essenz

Warum das alles?
Wozu eintauchen in Leid und Freude ohne eine Hoffnung auf ein Ende des Seins?
Die Reise einer jeden Seele ist die Reise der Bewusstwerdung der Liebeskraft des Kosmos. Wie ein leeres, aber reines Gefäß aus Glas, so wird die individuelle Seelenkraft aus der Mutterseele in den Inkarnationslauf geschickt. Dabei verunreinigt sie allein schon der Prozess des Inkarnierens, doch vor allem die vielen Erfahrungen. Im Prinzip ist jede Erfahrung ein Baustein dieser Seele, der sie sich mal mehr und mal weniger sich selbst und ihrer Liebesfähigkeit bewusst werden lässt. Und mit jedem Moment, in dem sie diese Liebesfähigkeit bewusster lebt, er-lebt und erkennt sie die Liebeskraft des Kosmos. Sie fühlt, wie diese Kraft sie mehr und mehr durchdringt. Etwas, das immer schon da war und ist, nur nie wahrgenommen wurde, wird durch die Erkenntnisse im Prozess der Reinigung der Seelenkraft, der Anreicherung der Seelenkraft, ihrer Bewusstwerdung, nun immer mehr wahrgenommen.
Und so sind Fehler keine Fehler, sondern Schritte auf einem Weg in diese Erkenntnis. Schritte, die jederzeit korrigiert werden können. Chancen, daran zu wachsen, zu reinigen und sich dieser großen Ganzheit vollends bewusst zu werden. Das Gefäß aus Glas, welches zwischenzeitlich so schwarz wie Teer war, wird nach und nach wieder klar, doch ist nun eine besondere Flüssigkeit in ihm: Bewusstheit und bewusstes SEIN. Sich selbst bewusst und der alles durchdringenden, alles erschaffenden Liebeskraft des Kosmos bewusst. Das Glas wirkt, als sei es wie zuvor, selbst die Flüssigkeit ist nicht erkennbar, weil alles eins ist, doch strahlt es in Licht, Kraft und Liebe. Es ist „lebendig“ geworden …

Konzentration

Lieber Freund der Indianer, was möchtest du uns zum Thema Konzentration lehren?

Die Konzentration ist eine Besonderheit des Wahrnehmens der Energien. Die Konzentration ist wahrscheinlich DER entscheidende Punkt, um die Bereitschaft letztlich auch umzusetzen.

Damit will ich sagen, dass die Konzentration ein fester und sehr wichtiger Bestandteil der Entfaltung der Seele ist. Nur dort, wo Konzentration herrscht, ist auch die Erweiterung der Energie möglich. Das mag etwas irritierend klingen, doch ist es so. ***Die Konzentration hilft der Weite.*** *Die Konzentration, die ihr als Menschen erfahren könnt, ist eine Eigenschaft, die viel mit der körperlichen Kraft und der geistigen Kraft zusammenhängt. Wer körperlich und geistig stark ist, hat die Möglichkeit, die unendlichen Kräfte des Kosmos zu erfahren, aber all dies in und über seinen Körper. Ich möchte darauf hinweisen, dass die körperlichen wie auch die geistigen Kräfte der ausschlaggebende Punkt sind, wenn es um diese Konzentration geht. Nicht wer schwach ist und wer lieblos mit seinem Körper umgeht, wird die Weite der Seele erfahren können, sondern wer seinen Körper beschützt und bestärkt, wird die Konzentration entwickeln können. Daher liebe Menschen wisst, das alles immer im Zusammenhang wirkt und nicht der Körper nur ein Kleid ist, das ihr verlebt.* ***Der Körper ist euer Werkzeug in die geistigen Welten,*** *daher bitte, bitte formt ihn* *in Liebe und Kraft. Doch auch nicht im Übermaß. Die Möglichkeit der Entfaltung der Kräfte des Körpers ist nur dann im Fluss, wenn die Beweglichkeit der Muskeln und damit auch die Beweglichkeit des Skeletts verbunden miteinander langsam und liebevoll wachsen. Yoga wird in euren Kreisen als die schützende und langsame Entfaltung dieser Kräfte bezeichnet. Ich möchte die Aufmerksamkeit auf diese Praktik lenken, denn sie ist tatsächlich das, was beides langsam miteinander entfalten lässt. Der Geist wiederum ist Teil dieses Prozesses, und wer mental kraftvoll werden will, muss liebevoll in seinem Herzen wandeln, denn* ***die Liebe in euren Herzen lenkt letztlich den Geist.*** *Das bringt Kraft, denn wo die Liebe ist, ist viel Kraft, das habt ihr schon erfahren.*

Das Weite durch Konzentration zu erfahren ist, bedeutet, dass ihr zunächst IN euch wahrnehmen müsst. Die einzelnen Signale und Impulse des Körpers wahrnehmen, dann die einzelnen Signale und Impulse des Geistes - doch alles immer in Einklang der Kräfte miteinander. ***Nicht die Aktion im Außen wird euch bereichern - die Liebe im Inneren,*** *dort wo die Kraft der Quelle verbunden ist mit euch, diese Energie müsst ihr finden.*

Das habe ich soweit verstanden, bitte kannst du den Menschen noch ein paar weitere Informationen geben, was förderlich und was hinderlich ist für diese Konzentration?

Die Konzentration der Kräfte habe ich bereits beschrieben. Die hindernden Kräfte sind alle die, die letztlich ablenken, die euch beschäftigen im Außen, die euch fordern und Kraft nehmen im Außen. Diese Dinge sind alle, und ich würde die

genaue Bezeichnung aller nicht schaffen, diese Ablenkungen sind alle verunreinigend und zehren an euren Kräften und damit an eurer Konzentration.
Doch wie ich schon gesagt habe, ist die Konzentration der Schlüssel in die feinstofflichen Welten und diese bringen euch Weite, Kraft und Liebe, Verbundenheit und Antworten auf Fragen, die ihr auf der Erde nicht beantwortet bekommt vom Außen.

Was kannst du einem Menschen empfehlen, der beruflich und familiär sehr eingespannt ist? Wie können sie die Konzentration fördern, auch wenn so viele Verantwortlichkeiten anstehen?

Die unendliche Kraft des Kosmos steht euch zur Verfügung, wo immer ihr wandelt. Die Art und Weise, wie ihr diese Kraft empfindet, ist so vielfältig wie das Leben selbst. Die Übungen, die ich euch bereits übermittelt habe, brauchen alle Konzentration. Daher ist jeder Schritt, den ihr in Bewusstheit wandelt, und den ihr mit Bewusstheit diese Übungen tut, auch ein Schritt in die Konzentration.

Aber viele Menschen sind sehr, sehr eingebunden. Kinder kosten volle Aufmerksamkeit, Berufe, die bis spät in die Nacht gehen ... wie soll all das funktionieren, wenn man so abgelenkt sein muss, um sein Geld zu verdienen, um überleben zu können?

Die Antwort kann jeder nur für sich selbst finden. Es ist auch eine Frage der Prioritäten. Wer die Erkenntnis verstanden hat, dass die Konzentration die nötige Kraft bietet, um die Reinigung letztlich zu erfahren oder um geistige Impulse zu

empfangen, der findet den Raum für diese Konzentration oder eben nicht. Es ist ausschließlich eine Frage der Prioritäten in eurem Leben. Welche Seele will was erreichen.
Wer seelisch wachsen will, findet die Konzentration, wer seelisch nicht wachsen will und nur ein Leben als Mensch verleben will, der findet weniger Konzentration. Die Entscheidung liegt letztlich, wie immer, nur bei euch selbst. Daher bitte übermittle ihnen, wie wichtig es ist, die Konzentration zu fördern.

Gibt es eine Art kosmische Konzentration, eine andere Form von Konzentration neben der in einem menschlichen Körper?

Ja. Die Konzentration der Kräfte des Kosmos ist tatsächlich in verschiedenen Ebenen anders, daher danke dir für diese Frage. Du weitest das Bewusstsein der Menschen, die das hier lesen, wenn du über solche Fragen immer auch die körperliche Ebene verlässt.
Die Konzentration der Kräfte des Kosmos ist abhängig von den Energien, die ihn beleben. Das wiederum ist Teil der Reinheit der jeweiligen Bereiche. Wenn eine Seele rein ist, dann kann sie sehr viel Konzentration empfinden, und diese Konzentration bietet ihr die Möglichkeit, bewusster zu erfahren. Die Bewegung und die Beschleunigung dieser Energie ist dann um ein Vielfaches besser als die, wenn die Seele verunreinigt ist. Daher finden sich meist die reinen und bewussteren Seelen auch auf anderen Ebenen als die unbewussten und unreinen. Diese Konzentration der reinen und bewussten Seelen bewirkt, dass es die unterschiedlichen Ebenen überhaupt gibt.

Du meinst die Ebenen, die in meinem Buch „Das 1x1 des Seins“ beschrieben sind, richtig?

Ja genau, die meine ich. Diese Konzentrationen der einzelnen Energien bewirkt letztlich, dass die Energien miteinander verbunden und kraftvoll wirken, nicht verstreut und in Unbewusstheit.

Aber die Quelle ist sicher der konzentrierteste Zustand an Energien, oder?

Die Quelle ist keine konzentrierte Energie, die Quelle ist Bewusstsein. Die Quelle braucht keine Konzentration, sie ist das Bewusstsein. Die Form des Bewusstseins, die so rein ist und so klar, dass sie nicht einmal die Idee von Konzentration kennt, weil sie viel mehr als dies ist.

Möchtest du mir denn noch etwas zu dem Thema Konzentration sagen?

Ja ... dass ***Weite und Konzentration die Geschwister des Wachstums*** *sind.*
Du hast die wichtigsten Bestandteile dieses Themas nun festgehalten. ***Ich bitte Euch nun, liebe Menschen, lebt hundert Prozent eurer Kraft. Dann wird euch Konzentration geschenkt und diese wiederum schenkt euch unendliche Erfahrungen des Kosmos. Dann bereichert ihr euer Leben um ein Vielfaches mehr, doch Konzentration fordert von euch Disziplin und Entschlossenheit.***

Worüber möchtest du als Nächstes berichten?

Die Weisheit. Die Weisheit formt uns alle.

∞

Die Essenz

Um zu wachsen, um zu reinigen, braucht es die Bereitschaft, den Willen, das zu tun. Doch jede Kraft in uns, kann nur dann wirken, wenn wir sie gezielt ausrichten und uns nicht ablenken lassen. Und somit ist Konzentration eine Bedingung für das Erschaffen von materiellen Ideen, aber auch für das seelische Wachstum - das Konzentrieren der Kräfte in uns. Die Konzentration der Gedanken auf dieses Ziel, den Fokus unserer Absicht darauf auszurichten, zu wachsen. Auf die einzelnen Schritte und darauf, diese auch zu setzen. Die Ausrichtung unserer Aufmerksamkeit auf dieses Ziel. Das Zurückziehen, Konzentrieren unserer Kräfte in uns selbst, um dort die Weite, die Befreiung und die Lösung dessen, was uns am Wachsen hindert, zu erschaffen und zu erfahren.

Konzentration ist der Schlüssel für die Erfahrung der Unendlichkeit. Doch um sich so zu fokussieren, braucht es Entschlossenheit, Disziplin, Kraft und Abstand zu all dem, was uns auf diesem Weg hindert. Konzentration bedeutet immer auch Abgrenzung und Abgrenzung ist heilsam, wertvoll und wichtig auf dem Weg der Erkenntnis, wer man, wo man und was man selbst eigentlich ist. Nur dann ist in der Weiterführung auch die Erweiterung, das Wachstum dieser eigenen Kraft möglich. Doch der Schlüssel für diese Schritte ist die Absicht, konzentriert und besonnen diesen Weg zu gehen.

Weisheit und Eigenverantwortung

Lieber Freund der Indianer, was möchtest du uns zum Thema Weisheit lehren?

Wir möchten die Weisheit beschreiben, doch ist ein Teil der Weisheit verbunden mit der Kraft der Eigenverantwortung. Die Eigenverantwortung ist die einzige Kraft, in der der Kosmos den Menschen erlaubt, ein eigenes Bewusstsein und die damit verbundenen Resonanzen zu entwickeln, ohne die Verbindung mit dem Kosmos bewusst wahrzunehmen. Ich möchte damit sagen, dass die Entwicklung eines Menschen von vielen Komponenten des Kosmos unterstützt wird und weise begutachtet wird. Doch die Verantwortung der Seelen untereinander und miteinander ist immer auch ein Punkt, in den der kosmische Vater nicht eingreifen würde und kann. Der freie Wille ist die Bedingung für diese Art des Handelns, doch die Eigenverantwortung ist dazu noch einmal etwas weiter in den Bereich verknüpft.

Du kennst die Weite der Seele als etwas, das nicht einfach von alleine entsteht. Es braucht viel Aufmerksamkeit und vor allem Vertrauen. Die Eigenverantwortung braucht viel Hingabe und Vertrauen an die eigenen Kräfte. Wer nicht vertraut, dass seine Handlungen und Taten wirklich weise sind, der kann auch nicht daran wachsen. ***Die Taten, die wir leben, sind alle einzelne Schritte eines Weges, den wir beschlossen haben zu gehen. Die Eigenverantwortung, die wir alle dabei tragen, ist eine tiefe Kraft, derer wir uns bewusst wer-***

den müssen.

Die Menschen, die eine Verbindung zum kosmischen Vater und der kosmischen Mutter leben, wissen um diese Eigenverantwortung und leben diese bewusst und liebevoll. Dort wo du beschleunigende und verwandelnde Energien findest, dort ist immer auch Eigenverantwortung und Bewusstsein.

Die Menschen müssen erkennen, dass es einen Unterschied gibt zwischen Dankbarkeit und eigener Handlungskraft. Die Dankbarkeit dafür, dass der Kosmos immer unterstützend und fördernd hilft, ist einerseits gut und richtig. Doch das Bewusstsein um die Eigenverantwortung, welche die Menschen unendlich haben, weitet die Erkenntnis, dass die kosmischen Verbindungen alle auch genau so und nicht anders, gelenkt durch die einzelnen Wesen und Hilfsenergien, gewünscht und entschieden wurden.

Die Eigenverantwortung ist letztlich das, was die Menschen als den entscheidenden Faktor besitzen, der ihre Kraft unendlich formen kann. ***Die Eigenverantwortung ist wie die Schwester des freien Willens, denn sie kann natürlich nur dort existieren, wo der freie Wille angewandt wird, doch das wird er unbewusst.*** *Die Eigenverantwortung wiederum ist aber eine Art Bewusstheit über diese Kraft, und dazu noch eine Art Bewusstsein über die Tatsache, dass ihr alle unendlich miteinander verbunden agiert und doch verantwortlich für euren nächsten Schritt seid. Die Liebe ist bei diesem Faktor der entscheidende Impuls. Denn* ***wo Liebe und Eigenverantwortung wirken, beginnt Weisheit.*** *Das ist der Pfad der Weisen, die niemals nur für ihren eigenen Nutzen die eigenen Entscheidungen ausführen, sondern sie immer auch unter dem Aspekt eines größeren Ganzen stellen.* ***Die Eigen-***

verantwortung in Liebe ist also der Schlüssel der Weisen. *Die Eigenverantwortung in Hass führt schnell zu kosmischen Resonanzen, die noch lange wirken und die egoistische Verunreinigungen verursachen und daraufhin auch eine Menge karmischer Verkettungen erzeugen. Daher bitte ich die Menschen, die verstehen möchten, wie sie den Weg weitergehen sollen, dass sie realisieren, wie viel Eigenverantwortung sie besitzen. Eigenverantwortung für jeden Gedanken, den ihr denkt, Eigenverantwortung für jedes Wort dass ihr sagt, Eigenverantwortung für alles, was ihr tut ...* ***Denn weiter noch als die kosmischen Impulse wirken eure Entscheidungen in die Materie und den Kosmos hinein.*** *Die Kraft mit der ihr agiert, ist viel größer noch als ihr glaubt. Die Verantwortung, die mit all diesen Komponenten einhergeht, ist ein wichtiger Punkt. Nicht nur die Impulse, die ihr sendet, beginnen zu agieren und Verbindungen zu entfalten. Die eigenen Gedanken beginnen schon das Konstrukt zu bauen, aus dem heraus ihr die eigenen endlosen Absichten formuliert und daraus eine Unzahl an Entscheidungen und Bewegungen beginnt.*

Die Menschen brauchen mehr Bewusstheit, um zu verstehen, dass ihr Leben nicht eine Abfolge von unbewussten und vereinenden Leiden ist, sondern eine Abfolge eurer eigenen Entscheidungen, die in eurer eigenen Verantwortung liegen. *Das ist mir das Wichtigste, diese Essenz zu kommunizieren. Denn wer eigenverantwortlich liebevoll handelt tut dies immer auch verbunden mit dem Kosmos in Harmonie. Diese Harmonie bedeutet letztlich wiederum die Entscheidung als einzelnes Wesen, doch wie ein ferner Abgesandter der kosmischen Existenz.*

∞

Das heißt, du möchtest den Menschen mitteilen, dass sie die Kraft und die Größe ihres eigenen Wesens noch mehr erkennen und annehmen und damit dann natürlich auch die Eigenverantwortung, die sie haben für sich und alles im Kosmos. Sehe ich das richtig?

Das ist genau das, was ich sagen möchte. ***Die Verantwortung ist der Schlüssel in eure Existenz.*** *Nicht die anderen Menschen, nicht andere Kräfte, nicht andere Entscheider, nicht andere Beschlüsse lenken euer Leben - ihr selbst seid es und ihr selbst seid es als Teil eines Ganzen.*
Ihr seid nicht einmal allein dabei. Welche Entscheidungen auch immer ihr fällt, welche Taten ihr tut, alle bleiben auf immer verbunden mit dem Kosmos und daher gibt es nicht den Zustand der absoluten Trennung, in der ihr machen könnt, was ihr wollt. ***Die Eigenverantwortung ist die Verantwortung des ganzen Kosmos für euch.*** *Am Ende ist dies ein und das Gleiche. Eure empfundene Eigenverantwortung ist die Verantwortung des Kosmos, die er hat auch euch gegenüber, wie ihr es euch gegenüber und dem Kosmos gegenüber habt. Das Wechselspiel dieser beiden Kräfte ist weit und unendlich und kennt keine wirkliche Beschreibung.*
Ich versuche nur ungefähr die Größe und die Stärke dieser eigenen Kraft zu kommunizieren.

Das habe ich verstanden. Wie kann ein Mensch, der sehr eingespannt ist in Ablenkungen, wie kann er sich dieser Eigenverantwortung noch bewusster werden?

Die Erkenntnis, dass wir alle ewig existieren und dazu alle, ja ALLE Impulse, die wir setzen, weiter bestehen, weiter noch als in der Form als Mensch, müsste bewusst machen, dass die Entscheidungen und Taten keinerlei eigene unwichtige und wertlose Taten sind. Nein, das sind sie nicht. Doch wer die Liebe in seinem Leben lebt und wer das Ziel des Wachstums der Seele befolgt, wird geführt und geleitet und darf in dieser Führung die große Eigenverantwortung weise entwickeln und letztlich eine weise Seele werden.

Die Weisheit ist eine Komponente, die ich schwer beschreiben kann, doch möchte ich die Menschen vor allem auf die Eigenverantwortung lenken. Doch da die Eigenverantwortung Teil der Weisheit eines Menschen ist, möchte ich beide erwähnen. Die Verknüpfung zwischen der Eigenverantwortung und der Liebe ist schon festgehalten, daher ***liebe Menschen, bitte, bitte beachtet, dass ihr eure Taten, wie klein auch immer sie sind, alle liebevoll tut. Liebevoll.*** *Man kann auch liebevoll Trennungen im zwischenmenschlichen Bereich vollziehen, man kann liebevoll Mitarbeiter führen, man kann liebevoll Probleme besprechen, man kann liebevoll die traurigsten Dinge des Mensch-seins kommunizieren, aber Weisheit beginnt nur da, wo die Eigenverantwortung der kleinsten und bewusstesten großen Handlungen dankbar realisiert wird und auch bei vollem Bewusstsein angewandt wird.Dann beginnt die Seele und ihre Reinigung ein Vielfaches an Beschleunigung zu erfahren.* ***Dann erkennt die Seele ihre kosmische Kraft und handelt danach. Nicht als einzeln bewusstes Lebewesen, sondern als Wesen, das kosmisch existiert.***

Kann man die Eigenverantwortung nur inkarniert formen, oder ist das auch ohne eine körperliche Form möglich?

∞

Das ist eine schöne Frage Sylvia. Ich beantworte sie dir gerne.
Die Eigenverantwortung der Seele beginnt ab dem ersten Moment ihrer Existenz und sie existiert nicht nur, wenn die Seele in einen Körper inkarniert. Doch formen kann sie sie am besten während einer Inkarnation. Das hängt wie immer von den vielen Werkzeugen ab, die eine Inkarnation mit sich bringt.
Doch letztlich bedeutet es auch, dass Eigenverantwortung immer auch nach dem Ableben und in den feinstofflichen Welten geformt werden kann. Das ist anders und langsamer, so würdet ihr in euren Worten sagen, doch ist es möglich.

Aber Lieber Freund der Indianer, ich empfinde die Menschen schon als sehr langsam im Umsetzen ihrer Taten, meinst du noch langsamer? Ich dachte immer, ohne die Blockaden des menschlichen Körpers wirken die Impulse dann schneller, weil ungebremster?

Das meine ich, ja.

Echt, das kann ich mir gar nicht vorstellen. Manche Menschen brauchen ein ganzes Leben lang, um eine einzige Erkenntnis zu erfahren und zu leben.

Die Zeit ist nicht von Relevanz, Liebes. Das Ziel und das Erreichen des Ziels ist von Relevanz. Nicht die Zeit. Die Zeit ist wie ein Stück Papier, das ihr lest und dann beiseite legt. Alles, was euch bleibt ist das, was ihr auf dem Blatt erfahren habt. Die Zeit, also das Papier selbst, ist doch nicht von Relevanz?!

Nein natürlich nicht, ich wollte nur ein Gefühl bekommen, ob diese

Erkenntnisse ohne Körper vielleicht schneller wachsen als mit. Aber ich habe dich schon richtig verstanden. Danke dir.

Ja, das hast du.

Was möchtest du mir noch zu dem Thema berichten?

Das Wichtigste ist festgehalten. Ich habe dazu nichts mehr zu sagen. Wir können das nächste Thema beginnen.

Was wäre das denn?

Dankbarkeit.

∞

Die Essenz

Eigenverantwortung ist die Schwester des freien Willens. Oder doch eher das Kind des freien Willens? In jedem Fall aber ist sie eine Kraft des Seins, welches viel zu wenig Gewichtung in unseren Lehren und Glaubensmustern erhält. Wenn jeder Mensch, jede Seele, jedes Wesen mit Bewusstheit, einen freien Willen besitzt und dieser von nichts und niemandem gebrochen werden kann, bedeutet das in der Folge, dass eine unendliche Verantwortung mit diesem Werkzeug einhergeht. Verantwortung für andere, doch vor allem für sich selbst. Für die eigenen gesetzten Schritte, die Gedanken, die Taten, die Worte. Für ALLES. Somit liegt die ganze Verantwortung für unser Leben, unser Schicksal, bei uns.

Dein Leben ist nur ein einziger Schritt auf einem ewigen Weg. Die Erfahrungen sind der eigentliche Schatz des Seins. Wie eine Perlenkette kreieren deine Entscheidungen die Kraft deiner Seele. Und dabei machst du auch Fehler. Aber wir sind nicht ohnmächtig im Meer der Energien. Wir sind die Baumeister unseres Schicksals, die Architekten unserer Seelenkraft. Denn nichts geschieht aus Zufall, nichts ist belanglos, nichts ist sinnlos, nichts ist verloren, nichts endet … aber alles wandelt ewig.

Der freie Wille ist das Werkzeug, und die Eigenverantwortung ist die Kraft, mit der wir diesen Weg gehen sollten - bedacht, behutsam, liebevoll, weise und stark.

Dankbarkeit und Demut

Lieber Freund der Indianer, was möchtest du uns zum Thema Dankbarkeit lehren?

Das Thema ist eines der wichtigsten Themen, die wir festhalten. Die Dankbarkeit ist eine leichte doch sehr wichtige Komponente, um wirken zu können im Kosmos. Die kosmischen Kräfte nehmen Dankbarkeit alle als etwas Demütiges und Liebevolles wahr. Das verbindet die Kräfte miteinander in einer ausgleichenden Kraft. Wer dankbar ist und liebevoll diese Dankbarkeit ausdrückt, wird durch diese Haltung eine Weite erfahren, die ihm ermöglicht, die Bitten weiter zu formulieren. Du hast nun schon mehrfach erfahren, wie wichtig es ist, Weite zu entwickeln. ***Die Weite ist die Größe des Kosmos.*** *Wer weiter strahlt, wer weiter liebt, wer weiter wirkt, lebt weiter durch die Kräfte des Kosmos hindurch. Das ist schwer für mich in Worte zu fassen, doch ich hoffe ihr versteht mich.*

Ich weiß ungefähr was du meinst, die Weite ist ja auch symbolisch für die Kraft einer Seele. Sie weitet sich, weil sie sich stärkt, sie weitet sich, wenn sie sich stärkt - und umgedreht. Und du möchtest uns vermitteln, dass genau diese Weite sich verstärkt über die Dankbarkeit. Richtig?

Genau, du hast es erfasst. Doch ist Dankbarkeit eben keine aktive Kraft, die wirklich Weite erschafft durch einen Wil-

lensimpuls in euch, sondern sie ist eine Form von Energie, die wie eine Farbe mitschwingt, welche die Weite der Seele fördert, aber eben nicht aktiv. ***Es ist ein Teil der kosmischen Gesetze, dass Demut und Hingabe nun mal das Wachstum der Seele fördern.***

Ja, das habe ich verstanden. Was genau aber passiert, wenn ein Mensch undankbar handelt? Stellen wir uns vor, ein Mensch kennt ein paar kosmische Gesetze, aber er setzt seine Impulse dennoch letztlich nicht mit Dankbarkeit und Demut. Was genau bedeutet das?

Dann wirken seine Impulse nicht so weit. Du kannst Dir das vorstellen wie eine Blume, die über die Dankbarkeit viel größer wachsen kann als ohne Dankbarkeit. Die Impulse, die ohne Dankbarkeit in den Kosmos gegeben werden, bleiben relativ nah bei euch. Sie begeben sich nicht in weitere Resonanzen, weit, weit in den Kosmos hinein. Das ist eine Art Blockade, die dann besteht. Wer Dankbarkeit formuliert und auch wirklich tief in sich empfindet, wandelt seine Energie in eine weiche Energie. Damit meine ich, dass die Kraft und ihre Impulse weich und tief in das Netz hineinwirken, in dem ihr euch befindet und welches ihr erschaffen habt.

Und diese Weichheit ist möglich, um wirklich tief in den Kosmos hineinzuwirken, damit die Bitten und Impulse auch wirklich erhört werden oder wie hängt das zusammen?

Die Weichheit der Energie ist eine Beschleunigung in die Ebenen hinein, die nicht mit dem Willen erreicht werden können. *Das ist, als würdest du wollen, dass ein Mensch*

fliegt, doch er kann ja nur laufen. Der Wille kann hier nur wirken, wo ihr gehen könnt, doch sowie ihr fliegen wollt, kann er nichts bewirken. Das Gleiche gilt übersetzt für den Willen im Kosmos. Die Ebenen brauchen Eigenschaften, die Impulse umzusetzen. Doch wer nicht dankbar bittet, bleibt auf der Ebene, auf der er sich gerade befindet, und kann nicht tief und die helfenden Kräfte des Kosmos erreichend wirken. ***Derjenige, der aber Dankbarkeit und damit eine energetische Weichheit besitzt, wirkt durch die eigene Ebene hindurch bis in die anderen Ebenen hinein.*** *Die Weite wird hier über die tief empfundene Dankbarkeit als wichtiger Schlüssel empfunden.*

Habe ich das richtig verstanden, lieber Freund der Indianer, dass man die Impulse kraftvoll und stark in den Kosmos geben soll, aber gleichzeitig ganz viel Weichheit durch Demut und Dankbarkeit mitbringen muss?

Das ist richtig und genau das ist die besondere Eigenschaft der Dankbarkeit. Diese fordert eine ganz andere Energie, als die, die ihr zum Wirken im Kosmos benötigt. Besonders wer verstärkende Kräfte einsetzt, um seine Wünsche zu formulieren, muss die Dankbarkeit empfinden. Tief und wirklich tief in seinem Herzen. So bekommen seine Wünsche und Bitten eine Erlaubnis, auch in andere Ebenen hinein zu gelangen und dort umgesetzt zu werden.

Aber die Wünsche und Bitten werden doch in den anderen Ebenen nicht umgesetzt, sondern sie helfen bei der Umsetzung, richtig?

∞

Ja, das ist richtig, doch wenn ein Konstrukt wirken soll, ist es besser, wenn das ganze Konstrukt wirken kann. Daher ist es wichtig, dass ihr Dankbarkeit und Demut lebt, wann immer ihr bittet. Doch ich gebe gerne noch einmal die bewusste Formulierung für die Dankbarkeit mit auf den Weg.

Oh ja gerne, bitte.

Wenn ihr eure Bitten formuliert habt, beendet diese bitte mit folgenden Worten:

Ich danke den kosmischen Kräften für ihre Unterstützung und ihre Hilfe. Ich bedanke mich bei dem kosmischen Vater und der kosmischen Mutter für die helfende Kraft, die ich durch ihre Liebe erfahren darf, und ich bedanke mich für die Liebe, die ich erfahren darf. Danke.

Lieber Freund der Indianer, ich danke dir dafür. Nun hab ich noch eine Frage. Was ist mit Menschen, die Dankbarkeit aufgrund ihrer Unbewusstheit nicht so empfinden, wie du es gerade empfiehlst. Ich kenne viele Menschen, die täglich Danke sagen, doch es lange nicht so empfinden wie du es gerade meinst. Es kommt nicht von Herzen. Und andere sagen Danke aus Berechnung - was genau bedeutet das energetisch?

Derartige Dankesformulierungen sind keine Dankesformulierungen. Das wäre, als würdest du eine Maske benutzen, anstelle der eigentlichen Form. Diese Dankbarkeit hat keinerlei

Wirkung im Kosmos. Sie bleibt auf eurer Ebene und ist dort belanglos.

Gut, belanglos ist sie unter den Regeln der Menschen nicht, sie nutzen es als Gesellschaftsform.

Das mag sein, doch das interessiert uns hier an dieser Stelle nicht.

Möchtest du noch etwas zu dem Thema Dankbarkeit sagen?

Das war die Essenz, doch die Undankbarkeit könnten wir noch beschreiben.

Ja gerne, bitte beginne.

Die Undankbarkeit ist natürlich das Gegenteil von Dankbarkeit, und die Menschen sollten wissen, was geschieht, wenn man undankbar den kosmischen Kräften gegenüber handelt; aber auch, was geschieht, wenn man undankbar unter den Menschen wandelt.
Die Undankbarkeit ist genau das Gegenteil der Energie, die euch weitet. ***Das bedeutet, dass Undankbarkeit euch beengt und klein macht.*** *Die Kraft, die ihr lebt und die Impulse, die ihr gebt, bleiben dann alle bei euch in eurem Energiefeld. Das ist in etwa so, als würdet ihr eine Ameise bleiben, obwohl ihr eigentlich ein Riese werden könntet. Diese Impulskraft der Größe einer Ameise bleibt also bei euch und sie produziert undankbare Resonanzen. Das bedeutet, dass Undankbarkeit als Form sich weiter in eurem Energiefeld manifes-*

∞

tiert. Damit meine ich, dass sie eine Farbe bekommt, die im Kosmos wirkt und Menschen, die einander begegnen, besonders unbewusste Menschen, nehmen diese undankbare Energie unbewusst wahr, und handeln danach, schon weit vor irgendwelchen Einblicken in das Wesen dieses Menschen. Es ist ein tägliches Wechselspiel der Energien, die ihr erfahrt, doch dazu später.

Das hab ich verstanden. Du willst sagen, dass solch ein Mensch Undankbarkeit ausstrahlt, und sich daraufhin sein Leben auch so formt, indem es Undankbarkeit erschafft.

Ja genau.

Das heißt, Undankbarkeit wirkt also in keinster Weise in den Kosmos hinein. Wirkt sie denn wirklich nur im eigenen Umfeld oder doch etwas weiter?

Das kommt auf das Netz an, welches ihr formt, und wie tief in die Materie ihr hinein derartige Energien streut. Daher ist es schwer für mich zu beurteilen, doch ist alle Energie, die undankbar handelt, nur eine kurze Weile kraftvoll, dann verliert sie alle Unendlichkeit und verwandelt ihre Kraft wieder.

Wie muss ich mir das vorstellen? Undankbare Impulse bleiben also als solche nicht lange im Kosmos bestehen, was genau passiert denn mit ihnen?

Diese Impulse werden bald wieder als kosmische Kraft verwandelt und Teil der kosmischen Energien. Die Energie bleibt

also nicht bei euch, sie verwandelt sich.

Und wenn es dankbare Impulse sind, bleibt die Energie Teil von einem, wirkt weiter in den Kosmos hinein und kann so auch kosmische, schöne Resonanzen hervorrufen, richtig?

Das ist richtig. Wie eine Blume, die die Form einer großen und breiten Blüte hat. Und diese Blüte an Energien resonieren dann alle miteinander und reagieren.
Die Energie der Undankbarkeit verwandelt sich in eine andere Energie, die nicht mehr Teil des eigentlichen Impulses, der eigenen Blüte, ist.

Also verschenkt man diese Energie letztlich?

Ja, das könnte man so sagen.

Was kannst du den Menschen mit auf den Weg geben, was sollten sie tun, damit sie Dankbarkeit auch wirklich tief empfinden?

Dankbarkeit ist die Schwester der Demut. Wer demütig handelt, ist immer auch dankbar wirkend. ***Daher bitte berichte den Menschen, dass wer demütig seine Handlungen tut, immer auch kraftvolle Impulse aus dem Kosmos erfahren wird.*** *Die Demut wiederum soll euch nicht klein oder beängstigt fühlen machen, wie es so oft in alten Generationen übermittelt wurde. Das möchte ich korrigieren. Demut ist eine innere Haltung, doch hat sie nichts mit der Bewusstheit, die ihr strahlt, zu tun.* ***Bewusstheit ist Kraft und wer bewusst handelt und liebevoll, der kanalisiert den Kosmos in sich.*** *Diese*

Kraft braucht Haltung und Stärke und keineswegs eine kleine und ängstliche Haltung. ***Daher bleibt in eurer Kraft, aber bewusst auch demütig, dass alles was uns widerfährt eine Antwort ist oder eine Antwort erschafft im Kosmos. Jeder Moment, jede Sekunde, jeder Tag, jede Stunde.*** *Diese bewusste Art zu leben bedeutet Demut, und alle Impulse derartiger Wesen werden weit in den Kosmos wahrgenommen und erreichen auch die letzten Helfer. Dann ist der Mensch nur eine Art Abgesandter eines ganzen weiten Konstruktes, das ihr begonnen habt zu leben, und dieses Konstrukt wirkt weit in den Kosmos hinein, aber letztlich auf der Erde durch euch.*
Daher bittet in Dankbarkeit.
Lebt in Dankbarkeit.
Liebt in Dankbarkeit und nehmt das Leben in tiefer Dankbarkeit wahr, dass alles was ist, nicht selbstverständlich ist und Weite fördern will, nicht die Enge.
Die Demut ist der Pfad, die Dankbarkeit ist das Wesen, das euch führt, und die Liebe ist der Lohn.

Ich habe aber auch die Erfahrung gemacht, dass Dankbarkeit sehr mit Bewusstheit zusammenspielt. Oft wirken Menschen, die sehr unbewusst handeln, auch dann sehr undankbar. Kann man diesen Menschen eine Vorwurf machen, die in ihrer Unbewusstheit einfach nur „vergessen“, dankbar zu sein?

Das ist eine entscheidende Frage, Liebes. Die unbewussten Menschen sind niemals duch ihre Unbewusstheit von den Gesetzen des Kosmos befreit. ***Die unbewussten Menschen müssen nur erkennen, dass ihre unbewussten Handlungen immer auch die Ursache sind für ihre leidvollen Leben.***

∞

Dann haben sie die Möglichkeit zu reflektieren und über dieses Reflektieren die Unbewusstheit zu formen und zu reinigen. Dann erkennen sie, dass sie ihre Eigenverantwortung leben. Daher noch einmal gerne für alle, die glauben, dass Unbewusstheit schützt: ***Die Verantwortung, liebe Menschen, liegt bei euch allen selbst.*** *Jeder Mensch hat alle Werkzeuge dafür, das Bewusstsein in euch zu formen. Wer glaubt, dass diese Tat nicht nötig ist, lebt ein Leben in Unbewusstheit, welches Weite und Wachstum nicht möchte, und dadurch die Seele an Kraft verliert und der Mensch ein leidvolles Leben lebt.* ***Die Menschen, die aber erkennen, dass sie hier sind, um das Leben zu formen, um ihr Wachstum und ihre seelische Weite zu fördern, beginnen den Wandel der eigenen Kraft von einer Ohnmacht in eine aktive Wahrnehmung und dann beginnt auch Dankbarkeit.***

Ich weiß, ich versuche es so oft ich nur kann, zu formulieren und ihnen bewusst zu machen, wie dankbar sie doch sein können, dass sie leben, doch sie nehmen diese Impulse nicht wahr, da sie dauerhaft so abgelenkt sind.

Ja, das weiß ich. Doch wer Weite in seiner Seele erfahren möchte, der wird immer auch an den Punkt der Dankbarkeit gelangen. Daher vertraue. Diejenigen, die rufen, werden erhört.

Verstehe. Was ist mit Menschen, die als Unternehmer wirken und keinerlei Dankbarkeit ausstrahlen, verhält es sich bei ihnen dann ähnlich, wie du es über die Undankbarkeit berichtet hast - die Impulse wirken nicht weit?

∞

Ja genau. So ist es.

Und was ist mit den Menschen, die zwar sehr viel Dankbarkeit empfinden und leben, aber dauernd auf der Erde in Kontakt kommen mit der Undankbarkeit der unbewussten Menschen? Das sind viele und es ist sehr schwer und schmerzhaft, dies zu erfahren, wenn man liebevolle Impulse gibt und keinerlei Dankbarkeit dafür erfährt.

Diesen Menschen kannst du mitteilen, dass Dankbarkeit nicht von den Menschen zu erwarten ist und dass sie keineswegs eine Resonanz der Menschenwelt ist. Es ist eine Energie, die viel weiter wirkt und viel kraftvoller in den Kosmos hinein wirkt, als ihr glaubt. ***Daher bitte vermittle ihnen, dass Dankbarkeit keine Resonanzen in der Menschenwelt braucht. Dankbarkeit lebt erst wirklich in der Weite des Kosmos.*** *Und wer die Wahrnehmung dorthin weitet und wer den Körper letztlich einmal verlässt, hat die Möglichkeit, diese Dankbarkeit dann als Reaktionen der feinstofflichen Welten wirklich zu erkennen. Doch ihr könnt dies auch schon während ihr in euren Körpern verweilt. Die Wahrnehmung dazu braucht nur ein wenig Demut, Feinfühligkeit und Hingabe.*

Gut, das habe ich verstanden. Was ist mit Menschen, die in einem anderen Leben sehr dankbare Impulse gesetzt hatten und in dem hiesigen Leben sehr verunreinigt wurden und daher sehr undankbar leben? Das ist ja, als würde die vorher erschaffene gute Energie und das Konstrukt, von dem du berichtet hattest, zwar bestehen aber durch die Undankbarkeit im aktuellen Leben nicht so wirken können.

Das ist genau der Fall. Die Menschen, die viel positive Reak-

tionen aus den kosmischen Kräften mit sich bringen, wenn sie inkarnieren, diese Menschen haben die Verantwortung, diese Kräfte auch weiter in der Menschenwelt zu leben. Wenn sie diese undankbar leben, verblassen diese Kräfte und wandeln wieder da hin, wo sie herkommen. Die Felder bleiben dann nicht mehr bei euch und verlieren daher wieder ihre Kraft. Man könnte auch sagen, dieses Geschenk geht verloren.

Verstehe. Könnte man dann auch sagen, dass eine Gabe, so wie ich sie beispielsweise lebe, ein solches erschaffenes Potenzial ist, und wenn man eine derartige Gabe nicht lebt, sie dann verschwindet?

Das ist genau richtig. Die Menschen müssen lernen, dass sie ihre eigentliche Bestimmung finden; dann wirken all diese Geschenke oder wie du es nennst Gaben, weiterhin in ihnen und durch sie hindurch. Das ist der Sinn des kosmischen Seins. Nicht dass der Mensch als Form das Ende dieses Weges darstellt, sondern dass er die Fortführung bildet.

Ich verstehe, es geht also vor allem darum, in seine eigentliche Kraft zu kommen und diese zu entfalten. Das geht aber nur über die von dir genannten Komponenten und dann zeigen sich ab und zu auch derartige Geschenke oder Gaben und weisen auf ein in Dankbarkeit und Demut gelebtes Leben hin. Die Früchte davon bleiben bis in dieses Leben lebendig, wenn man genügend reflektiert und sich schließlich selbst findet.

Ja, das ist richtig.

Und was geschieht, wenn ein Mensch seine Bestimmung nicht lebt,

seine Geschenke nicht erkennt und fördert, sie also verschenkt? Vergehen sie dann ganz oder bleiben sie dennoch irgendwie bestehen?

Das kommt darauf an, wie viel Kraft die Seele verloren hat. Die kosmischen Geschenke sind eine Kraft, die die Seele angesammelt hat, und der Mensch hat die Möglichkeit, diese Kraft zu fördern oder eben zu verringern. Daher verbleiben wir in dem Bewusstsein, dass wir alle die Verantwortung tragen für uns selbst und für unser Handeln damit.

Danke dir sehr. Worüber möchtest du als Nächstes berichten?

Die Wahrnehmung.
Die Wahrnehmung ist der Schlüssel in euer komplexes Leben.

∞

Die Essenz

Wer dankbar und demütig seine Schritte setzt und seine Entscheidungen in dieser Energetik trifft, erzeugt größere, weitere Resonanzen im Kosmos. Das bedeutet in der Folge, dass Menschen, welche in Demut und Dankbarkeit handeln, leichter die Materialisierung ihrer Wünsche erfahren dürfen, als diejenigen, die ihre Schritte und Impulse ausschließlich egoistisch und ohne demütiges und dankbares Bewusstsein setzen.

Ist eine Seele in Demut und dankbar für ihr Sein, so strahlen ihre Impulse tiefer in den Kosmos hinein, was letztlich bedeutet, dass mehr Energien bei der Umsetzung dieser Impulse unterstützend wirken. In Demut und Dankbarkeit reichert die Seele Kraft an und erfährt Geschenke und Gaben als „Antwort" des Kosmos auf ihre Existenz. Ohne Demut und Dankbarkeit ist ihr Wirkungsfeld auf sich selbst reduziert, was in einem Meer aus unendlichen Energien das niedrigste Potential dieser Seele bedeutet. Die Reduktion auf sich selbst. Die Reduktion ihrer Seelenkraft auf das reine Wirkungsfeld des Menschlichen, nicht des Kosmischen.

In Demut und Dankbarkeit wandeln bedeutet Wachstum, Beschleunigung, Förderung des eigenen Kraftpotentials. Ohne diese Parameter bedeutet es genau das Gegenteil: Enge, Verlust, Kraftlosigkeit, Bewusstlosigkeit.

Stell dir vor, die Impulse, die du in deinem Leben setzt, wirken kreisförmig in alle Richtungen des Kosmos, als würdest du einen Stein ins Wasser eines Sees werfen. Genau so wirken deine Impulse durch die Kraft der Quelle hindurch, dem Chi. Entscheidend ist dabei, ob dieses Wasser rein ist, wodurch sich deine Impulse leichter verbreiten, oder ob sie gebremst werden durch verunreinigtes, klebriges Wasser, das schwer und dunkel wie Teer geworden ist. In dieser Masse, in diesem verunreinigten Element würden sich deine Impulse schnell verlieren. Sie wirken

nicht weit. Sie verpuffen wie im Nichts.
Ist deine Seelenkraft also verunreinigt, wirken deine Impulse nicht sehr weit im Kosmos. Ist sie jedoch rein, bremst deine Seelenkraft deine Impulse nicht, und diese können in das reine Meer aus Chi übergehen, um dann dort ihren kreisförmigen Weg in die Unendlichkeit zu nehmen. Dort werden sie wahrgenommen und es folgt Förderung aus allen Richtungen. Wünsche werden besser gehört, Unterstützung wird aus mehr Ebenen und Bereichen möglich. Setze deine Impulse also demütig und dankbar, bewusst und liebevoll, und du wirst sehen, der Kosmos antwortet. Immer.

Bewusstsein und Wahrnehmung

Lieber Freund der Indianer, was möchtest du uns zum Thema Bewusstsein und Wahrnehmung lehren?

Das Bewusstsein eines jeden Menschen ist bestimmt von der Entfaltung der Seele. Die Seelen, die rein und klar sind, oder wieder geworden sind, nehmen das kosmische Sein als etwas ganz anderes wahr als die Seelen, die verunreinigt sind. Weite und Klarheit, Konzentration und konzentriertes Einwirken in die verschiedenen Ebenen des Seins werden alle möglich, wenn die Seele die Reinheit und die Kraft dazu hat. Das Bewusstsein eines Wesens ist daher ausschlaggebend für dessen Wahrnehmung.

Kann man sagen, dass die Menschen, deren Seelen verunreinigt sind, das Leben ganz anders empfinden als diejenigen, die reinigen und ihr Leben unter den Aspekt der weiteren Reinigung der Seele stellen?

Das kann man so sagen, ja. ***Das Bewusstsein folgt der Klarheit der Erkenntnis.***

Bitte beschreibe mir die Art der Wahrnehmungen in ihren beiden extremsten Formen. Wie nehmen Menschen das Leben wahr, die verunreinigt sind, und wie nehmen diejenigen es wahr, die sehr rein geworden sind?

Du kannst es auch anders formulieren. Die Menschen, deren

Bewusstheit weniger existiert, nehmen das Leben und alles, was damit in Zusammenhang steht, einfach nur lebensnah und damit schwer wahr.
Die Menschen, deren Bewusstheit existiert und die wissen, dass sie noch viel mehr sind als nur der Körper, in dem sie gerade leben, nehmen das Leben als das größte Geschenk des Kosmos wahr. Damit ist eigentlich alles gesagt.

Bitte gib den Menschen noch ein bisschen mehr Beschreibungen, was genau das bedeutet, ein verunreinigtes Bewusstsein oder eben ein reines Bewusstsein zu haben. Denn es gibt Menschen, die glauben sie reinigen auf ihre Art und Weise, doch was letztlich entsteht, ist ein reines Egobewusstsein. Kannst du den Unterschied dieser beiden Komponenten noch etwas deutlicher skizzieren?

Das kann ich gerne. Das Ego besitzt auch eine Art Bewusstsein, doch letztlich ist dies nur eine Maske der menschlichen Komponenten, die ihr seid. Das Bewusstsein der Seele weiß viel mehr und lebt viel weiter als ein Egobewusstsein, das nur die egoistischen Ziele des einzelnen Menschen erfolgreich erfahren will. ***Doch das Bewusstsein der Seele lässt euch mit anderen Augen schauen, mit den Augen einer unendlichen Kraft.***

Das kann ich verstehen. Man geht von einer endlichen Wahrnehmung der menschlichen Welt in eine unendliche Wahrnehmung des Seins hinein und betrachtet alles unter einem viel größeren und weiteren Aspekt, nicht mehr nur kurz-sichtig, sondern „sein ganzes „Sein-sichtig“, das könnte man doch so sagen, oder?

Ja, das ist genau das, was ich meine. Ich danke dir für deine unterstützenden Worte. Die Wahrnehmung eurer Umwelt, das Leben, die Verbindungen, die Entscheidungen, die Gedanken, die Weite, alles was ihr lebt und seid, alles, wird durch die Augen der Seele eine Station des Seins, und lange nicht ein endliches Sein.

Und wer mit unendlichen Augen schaut, der ist dann sicher auch in einer ganz anderen Haltung den Momenten und dem ganzen Leben gegenüber? Er ist sicher dankbarer oder mutiger ... welche Kräfte gehen damit einher?

Damit gehen alle Kräfte einher, die die Seele hat, doch vor allem die Kraft der Verbindung. ***Denn wer unendlich fühlt und lebt, der weiß, dass er niemals vergeht und damit auch seine Spuren nicht.***

Wenn du magst, kannst du mir noch mehr dazu erzählen, bitte?

Das Wichtigste ist nun festgehalten, Liebes. Dazu gibt es nicht so viel zu sagen. Es ist wie es ist. Du hast eine reinere Wahrnehmung, die freudvoll und liebevoll ist, oder du hast eine negative und verunreinigte Wahrnehmung. Damit ist alles gesagt. Wer von euch schwer und negativ wahrnimmt, ist verunreinigt und sollte dies ändern, denn sobald die Reinheit zurückkehrt, wird es leicht, liebevoll, kraftvoll und wunderschön.

Das habe ich verstanden. Möchtest du noch etwas dazu sagen?

∞

Nein.

Worüber möchtest du dann berichten?

Das nächste Thema wäre die Einweihung.

∞

Die Essenz

Jedes Werkzeug, jede Erkenntnis, jede Einsicht, die wir als Seele erfahren können, wird von einer einzigen Komponente gelenkt. Sie ist entscheidend für unser ganzes Sein, wie wir empfinden, wie wir leben, wie wir die Welt sehen, wie wir auf Probleme reagieren, mit Menschen umgehen, Schwierigkeiten meistern; wie wir Lösungen finden, welche Ideen wir haben, ob wir das Leben leicht und schön oder schwer und unfair empfinden: Es ist unsere Wahrnehmung.
Die „Augen der Seele" sind entscheidend, wie du dein ganzes Sein wahrnimmst. Und dein Empfinden von Freiheit, Liebe, Kraft, Freude, Wohlsein und Glück hängen ausschließlich davon ab, WIE DU durch deine Augen der Seele schaust … wahrnimmst. Es ist der Schlüssel für alles, was du tust und was du denkst, denn es ist IN DIR. Wie wir wahrnehmen, zeigt, wer wir sind. Wie wir wahrnehmen, erschafft unser Schicksal. Denn tun wir dies bewusst in Liebe, Demut, Freude, Kraft und Verbundenheit, dann werden die Ergebnisse ganz andere sein, als wenn wir uns taumelnd unbewusst in Ohnmacht gefangen, vom Schicksal hin und her geschupst empfinden.
Du entscheidest also, kraft deines freien Willens, welche dieser beiden Möglichkeiten du wählst.

Einweihung

Lieber Freund der Indianer, was möchtest du uns zum Thema Einweihung lehren?

Die Einweihung in die dankbare Existenz einer Seele braucht viel Zeit. Eine Seele, die verunreinigt wurde, durch ihre Taten, braucht vor allem Zeit, um zu realisieren, wer sie ist und was sie tat. Dazu braucht es viele Leben oder im besten Falle ein Leben in totaler Abgeschiedenheit und Reflektion. Danach beginnt die eigentliche Reinigung, denn wer verstanden hat, wo und wie seine Fehler begannen und entstanden sind, der braucht nun viel Zeit, um diese auszugleichen. Daher ist die tatsächliche Arbeit das Einweihen der Kräfte durch den Ausgleich. Daher berichte ich euch nun viel von dem Ausgleich. Der Ausgleich im Kosmos ist die unbedingte Forderung seiner weiten unendlichen Liebe. Er ist das Werkzeug des Kosmos, die unbewussten Taten einer Seele wieder in Harmonie mit den kosmischen Kräften zu wandeln, um dort die Verbindungen miteinander zu reinigen. Der Ausgleich ist die energetische Korrektur der Kräfte, die vorher lieblos und ohne Wahrnehmungen der Verbindungen existierten und in dieser Wahrnehmung Negativität erschufen. Der Ausgleich braucht viel Zeit, wenn man nach eurem Verständnis von Zeit spricht. Doch ist es tatsächlich möglich, eine wirklich intensive Zeit lang auf der Erde viel Ausgleich zu erfahren. Der Ausgleich der einzelnen Taten braucht Betrachtung, Liebe, Hinwendung und auch Überwindung natürlich. Das ist wie ein Spiel, das

dir die Fehler deiner Taten zeigt und dann aber auch die Möglichkeiten, diese zu korrigieren.
Daher, liebe Menschen, ist niemals alles vorbei, niemals alles zu spät. Immer ist JETZT der Moment, die falschen Impulse zu korrigieren.

Kannst du den Menschen einen Leitfaden geben, was genau Ausgleich bedeutet? Vielleicht ein Beispiel? Wir haben schon erfahren, was genau verunreinigte Taten sind, wie zum Beisiel rein egoistische Taten, doch wie kann man sie ausgleichen? Wie funktionieren diese Ausgleiche?

Das ist eine sehr komplexe Frage, Liebes.
Dort wo Verunreinigung herrscht, leben die Menschen in unbewussten Taten, jeden Tag, jede Stunde, jede Minute und jeden Moment. Diese Unbewusstheit vollbringt einen Fehler nach dem anderen, im Sinne von einer Tat nach der anderen, die nicht in Harmonie mit den kosmischen Gesetzen vollbracht wird. Das eigentliche Problem dabei ist die Masse der Kräfte der unbewussten Taten, denn sie wirken wie ein besonderes Feld der Negativität in dem Netz eurer Taten. Dieses Feld ist nicht mit einem einzigen Tag zu korrigieren. Dieses Feld ist weit bis in vergangene Verbindungen hinein bestehend, und es braucht für JEDE EINZELNE Verbindung bestenfalls den Ausgleich. Der Ausgleich einer negativen Tat wohnt in der liebevollen Absicht, diese auszugleichen. So kann es eine negative Tat eines eigennützigen Vorhabens sein, das letztlich durch die liebevolle Tat eines völlig uneigennützigen Wirkens ausgeglichen werden kann. Die Impulse dazu erfahrt ihr alle direkt aus dem Kosmos.

∞

Wer sich also den kosmischen Kräften wieder etwas öffnet und seine Wahrnehmung dorthin lenkt, der erfährt nach und nach die einzelnen Impulse, die den Ausgleich fördern. Das ist ein ganz normaler Prozess. Der Mensch, der vielleicht früher viele Menschen verletzt hat, will plötzlich liebevoll sein und er spricht nicht unbedingt zu den Menschen, die er verletzt hat, doch begegnet er neuen Menschen in Liebe und spricht diese liebevoll an, ohne ein einziges negatives Wort. Der Ausgleich möchte alle negativen Impulse wandeln. Das ist die Essenz.

Also ist es tatsächlich nicht wichtig, dass man den Menschen, die man verletzt hat, ausgleichend begegnet?

Das ist nicht zu beantworten, denn jedes Schicksal und jede Tat ist anders. ***Die Kraft der Tat ist etscheidend.*** *Dann wenn eine negative Tat es erlaubt, dass sie auch durch andere Impulse ausgeglichen wird, dann ist das so, doch manchmal braucht es den direkten Kontakt und den direkten Ausgleich mit den Wesen, die Verletzung erlitten haben.*

Aber was ist dann, wenn diese Wesen nicht mehr leben? Was ist, wenn das Tier, dem man Leid zugefügt hat, schon tot ist, oder wie ist es bei Menschen, die bereits verstorben sind - wie soll da der von dir als direkt benannte Ausgleich vonstatten gehen?

Das macht das Leben zu einer wirklich fordernden Komponente. Denn wer das Leben nicht mehr als Hilfsmittel hat, der muss sich an die feinstofflichen Welten wenden.

Aber das ist nicht für jeden so einfach, wie beispielsweise für

mich hier?!

Ja, das mag sein, doch die Blockade, die die Menschen als solche empfinden, ist keine. Menschen, die anderen Wesen eine Verletzung zugefügt haben und diese Wesen nicht mehr existieren und damit der direkte Ausgleich nicht mehr in Worten und Besprechungen möglich ist, diese müssen den Weg der feinstofflichen Welten gehen. Das bedeutet, dass dieser Ausgleich etwas länger braucht. Nicht das Durchführen des eigentlichen einzelnen Gespräches ist dann der Ausgleich, sondern der Weg in die Erforschung der feinstofflichen Welten; die Suche, die Werkzeuge zu entwickeln, wie man diese Wesen findet, mit ihnen kommuniziert oder aber andere Menschen kontaktiert, die ihnen helfen, diesen Ausgleich zu tun. Doch letztlich muss er getan werden.

Aber warum warten diese Menschen nicht einfach, bis sie selbst ihren Körper verlassen, um dann in der feinstofflichen Welt den Ausgleich direkt zu tun? Wäre das nicht der schnellere und einfachere Weg?

Das ist möglich, doch es braucht eine andere Art der Herangehensweise. Denn einige Menschen leben in so tiefer Unbewusstheit, dass sie nicht den gleichen Zustand erfahren in ihrem Übergang, wie diese anderen verletzten Lebewesen. Und du weißt, wie viele unendliche Stufen der Wahrnehmung es gibt. Daher kann es passieren, dass ein Mensch, der nur darauf hofft, dass er nach seinem Ableben dann die bereits verstorbenen anderen Wesen um Ausgleich bittet, diese gar nicht antrifft.

∞

Was würdest du den Menschen also vorschlagen? Dann wäre es doch sinnvoll, dass man in seinem Leben die feinstoffliche Wahrnehmung in jedem Fall so weit entfaltet, dass man danach flexibler ist, im Sinne von reiner, und dadurch in mehr Ebenen wirken kann?

Ja, das ist richtig, denn nur, wer das Leben dazu nutzt, zu reinigen, kann danach die Vielfalt des Kosmos anders erfahren. Diejenigen, die sich nur darauf verlassen, dass sie einfach in den Zustand eintreten, in dem sie Wesen treffen, die ihren Ausgleich fordern, den Ausgleich bilden, die verpassen die Möglichkeit, dass sie die eigene Seele weiten und dadurch die Verwandlung der Energie in eine positive und leichte, flexible und schnellere Energie erfahren.

Ah, ich verstehe, das heißt, der Ausgleich beginnt eigentlich schon dadurch, dass die Menschen, von denen der Ausgleich gefordert wird, beginnen, sich für die feinstoffliche Wahrnehmung zu öffnen und sich dadurch alle nötigen Impulse von ganz alleine offenbaren, um schließlich ganz am Ende dieses Weges den direkten Ausgleich in der feinstofflichen Welt bewirken zu können? Dann ist das Leben die Vorbereitung darauf, und wer dieses intensiv nutzt, schafft es durch seine dann flexible reine Seele, die Verbindung zu dem nach Ausgleich fordernden Wesen zu finden und zu erledigen?

Ja, da ist richtig.

Was ist, wenn es keine Taten waren, die einen oder zwei Menschen betrafen, sondern eine ganze Gruppe? Vielleicht ein ganzes Volk? Wie können solche Wesen ausgleichen? Sie können ja nicht zu jedem Einzelnen sprechen, oder?

∞

Das ist eine sehr tiefgreifende Sache. Derartige Taten brauchen lange, wirklich lange, und ich kenne nicht die genauen Antworten darauf, aber ich weiß, dass der Kosmos und seine Kräfte ganz genau arbeiten. Diese Menschen brauchen eventuell viele, viele Leben, um diese EINE Tat auszugleichen.

Okay, das habe ich verstanden. Das heißt, es ist tatsächlich schwer zu beschreiben, wie ein Ausgleich für jeden Einzelnen aussieht, und man soll vertrauen, dass die jeweilig nötigen Impulse vom Kosmos geführt sich zeigen, wenn man verbunden mit ihm handelt, richtig?

Das ist der entscheidende Impuls. Die Verbindung ist die Entscheidung, denn erst dann, wenn man in die Reinigung geht, dann beginnt die Wahrnehmung der Verbindung, und über diese Wahrnehmung der Verbindung versteht die Seele die einzelnen Fehler des aktuellen Lebens; und vielleicht auch durch die weiteren Betrachtungen die Fehler aus den anderen Leben.

Dann kann sie in dieser Verbindung, die hoffentlich weiter wächst, wirken und einzelne Impulse geben, die diese Verbindungen reinigen. ***Das ist die Essenz des Ausgleichs. Die Reinigung der Taten und der Verbindungen, die über Taten erschaffen wurden.***

Kannst du den Menschen einen Tipp geben, woran man merkt, dass Dinge noch unausgeglichen sind?

Das fühlt die Seele, wenn sie blockiert wird. Immer dann in eurem Leben, wenn ihr an Punkte geratet, an denen ihr nicht mehr weiterkommt und keinen Weg mehr seht und alles nicht mehr fließt, dann ist dies Zeit, Ausgleich zu schaffen. Doch meist ist dies natürlich erst der Anfang des wirklich langen Weges, der am Ende den Ausgleich erschafft.

Also sollten die Menschen, die das Gefühl haben, sich in einer Sackgasse zu befinden, immer beginnen, sich in ihren inneren Tempel zu begeben und in Verbindung mit dem Kosmos treten?

Ja genau, das ist richtig. Das ist der einzige Weg, der die Antworten für euch bereit hält. Kein Mensch, keine wirkliche Botschaft aus einem Buch, kann diesen Weg ersetzen. Ihr müsst ihn alle gehen.
Wirklich wichtig ist mir natürlich auch in diesem Zusammenhang, dass ihr einfach beginnt, keinerlei Harmonie im Kosmos zu brechen. Die eine Seite ist die Reinigung der unbewussten Taten, doch die andere Seite ist die meiner Meinung nach noch viel wichtigere Komponente - die richtigen Impulse, und keine unbewussten Taten mehr setzen. ***Das heißt, bitte, bitte, bitte wandelt, denkt und fühlt in eurem Leben bewusster und setzt die Impulse und Taten wirklich bewusst.*** *Niemals ohne die Reflektion über das Vorhaben. Die Reflektion darüber, ob diese Tat auch wirklich in Harmonie und in Uneigennutz wirklich erlaubt ist.*

Du möchtest die Menschen also noch einmal aufrufen, ihre Taten unter einen seelischen Aspekt zu stellen, der Weite und liebevolles Wachstum möchte. Richtig?

Ja, das ist genau das, was ich sagen möchte. ***Die Ziele der Seele sollten die Ziele der Menschen überdachen.*** *Das ist* *das Wichtigste und der Schlüssel, wenn ihr immer in Demut, Dankbarkeit, Liebe und Kraft der Seele wirken wollt. Dann werdet ihr alle eure Wünsche erfüllen können, doch in Liebe und vor allem unter einem wirklich seelischem Aspekt.*

Und wenn man diesen Weg so geht, heißt das, dass man ausschließlich nur harmonisch handelt und daher gar kein Ausgleich mehr nötig wird, richtig?

Das ist genau das, was ich meine.

Ich finde so interessant, dass man den Menschen tatsächlich keinen pauschalen Tipp geben kann, sondern, dass man sie entlässt in ihre Eigenverantwortung in jedem Moment und mit jedem einzelnen Gedanken. Keiner kann einem also die Impulse lehren, sondern man bekommt sie direkt aus dem Kosmos, und es geht kein Weg daran vorbei.

Das ist die Weihe des Kosmos, die ich eigentlich ansprechen möchte. Das ist die Einweihung in die kosmische Art zu sein, denn wer deratig wandelt, ist einerseits behutsam dabei, seine Impulse der Vergangenheit, die unbewusst waren, dienend und liebevoll auszugleichen und gleichzeitig ein weiser Mensch, der liebevoll und bewusst die einzelnen Schritte seines Lebens tut und dabei wirklich Großes erschafft, indem er die Seele über alles stellt.

Also kann man sagen, ein Eingeweihter wandelt in Liebe und immer in vollem Bewusstsein der harmonischen kosmischen Gesetze.

∞

Das hätte ich nicht schöner formulieren können.

Doch du kannst das noch viel schöner formulieren.

Das kann ich nicht.

Doch bitte versuch es.

Das Wissen um die kosmischen Gesetze, liebe Menschen, ist die Verantwortung, in Liebe und Reinheit bewusst zu wirken und keinerlei unbewusste Taten zu setzen. Dieses Wissen weiht euch in die Kraft des Kosmos ein und lässt euch letztlich zu einem wirklichen Werkzeug des Kosmos werden. ***Dann seid ihr kein Mensch mehr, dann seid ihr Seele, die kurz einmal als Mensch wirkt.***

Siehst du, du hast es ja doch besser formuliert.

Das war nicht besser, das war nur anders, Liebes.

Nun gut, wir wollen ja nicht streiten.

Das tun wir gar nicht.

Hast du damit alles gesagt zu dem Thema?

Ja, das habe ich.

Was wäre das nächste Thema?

∞

Das waren alle Themen, die die Grundlagen erklären sollen. Als Nächstes gehen wir in die praktischen Erfahrungen. Das kosmische Alphabet ist hier vorerst beendet, vielleicht werden wir noch den ein oder anderen Begriff nachlegen, doch um den folgenden praktischen Teil zu verstehen, haben wir nun alles festgehalten ... die wichtigsten Punkte.

Oh, da freue ich mich sehr darauf, da es den Menschen viele Hilfestellungen geben kann.

∞

Die Essenz

Im Meer der ewigen Energien baut jede Seele ihr „Netz der Verbindungen“ über die Erfahrungen mit den jeweiligen zugehörigen Seelen auf. Je nach erlangtem oder verlorenem Bewusstsein agiert die Seele in Interaktion mit diesen Verbindungen und dem Meer aus Energie, in welchem sie eingebettet wirkt. Je reiner die Seelenkraft, umso reiner, stärker, verbundener und weiter wirken ihre Aktionen in den Kosmos hinein. Ist die Seele nun sehr unbewusst und verunreinigt, dann erschafft sie durchaus auch Impulse, jedoch sind diese dann nicht in Einklang und Harmonie mit den kosmischen Gesetzen. Jede einzelne unbewusste disharmonische Tat, die in den Kosmos abstrahlt und in Verbindung mit den dazugehörigen Seelen steht, muss eines Tages ausgeglichen werden. Jede Einzelne. Und so manche Seele wird viele Inkarnationen leben müssen, um diesen Ausgleich zu erschaffen. All dies wissend, ist diese Erkenntnis ein stetiger Aufruf, sich seiner selbst und seiner noch bestehenden Verunreinigungen aus alten Taten bewusst zu werden, um diese bereinigen zu können. Doch vor allem ist es eine Einweihung in die Tragweite der Eigenverantwortung - in jedem Moment, mit jedem Wort und jeder Tat.

Praktisches

Entscheidungen in Arbeit und Beruf

Lieber Freund der Indianer, bitte beginne mit deinen Botschaften zur praktischen Umsetzung für die Menschen.

Der praktische Teil wird viele Bereiche eures Lebens streifen, und ich bitte dich, liebe Sylvia, die Fragen so breit gefächert, wie du nur kannst, zu fragen, egal zu welchem Thema. Bitte frage mich, denn ich kann nicht von allein alles abdecken. Wir müssen diesbezüglich zusammenarbeiten.

Gerne. Bitte beginne. Du wolltest über die Entscheidungen in Arbeit und Beruf etwas sagen.

Ja, das möchte ich. Das Leben wird immer wieder eine neue Herausforderrung formen, die Gesetze des Kosmos umzusetzen. Das Miteinander unter den Menschen ist dabei eine der schwierigsten Aufgaben und vor allem in Arbeit und Beruf verlangt es eine sehr schwere Umsetzung. Ich selbst erfuhr, wie ich heilige und kosmische Gesetze umsetzen wollte und weise handeln wollte, doch die Umstände dann eine ganz andere Entscheidung erschufen. Das war immer wieder eine sehr schwere Balance. Daher möchte ich euch den Tipp geben, wann immer ihr an einen Punkt geratet, an dem ihr unentschieden seid, weil der Weg des Kosmos euer berufliches Ziel nicht unterstützend weiterführen kann, dass ihr immer dann innehaltet und ruhig, bedacht und wieder und wieder reflektierend euch Zeit nehmt, bevor ihr die Entscheidung fällt.

Das ist wichtig, denn in der Zeit habt ihr die Möglichkeit, die Energien und ihre Bewegungen zu fühlen. Dieses Fühlen hilft euch, die Entscheidung richtig zu treffen.
Doch als Wissender um die Kräfte des Egos ist es nicht nur die Zeit die euch helfen kann, es ist auch das Reflektieren über die Arbeit selbst. Dort wo ihr tätig seid, reflektiert genau, ist dies eine richtige Art, das Leben zu entfalten oder ist dies nur eine Dienerschaft an den menschlichen Bedürfnissen. Das ist eine der wichtigsten Fragen, die ihr euch beantworten müsst, falls ihr wieder und wieder in Konflikt mit dauerhaften Problematiken kommt.

Ich selbst habe auch mit vielen unterschiedlichen Menschen zu tun, und viele von ihnen sind sehr unbewusst und handeln dadurch dauerhaft unfreundlich, respektlos, lieblos und in keinster Weise mit den Gesetzen des Kosmos in Harmonie - es ist schwer, dauerhaft in dieser von dir empfohlenen Haltung zu bleiben, wenn man umgeben ist von so viel Unbewusstheit?

Die Frage braucht zwei Antworten. Einerseits die derjenigen, die kalt und respektlos leben und agieren und andererseits für diejenigen, die warmherzig und weit handeln, doch dafür kein Verständnis und keine Realisierung erfahren.
Ich beginne bei den kalten Menschen. Diese Menschen, die meinen, dass sie in ihrer Arbeitswelt kraft ihrer Position andere Menschen negativ und niedrig schwingend beeinflussen müssen, diese Menschen sind weit weg von einer weisen Handlungsweise, und alles, was sie erschaffen, beschleunigt die Verunreinigung ihrer Seele. Daher wisse, der Mensch, der so mit anderen Menschen umgeht, trägt die Verantwortung für

diese Taten nur alleine. Alle Unbewusstheit kann die Menschen nicht vor den Resultaten und Resonanzen dieser Unbewusstheit schützen. Daher werden diese Menschen, ob nun in diesem oder in einem anderen Leben, dies alles ausgleichen müssen. Ich betone: ALLES. Denn wer verewigt, dass er lieblos und kalt die Kraft seiner Handlungen missbraucht, der wird viele und lange Ausgleiche brauchen, um diese Felder aus Negativität wieder auszugleichen. Diese leitenden und führenden Menschen eurer Gesellschaft erschaffen negative Auswirkungen, in ihrer Art mit Menschen umzugehen, wenn sie es so lieblos, kalt und unbewusst tun.

Man kann doch eigentlich sagen, dass es eine Art Machtmissbrauch ist, den sie da tun, richtig?

Ja, das ist richtig. Es ist ein reines Egowerk und vollbringt nur Negativität. ***Alles Lieblose formt eine Kraft.***

Ach und diese Kraft bleibt dann bestehen und wird Teil von ihnen, richtig?

Das ist genau das, was ich sagen möchte.

Das heißt, man sollte diesen Menschen, die andere Menschen führen und anleiten, kommunizieren, dies bitte ausschließlich in Liebe, respektvoll und herzlich zu tun?

Das wären meine Worte, ja.

Viele Menschen in Führungspositionen haben Angst, diese zu verlieren, sie stehen unter immensem Druck ...Gelten solche Entschuldigungen?

Nein, diese Entschuldigungen gelten natürlich absolut nicht, denn sie sind verantwortungslos und lieblos und vor allem unbewusst den eigenen Taten gegenüber. Die Lieblosigkeit, die Menschen unbewusst anwenden, war immer schon ein Teil ihres Egos, und wer das Ego nicht überwindet, muss das Ego aus der Kraft der Aktion in die Kraft der Inaktivität wandeln. Doch dieser Weg wird mit jeder Lieblosigkeit noch schwerer. Ich möchte keine negativen Gefühle verbreiten, bitte versteht mich nicht falsch. Ich möchte nur Bewusstheit schaffen, über die Taten, die ihr setzt. Jedes Wort, das ihr sagt, jeden Gedanken, den ihr denkt, alles, was ihr in Interaktion mit anderen tut, bleibt in Resonanz und vollzieht Aktionen, die wieder andere Reaktionen hervorrufen. Und wenn diese Schritte liebevoll sind, reagiert das ganze Umfeld auch liebevoll, und dadurch erfahrt ihr andere bereichernde und kraftvolle Energien als wenn ihr nur das Ego lebt.

Die Menschen, die das weise und herzliche Unternehmertum leben, vollbringen eine Art Lichtstrahl in die Menschenwelt. Ihre Energie wirkt weit und kraftvoll in den Äther hinein. Diese lichtvollen Impulse wirken natürlich auch wieder in Resonanz zurück und bringen diesen Menschen letztlich viel Licht, Kraft und Liebe zurück. Bitte verzweifelt nicht, wenn einige der Menschen diese Art zu delegieren nicht wahrnehmen. Andere tun es, und viele tun es vor allem unbewusst. Ich formuliere es gerne, damit alle es lesen können: ***Die weisen und liebevollen Impulse in den Kosmos werden von den Menschen oft unbewusst aufgenommen und führen dazu,***

dass sich diese liebevoller und kraftvoller entwickeln. Diese Art andere Menschen zu fördern wird vom Kosmos liebevoll und weit unterstützt. *Menschen, die derartig Unternehmen führen, werden sich immer weiter und weiter entfalten. Ihre Grenzen werden weiter und weiter und ihre Möglichkeiten immer mehr.*

Lieber Freund der Indianer, vielleicht irre ich mich, aber man kann doch nicht sagen, dass alle großen Weltunternehmen ausschließlich von weisen Seelen geführt werden, es sind doch eher Machtmenschen, die so erfolgreich sind?

Der Erfolg, Liebes, wird nicht an den Zahlen der Menschen gemessen. Der Erfolg wird ausschließlich an den liebevollen Impulsen in die Menschenwelt gemessen. Die Zahlen nehmt ihr nicht mit in eure Leben nach diesem Leben. Die Kraft ist es, die ihr mitnehmt.

Was ist, wenn ein Mensch einerseits auf der Erde erfolgreich wirken will aber dennoch das seelische Ziel über diesen Erfolg stellt?

Dann muss er nur die Regeln befolgen, dass er dieses Ziel einerseits deutlich formuliert und andererseits die Menschen respektvoll und liebevoll in jedem Moment, besonders dann, wenn eine Krise oder viel Druck herscht, behandelt.

Ach so, du meinst also, das Eine muss das Andere nicht ausschließen. Man kann alles erreichen, man muss es nur in Einklang mit den kosmischen Gesetzen tun?

Genau.

Wie ist das, wenn man als Angestellter arbeitet und man wird von den Mitarbeitern gemobbt ...was kann man da tun?

Dass Kräfte untereinander zerstörerisch wirken können, ist eine wichtige Tatsache. Die Menschen, die auf derartige Problematiken stoßen, haben zwei Möglichkeiten: Die liebevolle Art auf diese verunreinigten Menschen zuzugehen und ihnen in liebevollen Worten immer und immer wieder Weite und Kraft entgegenbringen, oder die Entscheidung, in den Abstand zu gehen.

Du meinst also, den Arbeitsplatz zu verlassen?

Ja genau.

Nicht jeder hat die Kraft, diesen Menschen dauerhaft in Liebe und Freundlichkeit zu begegnen.

Das mag sein, doch es ist eine Art der Lösung, und ich möchte hier die Lösungswege aufzeichnen.

Gibt es denn eine Art Garantie, dass das liebevolle Einwirken auf diesen Menschen auch wirklich etwas bewirkt? Irgendwann einmal?

Das ist vielschichtig, weil diese Menschen selbst viele verunreinigende Themen mit sich tragen, welche sie nicht reflektieren, und daher kann es manchmal viele Jahre dauern, bis die Resonanzen auf die neue liebevolle warmherzige Art wirklich

wirken. Doch letztlich ist es immer so, dass liebevolle Impulse nur liebevolle und lichtvolle Taten resonieren. Also ist es nur eine Frage eurer Geduld und eurer Kraft. Wer viel meditiert und reflektiert, kann diese Kraft aus dem Kosmos bekommen. Daher entscheidet selbst, den Weg zu gehen dort bleiben zu wollen, oder weiter wandeln zu wollen in Abstand.

Viele Menschen haben Angst, dass sie woanders keinen Arbeitsplatz finden und dann müssen sie sich diesen Formen ergeben.

Das mag sein, doch bitte übermittle ihnen, dass es immer weitergeht. Das Ende eines Arbeitsplatzes ist lange nicht das Ende eines Lebens. Es ist ein Aufruf der Seele, sich zu bewegen, dorthin, wo es schöner, lebendiger und kraftvoller ist.

Du willst damit sagen, dass es also immer eine Steigerung gibt. Und was ist mit den Angestellten, die einen undankbaren und respektlosen Chef haben, was raten wir ihnen?

Das ist eine andere Sache, da hier Hierarchien herrschen. Diese Menschen agieren wenig bewusst und diese Unbewusstheit der Unternehmer verursacht, dass die Angestellten lieblos und respektlos geführt werden. Die ausführenden Angestellten müssen diesen Impulsen natürlich folgen, doch ist es hier weniger eine Art der aktiven Reaktion sondern eine Art der inaktiven Reaktion. Ich meine damit, dass die reagierenden Angestellten hier versuchen sollten, dankbar die Impulse des Unternehmers umzusetzen, doch gleichzeitig Schutz aufzubauen. Ich empfehle dazu den Abstand und die Impulse aus den Schutzmechanismen des Tages, die ich schon durchgege-

ben hatte. Dann werdet ihr zu liebevollen Ausführenden und Reagierenden, doch müsst euch nicht um die Bereinigung dieser Situation kümmern. Das ist euch nicht möglich, da der eigentlich aktive Impuls von diesem Unternehmer kommt und er die volle Verantwortung dafür trägt. Ihr könnt ihm bewusst machen, wie unbewusst er ist, doch letztlich könnt ihr nicht weiter agieren, außer die Dankbarkeit dennoch zu leben und den Schutz auszuüben. Abstand ist in jedem Fall hilfreich, wenn man auf unbewusste Menschen trifft.

Aber das heißt doch nicht, dass man alles aushalten muss, was einem ein Chef verletzend antut, oder?

Nein, das heißt es natürlich nicht. Ich möchte nur nicht, dass alle Angestellten in voreilige Reaktionen gehen, nur weil der Unternehmer keinerlei Bewusstheit besitzt. Daher würde ich als Formel diese beiden Tipps geben, und wenn es nicht mehr erträglich ist, dann bitte begebt euch in den Abstand.

Du meinst, den Arbeitsplatz zu verlassen.

Doch wähle ich lieber die Begrifflichkeit Abstand, da wir alle niemals getrennt voneinander existieren, sondern nur in einem etwas größeren Abstand voneinander existieren können, doch niemals getrennt.

Ja natürlich. Möchtest du noch etwas zu dem Thema sagen?

Das war die Essenz, Liebes. Ich möchte dazu nichts mehr sagen.

Dann lass uns nun noch ein paar praktische Tipps festhalten, wie man den Arbeitsplatz kraftvoller gestalten oder energetisch schützen kann. Bitte berichte mir dazu etwas.

Das sind zwei unterschiedliche Ansätze, Liebes, lass uns bei der Kaft beginnen. Zunächst braucht ihr Weihrauch, denn er hält die Energie des Ortes weit und stabil. Doch keine Sorge, ihr müsst ihn nicht in großen Mengen vorrätig haben. Wenig Weihrauch reicht völlig, um ihn dann in ein kleines Säckchen oder ein kleines Schächtelchen zu legen, in eines der Fächer eures Schreibtisches. Dort ist er immer noch nah genug an eurem Energiefeld und wirkt dadurch in ihm.

Kannst Du kurz erklären, welche Wirkung Weihrauch generell hat?

Der Weihrauch hält die Energie, die ihr habt, stabil. Ohne den Weihrauch seid ihr dauerhaft unter einer energetischen Belastung. Der Weihrauch aber hält die Energie. Und wenn ihr positive Energie erschafft, dann hält der Weihrauch diese fest und ihr müsst sie nicht dauerhaft erschaffen. Das ist die Aufgabe von Weihrauch.
Dann bitte legt auf den Schreibtisch eine liegende Acht. Das wäre entweder etwas, das ihr aufzeichnet, oder eine extra angefertigte liegende Acht aus einem anderen Material. Diese liegende Acht kann auch als Untersetzer benutzt werden. Alles, was ich hier weitergebe, ist keineswegs dazu da, plakativ angewandt zu werden, doch letztlich wirkt es, ob plakativ oder nicht.

Welche Bedeutung hat die liegende Acht?

∞

Die liegende Acht wirkt wandelnd. Sie wandelt negative Energien in positive, daher ist es hilfreich, wenn ihr das Symbol auf dem Tisch liegen habt, da ihr dort auch immer wieder mit negativen Kräften in Kontakt tretet, auch wenn ihr nur mit ihr kommuniziert.

Du meinst, wenn man telefoniert?

Das ist eine Form der Kommunikation, ich meine alle Formen.

Ach so, auch E-mail und so ...

Ja, alle Formen der Kommunikation.

Kann man die liegende Acht auch irgendwie bewusst einsetzen, um eigene negative Gefühle zu wandeln?

Das braucht ihr nicht, sie wirkt von alleine und unterbewusst. Dann braucht ihr bitte noch einen Bergkristall, der bitte auf dem Schreibtisch liegt oder steht. Die Größe des Kristalles ist nicht von Relevanz, doch es muss ein klarer Kristall sein. Keine verunreinigten Kristalle bitte. Der Kristall kann klein sein, aber er muss rein sein. keine Brüche, keine unreinen Stellen. Alles muss glasklar strahlen. Dieser Kristall vollendet die Entfaltung eurer Kraft. Er beschleunigt.

Ah, also der Weihrauch schützt, die liegende Acht wandelt und der Kristall beschleunigt.

Das hat du schön gesagt, denn so ist es.

Noch was?

Nein.

Hast du zu den Weihrauchharzen eventuell noch einen Tipp, was die Qualität angeht?

Nein, doch wenn ihr möchtet, dann nehmt eher größere Brocken an Weihrauchharzen, da dies etwas besser hilft als die kleinen Brocken.

Ich nutze immer Weihrauchharz „Oman“, er hat eine sehr gute Qualität, und die Brocken sind schön griffig und groß, sodass kein Gefühl des Krümelns aufkommt. Ich notiere am Ende des Buches die Bezugsquelle.

Diese sind sehr wirkungsvolle und kraftvolle Weihrauchharze.

Was ist mit Blumen?

Blumen sind keine beschleunigende Sache, sie veredeln den Raum, doch um energetisch zu wirken, braucht ihr vor allem diese 3 Werkzeuge.

Muss man sonst noch etwas beachten, wenn man den Arbeitsplatz morgens besucht?

Nein.

Wenn man ihn abends verlässt?

Nein.

Gut, dann danke ich dir dafür.

Die Essenz

Die kosmischen Gesetze kennend und im Bewusstsein der Eigenverantwortung handelnd, ist jede Seele aufgerufen, wieder und wieder über sich, die anstehenden Entscheidungen, die Beurteilung der Lebensumstände und den daraus resultierenden Situationen zu reflektieren. Dauerhaft und konzentriert. Und so ist das Leben ein ständiges Abwägen zwischen kontinuierlichen liebevollen Impulsen und dem Entschluss, in größeren Abstand zu Menschen und Situationen zu gehen. Nicht immer kann man einen Beruf einfach aufgeben, doch oftmals hilft allein schon eine veränderte innere Haltung, um eine Art inneren Abstand zu erschaffen und damit weiter auf dem Pfad der Befreiung und Reinigung der Seele zu wandeln, ohne deshalb als Einsiedler und in Armut sein Leben fristen zu müssen. Es gilt, wie so oft, die Balance zu finden zwischen den Bedürfnissen des Körperlichen und den Bedürfnissen der Seele. Doch es ist machbar - in Liebe und in vollem Bewusstsein und Vertrauen in die zahlreiche Unterstützung aus dem Kosmos auf diesem Weg.

Verwirklichung in der Familie

Lieber Freund der Indianer, bitte sprich zum Thema Verwirklichung in der Familie.

Die Familie ist eine sehr große Herausforderung an die Seelen, denn einerseits fordert diese Struktur das Individuelle in einem und andererseits fordert es die Integration in diese Struktur.
Sowie eine Seele in den Körper eines Menschen inkarniert, entfaltet sich ihre Kraft. Das habt ihr nun schon erfahren. Die familiären Strukturen aber beginnen eine enge Form zu bilden, die die erste Erfahrung der Enge in einem Körper durch äußere Umstände erzeugt. Diese Enge wird natürlich unterschiedlich empfunden, je nach der Bewusstheit der Eltern. Dennoch bedeutet Familie überwiegend seelische Enge. Das ist eine wertfreie Einrichtung, die ihr erschaffen habt, damit die Menschen besser und beschützter wachsen können.

Aber ist es nicht so, dass Tiere auch familiäre Strukturen haben? Jedes Tier erschafft doch durch die Aufzucht der Brut ebenfalls familiäre Strukturen, nicht?

Das ist richtig, doch ihr lebt die familiären Strukturen noch viel unterschiedlicher und intensiver als jedes Tier. Die Tiere, alle, wachsen unter der Obhut ihrer Eltern auf, doch dann begeben sie sich auf ihren eigenen Weg und verlassen das Heim - alle weit vor den Abläufen bei den Menschen.

Okay, das verstehe ich. Du möchtest also betonen, dass diese Bindung der Tiere danach eine ganz andere ist als bei den Menschen, wenn es überhaupt noch eine gibt, richtig?

Das ist auch richtig.

Nun, wir sind ja keine Tiere in dem Sinne, sondern eben Menschen. Und deshalb ist das eben bei uns auch anders, oder?

Ja genau und deshalb berichte ich darüber. Denn die Herausforderung dieser Art, Familie zu leben, ist eine sehr wichtige und durchdringende.
Ihr müsst wissen, dass die Familie eure erste wirklich große Prüfung im Leben ist, denn nur wer die Familie als Form und allgemeine Kraft einer menschlich erschaffenen Struktur erkennt, der kann unsagbare Vorteile aus dieser Struktur für seine Entfaltung erfahren. Doch ist diese Form der Erfahrung der Enge mit sehr vielen Risiken verbunden, die die Seele durchwandern muss. Ich möchte darauf in liebevoller Hinwendung hinweisen, da ihr kein Wissen darüber habt, was sich genau in den Zeiten der familiären Enge in eurer Seele formt. Zunächst ist die Erfahrung der Enge als Ohnmacht eine sehr kraftvolle Erfahrung, denn die Seele erlebt, wie ihre Kraft unterdrückt wird und sich inaktiv einen Zustand aneignen muss, der eine Form der Wahrnehmung eines Mangels aller Kräfte in ihr erzeugen kann. Dieser Mangel wiederum verursacht in der Seele eine Menge Ungleichgewicht, welches mehr und mehr in die Art eurer Handlungen einfließt. Damit möchte ich sagen, dass die Unterdrückung der eigentlichen seelischen Kraft in euch durch die familiären Strukturen das

eigentliche Problem bilden bei der Entfaltung eurer Seele, auch noch in den Jahren nach der inaktiven Zeit.

Inaktive Zeit ist die Zeit, in der man immer das machen muss, was die Eltern einem sagen und man eigentlich seinen freien Willen nicht wirklich leben kann, also die Kindheit, richtig?

Ja genau.

Und du möchtest darauf hinweisen, dass nicht nur diese Zeit problematisch ist, sondern dass es eine bleibende Herausforderung für das ganze Leben bleibt, diese unterdrückte, ungelebte Kraft der Seele wiederzufinden und dann in seinem Leben tatsächlich zu entfalten, oder?

Das ist genau die Problematik. Du kannst dir das vorstellen wie eine Blume, die eine bestimmte Größe hat. Stell dir beispielsweise eine Rose vor. Du nimmst diese Rose und packst sie in ein Gefäß, dass viel kleiner ist als die Rose tatsächlich werden kann. Diese Rose beginnt dann in diesem Gefäß verschiedene Windungen und eigene Richtungen zu entwickeln, sie verengt und doch wächst sie. Das ist eine Art Manipulation, die durch diese Form geschieht. Die Rose kann danach im Kreis gewachsen sein oder in andere komische Strukturen, doch lange nicht ist sie eine gerade, in den Himmel gewachsene Rose. Die Form entfernst du dann und beginnst sie frei wachsen zu lassen, was meinst du, was sie tut?

Das ist eine gute Frage ...ich stelle es mir gerade vor. Ich muss überlegen. Ich glaube, dass alle Rosen in den Himmel wachsen möchten, dass aber nicht alle die Kraft haben und so manche dann weiter am Boden wächst. ...Ich weiß es nicht.

Das ist schon sehr nah an dem, was ich sagen will, denn wer Kraft in der Seele hat, kann es schaffen, diese Struktur abzustreifen und dabei in den Himmel zu wachsen, so wie immer schon gedacht. Diejenigen, die aber keine Kraft haben und deren Bewusstheit fehlt, werden versuchen, in der Nähe der Erde weiter und in die Breite zu wachsen, doch eine Rose braucht das Licht und will in den Himmel - wie alle Pflanzen auf der Erde.

Ich verstehe, also bietet die familiären Struktur auf eine Art und Weise diesen Schutz der Aufzucht und gleichzeitig dann aber auch eine Gefahr der Beengung der eigentlichen seelischen Kraft. Und dann ist es eine weitere Herausforderung, sich aus dieser Beengung zu befreien, richtig?

Das ist richtig, Liebes. Die Form ist von Menschenhand gemacht und damit in einer eigenen Gesetzmäßigkeit entwickelt und nicht in der kosmischen Gesetzmäßigkeit.

Nun, wie würde denn die kosmische Gesetzmäßigkeit dem Menschen empfehlen, die Struktur „Familie“ zu leben? Wie sollte diese Struktur, wenn sie in Einklang mit den kosmischen Gesetzen ist, aussehen?

Das ist relativ einfach. Die Menschen bekommen das Kind und lassen es entfalten, wie, wo und was es möchte. Die Kraft in ihm immer mehr fördernd. Die familiären Struktu-

ren brauchen eventuell ein paar Regeln, die eingehalten werden, doch letztlich und über allem stehend, fördern die Menschen, die die Familie bilden, die seelische Kraft des Kindes. Immer und immer wieder. Dann eines Tages beginnt diese Kraft so stark zu sein, dass das Kind seinen eigenen Weg gehen möchte und das auch klar formuliert. Die Eltern eines Kindes wissen um diesen wichtigen Schritt und helfen dem Kind dabei in Liebe und Respekt, Weite erfahren zu können. Das kann schon in sehr frühen Jahren oder eben auch erst in späteren Jahren eintreten. Doch die Zeit ist hier tatsächlich nicht von Relevanz, denn hier zählt die Geschwindigkeit der Seele. Das bedeutet, dass der Schutz der Eltern absichtlich von dem Kind, in vollem Bewusstsein für die Abstreifung dieses Schutzes, entfernt wird, damit dieses volle Entfaltung erfahren darf. Dann beginnt die weitere Stufe der seelischen Entfaltung. Die Erfahrung der eigenen Kraft unter fremden Menschen. Dies ist dann eine weitere und sehr wichtige Erfahrung, die euch lehrt, weise mit euren Kräften zu handeln und immer mit ihnen auch liebevolle Impulse zu geben. Egal, wem ihr begegnet.

Gut, das hab ich soweit verstanden. Aber Kinder können sich doch nicht selbst ernähren und kleiden. Die familiäre Struktur existiert doch vor allem, um das Überleben zu sichern, als Kind?

Das ist richtig, doch in einer Welt, in der die Menschen Weite fördern, wäre das Überleben keinerlei Thematik. Das Überleben wäre untereinander gesichert, indem alle die Menschen, die einem jüngeren Menschen begegnen, ihm helfen, Nahrung zu finden. Das könnte einerseits über eine Leistung erfahren

werden oder allgemein nur einfach so, um zu helfen.
Das Wissen um die Entfaltung der Seele würde die ganze Erfahrung der Kindheit um ein Vielfaches ändern. Das Fördern dieser Kräfte wäre einerseits die beste Medizin, um das volle Potenzial der Seele zu entfalten, und andererseits wäre es eine wunderbare, weise Möglichkeit, Menschen, die Eltern sind, wie auch anderen, Weite lehren zu können und unendliche Liebe. ***Denn nur wer Weite und Liebe kennt und lebt, kann fremden wie eigenen Kindern begegnen.***

Das heißt, die familiären Strukturen, die wir aktuell leben, sind nicht unbedingt die besten, im Sinne der Energetik der Seele?

Ja, das ist richtig, und ich finde, ihr solltet bald daran etwas ändern, denn die Art und Weise wie ihr Kinder, also Seelen und deren Kraft behandelt, braucht dringend eine Verwandlung. ***Denn weil diese Enge, diese Ohnmacht und diese Unterdrückung in diesen aktuellen familiären Strukturen für die Seele empfunden wird, beginnt eine lange Zeit der Wirrung und Irrung der Seele, die als Mensch inkarniert ist, um verschiedene Erfahrungen zu sammeln, doch nicht nur die Erfahrung der Enge über eine Famile machen will.***

Verstehe, du möchtest darauf hinweisen, dass sehr, sehr viele Menschen über diese Problematiken aus der Zeit der Ohnmacht (Kindheit) nie hinwegkommen und dann ein ganzes Leben lang brauchen, um ihre eigentliche Kraft zu finden und das oft nicht einmal ansatzweise erreichen, richtig?

Das ist leider genau das, was ich sagen will. Die familiären

Strukturen, die ihr habt, die keineswegs die Seele fördern, sind sehr bedenklich, denn ich betrachte die Art und Weise, wie die Menschen vor Angst und Lieblosigkeit respektlos miteinander umgehen, ausschließlich als eine Folge der unbewussten Art, wie die Rose manipuliert wurde.

Dann bitte, bitte hilf den Menschen. Man hat nun mal diese Strukturen seit Jahrhunderten oder gar länger so gelebt. Da sind die Eltern, die sich meist sehr liebevoll, aber dennoch unbewusst um die Kinder kümmern. Die Verbindung zu ihnen will man nicht abbrechen, doch spüren die Kinder, dass sie sich nicht so richtig entfalten können. Dann beginnen sie sich zu entfernen, haben Angst, diesen Schritt dennoch wirklich zu leben, Angst verstoßen zu werden o.ä. ... Bitte gib den Menschen noch etwas deutlichere Impulse, wie sie mit diesen Problematiken umgehen können - mit der Problematik der Familie generell.

Das ist eine sehr wichtige Frage, Liebes, ich danke dir dafür. Die Familie, liebe Menschen, ist eine Form, die euch hilft, die ersten Jahre der Wahrnehmung zu überleben und ihr erfahrt über diese Struktur verschiedene Unterstützungen, wie Nahrung und Wärme. ***Das Leben aber, liebe Menschen, ist noch viel mehr als diese familiäre Struktur. Ihr müsst erkennen, dass dies ein Nest ist, aus dem ihr euch entfernen müsst und solltet, wenn ihr eure Seele leben wollt. Die Liebe und die Kraft in der Seele in euch wollen euch entfalten und leben, weiter noch als ihr euch vorstellen könnt.*** *Doch da die familiären Strukturen nur für eine Zeit lang fördernd sind, können sie euch behindern in dieser Entfaltung.*

Ihr müsst also erkennen, dass die wirkliche Entfaltung

eures eigentlichen Ichs nicht in dieser Familie geschieht, sondern außerhalb von ihr. *Daher wandelt dankbar von ihr, sobald ihr diese Impulse empfindet, und habt keinerlei Berührungsängste, diese Kraft in euch weiter zu entfalten. Alles was ihr seid, will erforscht werden und leben, doch kann es das nur, wenn ihr ihm den Raum dazu erschafft. Die Familie tut dies meist nicht. Familie hat andere Vorteile, die für eine andere Zeit in eurem Leben wichtig waren. Die Menschen, die eure Eltern sind, werden immer eure Eltern bleiben, doch sind es letztlich auch Seelen, die inkarniert sind, um eigene Erfahrungen zu sammeln, und ihr braucht nicht an ihnen festhalten wie eine lebenslange Verbindung. Denn familiiäre Verbindungen sind nicht die Verbindungen, die eure Seele erschafft. Alle Erfahrung einer Verbindung mit Begegnungen anderer Menschen und Seelen ist um ein Vielfaches weiter und kraftvoller, als die Verbindung, die ihr in der Familie erfahren könnt. Daher betrachtet diese Institution als solche, was sie ist, und wandelt weiter. Die Eltern wachsen in ihrer Kraft weiter und ihr in eurer Kraft. Keinerlei Verbindung muss hier bleiben, wenn dies nicht gefragt ist.*

Du möchtest den Menschen also vermitteln - wenn sie es so empfinden - dass es auch richtig sein kann, sich sogar ganz von ihren Eltern zu trennen, richtig?

Ja genau.

Aber haben die Kinder nicht auch Verantwortung den Eltern gegenüber? Die Eltern haben dem Kind so viel gegeben ... Kraft, Liebe, Geld, Zeit ...ist das wirklich in kosmischer Harmonie, dann einfach

auf nimmer Wiedersehen zu sagen - ist das nicht respektlos?

Das ist eine sehr wichtige Frage, denn nein, Liebes, es ist nicht respektlos. Es ist die Entscheidung der Eltern gewesen, das Aufziehen eines Lebens in ihr Leben zu bringen. Diese Entscheidung bedeutet aber keinerlei VERPFLICHTUNG für dieses Leben und keinerlei Bindung, wie ich es meine. Die Bindung besteht in Dankbarkeit, ja, doch braucht es keinerlei weitere Verbindung, denn ihr werdet im Laufe des Lebens viele, viele andere Verbindungen erschaffen, die euch fördern. Die familiäre Struktur fördert euch und hilft euch eine Zeit lang, aber wenn diese Zeit einmal vorüber ist, wandelt weiter. Das ist alles, was ich sagen will. Wer diese Verbindung weiter behalten möchte, der kann dies doch tun, ich möchte nur darauf aufmerksam machen, dass die Verbindungen, die ihr zu anderen Menschen begehen werdet, noch viel mehr Kraft in sich tragen können, als ihr glaubt.

Ich selbst empfinde aber familiäre Verbindungen als durchaus stark. Die Menschen sagen immer, das familiäre Blut ist dicker als anderes und meinen damit, dass dies schon eine ganz besondere Art der Verbindung darstellt - ist das nicht so?

Das ist keine energetische Wahrheit, Liebes. Die energetische Wahrheit ist eine andere.

Okay, dann ist das eine menschliche Wahrnehmung, wenn man sagt, ich halte zu meiner Familie. Die energetische Wahrnehmung zeugt jedoch eine andere Wahrheit, nämlich die, dass die Verbindungen zur Familie seelisch gesehen viel, viel schwächer sind als die zu anderen, neuen Menschen.

Genau. Das einzelne Leben ist natürlich eine wirklich individuelle Sache, die ich hier nicht betrachten kann, doch im Großen und Ganzen ist es wichtig, dass ihr diese beiden Unterscheide kennt. ***Nicht die Regeln der Menschen halten die Verbindungen - die Seelen halten sie.*** *Daher bitte, bitte erkennt, ob ihr eine starke Verbindung zu einem eurer Familienmitgliedern habt, dann pflegt diese, doch habt ihr keine, dann löst die Formen auf und geht eures Weges. Das ist energetisch keine Problematik sondern eine Notwendigkeit.*

Und was ist, wenn man als Mensch mitbekommt, dass es Familienmitgliedern nicht gut geht? Man hat nun mal auch Verantwortung diesen Menschen gegenüber. Und diese Verantwortung bindet natürlich und kann in dem Fall viel Zeit und seelische Kraft kosten. Und das hemmt dann die Entfaltung - was empfiehlst du in einer solchen Situation?

Das ist eine sehr verzwickte Situation, denn Verantwortung ist natürlich eine Sache, die ich nicht unter das Betrachtungsfeld fallen lassen will und kann. Die Verantwortung, die ihr untereinander habt, ist tatsächlich eine sehr große Kraft und bedeutet, dass ihr einander nicht fallen lasst, wenn ihr einander braucht. Das bedeutet, wenn ihr im Alter Hilfe von den Kindern braucht, dann bittet sie, und wenn sie helfen, dann ist das natürlich eine liebevolle Tat.

Wenn die Hilfe der Kinder oder die Hilfe der Eltern dennoch ausgeschlagen wird, weil es nicht möglich ist, die Entfaltung der Seele weiter zu fördern über diesen Weg, dann habt bitte

Verständnis. Die kosmische Kraft wirkt durch die Menschen hindurch und kann nicht unbedingt immer den Weg der besonderen Zuwendung des familiären Mitgliedes leben. Dies ist dann aber keineswegs eine negative Tat, wie ihr ab und an wertet, es ist die Entscheidung dieser Seele, die eigenverantwortlich handelt, nicht zu helfen.

Ist diese Kraft, diese Art zu leben, dann nicht undankbar, respektlos und lieblos diesen Menschen gegenüber, wenn sie einen um Hilfe bitten?

Das ist der entscheidende Punkt, Liebes. Die Frage ist die Bitte. ***Wer bittet, muss erhört werden. Das ist ein kosmisches Gesetz und ihr solltet dieser Bitte folgen.*** *Daher, wo immer ihr Bitten eurer Familienmitglieder erfahrt, wandelt bitte nicht immer nur im Ziel EURER Entfaltung sondern* ***nutzt diese Bitte, um euch zu entfalten.*** *Das ist eine sehr individuelle Sache, doch möchte ich diese Gesetzmäßigkeit hier noch festhalten. Die Bitten eines liebevollen Menschen und vor allem die Bitten eines Familienmitgliedes dürfen nicht aus Eigennutz abgeschlagen werden.* ***Die Bitte bricht das seelische Ziel.***

Moment, die Bitte bricht das seelische Ziel, bedeutet also, dass man, selbst wenn man schon auf seinem seelischen Entfaltungsweg geht, dennoch aufgrund einer solchen Bitte wieder zurückgehen sollte, wenn man im kosmischen Einklang agieren will?

Das ist genau richtig. Die seelische Entfaltung kann einerseits die Fortbewegung von diesem Zustand bedeuten, doch ande-

rerseits bedeutet die Bitte eines Familienmitgliedes auch eine Entfaltung über diese Dienerschaft.

Das ist ein gutes Stichwort, denn ich kenne Menschen, die haben dann diese Dienerschaft begonnen und ihr ganzes Ziel der Entfaltung der Seele, welches sie vorher hatten, gänzlich aufgegeben, sich so gesehen im Erfüllen dieser Bitte völlig selbst aufgegeben. Ist DAS denn energetisch wirklich ratsam?

Das ist eine andere Problematik, denn wer sein seelisches Ziel wandelt, muss nicht gänzlich vergessen, welche Richtung er vorher eingeschlagen hatte. Damit möchte ich sagen, dass das seelische Ziel einerseits bestehen bleiben sollte, doch die Hilfe als Dienerschaft eine Wandlung in der Seele vollzieht, die ihr mit Dankbarkeit aufnehmen solltet, doch NIEMALS das seelische Ziel unter diese Dienerschaft stellen dürft. Diese Dienerschaft sollte eine Weile eure Seele bereichern, doch dann solltet ihr wieder in das Ziel eurer Seele tauchen. Das kann bedeuten, dass ihr Menschen verlassen müsst, die euch brauchen, doch wenn ihr es ermöglicht, dass diese Menschen nicht alleine, sondern in Betreuung weiter Hilfe erfahren, dann ist dies ohne Bedenken.

Aber auch das braucht finanzielle Mittel, die nicht alle haben?! Was rätst du diesen?

Das ist kompliziert und ich weiß keine Antwort darauf, doch ich möchte euch motivieren, die Wege zu finden, die die Entfaltung eurer Seele, sowie die Betreuung dieser Menschen ermöglichen. Das ist alles, was ich dazu sagen kann.

∞

Okay, ich verstehe. Möchtest du noch etwas dazu sagen?

> *Ja.*
> *Die Kindheit ist eine Erfahrung der Ohnmacht, liebe Menschen, doch ihr seid nicht ohnmächtig.* ***Wandelt durch die Form der Familie in eure eigene Form hinein. DAS ist Eigenverantwortung und dort beginnt eure eigentliche Kraft sich zu entfalten.***
> *Ihr braucht dazu nur den Entschluss und die Bereitschaft, dass die Weite in eurer Seele beginnt an dem Tag, an dem ihr alle menschlichen Formen überwindet.*

Das heißt, du möchtest den Menschen das anerzogene schlechte Gewissen nehmen, wenn sie konsequent ihr eigenes Leben leben, und du möchtest ihnen vor allem bei aller Verantwortung, über die ich dich befragt habe, hier auch noch einmal die Eigenverantwortung nahebringen, sollten sie diese familiären Strukturen einmal brechen müssen, richtig?

> *Ja, das ist richtig.* ***Bitte, bitte vergesst nicht bei all euren Handlungen, dass ihr liebevoll handelt, was immer eure Entscheidungen sind. Ob als Eltern oder als Kind, wandelt in Liebe, kommuniziert in Liebe. Meidet Aggression und handelt liebevoll. Alles ist machbar, alles ist wandelbar, alles ist lebbar, doch es ist es vor allem liebevoll.***

Verstehe. Es geht bei den von uns erschaffenen Strukturen ja überwiegend darum, einander zu helfen, das ist doch generell nicht falsch?

∞

Ja, das ist alles richtig, ich verstehe die Intention hinter dem System, doch muss ich festhalten, dass das System selbst keinerlei seelische Entfaltung ermöglicht. Das ist leider so. Ich wünschte, ihr hättet längst eine andere Form, welche die seelische Entfaltung ermöglicht, doch es ist leider nicht so. Die seelische Entfaltung beginnt bisher nur, wenn diese Struktur gebrochen wird.

Hm, aber was machen denn Großeltern, die erkennen, dass die Kinder Hilfe brauchen. Dann sind die Eltern überfordert und sie sind froh, wenn sie die Großeltern haben, die ihnen helfen können?

Damit streifst du ein ganz anderes Thema. Das Thema der Elternschaft. Ich möchte dem ein ganzes eigenes Werk widmen. Es ist zu komplex, es hier nur in einem Kapitel zu behandeln.

Möchtest du denn noch etwas sagen?

Das Wichtigste ist gesagt. Wer verstanden hat, was seelische Entfaltung bedeutet, der hat mich verstanden.

Was ist denn das nächste Thema?

Das nächste Thema ist die Lehre. Die Lehre als Mensch. Die Menschen erleben eine Zeit der Lehre, in der sie erfahren müssen, wer sie sind und was ihre eigentliche Kraft ist. In dieser Zeit der Lehre lernt die Seele, wer sie ist und was sie in diesem Leben will. Ich möchte darauf hinweisen, dass ihr diese Zeit alle erfahrt - doch meist unbewusst.

∞

Also könnte man grob sagen, dass die Zeit der Lehre die Zeit ist, die beginnt, wenn man sich von seinem Elternhaus fort bewegt und beginnt, sich selbst zu entdecken? So wie Menschen eine berufliche Lehre machen, so erfahren die Menschen eine Zeit der Lehre der Seele?

Nein, das ist nicht ganz richtig. Die Seele macht keine Lehre, die Seele ist immer was sie ist, doch wenn ein Mensch die familiären Strukturen verlassen hat, beginnt eine Zeit, in der er lernt, wer er ist - was genau seine Seele ist.

Und darüber möchtest du berichten?

Ja genau.

Die Essenz

Nestwärme, Schutz, Stabilität und Förderung ins Leben, das ist das, wofür wir Familienstrukturen im besten Sinne erschaffen haben. Doch nicht immer sind diese so sinnvollen existentiellen Strukturen auch förderlich für das Wachstum und die Entfaltung der Seele. Sind die Eltern selbst noch sehr unbewusst in ihren Handlungen, bedeuten diese familiären Strukturen eine energetische Enge für die Seelen. Wo unbewusst dauerhaft energetische Gesetze gebrochen werden, kann sich die Kraft der Seele nicht entfalten, sondern wird über die Erfahrung von Unterdrückung und Manipulation im Wachstum ihres eigentlichen Potentials behindert. Im schlimmsten Fall wird sie der eigenen Energie mehr und mehr beraubt.

Elternschaft bedeutet eine unbeschreibliche Verantwortung, denn es geht dabei um nichts Geringeres, als das Nähren und Fördern des Körperlichen wie auch das Fördern der seelischen Kraft immer im Gleichgewicht zu halten. Daher gilt es wieder und wieder abzuwägen, ob man den freien Willen eines Kindes, die freie Entfaltung der innewohnenden Seele bremst oder fördert. Dort wo sich seelische, liebevolle und bewusste Impulse entfalten können, ist die Struktur der Familie die beste Form. Sie wirkt dann wie ein beschützender Tempel für das Kind. Wo jedoch Unterdrückung der seelischen Impulse, Gewalt - geistiger wie körperlicher Art -, Manipulation und Respektlosigkeit in den Familien herrschen, sind diese Strukturen entweder in Liebe zu wandeln oder umgehend zu verlassen und in den Abstand zu gehen.

Heilung ist ein anderes Wort für Ganzwerdung. Wer diesen Prozess unterbricht, erschafft und erhält kranke Strukturen.

Die Lehre der Seele

Lieber Freund der Indianer, du hast gesagt, du möchtest das nächste Kapitel „Lehre“ nennen, doch kann ich mir darunter noch nichts vorstellen. Wollen wir es vielleicht Lehrzeit nennen? Oder wie genau meinst du es?

Die Lehre eines Menschen bezeichnet weitestgehend die Zeit, in der er seine Lebensaufgabe findet. Diese Zeit ist eine unbestimmte Zeit, denn so mancher findet sie nie. Du weißt, wovon ich rede.

Ja, ich verstehe dich, ich kenne viele Menschen, die noch in hohem Alter nicht wissen, wer sie wirklich sind und schon gar nicht, was ihre seelische Lebensaufgabe ist.

Das ist richtig und ich möchte darüber berichten, wie wichtig es ist, dass ihr eure Verbindung in die feinstofflichen Welten findet, eure Lebensaufgabe begreift und wahrnehmt.
Die Lebensaufgabe und die Überlebensfrage sind EINE Prüfung, denn wer einerseits nur die Existenz als Mensch unter dem Aspekt der Überlebensfrage verlebt, der hat die Bestimmung seiner Seele nicht erfahren. Er lebt in einer Illusion. Diese Illuision fesselt ihn so sehr, dass er keinerlei Kraft bekommt, die ihn befreien könnte. Dieser Kreis aus Energielosigkeit und falscher Wahrnehmung hält viele Menschen fest. Doch liebe Menschen, die Lehre eurer Seele ist die Zeit, die ihr mit euch verbringen solltet und dabei eure eigentli-

che Kraft entdecken und erfahren solltet. Diese Zeit braucht Aufmerksamkeit und ich möchte daher darauf hinweisen, dass Versprechen und Verträge mit anderen Menschen warten sollten, so lange bis ihr eure eigentliche Bestimmung und Lebensaufgabe gefunden habt. ***Die Überlebensfrage bildet die Form, die euch leiten soll, diese Innenschau zügig zu tun. Nicht lebenslang mit den existenziellen Themen verschiedene Bereiche des menschlichen Seins zu erkunden, sondern die seelische Ebene zu erkunden.*** *Dieser Prozess braucht einerseits Zeit, doch andererseits nicht so viel, wie ihr für die Überlebensfrage aufbringt.*

Nun, lieber Freund der Indianer, das ist leichter gesagt als getan. So mancher muss sofort nach der Schule arbeiten, um zu überleben. Der Druck ist nicht gering, was das Thema angeht. Zusätzlich dazu gibt es menschliche Systeme und Formen, Gedanken- und Glaubensmuster, die eine Form vorgeben, aus der man nicht so einfach aussteigen kann, um „sich selbst zu finden"...Was geben wir denn diesen Menschen mit auf den Weg, die so eingespannt sind in diese Abläufe?

Das ist ihre Entscheidung. Wir geben ihnen mit auf den Weg, dass es IHRE Entscheidung ist und dass keiner von euch Ohnmacht erfährt, wie er glaubt, dass er es tut. Die Bereitschaft ist alles, wie ihr erfahren habt. Die Menschen brauchen nur die Bereitschaft, und damit beginnt die Kraft zu fließen, die ihre Entscheidungen dorthin lenkt, wo sie diese Lehre erfolgreich abschließen.

Wieso nennst du es Lehre und nicht anders?

∞

Das Wort beschreibt die Zeit, in der die Menschen eine Weile in sich schauen und dort lernen, wer sie wirklich sind. Das ist eine Lehre ...

Gut, dann ist es eine Lehrzeit.

Das kannst du benennen, wie du magst, ich benenne es Lehre. Diese Lehre, die euch die Seele schenkt, bildet die beste Grundlage für euer Reinigen und euer Beschleunigen eurer Kraft. In allen Formen eurer Welt bedingt diese Innenschau die Bereitschaft und das Erkennen, wie wichtig dieser Prozess ist.

Du betonst also die Eigenverantwortung noch einmal, das verstehe ich. Doch so mancher ist in sehr komplizierte Umstände hineingeboren - es gibt Kinder, die Kinderarbeit machen müssen und so vieles, das so früh schon so viel Ablenkung erschafft, nur allein dadurch, dass die Existenz gesichert werden muss ... Bist du sicher, dass alle Menschen gleiches Recht und gleiche Wahlmöglichkeit haben bei diesem Thema, egal welche Umstände sie umgeben?

Das ist eine sehr schöne und deutliche Frage, Liebes. Ja, ich bin mir sicher, denn unterscheiden tut euch nur die Vorbereitung.

Wie meinst du das?

Diese Worte hier können die Menschen, welche glauben, dass sie in eine Ohnmacht hineingeboren wurden oder hineingerutscht sind oder dort verweilen müssen, diese Informati-

onen hier können sie vorbereiten darauf, dass es die Lehre der Seele braucht, um endlich wirklich das Leben zu leben, das ihr immer wolltet. Daher bitte, bitte, bitte kommuniziere ihnen, dass ihr keine Ohnmacht besitzt und die Kraft aus euch heraus wächst, alsbald ihr den Lehren der Seele lauscht.

Was passiert mit den Seelen, die ein Leben lang durch Ablenkung nicht dazu kommen, den Lehren der Seele zu lauschen und danach zu leben? Was passiert dann?

Dann passiert nur, dass sie die Weiche in die bessere Form nicht gefunden haben. Dann kann es sein, dass sie ein Leben voller Leid und Mangel erfahren. Das ist letztlich kein großes Problem - nur eine vertane Chance.

Genau, weil kosmisch gesehen kommt man dann eben wieder und wieder und wieder, bis es mal klappt, richtig? Gibt es denn eine Art Belohnung für diejenigen, die realtiv schnell beschleunigen und reinigen, oder ist es wirklich egal, ob man nun zehn Mal, hundert Mal oder Tausende Male kam, um die eigentliche Kraft der Seele zu entfalten?

Das ist nicht egal, Liebes, denn entscheidend sind bei jeder Inkarnation die RISIKEN, die damit einhergehen.
Die Menschen, die eine Zeit der Lehre der Seele leben, verstehen ihre Fehler aus diesem und aus anderen Leben und können diese bereinigen. Mehr oder weniger sofort.
Die Menschen, die dies nicht verstehen und nicht danach leben, also keine Lehre der Seele erfahren, diese Menschen verbringen jeden Tag und jeden Moment ihres Lebens unbe-

∞

wusst und begehen Fehler, die sie ein andermal dann ausgleichen müssen. Doch wir alle wissen, dass niemand fehlerfrei ist, daher ist es eine, ihr würdet sagen, logische Folge, die entsteht, wenn ein Mensch in unbewussten Taten über viele Leben hinweg lebt. Die Masse der Kräfte, die ausgeglichen werden müssen, wird dann größer und größer und größer und größer und größer.

Und dann?

Dann braucht es länger und viel mehr Ausgleich, dies alles zu korrigieren.

Das heißt, es kann sein, dass ein Mensch, der sehr oft unbewusst sein Leben verlebte, nun auch viele Leben braucht, um das wieder zu bereinigen und auszugleichen?

Das ist genau die Problematik. Die Inkarnation in einen Organismus wie euer Menschenkörper es ist, diese Inkarnation bringt viele, viele Prüfungen mit sich. Die erste Prüfung des Mensch-seins ist die Enge, die ihr erfahrt, in allen Formen, die ihr erschaffen habt. Die Familie, die Schulen, die Arbeit und so vieles mehr. Diese Enge verursacht viele, viele falsche Entscheidungen, die alle Ausgleich fordern werden.

Das heißt, wir möchten den Menschen das Bewusstsein erweitern, dass sie um diese „Gefahr" wissen und jetzt beginnen, den Lehren der Seele zu lauschen.

Das wäre meine Intention, Liebes, ja. ***Die Weite eurer Seele***

wartet hinter diesen Informationen, die ihr hier erfahrt. Diese Weite wird euch beschleunigen und viel Wandel in eurem Leben verursachen, der ausschließlich Liebe, Freude, Kraft und Wachstum erschaffen will.

Lieber Freund der Indianer, ich weiß um die Ängste der Menschen, und die meisten Menschen bekommen vor allem bei dem Wort Wandel sehr viel Angst, da sie nicht möchten, dass ihnen die bestehenden Formen weggenommen werden. Kannst du Ihnen dazu noch etwas sagen? Die Wichtigkeit der Lehre der Seele nahelegen, dass sie viel wichtiger als all diese Ängste ist?

Du hast es im Prinzip schon benannt, was ich benennen würde. Die Lehren der Seele erschaffen euch Formen, die so viel besser sind, als das, was ihr bisher kennt und lebt, dass es fast unmöglich ist, dies in Worte zu fassen. Der Schlüssel ist das Vertrauen, die Hingabe, die Bereitschaft und all die Dinge, die wir besprochen haben. Daher bitte, bitte, vertraut und dankt den Lehren der Seele, dass sie immer da sind und ihr Ihnen nur lauschen müsst. ***Die Lehre der Seele braucht nur eure Aufmerksamkeit,*** *nicht einmal wirklich weitere andere Werkzeuge. Das ist alles.*

Und was machen wir mit der Angst?

Die Angst ist eine Krankheit, Liebes. Wer Angst fühlt, ist in seinem Körper verunreinigt, und dies erschafft verunreinigende Prozesse, wie auch Angst. Ich möchte darüber ein andermal sprechen, denn die Angst selbst ist so komplex, dass wir sie dann intensiver beschreiben werden.

∞

Möchtest du noch etwas zu den Lehren der Seele sagen?

Nein.

Was ist unser nächstes praktisches Thema?

Die Fülle. Die Fülle des Lebens erkennen.

Die Essenz

Die Zeit der Einkehr, Zeit der Stille, Zeit der Innenschau und Reflektion sind die Bedingung für die Erkenntnisse, wer wir wirklich sind und warum wir inkarniert sind. Das muss nicht zwingend immer mit Ausgleich zu tun haben, in jedem Fall aber mit einem gewissen Maß an Erkenntnissen, die die Seele erlangen möchte. Selbst nur das pure Sein im Körper, die Erfahrungswelten der Sinnlichkeit, der Sinne dieses Körpers, können schon sehr viel Potential an Wachstum und Reinigung in sich tragen. Aber auch viele Risiken. Im Moment der Einkehr einer jeden Seele im Körper beginnt die Lehrzeit der Seele, in der sie beginnt, ihre Kräfte zu wandeln, Glaubensmuster zu hinterfragen und zu überwinden, um sich selbst zu finden. Diese Reflektion ist der Beginn der Reinigung einer jeden Seele.

∞

Die Fülle

Lieber Freund der Indianer, bitte sprich zum Thema Fülle, der Erfahrung der Fülle.

Eine erste kleine Einführung in die kosmischen Gesetze habt ihr nun erfahren. Die Wahrnehmung und ihre individuelle Art, durch die Verunreinigung geführt, ist euch mittlerweile ein Begriff, und ihr habt ein Gefühl dafür, wie sehr die Wahrnehmung an das Leben und all eure Eindrücke gebunden ist. Die Wahrheit einer eingeweihten Seele ist, dass sie erkannt hat, dass alles immer war und immer ist, was Menschen vermissen und im Mangel erfahren. Das bedeutet, dass keine Kraft des Kosmos einen Zustand erschafft, in dem etwas NICHT existiert. Lediglich die eigene Wahrnehmung lässt es euch nicht fühlen und nicht wahrnehmen. ***Das bedeutet, Fülle ist ein Element des Kosmos, das immerdar wirkt und besteht und niemals weniger ist oder mehr.*** *Die Fülle ist alle Kraft und alle Liebe, die die kosmische Quelle weitergibt. Alles was ihr erlebt und kennt als Materie, alles was ihr kreiert, alles was einmal war, alles was noch sein wird, alles was ihr noch nicht kennt, alles was ist, ist aus dem liebevollen Impuls und der unendlichen Kraft der Quelle entstanden und tut dies weiter. Das bedeutet, dass es keinen Moment des Seins gibt, in dem die Fülle nicht existiert. Sie ist immer, aber - und das ist der entscheidende Punkt - die Seelen verlieren die Reinheit und dadurch verwandelt sich ihre Wahrnehmung und aus einem Gefühl der Fülle und der Liebe allen Seins,* *verwandeln sie ihre Kraft in eine Wahrnehmung des Mangels und der Lieblosigkeit.*

Dieser Prozess ist ausschließlich ein innerer Prozess, der keineswegs äußerlich und vom Kosmos initiiert wird, doch er geschieht ausschließlich IN euch, aus euch heraus. Dazu möchte ich euch ein Bild eurer Zeit beschreiben. Wer als Kind die Welt erfahren hat, der weiß, wie bunt und liebevoll Momente sein können. Die bunten Bilder damals in den Kinderbüchern, die bunten Bilder an den Wänden der Kindergärten, wie ihr es nennt. Die bunte Wahrnehmung an Geschmäckern, dann wenn ihr gegessen habt. Die Süße, die fantastisch schmeckte, das Salzige, das anders war und doch auch lecker ... die Welt war ein Blumenmeer, und ihr habt in diesem die Momente der Liebe erfahren, die eine Seele kennt. Dann begann die Zeit der Schule und als ihr die ersten Prüfungen als Kind erledigen musstet, wurde das Lachen weniger. Die Liebe hatte weniger Platz und weniger Zeit, um empfunden zu werden, da die Ablenkung des Geistes in menschlichen Lernaufgaben unendlich wirkte. Dann wurden die Bilder farbloser, die Formen liebloser und das Essen weniger geschmackvoll. Dann war die Zeit der Lehren der Menschengesetze und ihrer Informationen das, was euer Leben bestimmte. Doch alle Bilder, Blumenfelder und Geschmäcker aus der Kindheit waren immer noch da. Waren immer noch Teil des ganzen Kosmos. Die eigene Wahrnehmung war es, die sich verwandelt hat, und nicht das Außen. Schaut heute in einen Kindergarten oder betrachtet in Stille die staunenden Kinderaugen, wenn sie die Welt entdecken, und versucht euch zu erinnern, wie farbenfroh und bunt, liebevoll und lichtvoll das Leben war. Mal mehr, mal weniger, doch ihr alle kennt dazu wenigstens einen einzigen Moment.

∞

Damit möchte ich sagen, dass mir bewusst ist, dass nicht alle eine liebevolle und lichtvolle Kindheit hatten, doch hatten sie dennoch wenigstens einige kleine Momente, in denen ihre Wahrnehmung diese Fülle wahrnahm.

Das habe ich verstanden, danke dir für das schöne Bild. Aber was geben wir den Menschen nun mit auf den Weg? Reicht die Erinnerung, mit den Augen eines Kindes die Welt zu betrachten? Das ist nicht so leicht, wenn man unter Druck steht und jeden Tag für das Überleben sorgen muss. Was möchtest du ihnen mit auf den Weg geben?

Die Art und Weise, wie ihr das Leben belebt und betrachtet, ist keine Liebe. Die Art und Weise wie ihr das Leben lebt, ist Kälte und Frust, Lieblosigkeit und Mangel. Mehr und mehr haben wollen, mehr und mehr besitzen wollen, mehr und mehr eintauchen wollen in die Gesetze der Menschen, anstatt die Gesetze des Kosmos zu leben. Das mag hart klingen, liebe Menschen, die ihr das lest, doch ist es leider wirklich so. ***Wer wirklich weit eintauchen möchte in die Formen des Kosmos, der muss seine Fülle leben und darf in keiner Sekunde, oder besser keinen Moment, die Fülle suchen.***

Aber es gibt viele Menschen, die liebevoll und herzlich sind, ist es nicht ein bisschen krass, wenn du es so überzeichnest?

Das sage ich deshalb, weil ich die Masse der Menschen erreichen möchte, die tatsächlich glaubt, dass das liebevolle Miteinander Fülle bedeutet. Ich möchte eure Wahrnehmung dahingehend lenken, dass viele der Menschen, die liebevoll miteinander umgehen, dennoch Mangel in sich empfinden. Verstehst du die Komplexität und meine Differenzierung?

Ach, ja, ich verstehe, du willst sagen, dass ein liebevoller Umgang NICHT gleichzeitig bedeutet, dass der Mensch Fülle in sich trägt.

Das ist es, Liebes, genau das ist es, was ich meine. Die Menschen müssen differenzierter und genauer betrachten, wer sie sind. Die Liebe zueinander ist gut und wichtig, doch ist es lange nicht das Zeichen dafür, dass Fülle und Wahrheit euer Leben bestimmen. Diese Wahrnehmung ist etwas, das ihr nur in euch und mit euch leben könnt. Etwas das niemand euch lehren kann, außer ihr euch selbst. Daher bitte ich, die Aufmerksamkeit weg von den äußeren Umständen und Taten zu lenken und in die innere Betrachtung eurer Wahrnehmung zu gehen. Die unbewusste Wahrnehmung, die vielleicht doch noch dies und jenes braucht, um die Erfahrung des Mangels in eine Erfahrung der Fülle zu wandeln. Du weißt, wie schnell es gehen kann, einen Moment des Mangels in einen Moment der Fülle zu wandeln. Das geschieht ausschließlich in euch, doch wo ist der Schlüssel in diese Wahrnehmung?

Ja, diese Frage stelle ich dir, lieber Freund der Indianer ...? Wie kann ein Mensch von einer Sekunde aus der Erfahrung des Mangels in die Erfahrung der Fülle treten?

Die Frage kannst du beantworten!

Nein, es ist dein Buch, bitte ... du kannst es außerdem besser.

∞

Die Wahrnehmung, liebe Menschen, ist euer Schlüssel. Verunreinigt ihr in eurer Wahrnehmung, dann nehmt ihr den Mangel wahr. Die Wahrnehmung ist also tief in euch verankert und direkt verbunden mit eurer Reinheit. Die Reinheit ist also der Schlüssel. Bitte arbeitet daran, dass ihr in Reinheit und Kraft weiter wandelt, was euch zurückhält. Weiter überwindet, was euch zurückhält. Weiter überwindet, was euch Angst bereitet - alles was euch bremst, muss überwunden werden. Doch gleichzeitig soll die Liebe in euch wachsen. Dieser Pfad wird euch den richtigen Weg bereiten, doch ist die Überwindung all dieser Dinge, die Essenz der Wahrnehmung der Fülle. Denn nur wer Angst, Zweifel, Kraftlosigkeit und Lieblosigkeit, Respektlosigkeit und so vieles mehr an negativen Gefühlen wahrnimmt, erfährt den Mangel. Nur diese Art der Wahrnehmung ist es, die aus der Fülle, die der Kosmos dauerhaft darstellt und dauerhaft für euch anbietet, plötzlich Mangel empfinden lässt.

Achtet bitte auf eure Gedanken und eure Wahrnehmung. Dann wenn ihr der Meinung seid, dies oder jenes reicht immer noch nicht, dies oder jenes ist immer noch nicht gut genug, dies oder jenes braucht immer noch mehr und mehr und mehr, der oder die haben immer noch mehr als ihr, die oder derjenige bewirken mehr als ihr, die oder derjenige werden mehr beachtet und all diese Beispiele ***... ALLES was euch Mangel empfinden lässt, ist ein Hinweis auf Verunreinigung.***

Also haben wir wieder einmal mehr gelernt, dass es an der Reinheit des Geistes und der Seele liegt, damit die Wahrnehmung eines Mangelgefühls gewandelt werden kann in die Wahrnehmung der Fülle hinein, die immer da ist ... Aber es gibt Menschen, die sehen diese

∞

Fülle nicht, auch wenn man sie wieder und wieder darauf hinweist?!

Wandelnde Energie braucht Zeit. Viel Zeit. Wenn du beispielsweise derartige Gespräche unternimmst, um die Menschen bewusster zu machen, dann beginnt für diese ein langer Weg. Die Art und Weise, wie ernsthaft die Menschen diesen Weg dann gehen, bestimmt ihre Geschwindigkeit, doch letztlich ist die Zeit nur ein Traum. Eine liebevolle Chance, die Werkzeuge dieser Möglichkeiten zu nutzen, um in ihr zu wandeln. Diejenigen, die schneller wandeln, können das Risiko verringern, einige weitere Erfahrungen der Verunreinigung zu machen. Diejenigen, die langsam wandeln, wandeln über viele Leben hinweg - das Risiko und die Gefahr der Verunreinigung immer mit sich tragend als potentielle Möglichkeit. Doch letztlich ist beides ohne Wertung. Das möchte ich euch auch mitgeben auf eurem Weg. ***Keine Eile, keine Hast, doch konzentriertes und diszipliniertes Reinigen ist, was ich euch mit auf den Weg geben möchte.***

Das hab ich verstanden. Du möchtest dazu aufrufen, dass jeder seine Geschwindigkeit findet und nicht eine Geschwindigkeit lebt, die von außen wirkt oder von anderen Menschen bewirkt werden soll?

Ja, das ist richtig. Die allgemeine Formel in diesem Fall heißt: ***Finde und lebe deinen Weg und frage nicht die Anderen.***

Auch wenn wir keine Wertungen machen möchten, so muss ich dennoch das andere Extrem benennen. Wenn Menschen allem Materiellen völlig entsagen, wie Diogenes, der in der Tonne gelebt hat. Ist

∞

DAS dann ein richtiger Weg oder ist dieser zu extrem gelebt?

Das ist wirklich schwer zu beantworten, Liebes. Jede Seele empfindet anders und jede Geschichte hat andere Erinnerungen und andere Erfahrungen in sich, daher ist es nicht möglich für mich zu sagen, ob Diogenes in seiner Tonne glücklich war und den falschen oder richtigen Weg ging. Am Ende müsst ihr selbst den richtigen Weg finden.
Das Einzige, was ich euch übermitteln möchte, ist, dass ihr bitte vertraut, dass die Fülle immer um euch ist. Es gibt keinen Zustand des Magels im Kosmos. Diesen Zustand erfahrt ihr nur in euch selbst.

Aber Freund der Indianer, es gibt Menschen, die hungern, andere frieren, wieder andere haben kein Dach über dem Kopf, oder andere finden keine Arbeit, oder wünschen sich Kinder und bekommen keine - all diese Dinge erschaffen ein Gefühl von Mangel, ohne dies erzwungen zu haben, so ist das Leben nun einmal ... Was geben wir diesen Menschen mit auf den Weg?

Den Menschen, die existenziellen Mangel empfinden oder die Vorstellung einer Familie haben, die nicht Realität wird, weil beispielsweise der Kinderwunsch nicht erfüllt werden kann, diesen Menschen, aber vor allem den Menschen, die körperlich Mangel erfahren in Form von Hunger und anderen Leiden - diesen Menschen möchte ich vermitteln, dass ihr bitte versucht, Fülle anders wahrzunehmen.
Dazu gibt es verschiedene Möglichkeiten. Diejenigen, die keine Wärme aus dem Umfeld empfinden, also auch diejenigen, die kein Dach über dem Kopf haben, um deine Worte auf-

zugreifen, diese Menschen sollten versuchen, dass sie Hilfe finden und um diese liebevoll bitten, aber auch sollten sie den Kosmos als ihre Heimat erfahren.

Du möchtest diese Menschen also aufrufen, dass sie kosmische Weite empfinden und sich dieser Wahrnehmung öffnen. Das Himmelszelt als ihre eigentliche Heimat erkennen anstelle eines irdischen Daches beispielsweise?

Genau. Ich verstehe, was du meinst, wenn du darauf lenken möchtest, dass ein Dach auch Schutz bedeutet. Das ist der Punkt, an dem ich empfehle, dass ihr um Hilfe bittet, um diesen Schutz vor der Natur und ihren Einflüssen zu finden. Doch möchte ich hier darauf hinweisen, dass ihr die Fülle, dennoch, trotz derartiger Umstände auch IN euch erfahren könnt, über die Erkenntnis, dass der Kosmos eure Heimat ist und dass das kosmische Himmelszelt immerdar ist und immer Fülle der Liebe für euch bereit stellt. Daher bitte, bitte erlaube mir, diese Information zu vermitteln. ***Die Fülle, die ihr finden möchtet in den materiellen Umständen, könnt ihr auch in der inneren Wahrnehmung formen. Die äußeren Umstände wirken und verunreinigen nur euren Geist.***
Daher bitte lasst euch von den kalten oder lieblosen Umständen, die euch umgeben, nicht zu sehr ablenken. Es ist vor allem eine Frage der Ablenkung. Kostet die Ablenkung zu viel Kraft, so fallt ihr aus der Wahrnehmung der Fülle und beginnt einen Teufelskreis, in dem ihr Mangel, Mangel und nochmals Mangel empfindet.

Aber ich möchte darauf hinweisen, dass es auch Menschen gibt, die körperlichen Mangel erleiden in Form von Missbildungen. Was rätst du denn diesen? Beispielsweise ein Blinder empfindet natürlich das Nichtsehen als Mangel dauerhaft in seiner Wahrnehmung. Oder dass jemandem ein Bein fehlt, der aber so gerne rennen möchte ... er wird dies immer als Mangel wahrnehmen ...

Das ist alles das Gleiche. Die Wahrnehmung eures Lebens beginnt nicht aus euren Körperlichkeiten heraus, sie IST in eurer Seele. Wenn ihr also die Seele sprechen lasst, dann werdet ihr eine ganz andere Wahrnehmung empfinden als euer Körper dies vermittelt.

Du meinst also, selbst wenn man körperliche Blockaden hat, sollte man der Seele lauschen. Aber wenn jetzt die Seele Freude erleben will und der Mensch diese Freude im Springen, Hüpfen oder schnellem Bewegen glaubt zu finden, er jedoch an einen Rollstuhl gefesselt ist - Was sagen wir diesem Menschen?

Das ist eine wunderbare Frage, ich bedanke mich sehr dafür, denn ich brauche deine Fragen, um die richtigen und passenden Antworten zu finden, sonst habt ihr eine Masse an Informationen durcheinander. Deine Fragen kanalisieren diese Masse des Kosmos in Formen, die ihr verstehen könnt.

Ach danke.

Die Menschen, die ihre innere Seelenwahrheit finden und diese leben wollen aber dies aufgrund körperlicher Blockaden nicht können, diesen Menschen möchte ich vermitteln, dass ihre Seele flexibel ist und dass ihr Seelenwunsch formbar ist. Ihr seid die Kraft, die ihr seid, doch ihr könnt immer auch eure Seelenkraft formen. Daher bitte übermittle den Menschen, dass sie beginnen sollten, in einem derartigen Fall der Blockade durch körperliche Umstände, die seelische Bestimmung und ihre Formung in der Materie ANDERS zu kanalisieren. Dazu habe ich ein Beispiel: Derartige Menschen, die zum Beispiel gerne tanzen möchten oder sich bewegen möchten, aber dies nicht können, diesen Menschen würde ich vielleicht empfehlen, dass sie Musik lauschen in Konzerten oder anderen Aktivitäten, die es ermöglichen, dass sie wenigstens die Musik eindrucksvoll erfahren. Das Gefühl, das die Musik übermittelt und vermittelt, ist Freude. Diese Freude können sie dennoch in ihre Seele lassen. Diese Form der Erfahrung kann dann weitere Impulse aus der Seele heraus wachsen lassen. Vielleicht will ein solcher Mensch Verwirklichung finden, indem er ein Instrument lernt. Oder er will malen. Dann kann er die Organe oder Funktionen seines Körpers, die sich bewegen lassen, nutzen, um die Bewegung, die er im Tanzen suchte, zu leben.

Die Essenz meiner Botschaft und meiner Intention ist, dass ihr bitte nicht verzweifelt, weil alle Möglichkeiten, die ihr glaubtet, dass ihr sie braucht zur Verwirklichung eurer Kraft, blockiert sind; sondern dass ihr beginnt, die Flexibilität und die Wandelbarkeit eurer Seele zu erkennen. Das ist wichtig. ***Nicht das Leben ist vorbei, weil ihr glaubt, dass die Möglichkeiten vorbei sind.*** *Die Fülle der Möglichkeiten ist so groß, dass ihr nur die Augen öffnen müsst und die Seele lauschen lasst, was sie dann als andere Möglichkeit lebt. Verstehst du, was ich sagen möchte?*

Oh ja, lieber Freund der Indianer, das hast du ganz toll erklärt

Die Liebe des Kosmos ist immerdar. Die Möglichkeiten des Kosmos sind unendlich, daher bitte, bitte, bitte lasst euch niemals von der Kraft und den Umständen, die euch scheinbar blockieren, festhalten. Die Seele will bewegen. Das kann sie auch wenn der Körper sich nicht bewegt.

Das kann ich verstehen. Ich empfinde beispielsweise Meditieren als einen seelisch sehr aktiven und bewegungsreichen Ablauf, obwohl ich den Körper dabei nicht bewege. Derartiges meinst du sicher, wenn du von der seelischen Bewegung redest, richtig?

Ja, das ist richtig.

Aber was machen wir nun mit den Menschen, die dauerthaft so abgelenkt sind, dass sie nicht einmal einen Moment der Ruhe finden, um eben ihrer Seele zu lauschen?

Das Werkzeug, das euch aus dieser Spirale der Ablenkung führt, ist eure Absicht. Beginnt eure Absicht zu lenken in die Seele. Lauscht nach innen, nicht nach außen. Lauscht dort, wo ihr bisher nur Stille hörtet und glaubtet nichts zu fühlen. Lauscht der Form, die euch fortführt von dem Zustand, in dem ihr jetzt verweilt. Die Frage ist nicht, WIE die Menschen die Fülle finden, die Frage ist WANN. Die Menschen haben alles immer mit sich. ALLES. Ich kann keine einzige Form im Kosmos finden, die keine Werkzeuge in sich trägt, um die Fülle zu erfahren. Die EINZIGE Aufgabe, die ihr habt, ist, dass ihr in euch lauscht.

∞

Das hab ich verstanden. Danke dir für die intensiven Worte. Gibt es denn irgendwelche Tageszeiten, an denen man der Seele leichter lauschen kann? Magst du ihnen dazu etwas Praktisches mitgeben?

Das ist schwer zu beantworten, denn jeder lebt ein anderes Leben. Manche haben morgens die meiste Kraft und Stille, um der Seele zu lauschen, andere finden dies erst nachts. Wieder andere mittags. Ich kann dazu keine allgemeine Antwort geben außer die, dass ihr diesen Raum selbst erschaffen müsst. ***Kein Moment dazu kommt von alleine. Er ist nur möglich, wenn ihr ihn kreiert.*** *Daher braucht ihr den Entschluss, die Absicht. Das ist also eine Frage eurer Terminierung, wie du sagen würdest.*

Aber was ist, wenn man Kinder hat, die alle Aufmerksamkeit auf sich ziehen. Was rätst du solchen Menschen?

Diesen Menschen rate ich, dass sie nachts, wenn die Kinder schlafen, derartige Momente des Lauschens in die Seele finden. Die Fülle ist immerdar, liebe Menschen, ihr müsst sie nur fühlen.

Das hast du schön gesagt. Also kann man sagen, wenn das Empfinden von Mangel nur ein Indiz für Verunreinigung ist, dann sollten sie reinigen und dann kommt auch die Wahrnehmung der Fülle wieder, richtig?

Ja, das ist richtig. Derartige Indizien zeigen euch, wann ihr energetisch „fallt". Dies ist der Moment, in dem ihr beschließen solltet, wieder einen Moment der Innenschau zu tun und die Kraft wiederzufinden, die euch die Fülle wieder wahrnehmen lässt. Die Erfahrung der Fülle ist wie eine Blume, die erst, wenn ihr die Blüte voll ausbreitet, die volle Kraft dieser Fülle erfahren kann. Ist die Blüte geschlossen, dann fühlt es sich falsch, unerkannt, lieblos, kalt und unendlich kraftlos an. Darum breitet die Blüte aus, fühlt die Kraft des Kosmos in euch, und plötzlich ist alle Fülle fühlbar. Die Form, die ihr dazu braucht, ist letztlich das Weiten eurer Seele, heraus aus der Enge der Menschengesetze und Formen.

Das habe ich verstanden. Das Bild mit der Blume hast du schön beschrieben. Das ist, als würde die Blüte im geschlossenen Zustand keine Sonne bekommen und kaum breitet sie die Blüte aus, bekommt sie die lebensnotwendige Kraft von der Sonne, in unserem Fall also aus der Quelle und dem Kosmos.

Genau das ist es, was ich meine.

Möchtest du den Menschen denn noch etwas zur Fülle sagen?

Ja.

Was denn?

Dass ihr niemals alleine seid. Ihr habt immer eine Heerschar an Begleitern um euch. Das ist ganz einfach deshalb so, weil die Fülle des Kosmos immer um euch ist. Ihr seid umgeben von einer unendlichen Zahl an Energien, die alle im Kosmos gleichzeitig existieren und sind. Alle Energien wirken immer, und wenn ihr glaubt, dass die Wahr-

nehmung eurer Sinne in diesem Körper alles ist, was eure Wahrnehmung bestimmt und der Kosmos außerhalb dieser Körperform nicht existiert - oder sagen wir mal nicht elementar fühlbar ist -, dann täuscht ihr euch gewaltig. Denn gerade diese Überwindung der körperlichen Sinne bedeutet der Beginn einer Wahrnehmung voller noch tausendfacher mehr Sinne.

Das ist ja auch Sinn und Zweck der ganzen Inkarnation. In die Form der Menschenkörper zu gehen, um über den Körper die körperlichen Sinne zu erfahren und über die individuelle Wahrnehmung letztlich zu erkennen, dass dies nur eine Illusion ist, um letztlich über diese illusionierte Grenze den eigentlichen Kosmos wahrzunehmen.

Das war etwas kompliziert, Liebes, aber ich weiß, was du meinst.

Ja, ich sag doch, du kannst das eh besser.

Die menschliche Wahrnehmung, liebe Leser dieser Zeilen, ist nicht nur begrenzt auf die Sinne, die euch euer Körper schenkt. Bitte beginnt die Reise in den Kosmos und erforscht die Vielfalt der Wahrnehmung, die ihr bekommt, wenn ihr diese körperlichen Sinne ÜBERWINDET. Dann beginnt ihr die Sinne eurer Seele, so würde ich es jetzt einmal bezeichnen, dazu zu nutzten, die Vielfalt des Kosmos wahrzunehmen und das schenkt euch Fülle.

Das habe ich verstanden. Möchtest du denn noch etwas dazu sagen?

∞

Das war die Essenz, Liebes.

Über was möchtest du als Nächstes referieren?

Du bereist viele Orte eures Planeten. Ich möchte darüber berichten, dass jeder Ort eine andere Qualität der Energetik der Erde mit sich bringt und ihr lernen könnt, diese Energetik für euch zu nutzen.

Das ist aber sehr komplex. Du kannst ja nicht alle Orte der Erde katalogisieren?

Nein, das möchte ich auch gar nicht. Ich möchte das Bewusstsein der Menschen dahin lenken, dass die Menschen dies beginnen wahrzunehmen und ihre Werkzeuge nutzen, um die jeweilige Örtlichkeit und ihre Energetik für sich und ihre seelische Entwicklung zu nutzen.

Da freue ich mich drauf. Wie nennen wir das Kapitel?

Reisen.

∞

Die Essenz

Der Kosmos ist ein Meer aus unendlichen Energien unterschiedlicher Frequenzen. Bewusstsein durchzieht diese Energien wie die Sauerstoffpartikel unsere Luft zum Atmen. Je nach Reinheitsgrad einer Energie ist diese sich selbst und den Verbindungen in das unendliche Energiemeer bewusst. Diese Bewusstheit formt letztlich die weiteren Impulse und Schritte dieser individuellen Energie, der Seele. Dadurch erschafft sie andere Absichten, andere Ziele, andere Ausrichtungen und ein anderes Leben als jemand, der verunreinigt und mit dem Gefühl von Ohnmacht durch das oder die verschiedenen Leben taumelt. Die reinere, gereinigte, also bewusster existierende Seele nimmt daher auch die Liebeskraft des Kosmos klarer und deutlicher wahr. Sich der Komplexität und Individualität der Energien im Kosmos bewusst, die alles verbindende Liebeskraft klar und stark spürend, empfinden diese Seelen ausschließlich Fülle in ihrem ganzen Sein. Diejenigen, die aufgrund ihrer Verunreinigungen noch sehr getrübt in ihrer Wahrnehmung dieses großen Ganzen sind, empfinden den Mangel im ganzen Sein. Sie fühlen sich allein, verloren, verlassen, leer und unglücklich.

Ich möchte das Ganze an einem Beispiel verdeutlichen.

Stellen wir uns vor, eine sehr leuchtende, kraftvolle Seele inkarniert in das Fleisch des Körpers eines Menschen. Sie ist sich seiner selbst bewusst, verliert jedoch über die Inkarnation diese Bewusstheit. Dies ist ein ganz natürlicher Prozess. Nun beginnt sie sich aber schon in früher Kindheit für die Fragen hinter den Fragen zu interessieren, ein Aufwachen des Bewusstseins beginnt. Doch die Eltern fördern dies nicht, sondern verurteilen es sogar. Damit erschaffen sie Momente des Schmerzes und des Gefühls des Ausgeschlossenseins. Das Kind beginnt sich anzupassen, so zu werden, wie die anderen einen akzeptieren, um geliebt zu werden, dazuzugehören. Der erste Schritt des Rückzugs der Seele hat begonnen. Das Leben nimmt seinen Lauf, mehr und mehr

entfernt sich diese Seele von ihrem eigentlichen Seinszustand, verbiegt sich, wird mehr und mehr manipuliert. Das Körperkleid und sein Ego beginnen eine Art Kokon zu bilden, in dem die Seele weniger und weniger Strahlkraft bekommt. Verunreinigende Schritte, falsche Entscheidungen gegen die Gesetzmäßigkeiten des Kosmos führen dann dazu, dass der Kokon sich mehr und mehr verschließt und dicker wird. Die Strahlkraft der Seele ist fast gar nicht mehr zu empfinden. Der Mensch in dem Kokon empfindet sich leer und unerfüllt, weil eben genau diese Seelenkraft, das, was die Verbindung in den Kosmos fühlt, fast zur Gänze abhanden gekommen ist. Mangel in allen Belangen wird dieses Leben prägen.

Es würde einen einzigen Impuls des menschlichen Geistes kosten, dass er beschließt, diesen Kokon abzulegen und in eine andere Wahrnehmung, die Wahrnehmung seiner selbst durch seine Seele zu gehen. Und dort, in diesem Zustand, gibt es keinen Mangel, sondern nur die eigentliche Empfindung der Fülle des Meeres aus Energien. All dies ist immer da. Immer um uns. Immer existent. Die „einzige" Aufgabe, die wir haben, besteht darin, unsere Wahrnehmung wachsam und rein zu halten, um niemals aus dieser Empfindung der Fülle zu „fallen".

Reisen

Lieber Freund der Indianer, bitte berichte, was du zum Thema Bereisen unterschiedlicher Orte und deren Qualitäten erzählen willst.

Die Reisen, die ihr tut, haben Risiken aber auch Potenzial für Förderung. Ich möchte darüber berichten, wie ihr beides besser für euch nutzen könnt.

Dann bitte mein lieber Freund der Indianer, beginne.

Soweit ihr bisher erfahren habt, ist Verunreinigung eine allgemeine Problematik, die überall existiert. Materiell auf eurem Planeten, auf anderen Planeten sowie im ganzen Kosmos. Die Problematik ist dabei nicht, dass es Verunreinigung und negative Wahrnehmungen im Kosmos gibt, sondern die Problematik ist für euch vor allem, dass ihr wisst, wie ihr mit diesen kosmischen Gegebenheiten umgeht. Ihre Möglichkeiten und das Potenzial darin erkennt.

Dann bitte berichte mir, was du dazu zu lehren hast. Ich denke du möchtest dich überwiegend auf den Planeten Erde konzentrieren und nicht auf andere Planeten und den Kosmos, richtig?

Das ist richtig. Wir bleiben allgemein immer auf diesem Planeten, damit ihr für euer Leben in dieser Zeit und in diesen Formen die richtigen Informationen habt. Andere Planeten und andere Ebenen sind eine andere weiterführende Thema-

tik, die euer jetziges Leben nicht wirklich beeinflussen sollte. Wir beginnen also bei der Art und Weise, wie ihr, wo und wann, welche Energien antrefft. Dazu möchte ich vor allem als Reiseziel die Städte betrachten, denn die meisten Menschen, die diese Zeilen hier lesen, werden sich in Städten aufhalten. Daher ist dies die erste Örtlichkeit, die ich betrachten möchte. Die Besonderheit an einer Stadt wie ihr es nennt, ist eine Komplexität, die selten im Kosmos anzutreffen ist, da ihr allgemein viele Menschen auf diesem kleinen Planeten seid. Damit möchte ich sagen, dass teilweise verschiedene Orte voller Menschen sind und dies eine ganz entscheidende Problematik mit sich bringt. Denn einerseits sind derartige Menschenmassen voller Kraft, doch andererseits seid ihr dies unbewusst. Die Masse der Unbewusstheit erschafft wiederum eine Negativität, die uns wirklich Sorgen bereitet. Die Menschen, die in Städten leben, verlieren die Verbundenheit in die Natur gänzlich. Die Menschen, die in Städten leben, verlieren die Konzentration auf ihre seelischen Impulse völlig. Die Umgebung, die die Stadt bedingt, und die Verunreinigung, die durch die Unbewusstheit mehr und mehr wird, bilden alle eine Art unerwünschte negative Kraft, die die Kraft weniger und weniger werden lässt in euch. Das Besondere ist dennoch dabei gar nicht einmal die verlorene Verbindung, das Besondere ist die unendliche Ablenkung, die ihr in diesen Städten findet, sowie die einzelnen Felder der Unbewusstheit, welche letztlich in Verbindung mit den anderen einzelnen Feldern der Unbewusstheit ein großes Feld an Unbewusstheit erschaffen. ***Ich möchte darauf hinweisen, dass ihr wisst, wenn ihr Städte bereist oder wenn ihr in Städten wohnt, die Verbindung in die Natur suchen müsst.*** *Dort ist die Kraft des Kos-*

mos laufend bestehend und dort könnt ihr über die Innenschau wieder in eure Kraft kehren. Doch in einer Stadt halte ich es fast für unmöglich. Selbst die besonders grünen und weniger verunreinigten Städte enthalten viel weniger kosmische Kraft, als nur ein paar Minuten entfernt von der Stadt die Natur euch bieten kann. Daher bitte lernt zu erkennen, wann ihr in einer Stadt seid, die durch Ablenkung, Konzentration in Äußerlichkeiten auf negative, lieblose Menschen und ihre Impulse, welche durch Verunreinigungen in den Systemen der Gesetze der Menschen die letztlich keinerlei fördernde Problematiken bieten, lenkt - dass ihr diese Orte meidet oder nur kurz besucht. Wer dennoch aus verschiedenen Gründen nicht diese Wahlmöglichkeit hat, sollte sich schützen. Das ist eine ganz wichtige Essenz. <u>Die Städte, liebe Menschen, sind nicht die Form, die ihr braucht, um seelisch zu wachsen. Die Natur ist es, die euch beständig Energie gibt und hilft, dass ihr euren Weg findet.</u>

Und wie kann man sich schützen?

Das braucht unterschiedliche Komponenten. Die einen Menschen werden vor allem mental negativ beeinflusst in einem solchen Sammelsurium von Unbewusstheiten. Die anderen werden negativ durch allgemeine Gebäudestrukturen oder, du würdest sagen, durch energetisch nicht fördernde Anwesen beeinflusst. All dies im Detail zu beschreiben ist schwierig, doch ich möchte versuchen, ein paar wenige Handgriffe mitzugeben. <u>Die beste Art, sich zu schützen, ist das Kreuz nach oben gezeichnet.</u>

Dadurch verschließt ihr euch den negativen Feldern, die um

∞

euch sind und öffnet euch gleichzeitig den energetischen Impulsen aus dem Kosmos von höherschwingenden Bereichen.

Wir haben ja schon im Kapitel „Reinigung" dazu einiges festgehalten. Das war doch vor allem für Menschen, die in einer Stadt leben, richtig?

Das ist richtig.

Dann verweise ich jetzt hier noch einmal auf dieses Kapitel. Was möchtest du ihnen denn noch mitgeben?

Dass sie die Natur aufsuchen und mit ihr versuchen Verbindung aufzunehmen. Dort finden sie alles, was die Verbindung in den Kosmos braucht und fördert.

Ich fasse zusammen. Die Menschen sollten den Kontakt zur Natur suchen, egal wie. Gibt es noch etwas, was wir in einer Stadt wissen müssen?

Dass dort energetisch mit die dunkelsten, negativsten und verunreinigtesten, verzweifeltesten Energien bestehen, die es gibt. Nicht außerhalb der Stadt befinden sich die Seelen, die nach dem Ableben in eine andere Wahrnehmung tauchen, das tun sie alle meistens dort, wo sie in ihrem letzten Leben die meiste Zeit verbracht haben. Daher befinden sich in euren Städten nicht nur die lebenden verunreinigten Felder der Menschen, sondern auch die, die gerade ohne organischen Körper verweilen, doch nicht in die höherschwingenden Ebenen treten konnten.

∞

Du meinst also, dass sich in den Städten eine Unzahl von Seelenenergien aufhält, die durch ihre Verunreinigungen zu wenig Kraft haben in höherschwingende Ebenen zu gelangen?

Ja genau. Da keinerlei Richtigkeit in den energetischen Gesetzen gelebt wird, bleiben diese Energien dort lange haften, ohne zu wandeln. Daher ist eine Stadt eine Überfüllung an menschlichen Wesen, sowie aber auch an behafteten Seelenenergien.

Das habe ich verstanden. Bitte berichte weiter.

Die Dörfer haben eine ähnliche Problematik, dennoch viel geringer. Daher berichte den Menschen, dass alle Orte dieser Welt, so groß sie sind, so verunreinigt sie sind.

Du meinst, je größer eine Stadt, umso mehr Verunreinigung, umso mehr muss man sich schützen, damit man in seiner Kaft bleibt.

Das ist richtig, doch möchte ich auch darauf hinweisen,dass es energetisch sehr hochschwingende Orte gibt. Ihr könnt diese daran erkennen, dass früher an diesen Orten Rituale vollzogen wurden. Mancher dieser Orte ist in eurer Zeit von Gebäuden beflastert, wie beispielsweise von Kirchen, wie ihr es nennt. Doch wo alte Plätze, welche Märchen erzählen, Möglichkeiten bieten, dass ihr diese noch erreichen könnt, besucht diese und nutzt die Kraft dieses Ortes. Dafür braucht ihr nichts weiter als die Bereitschaft, dort ungestört und in ruhigem Bewusstsein die Kräfte um Erlaubnis zu bitten, dass sie euch beflügeln und energetisieren.

∞

Verstehe ich dich richtig, dass du uns aufrufst, keltische Orte aufzusuchen und uns einmal ein bisschen mit diesem Wissen zu beschäftigen? Und dass wir uns informieren, wo es besondere energetische Orte gab oder gibt, um diese wenn möglich, auch aufzusuchen?

Ja.

Muss man beim Aufsuchen dieser Orte etwas beachten? Findet man dort eventuell auch ein Sammelsurium an speziellen Energien?

Das ist alles kein Vergleich zu der Energie, die ihr in diesen kräfteziehenden Orten wie den Städten vorfindet.

Aha, okay. Das heißt, man kann prinzipiell davon ausgehen, dass beispielsweise diese keltischen Ritualplätze von ihrer Energie her gut sind.

Das ist richtig. Bitte fühlt aber immer auch in euch hinein, wo ihr euch wie fühlt. Denn so manch energetischer Ort wurde durch viele negative Impulse dann auch zu einem kraftlosen Ort. Nicht alles, was einmal energiereich war, muss dies heute noch sein, in eurer Zeit gesprochen.

Wo kommen diese energetischen Orte her, wie entstehen die?

Das hat vor allem Resonanzfelder zur Ursache, die mit der Kraft der Erde in Zusammenhang stehen. Das ist wie ein Spiegel der eigentlichen Energiefelder der Erde, die eben an manchen Orten kraftvoller wirkt und an manchen weniger. Die Energieorte, die ihr besucht, sind wie ein besonderer Punkt,

der am Ende einer langen Lichtsäule heraus wirkt, und ihr könnt durch diesen Punkt an der Oberfläche teil an dieser Kraft haben.

Wenn auf einem solchen Kraftort nun aber Kirchen oder Moscheen oder andere Gebäude errichtet wurden, die einem besonderen Gedankengut dienen, dort gepredigt wird und ein gewisses Geistesgut verbreitet wird, hat das dann einen Einfluss auf die Kraft eines solchen Ortes?

Dort bitte seid vorsichtig. Ich möchte diese Frage nutzen, um auch auf eine andere Problematik hinzuweisen, die wir benennen müssen. Denn wenn eine Kirche, wie ihr es nennt, oder ein anderes Haus, das einer Gottheit dienen soll, sich an derartigen Örtlichkeiten befindet, dann wirken die Gebete und die Gedanken der Menschen, die diese Orte besuchen, um ein Vielfaches stärker. Die Problematik eines energetischen Ortes ist nicht seine hohe Energie, sondern die Verstärkung, die sie bedeutet und bringen kann. Dazu möchte ich sagen, dass alle Menschengebete, alle Gedanken, alle Worte, alle Predigten, alle unterstützenden sowie aber auch alle vernichtenden Worte dort um ein Vielfaches mehr beschleunigt werden. Dies kann auch nach sich ziehen, dass ein derartiger Ort über viele negative Impulse, die durch die Menschen ausgesandt wurden, dann zu einem weniger kraftvollen, im Gegenteil sogar sich zu einem negativen Ort entwickelt.

Da streifen wir die Thematik der Religionen erneut. Du hattest schon betont, dass du es nicht tolerieren kannst, dass derartiges Gedankengut, das einerseits im Namen einer oder mehrerer Gottheiten wirken will, aber andererseits Millionen von Toten auf dem Gewissen hat und bis heute Anlass gibt zu morden, verbreitet wird. Denn es hat nichts mit dem Fördern von kosmischen Kräften zu tun, sondern mit Vernichtung und Unterjochung der Freiheit der Seele. Um es kurz zu fassen, du tolerierst es nicht, wenn dort Menschen stehen, die meinen, etwas Positives zu verkünden, obwohl sie für etwas Negatives stehen.

Das unterstreiche ich gerne noch einmal. Die Menschen, die an derartigen Orten predigen oder kommunizieren, denken oder bitten, dürfen eines nicht vergessen. ***Die Gedanken, die ihr denkt, und die Glaubensmuster, die ihr lebt, leben in euch.***
Die Menschen, die sich also als Prediger und Heilige bezeichnen, müssten, um wirklich Reinheit zu leben, KEINERLEI Organisation und Strukturen angehören, die derartige Negativitäten erschaffen hat. Denn wenn diese Organisation, die wiederum diese Lehren formuliert, weiter besteht und weiter handelt, dann sind die Priester und Prediger, die an solchen Orten wirken, weiter ein Werkzeug derartiger Gedankengüter. Diese Werkzeuge wiederum erschaffen dann, ohne dass sie es bewusst wollen, dadurch dass die aber miteinander verbunden sind über dieses Glaubensmuster, eine Menge negativer Felder.

Das heißt, es ist also nicht möglich, dass ein einzelner liebevoller Pastor beispielsweise sich mit ganzem Herzen bemüht, ausschließlich in kosmischer Harmonie zu predigen, ohne dabei dennoch Negativität zu erschaffen, weil er der verlängerte Arm von etwas sehr Verunreinigtem ist. Solange er DIESES Gedankengut lehrt, sind seine

Impulse also auch keine reinen?

Ja. Die Zugehörigkeit zu einer Glaubensgemeinschaft bedeutet, ihre Energie zu leben. *Wer also diesen Glaubensgemeinschaften, die bis heute Negativität und Enge lehren, zugehörig ist, diese Menschen können - und seien sie noch so bemüht - keine kraftvollen, liebevollen Impulse in den Kosmos geben, da immer das Gegengewicht der großen Energiefelder, denen sie sich versprochen haben, bestehen bleibt. Erst wenn diese Institutionen, und damit meine ich ALLE eure Religionen, anfangen, den wirklichen Ausgleich zu leben, dann wäre es möglich, das anders zu leben. Mein Rat an alle Menschen, die an einen Punkt kommen, an dem sie zu dieser Thematik keine Lösung finden, weil sie die Institution meinen zu brauchen, aber nicht gänzlich hinter allem stehen, was diese Institution in ihrer Geschichte erschaffen hat: Diese Menschen möchte ich ermutigen, eine neue Form zu leben, und sei es die Form, keiner Gemeinschaft anzugehören. Denn wichtig ist es nicht, was die Gemeinschaft sagt, tut oder lebt, sondern was ihr in eurem Innersten fühlt und bewegen wollt. DAS ist die Essenz des Seins, die ihr auf der Erde leben solltet.* ***Nicht das „Werden wie die Anderen“, sondern das „Werden, die ihr selber seid“ ist das Ziel.***

Das hast du schön erklärt, aber wie soll denn dieses Gedankengut, das derartig lebensfeindlich ist, einen Ausgleich finden? Es ist so viel geschehen, so viel Leid durch sie verbreitet worden - wie soll das gehen, diese Kraft auszugleichen? Das dauert doch Äonen?!

Das mag sein, doch würde der Kosmos jeden Ausgleich ak-

zeptieren, egal wann er begann und wie lange er dauert. Die Frage ist für mich nicht zu beantworten, denn ich kann bei aller Liebe zu den Menschen, die Halt suchen und Formen dieser Art brauchen oder meinen zu brauchen, diesen Institutionen allesamt keinerlei Positivität abgewinnen. Ich sehe sie wie dunkle Löcher, die tiefer und tiefer in die Geschichte hineinwirken, und ich verzweifle fast daran, dass bis zu eurem Jetzt weiter und weiter diese Formen gelebt werden. Die Menschen glauben, dass einerseits die Verbindung zu allen Göttern, die sie suchen, nur über diese Institutionen zu finden sind. Doch dass diese Institutionen Leid und Lieblosigkeit erschaffen bis zum heutigen Tag, blenden sie aus, und ich muss euch erzählen, dass dies nicht funktioniert. Das Ausblenden derartiger Taten ist nicht möglich. ***Der Kosmos existiert wie er ist und er vergisst nicht einfach. Er braucht den Ausgleich.*** *Nur wer ausgleicht, wird letztlich rein und darf Weite erfahren. Doch diese Institutionen leben die Enge und die Lieblosigkeit, die Kälte und die Herzlosigkeit, wie mir fast die Worte fehlen. Das kann ich nicht entschuldigen, das kann ich nicht positiv reden, das kann ich nicht einmal wertlos betrachten, das kann und muss ich benennen, wie krank und kaputt diese Systeme sind.* ***Bitte berichte den Menschen davon, dass das Ausblenden derartiger Fakten leider keine Möglichkeit bietet, und eure Versuche, diese Systeme zu nutzen, um wieder die Verbindung in den Kosmos zu finden, sind allesamt sinnlos und vergebens, denn nicht dieser Weg ist voller Weite und Liebe, Offenheit und Förderung eurer Kräfte, sondern nur der Weg IN euch.*** *Dazu bitte beachtet auch, dass die Natur euch sehr viel Kraft geben kann.*

Ich möchte dies gerne immer wieder betonen, nicht die Ant-

worten in den Formen der Menschen zu suchen, sondern in den Formen der Natur.

Jetzt sind wir etwas abgeschweift, aber das Thema ist anscheinend nicht unwichtig, wenn ich deiner Kraft dabei erlaube zu schreiben. Doch zurück zu den Kraftorten. Gibt es etwas, das du dazu noch sagen möchtest?

Nein.

Hast du vielleicht noch ein paar Tipps für die Menschen, die viel reisen, ob in Städte oder Dörfer oder anderswohin?

Dann brauchen sie nur immer wieder die Verbindung in die Natur, die sie fördern wird und ihnen immer wieder die Kraft geben wird, die sie auf den Reisen verlieren. Das ist die Hauptbotschaft, die ich euch diesbezüglich geben kann.

Es gibt verschiedene Transportmittel. Was möchtest du den Menschen mitgeben, wenn sie sich in Flugzeuge begeben?

Dort seid ihr einerseits weit entfernt von den negativen Energien, die an der Oberfläche herrschen, durch die verschiedenen geschichtlichen Ereignisse der verstorbenen Seelen, die sich dort teilweise noch in Massen aufhalten, doch andererseits seid ihr in kosmisch anderen Energien, welche fördern könnten, dass ihr die Verbindung leichter finden könntet. Die falsche Information, dass die Flugzeuge die Kräfte des Kosmos nicht zulassen, ist ein Missverständnis, denn gerade dann, wenn keinerlei negative Energien um euch sind, sondern nur ein Metallkörper, ermöglicht dies einen leichteren Zugang. Wer gerne einmal meditieren möchte in einem Flugzeug, der sollte dies einmal tun, es ist leichter, als ihr denkt. Die Verunreinigung der Oberfläche der Erde besteht nicht. Lediglich die Maschine und die Systeme um euch herum, doch das ist unter dem Gesichtspunkt der Kraft des Kosmos, die wirkt, nichts.

Aber ich dachte immer, das Flugzeug ist ein eigenständiges geschlossenes Energiesystem, das wie ein Faraday-Käfig wirkt?

Das mag in den Energien, die ihr auf der Erde kennt, so sein, doch ist das kosmisch gesehen nicht der Fall. Die kosmische Energie wirkt immer auch durch derartige Systeme hindurch, sonst würde eine Pflanze unter einem Zelt nicht wachsen können.

Und was empfiehlst du den Menschen dann, was sollen sie im Flugzeug tun, wenn sie dieses kosmische Potenzial dort nutzen wollen?

Der Kosmos ist so vielfältig, wie er sich euch offenbart. Bitte beeinflusse die Menschen nicht, wenn es um die Beschreibung der Wahrnehmungen geht. Die einen nehmen Bilder wahr, andere lauschen Worten, wieder andere leben einfach nur die Impulse einer ausgeglichenen Energie. Das alles ist kosmische Kraft, die durch euch hindurchfließt, und, ja, in Flugzeugen tatsächlich leichter als auf der Erdoberfläche.

Das ist ja spannend. Und wie verhält es sich auf Schiffen?

Das ist ähnlich, Liebes, denn dort fließt das Wasser wie eine

Energie, die euch nicht direkt mit der Erdoberfläche in Kontakt bringt. Dieser Abstand zu der eigentlichen Erdoberfläche sowie die fließenden Energien um euch bewirken eine dauerhaft fließende transformierende Energie. Niemals befindet sich dort ein Wasser an der gleichen Stelle wie eben noch. Es ist immer in Bewegung, und diese Bewegung ermöglicht, dass dauerhaft transformierende Energien um euch sind. Das bedeutet, dass ihr, wenn man das so sagen kann, in oder auf Schiffen in einem von den negativen, verunreinigten Feldern, die meistens auf der Erdoberfläche herrschen, abgetrennten Zustand durch diese um euch fließenden Energien seid.

Also das gilt auch auf einem Schiff, dass es nur das eine Element Metall ist, das die kosmischen Energien durchdringen müssen und dass das Schiff selbst als System nicht faradayisch diesen Energien gegenüber wirkt?

Ja, das ist richtig.

Gibt es dennoch einen Unterschied in der Kraft der kosmischen Energien, die durch ein Flugzeug hindurch den Menschen erreichen, und denen, die die Schiffswände durchdringen?

Das ist relativ gleich. Die Flugzeuge bringen euch die kosmischen Energien noch etwas näher, da ihr weit von der Erdoberfläche entfernt seid. Bei den Schiffen seid ihr weiterhin nahe der Oberfläche, doch immer noch nicht direkt auf ihr, daher ist das Schiff eine Art „Mittelweg“.

Kann man dann sagen, wer kosmische Energien klarer erfahren will, sollte sich also im besten Falle lange auf einem Schiff aufhalten, da dies die „sanftere“ Herangehensweise wäre, als Tage oder Wochen in einem Flugzeug zu verbringen, was eigentlich nicht wirklich gesund ist?

Genau.

Kann man „zu viel“ kosmische Energie erfahren? Wenn man rein logisch gefragt viele Tage in einem Flugzeug derartige Energien bewusst wahrnehmen übt? Ist das gefährlich?

Das wäre nicht gefährlich, es wäre eine gewisse Art des Trainings, wenn du so möchtest. Doch wenn jemand nicht offen für die kosmischen Energien ist, dann empfindet er sie so oder so nicht. Daher ist es eine Frage der Information, die ich euch gerne gebe. Wer diese Art der Wahrnehmung beginnen möchte, kann dies gerne tun, doch braucht er etwas Übung und sollte nicht gleich zu Beginn mehrere Stunden in die kosmische Energie so bewusst tauchen, sondern erst einmal langsam mit verschiedenen Zeitimpulsen. Vielleicht in eurem Zeitempfinden mit einer Stunde zu Beginn. Ein andermal dann zwei Stunden. Das steht euch frei, doch möchte ich darauf hinweisen, dass euer körperliches System daran gewöhnt werden muss.

Und beim Schiff?

Beim Schiff ist es leichter, da es sanft und weit besteht und transformierende Energien um euch sind, die euch beschützen.

Und wir sind näher an der Erdoberfläche, daher kann die kosmische Kraft nicht mehr so stark wirken wie ungehindert weiter oben in der Luft.

Genau.

Und wie ist das in der Bahn?

Dann ist es nicht anders, als wenn ihr in den Fahrzeugen wandelt, die ihr Autos nennt.

Ach so, weil man sich noch so nah an der Erdoberfläche befindet.

Das ist richtig. Wer feinsinnig ist, der könnte über die nicht direkt mit dem Boden verbundene Art des Transportes schon eine kleine Veränderung spüren, doch generell ist es so minimal, dass ich dazu nicht mehr sagen muss. Die wirklichen Potenziale stecken im Reisen mit den Flugzeugen, sowie im Reisen mit Schiffen.

Gibt es eine Art Schutz, den man auf dem Schiff oder in den Flugzeugen anwenden sollte?

Nein.

Warum nicht?

Die kosmischen Kräfte wirken alle nur positiv fördernd, wenn sie unbeeinflusst sind. Es sind nur die negativen, also verunreinigten Energien der Geschichte der Menschheit, die auf der Erdoberfläche bestehen.

Das bringt uns zu der Thematik, welche Energien an welchen Orten warum wirken? Wenn zum Beispiel an einem Ort viele Menschen gestorben sind, vielleicht durch einen Krieg, was bedeutet das für diesen Ort?

Das ist eine wunderbare Frage, und ich danke dir dafür, da sie für euch eine sehr wichtige und tiefe Bedeutung hat.
Die Orte, an denen Menschen litten in allen Formen, die es jemals gab auf der Erde, bleiben in der Energie dieser leidenden Energien, es sei denn, jemand Weises oder Feinsinniges hat diese Örtlichkeiten gereinigt. *Das ist ganz einfach deswegen so, weil die Energien eines Ortes, wenn sie nicht umgeben sind von Wasser, weiter bestehen bleiben.* ***Und alle Worte, die ihr an einem Ort sprecht, alle Schreie die ihr tut, alle Leiden, die ihr kommuniziert - dort an diesem Ort - bleiben bestehen.*** *Es sind Wörter. Es sind Energien, es sind Impulse, die an diesem Ort bleiben und keinerlei Wandlung erfahren. Diese Orte bestehen also aus den leidvollen Worten und den schmerzvollen Impulsen der Menschen sowie aus den Seelenergien, die meist dort noch anhaften.*
Das streift ein anderes Gebiet, das ich später näher betrachten möchte, doch es berichtet euch hoffentlich schon jetzt verständlich genug, dass Seelen, wenn sie einen Körper verlassen und langsam schwingen, verursacht durch Leid und negative Gedanken - diese Seelen weiter an diesen Ort gebunden sind. Das kennt ihr, wenn ihr von alten Gebäuden wie Schlössern, so nennt ihr es doch, berichtet bekommen habt, dass manchmal dort noch Geister gesichtet wurden, oder

Schreie gehört wurden. Dies sind tatsächlich dort behaftete Seelenteile. Ich möchte dies nun nicht zu tief betrachten, doch wisst bitte, dass immer dann, wenn ihr Orte bereist, die einmal Leiden und Negativität erfahren hatten, diese Orte weiterhin in dieser Energie bleiben und bestehen.

Das heißt also Orte wie den Strand an der Normandie sollte man eher meiden, solange dort noch keine Reinigung geschehen ist?

Das ist richtig.

Das heißt ja, dass Europa mit all seinen vielen Kriegen voll von derartigen Energiefeldern ist?

Das heißt es, ja, und nicht nur Europa, wie ihr es nennt.

Kann man denn diesen Seelen nicht irgendwie helfen?

Du erkennst die Wichtigkeit, die Reinigung mit sich bringt und du erkennst vor allem auch die Wichtigkeit, dass ihr alle selbst reinigt, damit ihr wenigstens selbst für euch das größtmögliche Potenzial mitnehmt, auch wenn ihr von derartig viel Negativität und Verunreinigung umgeben seid. Daher bitte, bitte richtet eure Aufmerksamkeit auf die inneren Impulse der liebevollen Verbindung in den Kosmos. Lebt danach und lebt vor allem Reinigung. Wo auch immer, es ist möglich. Lebt den Schutz, um die Negativität der Orte einigermaßen auszugleichen und lebt, wenn es euch möglich ist, in nicht ganz so verunreinigten Orten.

∞

Das hast du schön gesagt. Ich finde das ein schönes Schlusswort, oder möchtest du noch etwas dazu sagen?

Nein.

Worüber berichtest du uns als Nächstes?

Die Geburt.

∞

Die Essenz

Leben bedeutet auch Beeinflussung. Nie ist man ohne Umwelteinflüsse, nie ist man ohne körperliche Einflüsse, weil beides in sich eigene Systeme darstellen, welche wir kraft unseres freien Willens nicht beeinflussen können, sondern Teil von ihnen sind. Die Natur des Planeten Erde weist Orte mit starkem Magnetismus und mit ganz speziellen Energiepotentialen auf - all dies verursacht durch den „Körper Erde". Aus ihm heraus und in ihm mehr oder weniger fest verankert, wirken diese Kräfte, und wir sind als Menschen so lange in diese Energetik getaucht, wie wir in unseren Körpern diesen Planeten beleben. Dies wissend sollte jeder Mensch wachsam seinen Wohnort wählen, um sich bewusster in diesen Energieverhältnissen einzuordnen. Zusätzlich zu den Gegebenheiten des Planeten sind auch die Energiefelder, welche die Menschen erzeugen, ein beeinflussender Faktor. Ob nun Telefonmasten, Radiowellen oder anderes - das alles stellt letztlich nur einen kleinen Teil im großen Wirkungsfeld der Umwelt dar. Sucht also bedacht eure Heimat aus und wählt Orte der Reinheit, um dort wirkliches Seelenwachstum zu erfahren.

Auch was die Fortbewegung betrifft, gibt es förderliche und weniger förderliche Möglichkeiten. Je weiter weg man sich befindet, je weniger ist man eingebunden in das Magnetfeld der Erde und umso leichter können die kosmischen Impulse wahrgenommen werden. Daher ist alles, was sich entweder an einem magnetschwachen Ort oder innerhalb einer anderen speziellen Energetik befindet, förderlich für die Erfahrung der Verbindung in den Kosmos. Deshalb ist diese in Flugzeugen tatsächlich leichter zu empfinden. Auch Schiffe, die sich zwar noch sehr nah an der Erdoberfläche befinden, aber dennoch das fließende Wasser um sich haben, sind förderlich.

Nicht zu unterschätzen ist auch die Beeinflussung des Geistes und unseres Gedankenguts durch bestimmte Glaubensrichtlinien der Menschen. Aufgrund der vielen Anhänger, die diese übernommen haben, und der Zeitintensität, mit der man sich damit beschäftigt, entwickeln diese eine eigenständige Energetik, die förderlich oder hemmend auf unser Energiesystem wirken kann. Da der menschliche Geist leider sehr leicht zu manipulieren ist, kreieren diese ebenfalls bestimmte Energiefelder, die eine gewisse Beeinflussung bedeuten können. Doch ist auch dies letztlich der großen Komponente Umwelt untergeordnet. Der Mensch hat zwar die geistige Kraft, durch viele hundert oder tausend Gleichgesinnte energetisch zu wirken, doch wird auch das nie die Naturgewalt des ganzen Planeten ersetzen oder ihm gleichgestellt sein können. Dennoch ist es wichtig zu wissen, dass dies als ein Teil der natürlichen Wirkungsfelder um uns herum existiert. Nicht mehr aber auch nicht weniger.

∞

Geburt

Lieber Freund der Indianer, bitte sprich zum Thema Geburt. Ich bin schon sehr gespannt.

Es ist mir eine große Freude, diese Botschaften und Weisheiten in diesem Werk festhalten zu können. Das Thema betrifft alle Seelen, die jemals inkarniert sind und noch inkarnieren werden, wie auch diejenigen, die als Körper die Voraussetzungen bieten und die Bereitschaft tragen, ein Leben zu gebären. Das Thema ist also nicht nur für diejenigen, die Kinder gebären, sondern tatsächlich allumfassend und uns alle betreffend.

Dann bitte beginne darüber zu berichten, was du dazu sagen möchtest.

Das menschliche Formen von Körpern beginnt, wenn ihr euch paart und die Eizelle mit dem Samen befruchtet wird.
Die Beseelung dieses Körpers beginnt aber etwas später. Dann wenn die Weiterentwicklung des kleinen Körpers so weit fortgeschritten ist, dass sie ein Leben wirklich tragen kann.

Möchtest du damit sagen, dass der Zeitpunkt der Beseelung eines Körpers immer unterschiedlich ist?

Nein. Der Zeitpunkt ist relativ allgemein nach dem vierten Monat.

Das erinnert mich daran, dass die Menschen auch eine Zeit von drei Monaten angesetzt haben, die als kritische Phase einer Schwangerschaft betrachtet wird.

Das könnte man sagen, ja. Doch wer auch immer diese Regel aufgestellt hat, wusste nicht, ob und wann die Seele wirklich in den Körper tritt.
Das Entscheidende ist, dass ihr bitte vernehmt, dass die Seele eines Kindes erst dann wirklich in diesen Körper tritt, wenn diese Zeit der Entwicklung des Körpers so weit fortgeschritten ist, dass dieser auch wirklich lebensfähig ist. ***Das bedeutet, dass in erster Linie in den ersten Monaten ausschliesslich Leben entsteht, welches aber nur die Funktionen des Lebens selbst formt und keinerlei bewusste Energien bindet.***
Die Beseelung des Körpers erfolgt dann wiederum auch nicht in einer kurzen Zeit, wenn man in Zeit messen möchte, sondern sie braucht einige Monate. Diese Zeit ist dafür da, dass die Seelenenergie, die vorher ohne Körper existiert hat, nun die Enge und die Form, die der menschliche Körper bietet, langsam empfinden kann und sich dadurch langsam an diese neue Form gewöhnen kann. Daher ist die Seele eines Kindes ab dem fünften Monat nicht immer bei der Mutter, sondern nur ab und zu, doch je länger die Zeit voranschreitet, darf die Seele mehr und mehr die Form des Körpers füllen.

Wo ist die Seele denn, wenn sie nicht bei der Mutter ist?

Das ist eine schöne Frage, ich kann verstehen, dass ihr derartig denkt, doch muss ich sagen, dass ihr bitte verstehen müsst, dass alle Energie immer um euch ist. Die Aussage, die Ener-

gie ist nicht bei der Mutter, verzerrt ein wenig. Bitte entschuldige. Doch möchte ich damit sagen, dass die Energie noch wandelt, dass sie noch nicht dauerhaft in diesem neuen kleinen Körper weilt, sondern sich erst nach und nach darin einnistet.

Muss man in dieser Zeit der Einnistung etwas beachten, das diese Einnistung fördert oder muss man da nichts beachten?

Das wird alles kosmisch gelenkt, daher braucht es keinerlei Informationen oder Botschaften, die ihr diesbezüglich befolgen müsst. ***Das Lieben des heranwachsenden Wesens ist die einzige wichtige und unerlässliche Bitte, die der Kosmos an euch hat.***

Was ist, wenn das Leben, der kleine Körper in den ersten vier Monaten abstirbt? Es ist ja dann noch nicht beseelt gewesen?

Das ist richtig. Die Seele kommt erst, wenn diese kritische Phase überstanden ist. Die Gründe eines derartigen Prozesses sind vielfältig, doch meistens ist es eine rein körperliche, strukturelle Ursache, weniger mental, aber dennoch manchmal mental. Ich möchte damit sagen, dass es körperliche Ursachen haben kann, dass die Voraussetzungen für das Leben nicht ganz passend sind, dass es aber auch mentale Ursachen haben kann, wenn ihr in eurem Geiste nicht harmonisch mit dem Körper harmoniert. Dann verstößt der Körper das Leben.

Wenn Menschen aber wieder und wieder in dieser Phase das kleine

Lebewesen verlieren, hast du eine Vermutung, warum das so ist?

Nein.

Kann man sagen, dass ein „zu sehr Wollen“ auch nicht so gut und richtig ist?

Das ist es nie, doch in der Thematik der Geburt ist alles kosmisch geführt, weil die Kräfte, die wirken, so unendlich und unbewusst, vergleichsweise mit eurem bewussten Willen wirken, dass es relativ wenig Einfluss hat, wie jemand will oder eben nicht will. Doch es ist defintiv auch eine Frage der Kraft des jeweiligen Menschen. Diejenigen, die freie und flexible Kräfte haben, können natürlich mehr wirken als diejenigen, die nur unbewusst in diesen Prozess treten. Doch lass uns nicht zu lange in dieser Thematik verharren, ich möchte noch auf andere Umstände hinweisen.

Die Menschen, die bereits die kritische Phase überstanden haben und der kleine Körper bereit ist, die Energien in sich aufzunehmen, die mit Bewusstsein angereichert als Seele in ihn tritt, brauchen eine Information, die ich ihnen heute geben möchte. ***Die inkarnierende Seele hat sich die Umstände und die Eltern alle gewählt und ist keineswegs unüberlegt und unbewusst oder hilflos in diese familiäre Struktur gegangen.*** *Damit möchte ich sagen, dass kein Mensch weit und breit die Ohnmacht besitzt, die so mancher gerne von euch als Entschuldigung einsetzt, um die Umstände seines Lebens so zu belassen, wie sie sind.*

Du möchtest also darauf hinweisen, dass Ort, Zeitpunkt, Elternstrukturen und all dies tatsächlich vorher frei gewählt wurde von den Seelen, aufgrund anderer energetischer Hintergründe. Aber gib mir bitte ein besseres Bild dazu, was heißt „ausgesucht“? Nach welchen Parametern entscheiden diese Energien, wo sie hinwollen?

Das ist eine wunderschöne Frage, ich danke dir dafür.
Die Energien nehmen nicht die direkten Umstände eurer Welt wahr, sondern sie nehmen die energetischen Umstände der Eltern und der sich vorfindenden Umstände wahr. Ich meine damit, sie können die Energetik des Ortes wahrnehmen, die Empfindungen der Eltern wahrnehmen, wie Fülle sie umgibt, und sie können die Fülle der Eltern als Kraft wahrnehmen, sowie die energetischen Potenziale dieser Verbindung der beiden Menschen zueinander. Das bedeutet, dass wie durch eine Lupe das Elternpaar vorher betrachtet wird und wenn es liebevoll ist, die Seelen anzieht, die Liebevolles erfahren, wahrnehmen wollen. Die Eltern, die lieblos miteinander sind, die Seelen anziehen, die diese Erfahrung leben wollen, um sich vielleicht aus dieser heraus zu bewegen. Doch dies genau zu beschreiben und die Vielfalt dieser Möglichkeiten, das würde den Rahmen hier sprengen. Doch möchte ich bewusst machen, dass eure Kinder die Form eurer beiden Elternteile, die ihr seid, absolut frei gewählt hat.

Du möchtest also betonen, dass es keine Ohnmacht der Energien gibt, immer nur den freien Willen.

Ja das ist richtig.

Es bietet sich die Frage an, warum Seelen sich in sehr komplizierte

Umstände hineingebären lassen? Inkarnieren Seelen wirklich freiwillig in Kriegsgebiete oder Orte der Unterdrückung, oder Orte, in denen Kinderarbeit o.ä. herrscht?

Das kann ich dir nicht beantworten, doch vermute ich, dass es um die Erweiterung der Seele und nicht um die Wahrnehmung des Leides geht. Diese Seelen haben sich in derartige Formen gebracht, damit sie aus ihnen ausbrechen können. Das wäre zumindest meine Vermutung, auch wenn ich ungern vermute. Das ist mir nicht wirklich recht.

Dann kann ich dazu ja vielleicht eine andere Wesenheit befragen.

Ja. das solltest du, vielleicht den kosmischen Vater, da diese Problematik so weitreichend ist, dass ich dies auch gerne einmal erfahren würde.

Könnte man dennoch pauschal sagen, dass alle Seelen in Umstände einer Mangelerfahrung hineingehen, um eben aus dieser Enge heraus ihre eigentliche Kraft zu finden, die noch erweitern will?

Ja.

Dann gehen wir zurück zum Thema Geburt. Du wolltest noch beschreiben, was genau es bedeutet, in der „Nähe der Mutter“ zu sein, wenn es doch gar keine Örtlichkeiten gibt. Dann ist das Wort Nähe ja etwas anders gemeint. Bitte beschreibe mir das genauer.

Die Seele befindet sich in Bereitschaft und möchte inkarnieren, wartet noch bis die ein oder andere Form des Körpers

vollendet ist und wandelt wieder und wieder in ihn. Doch auch immer wieder aus ihm heraus.

Wie kann ich mir das vorstellen? Ist das ein dauerhaftes Hin und Her, Hinein und wieder Hinaus in der kleinen Menschenform?

Das ist in etwa so, wie du es gerade beschrieben hast. Es sind unendliche Kräfte, die wirken, wenn die Seele in den Körper geht und dort belebt sie ihn.

Kann man sagen, dass die Babies nur dann strampeln, wenn die Seele gerade wieder in dem kleinen Körper ist?

Das kann man sagen, sonst ist es nur ein Leben, das als Organismus existiert doch ohne lenkende Impulse. Die Menschen, die deratige Impulse verspüren, sollten sich umso mehr diesem Moment und diesen Bewegungen widmen, denn dann ist die Seele wirklich im Körper des Kindes.

Und gibt es auch Energien, die dauerhaft in dem kleinen Körper bleiben?

Das kommt selten vor, da die Seele die Weite des Kosmos braucht und die Enge des Körpers nicht unbedingt sucht. Die Enge des Körpers ist eine Begleitserscheinung, die sie eingehen muss, um zu inkarnieren, doch letztlich fühlt sich die Seele wohler ohne Körper.

Gut, und wie kommt es dann nach dieser Zeit zur Geburt? Bitte berichte mir die nächste Phase.

∞

Dann ist die Formung des Körpers so weit abgeschlossen, dass er die Wahrnehmung als Mensch beginnen möchte. Die Atemorgane sind bereit zu atmen und der Organismus möchte nicht mehr über die Nabelschnur versorgt werden. Die Augen möchten sich öffnen. Alles möchte beginnen, die eigentliche Form ganz zu leben. Die Seele weiß nun, dass alles bereit ist, um zu inkarnieren und begibt sich kurz vor der Geburt in den Körper des Kindes in der Mutter. Das kann schon ein paar Tage vor der eigentlichen Entbindung sein aber auch tatsächlich kurz davor. Das liegt an der freien Entscheidung der Seele, die inkarniert.

Und dann?

Die Geburt wird als Seele eine wirklich unangenehme Erfahrung, da die Seele weiß, dass sie nun nicht mehr so leicht wie bisher aus dem Körper treten kann, aber auch weiß, dass die Geburt Gefahren mit sich bringen kann und es passieren kann, dass bleibende Schäden am Körper entstehen können, die wiederum ein blockiertes Wachstum bedeuten würden. Dieses Risiko ist die unangenehme Wahrnehmung einer Seele, wenn die Menschen Kinder gebären.
Als Rat bitte ich euch werdende Mütter, diese Ängste einer Seele bitte mit Liebe zu halten. Damit meine ich, dass ihr bitte der Seele zusprecht, dass ihr sie liebt und dass ihr ihr Halt gebt und alles dafür tut, dass dieser Zustand bald vorüber geht. Dann beruhigt sie sich und vertraut dieser Kraft in euch.

Was passiert denn beim Kaiserschnitt, das ist ja eine andere Art der Geburt?

∞

Das ist eine sehr wichtige Frage, Liebes, denn wer glaubt, dass diese Art von Geburt die einfachere für die Seele bedeutet, irrt. Die Art und Weise, wie eine Seele in den Körper geht ist eine verbindende.

Wenn ihr also beginnt, die Geburt über die normalen Ereignisse zu erfahren, dann hat die Seele die Möglichkeit, diesen Prozess vorweg einzuleiten und sich darauf einzustellen, dass nun die Zeit gekommen ist, lange mit einem engen Körperkleid zu leben. Doch wer einen Kaiserschnitt tut, der nimmt der Seele die Möglichkeit diesen Zustand rechtzeitig zu wählen. Der Entschluss der Ärzte, die Entbindung zu tun, wann immer es ihnen in den Zeitplan passt, bringt verschiedene Gefahren mit sich, denn es kann sein, dass ihr tatsächlich einen Körper und seine Lebenskraft aus dem anderen Körper entnehmt, doch die Seele ist vielleicht gerade nicht in ihm. Dann beginnt eine wirkliche Tortur für die Seele, denn ihr holt den Körper aus dem Körper und die Seele muss in ihn hinein. Das bringt Stress und Komplikationen mit sich, die ihr nicht fassen könnt mit eurem Bewusstsein. **Die Seele muss sich selbst entscheiden, wann sie letztlich in den Körper tritt.** *Die Art dieser Entbindung aber greift in diese freie Entscheidung ein. Das ist schwierig zu beschreiben, doch es ist ein Eingriff in einen kosmischen Ablauf, daher bitte ich euch, wenn ihr auf derartige Weise entbinden möchtet, dann informiert die Seele rechtzeitig davon. Sprecht mit dem Kind, wenn ihr es spürt und dadurch sicher sein könnt, dass es gerade in euch lebt. Besprecht mit ihm, dass ihr den Tag festgelegt habt und diesen mehrfach fühlt. Ich meine damit, dass ihr immer wieder der Seele Beruhigung gebt, dass sie weiß, dass sie sich darauf vorbereiten soll.*

∞

Also du meinst nicht, dass es generell nicht gut ist, sondern, dass sie die Verbindung zu der Seele spüren sollen und dies nutzen sollten, ihr diese Entscheidung rechtzeitig zu kommunizieren.

Das ist richtig.

Gehen wir mal davon aus, die Seele wurde ausreichend informiert, und alles ist diesbezüglich in Ordnung. Ist diese Art der Geburt nicht trotzdem die bessere, weil es weniger stressbesetzt ist für die Seele, da sie nicht den Gefahren der Geburt über den engen Geburtskanal ausgesetzt ist?

Das mag sein, doch energetisch ist die normale Art Kinder zu bekommen immer noch die richtigere. Ich möchte darüber nicht zu sehr richten, da es tatsächlich eine Frage der einzelnen Seelen ist. Mancher sucht die Enge als Eintrittstor in die Enge. Andere fühlen die Freiheit im Kaiserschnitt unangenehm als Verwirrung in die Enge. Es ist verschieden wie die Wahrnehmungen des Kosmos.

Was passiert, wenn ein Leben, wie auch immer geboren, nach der Geburt keine Luft holt und dadurch der Körper wieder stirbt? Ist das dann aufgrund des freien Willens der Seele geschehen oder was genau passiert dann?

Das ist eine sehr wichtige Frage. Danke dir dafür.
Die Seele, die nicht inkarnieren kann, bleibt dann noch Teil dieses leblosen Körpers, doch wandert sie relativ bald wieder in die kosmischen Felder hinein. Ich würde in eurem Zeitmaß nicht mehr als vier Stunden benennen, die die Seele noch in

und bei diesem Körper weilt.
Doch wer dazu eine genaue Beschreibung möchte, der sollte dann das Kapitel Übergang lesen, denn letztlich ist dies dann ein toter Körper und die Seele ist noch bei ihm. Dazu möchte ich jetzt nicht allzuviel berichten.

Wie kann das passieren, warum passiert so etwas, dass nach all der Zeit des Hinein und Hinaus während der Schwangerschaft dann letztlich doch die Seele nicht ganz inkarnieren will?

Das ist unterschiedlich. Die Seele ist eine vielfältige Kraft. Manches Leben wird beseelt, doch reicht die Seelenkraft nicht, das Leben dann wirklich voll zu beseelen. Und das bedeutet, dass letztlich die innere Kraft dieses Wesens nicht reicht, um es tatsächlich ins Leben lebendig zu holen. Ich meine damit, dass die inkarnierende Seele wenig Energie hatte und dadurch nicht genügend Kraft, diesen Kröper zu beseelen. Verstehst du?

Das verstehe ich. Das weist auf die Thematik der unterschiedlichen Kraftpotenziale der Seelen hin. Diese Kraft muss also nicht zwingend dann auf der Erde inkarnieren, sondern sie schaut dann weiter, wo sie die passende Form findet, um zu wachsen, richtig?

Ja, das ist richtig. Die Formen sind so vielfältig wie die Blumen einer Blumenwiese, wenn ich das als Beispiel nehmen darf. Doch nicht immer muss es die Erde sein. Die Erde allgemein ist ein sehr beliebter und warmer Planet, daher zieht es viele Resonanzen in die Aura der Erde. Doch wenn hier keine organische Möglichkeit besteht, die der suchenden Ener-

gie die Möglichkeit des Wachstums und der Entfaltung bietet, dann findet diese suchende Energie dies eben woanders.

Verstehe. Was ist, wenn Kinder den Kindstod sterben, was passiert da?

Dann ist eine Entscheidung der Seelen getroffen, dass sie diese Form nicht weiter beleben möchten. Ich möchte hier nicht verwirren. Denn einerseits ist die Inkarnation in einen Körper eine sehr intensive und weitreichende Entscheidung, doch andererseits ist es möglich, die jungen Körper zu nutzen, um die Form zu versuchen.

Das heißt, dann kann die Seele tatsächlich noch entscheiden, wieder zu gehen? Warum geht das dann nicht immer, also auch wenn man älter wird, warum nur in den ersten Monaten?

Das ist eine Frage der Kraft der Körperlichkeit. Ist die Seele frisch in den Körper des Kindes inkarniert, ist ihre Kraft die Kraft, die den Körper bewegt. Solange diese Kraft die größere ist, kann sie auch entscheiden, wann sie den Körper verlässt. Doch verringert sich diese Kraft mit der Kraft des heranwachsenden menschlichen Körpers. Dann wechselt dies und die körperliche Kraft wird stärker, und damit hat die Seele eine derartige Willenskraft nicht mehr.

Mit wie viel Jahren ist dieser Wendepunkt zwischen der Seelenkraft und der körperlichen Kraft?

Das endet ungefähr mit dem ersten Lebensjahr.

Und warum kann es sein, dass eine Seele dann doch gehen will?

Das weiß ich nicht. Das ist ihr freier Wille, und wenn sie das so möchte, dann muss das respektiert werden. Die Verwandlung in die Weite des Kosmos zurück ist keineswegs eine Bedenkliche. Es ist einfach nur ein Schritt in eine andere Form zurück. Doch keineswegs negativ.

Kann es sein, dass diese Seelen hoffen, eine besondere Form des Seins zu erfahren, dann aber erfahren, dass die Umstände, die ja vom freien Willen der Menschen um dieses Kind herum, also den Eltern, entstanden sind, sich doch nicht so entwickeln, dass diese Form letztlich nicht mehr die gewünschte Form darstellt? Sich also verwandelt hat?

Das kann sein, doch möchte ich mich von derartigen Wertungen fernhalten.

Zurück zur Art der Geburt. Was genau geschieht denn bei Frühgeburten?

Das ist eine sehr komplizierte Sache, denn genauso wie bei der Erfahrung über die nicht natürliche Entbindung beginnt hier ein Eingriff in die freie Entscheidung der Seele, und dieser Eingriff bedeutet Stress für diese Seele. Diese Tatsache bedeutet, dass die Seele früher in den Körper eintreten muss, um ihn zu beseelen. Das wiederum in einen unfertigen Körper. Das alles ist nicht wirklich optimal und bedeutet wie schon erwähnt Stress für diese Seele, und eine inkarnierende Seele mit einem Geburtsthema.

∞

Du meinst also, dieses Erlebnis bleibt natürlich Teil der Erinnerung der Seele und braucht sicher Zeit, um ausgeglichen zu werden?

Das ist richtig. Derartige Menschen haben immer das Gefühl, die Lebenskraft noch nicht richtig entwickelt zu haben. Daher müssen sie umso mehr leben, umso mehr Intensität leben und versuchen zu erfahren.

Gehen Gefahren damit einher? Es gibt ja auch Seelen, die dann doch noch umkehren und nicht inkarnieren wollen, dann schafft es der kleine Körper im Brutkasten nicht.

Ja, das ist richtig.

Man sagt auch, die Charakter der Kinder erschaffen die richtigen Aufgaben für die jeweiligen Eltern, was sagst du dazu?

Das ist nicht richtig, denn viel Verantwortung liegt bei den Eltern, doch auch viel Verantwortung bei den Seelen, die inkarnieren. Die volle Verantwortung der ganzen Erfahrungen nur in die Sicht der Eltern zu legen, ist nicht richtig. Denn das würde bedeuten, dass der Eigenverantwortung - dem freien Willen der Seelen - keinerlei Beachtung geschenkt wird.
Ihr habt natürlich mit der Entscheidung, dass ihr Eltern werden wollt, auch eine Verantwortung und damit auch eine Bereitschaft für besondere Erfahrungen, doch nicht diese eine Seele kommt nur, um euch eine Erfahrung zu schenken. Diese eine Seele will leben, oder sie will es eben nicht. Die Wertung in derartigen Dimensionen, wie ihr es manch einmal tut dazu, ist nicht richtig. ***Die freie Entscheidung der inkarnierenden***

Seele ist letztlich die, die mehr zählt als die der Eltern.

Was müssen die Eltern beachten, wenn sie ein Kind bekommen haben und es nun beginnt zu leben?

Eine Seele, die in einen Körper inkarniert ist, braucht nun Ruhe und Liebe, um diese zu erfühlen und den Körper langsam anzunehmen wie er als Mensch und nicht als Baby in einem Fruchwasser existiert. Die Menschen sollten die Kinder rasten lassen und nicht zu sehr mit ihren Berührungen und den Worten ablenken. Die Menschen sollten sie eine Weile fühlen lassen, was nun die neue Wahrnehmung alles bedeutet für diese Seele.

Und wie ist das, wenn Kinder so viel schreien? Was kann man da tun?

Das ist eine ganz normale Art dieses Wesens sich auszudrücken, daher möchte ich diese Eltern darauf hinweisen, dass sie Liebe und Hinwendung diesem Lebewesen bringen. Kommunikation bedeutet als Kind auch oft schreien, doch dies muss nicht so sein. Schenkt dem Kind Aufmerksamkeit.

Es gibt Menschen, die sagen, dass die Kraft der Seele sich in den ersten Menschenjahren als Kind noch voll ausdrückt. Das hast du ja auch schon angeschnitten bezüglich der Seelenkraft, die von der körperlichen Kraft verdrängt wird. Das bedeutet ja, dass man diese Seelenkraft in den Kindern noch deutlicher erkennen kann, als danach?

Das ist richtig, daher meine Bitte an euch: Beobachtet die

Kinder. Lasst sie ruhen, lasst sie eine Weile mal nur mit sich und beobachtet, was sie tun, was sie suchen, was und wie sie reden, wenn sie reden wollen, was sie verwirklichen wollen, wenn sie etwas tun möchten. Die Art und Weise, wie sie sich bewegen. Die Art und Weise, wie sie schauen, die Art und Weise, wie sie existieren verrät euch, welche Seelenkraft darin schlummert. Das wird im Laufe der Jahre, die die Seelen in eure Strukturen eingebettet sind, sich immer weniger zeigen. Daher benutzt diese ersten Monate und Jahre, um die eigentliche Energie dieses Wesens zu erfahren.

Kann man sagen, dass ab der Schulzeit dann die menschlichen Strukturen uns so fest umklammern, dass ab diesem Zeitpunkt jegliche Seelenkraft verdrängt ist?

Das kann man allerdings.

Oh, tatsächlich. Dann wird es Zeit, dass es Schulen gibt, die auch seelische Inhalte lehren ...

Das wäre eine Maßnahme. Vielleicht kannst du dazu Impulse geben. Wir werden es sehen.

Ja, das werden wir.
Ich möchte noch einmal zurück zur Thematik der Geburt. Wie bekommt eine Seele mit, dass eine Mutter bereit ist, einen Körper zu gebären, der die Form für diese Seele bieten kann?

Ganz einfach. Das Leben in einem solchen Körper und in dieser Form beginnt zu strahlen. Der Kosmos bemerkt dies und will diese Form beseelen. Das ist wie eine Form, die leer ist und der Kosmos aber keine Leere erlaubt, daher drängen die Energien in diese Form, sobald sie bereit ist, gefüllt zu werden.

Also nehmen alle Seelen, alle Körper wahr, die gerade bereit sind, und sowie die Form bereit ist, kraftvoll genug ist, geschieht es? Es braucht also die Bereitschaft der Seelen und die Bereitschaft der Mütter, richtig?

Das ist richtig. Es funktioniert von ganz alleine. Niemand muss etwas tun, ES „tut".

Die Befruchtung des Eis selbst ist aber eine rein körperliche Sache und keine energetische, richtig?

Das ist richtig. Es ist eine rein körperliche Sache. Dazu braucht es keinerlei Energetik, keinerlei Grundlagen außer die Gesundheit des Körpers, der diesen Prozess ermöglicht.

Aber es gibt Menschen, die wünschen sich Kinder und werden nie schwanger, machen die etwas falsch?

Nein. Die Bereitschaft der körperlichen Umstände ist dann einfach nicht gegeben. Der Kosmos ist immer bereit. Das Einzige, was ihr erschaffen müsst, ist die richtige und gesunde Form.

Wie ist das, wenn eine Mutter ihr Kind nicht annehmen möchte, es dennoch aber gebärt. Was bedeutet das kosmisch gesehen?

∞

Derartige Impulse werden vom Kosmos wahrgenommen, doch bedeuten sie keineswegs, dass eine gesunde Form nicht belebt wird. Die Beseelung dieses Körpers findet also in jedem Fall statt, sowie die körperlichen Voraussetzungen gegeben sind. Die Mutter wiederum begibt sich in eine Verantwortung, die sie natürlich dieser Seele gegenüber hat, wie ich schon erwähnt habe, Liebe zu geben. Die Art und Weise, wie diese Mutter nun Liebe gibt, ist eine eigenverantwortliche.

Kann die Seele irgendwelche Schäden nehmen, wenn sie spürt, sie ist nicht willkommen bei ihrer Mutter oder/und ihrem Vater?

Ja, das ist richtig, denn Liebe ist eine kosmische Kraft, und fällt eine inkarnierte Seele in eine derartig haltlose Form, dann bedeutet das viel Ausgleichsbedarf dieser Seele in diesem Leben. Sie wird vielleicht Liebe in anderen Formen und auf andere Art vermehrt suchen als andere dies tun.

Machen sich die Eltern in solch einem Fall „schuldig“, auch wenn ich dieses Wort nicht mag, aber es passt, um zu fragen, was ich meine?

Nein. Die Verantwortung liegt bei ihnen selbst. Die Art und Weise, wie sie diesen Prozess leben, ist ihre Entscheidung und wenn sie meinen, dass sie diese Erfahrung ohne Liebe weitergeben möchten, dann ist dies so und schwächt ihnen nur die Verbindung in den Kosmos. Verunreinigung geschieht dann. Aber dies wiederum ist ihre Aufgabe und von Schuld reden wir nicht, das weißt du.

Ja, bitte entschuldige, ich versuche es zu vermeiden.

∞

Ich habe noch eine weitere Frage zum Thema der Bereitschaft der Seelen für die Inkarnation. Ab wann sind die Seelen bereit zur Inkarnation. Erst ab dem Ablauf der vier Monate oder schon ab dem Moment der Befruchtung? Ab wann „spürt" der Kosmos, dass hier Leben entsteht, das beseelt werden will/kann?

Die Seelen merken, dass ein Leben entstehen kann, über die Frequenzen, die in dem Mutterleib entstehen. Diese Information besteht im Kosmos und ist von allen Wesen wahrnehmbar, wenn sie dies möchten. Daher besteht ab dem Moment der Eizellenbefruchtung eine gewisse Art Bereitschaft der Seelen.

Und was geschieht, wenn ein Mensch innerhalb dieser vier Monate abtreibt. Also ganz bewusst dieses Leben und diese Form wieder zerstört. Wird dieser Mensch dann zu einem Feind des Lebens, oder wie verhält sich das?

Danke dir für diese wichtige Frage. Ich freue mich darüber, auch wenn das Thema selbst nicht nur schön ist. Denn wenn ein Mensch das Leben, das in ihm entstehen kann, beginnt zu vernichten, beginnt eine Erfahrung, die er ausgleichen muss. Das Leben, das in ihm entsteht, ist eine kosmische Fügung, und die Menschen, die diese Form bewusst zerstören, begeben sich in einen Bereich, die kosmsichen Kräfte zu berühren, wo es wahrhaftig nicht möglich ist, die Resonanzen dieser Tat zu beschreiben. Das ist vielfältig und sehr differenziert. Denn der eine Mensch vollbringt so viel Gutes und lebt so viel Liebe, dass er diese Entscheidung nicht als Feind des Lebens tut, sondern aus einer liebevollen Kraft heraus, die unter Zwängen außer jeder weiteren dunklen Erzeugung an Resonanzen

durch diese Tat handelt.
Doch andere, die weniger Liebe in sich tragen, handeln aus einem negativen Impuls heraus, und dies ist nur ein weiterer Stein der Unbewusstheit, der ihr Schicksal bestimmt. Daher ist es nicht leicht dies zu beschreiben.
Wichtig ist, dass ihr immer und immer, immer, immer alles, was ihr tut, verbunden und in Liebe tut. Ihr könnt sogar das Leben eines beginnenden Lebens in euch beschließen zu beenden, doch ihr müsst es bewusst und liebevoll beenden. *Das ist erlaubt, wenn es tatsächlich bewusst und in tiefer Verbindung mit dem Kosmos geschieht, noch bevor die Seele in den Körper eintritt ein erstes Mal.*

Das klingt sehr komplex.

Das ist es, daher ist es schwer, das festzuhalten in einfachen Worten. Bitte entschuldige, ich hoffe, ich konnte dies dennoch tun.

Ja, keine Sorge, ich verstehe das Zusammenspiel von Eigenverantwortung, Erlaubnis und Liebe vor allem in derartig heiklen Situationen.
Dann machen wir noch einen kleinen Ausflug in die Thematik der kraftlosen Seelen. Was passiert mit ihnen, wenn sie sich eine andere Form auf der Erde suchen wollen? Welches ist die kleinste Form, die Seelen auf der Erde in sich aufnehmen kann? Sind beispielsweise Ameisen beseelt?

Das ist auch eine wunderbare Frage, danke dir dafür. Die Seelen, die schwach sind, haben die Möglichkeit, in Tiere zu inkarnieren, doch ist dort auch eine Art Wahlmöglichkeit nur in bestimmten Rahmen möglich. Die von dir benannte Ameise ist ein Organismus, der als solcher funktioniert, doch er ist noch nicht beseelt. Dennoch trägt er Bewusstsein. Das ist ein kleiner feiner Unterschied. Die Energien haben Bewusstsein, doch Seelen sind viel mehr als nur Energie mit Bewusstsein. Sie tragen Erinnerungen in sich.

Ab wann beginnt dann die Form, die Seelen tragen kann?

Das ist von Planet zu Planet unterscheidlich, doch in eurer Welt, auf eurem Planet ist es die Form einer Maus. Das erste Lebewesen, dass Seelen tragen kann, sind alle Tiere, die die Größe einer Maus haben.

Das heißt, man kann davon ausgehen, dass alle Mäuse beseelt sind, von etwas schwächeren Seelen, die Erinnerungen in sich tragen?

Das kannst du so nicht sagen. Die Energie, die eine Maus hat, reicht, um eine Seele aufzunehmen. Doch MUSS sie dies nicht. Es ist eine Form, die wie ein Zwischenwesen besteht. Es bietet die Möglichkeit, aber es muss nicht dazu zwingend kommen. Die Frage, die du stellen solltest, ist, wann bemerkt man, ob eine Maus beseelt ist oder wann nicht ...

Wann merkt man es denn?

Die Maus, die Formen beginnt zu leben und die beginnt, Intelligenz zu entwickeln, wie sie einem menschlichen Körper entspricht, ist beseelt.

∞

Dann kann man ja pauschal davon ausgehen, dass einige der Labormäuse vielleicht beseelt sind?

Das ist leider richtig, und gerade dort finden sich die Möglichkeiten, die die Seelen brauchen, um in eine derartige Form zu inkarnieren. Wer also dort mit derartigen Lebewesen experimentiert, der experimentiert durchaus an Lebenwesen mit einer Seele.

Werden dann die Mediziner, die mit Mäusen experimetieren und gar nicht wissen, ob die eine oder andere nun beseelt ist oder nicht, zu Feinden des Lebens?

Das werden sie, ja.

Aber wenn sie ihre Arbeit doch machen mit dem Ziel, menschliche Krankheiten zu heilen, sind sie dann kosmisch gesehen immer noch Feinde des Lebens?

Das funktioniert nicht. Das Forschen der Menschen darf nicht das Leben unter die Forschung stellen. ***Das Leben selbst bedeutet mehr als jede Information, die ihr über das Morden erreicht.***

Was passiert mit den Menschen, die im Dienste der Wissenschaft Derartiges tun?

Diese Menschen werden zu Feinden des Lebens und sie müssen ausgleichen, ob in diesem oder in einem anderen Leben. Der Ausgleich wird von ihnen gefordert. ***Die Lebewesen, die***

wie alle Tiere auf eurem Planeten eurer Macht ohnmächtig untergeben sind, fordern den Ausgleich von euch. Jedes Einzelne.
Jedes Einzelne!

Zurück zur Größe der Beseelung. Wenn ab einer Größe einer Maus alles ausreichend genug Körper bietet, um eine Seele in sich zu tragen, heißt das ja auch, dass Ratten beseelt sein können, richtig?

Ja, das ist richtig. Der ausschlaggebende Punkt ist die Kraft des Organismus, die Energie zu halten. Es ist wie eine Form, die bestimmte Umstände braucht, um eine bestimmte Energie „auszuhalten" oder zu „binden", oder zu „führen!"

Also befindet sich in der Ameise nur die Energie mit einem Bewusstsein, aber eine Seele mit Erinnerungen kann ab der Größe einer Maus oder Ratten einen Körper beleben. Kann, aber muss es nicht, richtig?

Ja genau.

Die ausschlaggebende Entscheidung liegt bei der Seelenkraft selbst. Will sie in eine deratige Form oder nicht?
Und was ist mit etwas größeren Tieren. Bieten sie auch die Wahlmöglichkeit, oder brauchen sie unbedingt eine Energie mit Erinnerung in sich?

Alle Tiere ab der Größe der Maus bieten die Möglichkeit einer Beseelung.
Alle Tiere, außer die der Gruppe der Wale, bieten die Plattform dieser Möglichkeiten, doch können sie auch ohne die Be-

seelung leben.

Und beim Menschen ist der Organismus wiederum nur MIT Beseelung lebensfähig, richtig?

Ja genau.

Ist der menschliche Organismus dadurch etwas Besonderes auf dem Planeten Erde?

Das kann man sagen, denn er bedingt, dass er nur inklusive einer Seele existieren kann. Eine seelenlose Menschenform gibt es nicht.

Echt, und das obwohl Menschen manchmal so grausam sind, dass man denkt sie seien seelenlos?!

Das verstehe ich, doch ist es wirklich so. Auch diese Wesen, die derartig grausam wirken, sind mit einer Seele beseelt.

Und wieso sind die Wale ähnlich wie die Menschen die Organismen, die auch nur mit einer Seele existieren können?

Das ist eine gute Frage. Die Wale, liebe Sylvia, sind die Bindeglieder der Menschen mit den Tieren. Sie beseelen die Welt des Wassers und leben in dieser Form, aber eigentlich befinden sich Seelen in ihnen.

Also trägt jedes Tier, das zur Gruppe der Wale gehört, eine Seele in sich, auch Delphine?

∞

Das ist richtig.

Aber es gibt so grausame Walfänger ... und gerade Wale haben so etwas Liebevolles.

Du meinst, sie strahlen eine liebevolle Kraft aus. Das ist die Seelenkraft in ihnen.

Aber wieso sucht sich eine Seele die Form eines Wales aus?

Das ist ihre Entscheidung, ich weiß es nicht. Es bietet dieser Seele eben diese Form und in dieser Form möchte sie erfahren. Das ist alles.

Das bedeutet ja, wenn Menschen Wale umbringen, dann bringen sie eine beseelte Form um.

Das ist richtig. Doch dazu habe ich schon viel gesagt. Alle Tiere sind ohnmächtig euch gegenüber. Die Beendung eines solchen Lebens bedeutet immer, dass ihr zu Feinden des Lebens werdet und diese Taten ausgleichen müsst.

Das bedeutet ja, dass man in den Augen eines Wales immer eine Seelenkraft betrachtet, die eine Erinnerung trägt ...?

Das ist richtig.

Heißt also, alle Tiere ab der Größe einer Maus KÖNNEN eine Seele aufnehmen, müssen dies aber nicht?

∞

Ja genau.

Das heißt, wenn ich das Gefühl habe, meine Katze benimmt sich nicht wie eine normale Katze, dann ist das ein Indiz dafür, dass eine Seele mit Erinnerungen in ihr wohnt und nicht „nur“ eine Energie mit Bewusstsein?

Das ist richtig.

Aber wie kann eine Seele in einem Tier Reinheit erfahren, wenn sie ausschließlich durch animalische Impulse existiert?

Es ist möglich, weil es keinerlei Ego besitzt.

Das heißt, das Tier folgt nur den tierischen Impulsen, berechnet nicht, sondern folgt nur diesen Trieben, und damit ist es fest verankert im kosmischen Gleichgewicht?

Das ist richtig, ja.

Reinigt die Seele deshalb, während sie in einem tierischen Körper ist, weil sie immer in diesem kosmisch harmonischen Konstrukt agiert?

Ja genau. Deshalb wählen einige Seelen diese Formen, um keine Risiken der weiteren Verunreinigung einzugehen. Das ist einer der Hauptgründe, warum sie in Tiere inkarnieren.

Aber können sie dabei ihre Kraft steigern?

Nein sie können nur reinigen.

Aber ohne eine bewusste Tat des Ausgleichs, kann man da wirklich reinigen?

Das ist nicht nur an den Ausgleich gebunden. Es ist an die Erfahrung des egolosen Seins gebunden, das dennoch lebt.

Das wirkt wieder sehr kompliziert und komplex.

Das ist es.

Es gibt Lehren auf der Erde, die übermitteln, dass eine Seele, die einmal einen menschlichen Organismus beseelte, nicht mehr in einen tierischen Organismus kann ...das kann ja dann gar nicht stimmen, nachdem was du mir gerade erzählt hast?

Das ist falsch. Diese Botschaft ist falsch. Der freie Wille und die freie Entscheidung eines jeden Wesens im Kosmos besteht immerdar. Lediglich die Form braucht es, um die Möglichkeit zu bieten, dass das Leben beseelt wird. Doch es gibt auch unbeseeltes Leben wie ihr es bei den ganz kleinen Tieren findet.

Die Seelen wählen also ganz frei, welche Art der Erfahrungen sie machen möchten. Dann nutzen sie die jeweilige Form.

Das ist richtig.

Wenn eine Seele sehr weit und sehr stark ist, kann sie dann dennoch einen kleinen Organismus beleben, bisher war das ja immer an die Schwäche der Seelenkraft gebunden?

Die Kraft einer Seele bedingt ihre Form. *Die gestärkten Seelen und ihre große Kraft kann nicht mehr in kleineren Organismen leben. Das würde den kleinen Körper überlasten. Daher befinden sich in den kleinen Lebewesen überwiegend die schwächeren Seelen, wenn sie überhaupt beseelt sind.*

Jetzt sind wir ein wenig abgeschweift, aber dennoch war es sehr interessant. Lass uns zurück zum Thema Geburt kommen. Wer beschließt die Inkarnation?

Die Seele.

Und gibt es Seelen, die inkarnieren wollen, es aber nicht können?

Das kann nicht sein, da eine bereite Seele auch ihre Bewegung beginnt und dadurch der Prozess beginnt. Dass eine Seele keine Beschleunigung erfährt, obwohl sie dies beschlossen hat, ist unmöglich, denn die kosmischen Gesetze folgen den Impulsen der Seelen.

Was passiert, wenn Kinder nach der Geburt alleine gelassen werden, Scientology praktiziert das ....

Das unerfüllte Erfahren von Liebe dieser Seele in dem Körper veranlasst durchaus auch, dass sie wieder beschließt, zu gehen. Die Berührung ist ein Teil der Wahrnehmung, welche die Seele fühlen will. Diese Kinder, die ganz ohne Berührung diese Zeit erleben müssen, besonders auch in abgedunkelten Räumen, wollen dies nicht mehr und beschließen dann zu gehen. Daher geschieht dann der Kindstod, der auch unter

anderen Umständen geschieht.

Warum tun diese Glaubensgemeinschaften das?

Das weiß ich nicht, Liebes. Die Unbewusstheit der Menschen ist grenzenlos.

Oder wenn eine Mutter plötzlich, vielleicht durch einen Unfall, früh stirbt und das Kind aber noch gerettet werden kann und dann im Brutkasten aufwächst? Heißt dass, das dann die Seele in den Körper hinein muss, ohne sich langsam an ihn zu gewöhnen, wie du beschrieben hast?

Genau, die Seele kann nicht mehr wechseln, sie muss in dem unfertigen Körper bleiben.

Aber dann muss sie da ja ganz schnell hinein, wenn es beispielsweise so ist, dass die Mutter pötzlich verstirbt.

Das ist richtig und dies wird dann zum Stress für die Seele, da sie sofort in den Körper eintreten muss, den sie eigentlich erst langsam erfahren wollte. Das bedeutet, Verengung und Haltlosigkeit, weil die Heimat der Mutter nicht mehr gegeben ist. Diese Seele verliert also einerseits die Wahrnehmung der kosmischen Heimat und gleichzeitig die Wahrnehmung der mütterlichen Heimat. Das ist eine sehr eigene Erfahrung, doch so machne Seele möchte dies eben erfahren.

Danke dir, möchtest du noch etwas zu dem Thema sagen?

∞

Nein.

Was ist denn das nächste Thema?

Der Übergang.

∞

Die Essenz

Der freie Wille einer jeden Seele ist das Vehikel, das den Inkarnationsprozess einleitet. Die Resonanzen der jeweiligen Elternpaare wie auch die Resonanzen der Örtlichkeit erschaffen zusammen eine Energetik, die harmonisch oder abstoßend auf diese jeweilige Seelenenergie wirkt. Und dort, wo die stärkste Anziehung entsteht, geschieht die Inkarnation. Kosmisch gelenkt ist dieser Prozess ein „immer wieder ein- und ausschlüpfen" der Seelenenergie in den Körper, um sich selbst an die neue enge Form zu gewöhnen, aber auch, um die Resonanzfelder um sich herum im Körper zu erfühlen. Der große Unterscheid zwischen feinstofflicher Wahrnehmung und körperlicher Wahrnehmung sind die Sinne des Körpers. Mit ihnen zu sein, mit ihnen wahrzunehmen, das sind die Werkzeuge der Inkarnation. Die Prozesse der Inkarnation sind vielfältig, die Problematiken und Risiken ebenfalls, doch immer ist all dies kosmisch gelenkt und sollte von den Menschen durch die Kraft der Liebe begleitet werden.

Übergang

Lieber Freund der Indianer, bitte berichte uns, was du zum Thema Übergang lehren möchtest. Du meinst doch damit den körperlichen Tod?

Du beginnst das Thema etwas falsch. Wir sollten versuchen zu erklären, was genau ich beschreiben möchte.

Ja, entschuldige, bitte beginne einfach, wie du es beginnen möchtest, wie auch immer du es nennen möchtest.

Die Lebenskraft in euren Körpern, meine lieben Menschen, verringert sich im Laufe der Zeit. Das ist ein ganz normaler Prozess, der kosmisch bedingt überall existiert. Die einen Lebewesen leben länger, die anderen leben weniger lang. Die Umwelt ist die Plattform, die euch die Möglichkeiten bietet, und eure seelische Kraft wiederum ist die einzige Energie, diesen Umwelteinflüssen entgegen etwas lebensverlängernd zu wirken, aber auch lebensverkürzend. Die Kraft der Seele ist ausschlaggebend für alle Kraft, die ihr in eurem Leben habt, und die letztlich auch entscheidend ist, wie lange ihr lebt. ***Daher ist es mir sehr wichtig, dass ihr versteht und begreift, dass eine Seele Reife erlangen möchte, doch keineswegs alt wird im Sinne eurer Alterungsprozesse des Organischen.*** *Und wenn ihr die Verbindung in den Kosmos begeht und reinigt, so viel ihr nur könnt, dann lebt diese Seelenkraft in euch eine sehr starke Kraft. Und das wiederum kann dem*

Körper über seine Leiden hinweg, welche das Altern mit sich bringt, helfen, und Vitalität bringen, wo so mancher keine Kraft mehr empfindet. Die seelische Kraft ist in den ersten Monaten eures Lebens sehr präsent und sie kann, wenn ihr es möchtet und wenn ihr es fördert, die Lebenskraft eures Körpers verlängern. Das ist wichtig.

Das heißt, diese Kraft kommt ausschließlich aus dem Kosmos, und so, wie wir jetzt hier miteinander kommunizieren und ich dadurch direkt mit einer Energie im Kosmos in Verbindung stehe, so fließt diese Kraft, wenn wir diese Verbindung haben, stärker und kann es schaffen, dass die Zellen sich länger erneuern und Vitalität und Lebenskraft empfinden.

Das ist richtig. Die Lebenskraft, die euch der Kosmos schenkt, ist das Chi, was so mancher von euch schon kennt. Dieser Begriff bezeichnet die Kraft, die aus der Quelle überall in alles und durch alles hindurch strahlt, und diese Kraft könnt ihr anzapfen über die Seele, die in euch lebt.

Das hast du schön gesagt. Also ist der Körper eingebettet in die Umwelt und die Seele eingebettet in den Körper, kann aber eine ganz andere Kraftquelle anzapfen als nur die der Umwelt des Körpers?

*Das ist richtig. **Sie ist TEIL dieser Kraft, doch wer dies unbewusst lebt, verliert diese Kraftquelle.***

Du meinst, wir verlieren die Kraftquelle nicht ganz, aber durch die Unbewusstheit nutzen wir sie nur zu einem minimalen Teil.

∞

Ja, das ist, was ich meine.

Dann bitte berichte weiter.

Es ist aber keine Frage, dass und ob ein menschlicher Körper einmal seine Funktionen aufgibt. Dies ist kosmisch ein ganz normaler Prozess, den alle Lebewesen erfahren müssen. Die Seele beginnt in diesem Prozess die langsame Verabschiedung aus dem Körper. Dieser Prozess beginnt schon lange bevor ihr wirklich ablebt und sterbt.

Wann genau beginnt er denn ungefähr?

Die Menschen, die eines natürlichen Todes sterben, begehen eine Art stufenweise Ablösung der Seele.

Und wie sieht das aus?

Die erste Stufe ist die Erfahrung, wenn die Lebenskraft sich verringert und dadurch die Wahrnehmung des Lebens eine langsamere und weichere wird. Damit möchte ich sagen, dass ältere Menschen, welche eine normale und gesunde Erfahrung dieses Prozesses erleben, eine erste Stufe erfahren, die sie bremst und die bedeutet, dass die Seele beginnt, die Form langsam zu verlassen. Die Seele beschließt die Beendigung dieser Form.

Und wie geht es dann weiter, was ist die nächste Stufe?

Dann werden die Menschen müde. Sie schlafen viel und das

hilft der verringernden Kraft des Körpers, weiter zu existieren, doch hält es gerade noch die lebenswichtigen Funktionen am Laufen. Die Lebenskraft wird weniger und weniger. Das ist wie eine Lebenssonne, die weiter und weiter sinkt und langsam wird es immer dunkler.

Das hört sich irgendwie traurig an ...?

Nein, das ist nicht traurig, denn die Verringerung der Lebenskraft bringt mit sich, dass die Menschen leiden und dass sie sich wünschen, nicht mehr so zu leben. Das Eine bedingt das Andere. Wer weniger Lebenskraft spürt, dem wird der Körper zur Last und alles wird weniger freudvoll. Daher beginnt dieser Prozess die Ablösung der Seele weiter auch zu beflügeln. Denn der Abschied wird über diese wenigere Kraft durch alle Lebensempfindungen, sogar in den unbewusstesten und verunreinigtesten Lebewesen, wahrgenommen.

Und dann?

Dann beginnt die Phase des Überganges. Das beginnt ungefähr ein paar Tage bevor der Körper wirklich stirbt. Die Phase bedeutet, dass die Seele sich weiter von dem Körper fortbewegt und noch weniger Lebenskraft dadurch in ihm existiert. Die Kraft, die den Körper beseelte, wird schwächer und schwächer. Dieser Prozess bedingt, dass nun auch die Wahrnehmung des Lebens weniger und weniger wird. Ich meine damit, dass die Menschen beginnen Wirres zu reden und nur noch unbewusste Worte formen oder in vergangenen Erinnerungen leben, die aber ungenau wahrgenommen wer-

∞

den. Eine Art Zwischenwelt betreten sie.

Ach, und das ist so, weil die Seele sich schon so sehr vom Körper gelöst hat, dass nicht mehr die Erinnerungen der Seele sprechen, sondern nur noch die zelluläre körperliche Erinnerung, kann man das so sagen?

Das ist richtig, du hast es erfasst. ***Die Bewusstheit der Seele beseelt den Körper.***
Ist die Seele aber nicht mehr im Körper, dann ist auch die Bewusstheit des Körpers weniger und das bedeutet, dass diese Menschen in eine andere Art der Wahrnehmung treten.

Ist das dann wie ein Traum? Das vergangene Leben als Traum?

Ja, das ist richtig. Das Bewusstsein fehlt mehr und mehr.

Wie viele Tage vor dem wirklichen Ableben des Körpers beginnt dieser Zustand denn ungefähr?

Das ist alles eine Frage der Reinheit und der Kraft der Seele, Liebes. Das ist schwer zu beantworten.

Was passiert dann als nächste Stufe?

Der Moment, an dem die Lebenskraft den Körper gänzlich verlässt, ist der, an dem die Seele den Körper gänzlich verlassen hat. Dies ist also nichts, das dann erst beginnt, sondern dies ist dann abgeschlossen.

∞

Und dann?

Dann befindet sich die Seele noch eine Weile in der Nähe des Körpers, weil sie die Frequenz, die sie im Körper hatte, noch beibehält und diese sich erst langsam an die weitere, unbegrenztere Form wieder gewöhnen muss. Das braucht etwas Zeit.
Diese Phase nun ist die Kritischste im ganzen Kosmos, und ich möchte nun darauf hinweisen, dass ihr bewusster diese Zeit eines Ablebenden erfahrt. Die Bitte, die ich habe dazu ist, dass ihr bitte die folgenden Regeln beachtet: Die Menschen, die eine Einäscherung wünschen, belassen den Körper bitte in einer Ruhe für mindestens sieben Tage. Denn diese Zeit braucht die Seele, um sich wirklich gänzlich von diesem Körper zu verabschieden und die Frequenz zu erhöhen.

Was kann denn passieren, wenn man schon nach drei Tagen eine derartige Einäscherung veranlasst?

Dann erfährt die Seele eine Vernichtung der bisherigen Form, ohne dass sie sich an die neue Form gewöhnen konnte. Das bedeutet, dass diese Seelen meist, und das ist sehr traurig, verloren sind in diesem Zustand, der nicht mehr die alte Form bedient, aber die neue Form auch noch nicht kennt und vor allem keinerlei allgemeine Kraft darin findet. Das ist eine Art Zwischenwelt, in der diese Seelen gefangen sind, da sie keinerlei Zeit hatten, die langsame Abstimmung auf diese neue Frequenz mit etwas mehr Weite und Kraft, zu finden.

Also wenn die Seelen in den Körper gehen, gewöhnen sie sich langsam an diese Enge. Und ähnlich ist es, wenn sie wieder aus dem Körper austreten. Es ist kein Prozess, der plötzlich geschieht, sondern er passiert Stück für Stück. Die Seele ist zwar dann schon aus dem Körper heraus, aber sie schwingt noch in dem Gefühl, der Erinnerung an das Sein im letzten Leben? Sie muss sich erst langsam zurück gewöhnen an diese neue, nicht mehr so beengende Art zu sein, richtig?

Das ist richtig und genau dieser Prozess ist so wichtig, damit die Seele wieder in ihre eigentliche Kraft findet. Die Kraft, die frei und weit wirken kann. Doch wer die Enge noch sucht, irrt dann in einer formlosen Art umher.

Du hattest einmal darauf hingewiesen, dass diese Energien an den Ort ihrer letzten Wahrnehmung im Ablösungsprozess gefangen oder gebunden sind?

Das kann man sagen, ist aber nicht zwingend der Fall. Die Örtlichkeit bedeutet auch eine Art Erinnerung an eine Kraft, die sie verspürten, als sie noch in einem Körper waren. Die Seelen, die also ihre neue Form noch nicht bewusst wahrnehmen und sich noch nicht an die neue Form des Seins gewöhnen durften, bleiben natürlich an diesem Ort, damit sie sich „wohlfühlen", wenigstens ohne den Körper, aber dennoch etwas, das sie kennen.

Ist es denn Angst, die sie haben, dass sie in eine Form des Seins kommen, die sie nicht kennen?

Das ist es, denn wenn du ein Leben lang in einem engen Korsett warst, dann brauchst du eine Weile, um die Freiheit dei-

ner Flügel zu fühlen, um sie auszubreiten. Du kannst nicht gleich fliegen. Du musst es erst wieder üben.

Ah, ich verstehe. Das ist ein ganz tolles Bild, danke dir dafür! Also sieben Tage müssen eingehalten werden. Sieben volle Tage, richtig?

Ja, das ist das Mindeste. Wer länger warten kann, sollte dies tun, denn es ist noch besser.

Gibt es eine zu lange Wartezeit?

Nein.

Dann ist es ungefährlich jemanden einzuäschern, wenn man dies beachtet hat, richtig?

Ja genau, dann ist nichts mehr mit dem Körper verbunden, und daher ist dann eine Einäscherung ohne Probleme.

Und wie ist das bei den Menschen, deren Leichnam normal vergraben wird?

Dort gibt es keinerlei besorgniserregende Prozesse, denn diese Körper bleiben ja in dieser Form, und diese wird nur durch die Natur aufgelöst. Und die Seele hat genügend Zeit, um sich Stück für Stück abzulösen, auch in der feinstofflichen Welt, und dort langsam ihre eigentliche Kraft wiederzufinden.

Wie ist das bei Seebestattungen?

∞

Dort ist es ähnlich. Auch da hat die Seele Zeit.

Also ist nur das Einäschern eine wirkliche Gefahr, wenn ein Mensch auf natürliche Weise gestorben ist?

Du sagst es und deshalb ist es so wichtig, dass ihr diese Regeln befolgt.

Was ist mit Menschen, die plötzlich sterben, beispielsweise durch einen Unfall oder aufgrund einer Krankheit?

Das sind zwei unterschiedliche Dinge. Wenn es eine Krankheit ist, dann erlebt der Körper die Ablebensphase. Vielleicht etwas schneller, doch der Prozess bleibt der Prozess.

Und wie ist es dann bei einem Unfall?

Dann ist es eine heikle Sache. Denn dann wird die Seele aus dem Körper geschleudert. Die Seele kann nicht im Körper bleiben, wenn dieser gestorben ist. Sie MUSS aus ihm heraus. Denn wenn eine Seele in einem toten Körper bleiben würde, dann würde sie verunreinigen, ohne dass sie dies weiter eigenverantwortlich lenken kann. Daher wäre das nicht möglich. Die Eigenverantwortung und die eigene Kraft, der freie Wille und die Gesetzmäßigkeit, dass leblose Formen nicht beseelt sein können - all diese Regeln zusammen bewirken, dass eine Seele, sowie der Körper verstirbt, aus dem Körper austritt.

Aber dann hält sie sich doch dennoch eine Weile bei dem Unfallkörper auf, um sich an die neue Frequenz zu gewöhnen, richtig?

Das ist richtig, doch befindet sich die Seele dann meist in einem Schock, denn das schnelle Ablösen bedeutet keine wirklich harmonische Abfolge der Gesetzmäßigkeiten. Das bedingt Probleme und Stress für diese Seele. Die einzige Hilfe, die Menschen in einem solchen Moment noch erfahren können, ist, dass sie im letzten Moment dieser plötzlichen Umstände um Hilfe bitten und darum, dass sie Begleitung bekommen, wenn sie nun diesen schnellen Austritt erfahren müssen. Diese Hilfe wird ihnen sofort zuteil und die Wesenheiten der helfenden Energien werden sofort zur Stelle sein, da sie spüren, wenn diese Not einer Seele besteht.

Das heißt die Menschen haben eine Chance, in einem solchen Zustand der Not, über das Beten um Hilfe zu rufen. Was ist das Schlechteste, was einer solchen Seele passieren kann, wenn sie es nicht mehr schafft noch zu bitten, wenn sie sehr, sehr schnell aus dem Körper geschleudert wird?

Dann braucht sie viel Zeit. Viele befinden sich dann lange in diesem Schockzustand. Die Seelen sind wie traumatisiert, dunkel und leider auch nicht wirklich freudvoll.

Es gibt Pastoren, die an solche Orte gehen, um sofort zu helfen, zu segnen und was weiß ich nicht alles. Hilft denn so eine Art?

Nein, du kennst meine Antwort und du kennst meine kraftvolle Intention. Diese Art Mensch, die ihr als Priester ernannt habt, sind leider keine Verbundenen und helfen diesen Seelen nicht wirklich. Als ausführende Werkzeuge derartiger Glaubensgemeinschaften sind sie verunreinigt und ihre Verunreinigung verhindert, dass sie wirklich kraftvoll, heilvoll und helfend wirken können.

Wenn man aber nun um Orte weiß, an denen Derartiges geschehen ist, können denn bewusste, reinere und damit verbundenere Menschen einwirken und helfen?

Das können sie, Liebes, ja. Ihr könnt an derartigen Orten helfen, indem ihr betet, für diese Seelen, dass sie Kraft bekommen, dass sie Hilfe bekommen, dass sie bereinigen und ihre Wahrnehmung verändern in einen freudigeren Zustand hinein, und dass sie wandeln können, was sie jetzt sind. Dass sie eine Art Beschleunigung erfahren.
Es gibt zwei Möglichkeiten, diese Hilfe zu bereiten. Einerseits müssten diese Seelen selbst bitten. Doch viele verweilen in einem solchen Schockzustand sehr lange und wissen gar nicht, dass sie in diesem Zustand verweilen. Sie sind einfach nur traumatisiert und traurig. ***Diese Seelen können dennoch bitten, falls sie den Impuls tatsächlich empfinden können, doch andererseits können Menschen für sie beten, und um Hilfe bitten.*** *Das ist kosmisch erlaubt.*

Das heißt, alle Menschen, die helfen möchten, können derartige Orte des Leidens bereisen und dort um Hilfe bitten, richtig?

Ja, das können sie. ***Liebe Menschen, bitte, wann immer ihr wisst, ihr betretet einen Ort, an dem viele Menschen Unglück erfahren haben. Dort könnt ihr beten und bitten, dass***

sie nun Liebe und Licht erfahren. Diese Kraft wird erhört und hilft tatsächlich. Das habt ihr hoffentlich mittlerweile verstanden.

Was möchtest du noch zum Übergang berichten?

Die Kraft eurer Seele in eurem Übergang ist entscheidend, wie ihr diesen Übergang erfahrt.
Damit möchte ich sagen, dass ihr die Zeit eures Lebens nutzen solltet, um eure Erfahrungen zu erheben und zu reinigen, um Liebe zu geben und Licht zu leben, die Freude in eure Zellen einzuspeisen und zu erfahren. Die Freude, die eure Seele erheben soll, damit ihr eure Seele in einem freudigen Zustand diesen Prozess erfahren lasst. Denn diese helle und lichte Kraft wird euch in andere Ebenen bringen als die traurige Kraft in euch. Also haben die Menschen, die mehr Freude in sich erfahren haben und in sich spüren, mehr Potenzial, die höherschwingenden Ebenen zu erfahren, als die, die die Traurigkeit erfahren.

Du meinst also, dass die Menschen, die viel Traurigkeit in ihrem Leben erfahren haben unbedingt ihre Lebenszeit noch nutzen sollten, sehr viel Freudiges und Liebevolles zu erfahren. Dann wandeln sie ihre Kraft, richtig?

Ja, das ist richtig.

Und die Menschen, die viel Freude in ihrem Leben erfahren durften, sollten alles tun, um diese beizubehalten, richtig?

∞

Ja genau.

Die Religionen unserer Welt übermitteln uns, dass es ein Fegefeuer gibt, was genau ist das?

Das ist der Zwischenzustand, den ich beschrieben habe, wenn ihr euch nicht langsam aus dem Körper ablösen könnt. Aber es ist keineswegs ein bestrafender Zustand, sondern lediglich ein von euch erschaffener Zustand, der aber wandelbar ist.

Und dann soll es angeblich den Zustand des „jüngsten Gerichts" geben.

Wer Liebe gegeben hat, der erfährt die höherschwingenden Ebenen. Wer Liebe genommen hat und Leid gebracht hat, der erfährt die niedrig schwingenderen Zustände. Das Einzige und alles erfüllende Ziel ist die Freude. Die Freude aus der Liebe. Nicht die Freude aus dem Ego heraus.

Gut, dass du das benennst, denn ich kenne viele Menschen, die große Freude daran haben, anderen Menschen Leid zuzufügen ...

Diese Freude ist keine seelische Freude, liebe Menschen. Diese Freude ist Verunreinigung und wird viel Ausgleich von euch fordern.

Dann gibt es die Menschen, die ein Leben lang alles Mögliche aufführen in Klöstern und hinter Kirchenmauern, dass sie so rein wie möglich werden und damit sie jeder Freude an den Sinnen des Körpers entsagen - was ist mit diesen Menschen? Ist dies der richtige

Weg der Erhebung der Kraft der Seele in die Freude?

Das ist eine absolut falsche Botschaft, die sich in euren Glaubensmustern verankert hat. Denn diese Menschen verbringen viel Zeit ihres Lebens in Enge und Formen der Enge sowie Freudlosigkeit in diesen Formen. Alles was sie freuen und lieben lässt, wird ihnen genommen. Die Erfahrung des Mangels wird ihnen gegeben und dieser Mangel erzeugt Freudlosigkeit, doch dies hilft leider nicht in die höherschwingenden Zustände hinein.

Aber es gibt sicher auch viele Nonnen und Priester, die ein sehr freudvolles Leben hatten, nicht?

Nein, du kannst die Freuden des Lebens nicht hinter verschlossenen Mauern erfahren. Die Seele will das Leben leben, die Seele will in das Leben eintauchen - in ALL seine Farben und Formen. Reinigung ist auch möglich, ohne diese enge Form. Das ist hoffentlich mittlerweile allen Lesern hier klar. ***Die Freude ist der Schlüssel. Die Freude in eure eigentliche Kraft, nicht in der Verengung und Blockierung eurer eigenen Kraft.***

Aber wenn doch tatsächlich jemand in solchen Formen ein Leben lang viel gelacht hat und Freude hatte, warum ist das nicht der richtige Weg?

Das ist für manche vielleicht für eine Zeit lang der richtige Weg, doch Liebes, es ist nicht die richtige Form, wenn ihr den Freuden des Lebens so entsagt. Die körperliche Freude ist ein großer Teil des Seins, die ihr in eurer Menschenform erleben sollt. Wer dieser körperlichen Freude entsagt, lebt nicht die volle Freude wie sie eigentlich möglich ist, daher bitte versteht mich nicht falsch. ***Die Entsagung dieser Kräfte dieser Freude ist für eine Weile richtig, doch sollte sie nicht euer ganzes Leben bestimmen.***

Gut, das habe ich verstanden. Und ist es richtig, dass eine Seele jederzeit umkehren kann, falls sie Leid kreiert hat, dass sie ihr Leben sofort beginnt, zu wandeln in eine Form, die Freude bringt? Und dadurch kann diese Seele vieles oder gar sogar alles aus der leidbringenden Zeit ausgleichen und sogar freudig gehen?

Ja, das ist richtig.

Das jüngste Gericht ist also, wenn wir selbst über uns richten, aber eben in dieser anderen Wahrnehmung ohne Körper ...?

Das jüngste Gericht, wie ihr es in dieser Institution Kirche nennt, ist das Eintauchen in die Frequenzen des Kosmos und der Harmonie des Kosmos, die euch selbst richten lässt über eure unbewussten, in Lieblosigkeit und Disharmonie erzeugten und erschaffenen Taten. Das ist alles. Niemand anderes richtet über euch, nur ihr selbst. Dieser Moment ist eine harte Prüfung, doch ihr könnt ihr entgehen, indem ihr alle Taten liebevoll und bewusst setzt, die unbewussten Taten, Zeit eures Lebens noch liebevoll und bewusst ausgleicht. Das ist alles. NIEMALS ist es zu spät. Alle Taten können ausgeglichen werden. Vergesst das bitte nicht. ALLE!

∞

Und du meinst, dazu reicht ein einziges Leben?

Das kommt darauf an, wie stark die Verunreinigung ist, wie stark euer Wille ist, doch auch wie entschlossen und bereit ihr voranschreitet in die Verbindung mit dem Kosmos, denn dort liegen die Antworten, WIE ihr ausgleicht.

Lass uns zurück zum Thema Übergang kommen. Möchtest du dazu noch etwas sagen?

Die verstorbenen Seelen, die ihr um euch nicht wahrnehmen könnt, sind aber immer da. Doch sie bleiben nur so lange, wie ihr sie auch bittet, zu bleiben. Denn die Befreiung dieser Seelen hängt viel auch von eurer Erlaubnis ab. Daher bitte lasst die Verstorbenen gehen. Haltet nicht zu lange an den Erinnerungen mit ihnen, ihren Taten und ihren Frequenzen fest. Alles was euch verlässt, werdet ihr wiedersehen. Alles, denn die körperliche Form ist wenig verglichen mit dem, was die Seele in diesem Körper ausmachte und ausdrückte.

Du möchtest dazu aufrufen, dass wir die Verstorbenen auch wirklich gehen lassen und nicht dauernd an ihnen festhalten und sie uns bei uns wünschen?

Ja genau. Das Verabschieden ist ein wichtiger Prozess, daher bitte ich euch, wenn ihr die Verabschiedung bitte, bitte auch wirklich tut, dann tut sie tief und vollends in dem Bewusstsein, dass diese Energien weiter bestehen werden und ihr sie nur nun nicht mehr direkt in der bekannten Form erreichen könnt. Doch sie sind immer, immer Teil des Kosmos und wer-

den weiterhin Teil dieses Kosmos sein. Das Kommunizieren mit ihnen wird nicht mehr so leicht möglich sein. ***Doch ist der Tod lange kein Ende. Er ist ein Übergang.***

Was ist mit dem Übergang, wenn Menschen Selbstmord begehen. Bitte berichte mir dazu, was du weißt.

Danke, dass du danach fragst, es ist sehr wichtig. Die Menschen, die derartig verzweifelt handeln, sind natürlich nicht in einem freudvollen Zustand der Seele. Diese Menschen verleben eine Art lieblose Entscheidung, die sie ohne die Verbindung in den Kosmos derartig handeln lässt. Das Problem, dass ihr bei derartigen Taten habt, ist tatsächlich weniger die Tat selbst als die Freudlosigkeit, mit der ihr diese Tat tut. ***Das eine verunreinigende Potenzial ist also die Freudlosigkeit, in der die Handlung geschieht, das andere ist die lebensvernichtende Tat, die sich über die Erlaubnis des Kosmos stellt.***

Aber was ist, wenn Menschen um die Erlaubnis bitten, weil sie soweit sind, dass sie diese Form nun wirklich nicht mehr erfahren möchten, und früher gehen wollen, als der Körper es einleitet?!

Das ist eine andere Frage, denn dann handeln diese Menschen in Abstimmung mit dem Kosmos, doch die meisten tun dies nicht in Abstimmung mit dem Kosmos. Dann schleudern sie die Seele aus dem Körper, dann reißen sie das Leben aus dem Körper. Diese beiden Tatsachen sind nicht wirklich hilfreich, um zu wachsen und zu reinigen.
Daher liebe Menschen, bitte, wenn ihr so verzweifelt seid, dass ihr derartige Gedanken habt, dann bitte, bitte bitte sucht

euch die Zeit, findet den Moment, den Ort und die Hilfe, die euch wieder in die Verbindung mit dem Kosmos bringen, der euch leben lassen will und der euch das Leben geschenkt hat. Dort ist die Antwort für eure Verzweiflung. Dort ist die Lösung. Nicht diese Art der Trennung.

Was passiert denn genau, wenn ein Mensch seinem Leben selbst ein Ende setzt - rein energetisch?

Die Seele weiß, dass der Mensch, das Ego in ihm, diese Entscheidung fällt, und wenn die Seele den Körper verlassen muss, ist dies meist nicht in harmonischer Abstimmung mit dem Kosmos, sondern eine ausschließliche Abfolge der Entscheidungen des Egos. Die Seele ist also ohnmächtig dieser Kraft gegenüber. Daher hat sie keinerlei Abfolge und Gewöhnungszeit. Sie gerät dabei nicht unbedingt in einen Schockzustand wie nach einem Unfall, sondern in einen verzweifelten Zustand.

Und was kann sie dann tun?

Dann kann sie nur versuchen, wieder Kraft zu finden im Kosmos, wieder eine eigene Art von Kraftimpulsen zu erzeugen, und meist landen derartig verzweifelte Seelen wieder schnell in einem anderen Körper, doch ist es meist ein kleinerer, nicht der eines Menschen. Der Grund, warum dann wenig Kraft in ihnen ist, ist, weil sie ihre eigentliche Kraft und die Liebe in ihren Seelen nicht entfalten konnten; Zeit ihres Lebens, noch bevor sie den Körper verließen.

∞

Ich sollte dich in diesem Kapitel noch einmal fragen, was geschieht, wenn die Seele den Kinderkörper schon sehr schnell verlässt, also den frühen Kindstod einleitet.

Dann ist die Seele aus freien Stücken gegangen und bleibt nur noch einige Stunden in der Nähe dieser Frequenz, an welche sie sich in den letzten Monaten gewöhnt hatte. Dies bedeutet, dass die Seele noch eine Weile braucht, aber dann wieder in den Kosmos sich entfalten kann. Diese Energien erfahren dann meistens eine neue Inkarnation, da ihr Impuls zu inkarnieren zwar diese Form nicht mehr wählt, aber dann findet er eine andere.

Sind das dann meistens andere Menschenrassen und einfach nur andere Orte oder ganz andere?

Das kann ich nicht sagen. Die Form und ihre Möglichkeiten ist ausschlaggebend. Die allgemeine Formel dazu gibt es nicht.

Und was ist mit den Menschen, die künstlich weiterbelebt werden?

Das ist eine sehr heikle Sache. Ich danke dir für diese Frage. Denn mir ist diese Art, das Leben weiter zu beleben, eine besorgniserregende Sache. Die Menschen, welche derartig handeln, müssen wissen, dass sie TIEF in die kosmischen Gesetze eingreifen.
Wenn eine Seele die Entscheidung getroffen hat, den Körper zu verlassen, dann bitte lasst diesen Körper auch wirklich gehen. Sowie ein Mensch den Zustand eines Komas er-

reicht, bedeutet dies folglich, dass die Seele noch in der Nähe ist, aber begonnen hat, den Prozess des Ablebens zu beginnen. Dies sollte man respektieren und akzeptieren und nicht eingreifen in derartige Prozesse. ***Alle Prozesse, die ihr tut, die die Form länger beleben, als der Kosmos dies von alleine tut, bedeuten Stress und ein Ungleichgewicht dieser Seele.***

Das heißt, diese Seelen der Menschen, die künstlich weiter belebt werden, befinden sich in einer Art Dauerstress?

Ja, das ist richtig, sie können nicht gehen aber auch nicht wieder in den Körper. Alles was diese unnatürlichen Prozesse hervorruft, ist nicht richtig, liebe Menschen.

Das heißt, man sollte diesen Prozess einfach dem Kosmos überlassen und vertrauen, dass alles geführt wird, wie es sein soll.

Vertrauen ist der Schlüssel. Die Menschen vertrauen nicht, dass die Seele nun eine Entscheidung zu treffen hat, und nur diese Seele. Die Menschen, die in ein Koma fallen, haben einen Plan. Diese Seelen haben diesen Plan. Dieser Plan ist nicht durch die Entscheidungen außenstehender Menschen, die wissen, wie man einen Körper am Leben erhält, zu erfüllen; dieser Plan ist letztlich ganz allein der Plan, den die Seele sich bereitet hatte.
Daher bitte, bitte, bitte verinnerlicht und vertraut, dass diese Prozesse alle kosmisch gelenkt und geführt sind. ***Die Form bleibt, wenn sie bleiben will. Die Form vergeht, wenn sie vergehen soll. Diese Entscheidung trifft einzig und allein die Seele, die diese Form belebt, und niemand anderes darf***

dies tun.

Aber Menschen, die aus einem Koma wieder aufgewacht sind, berichten meist nichts von diesem Stress, im Gegenteil, sie erzählen von einem Licht am Ende des Tunnels ...? Wie kannst du das erklären?

Das tu ich gerne. Das Licht, das ihr als Ende eines Tunnels wahrnehmt, besteht allezeit, und wer seine Wahrnehmung formt und die Freude tief in sein Leben integriert und lebt, der kann durch diese Erhöhung seiner Frequenz die Wahrnehmung wandeln. Dann wird die Dunkelheit eurer Ebene, die letztlich nur eine niedrig schwingende Art des Seins darstellt, übersprungen werden, und man nimmt sofort die hellere Ebene wahr.
Doch weil ich weiß, warum du fragst, möchte ich noch etwas mehr ausholen. Die Wahrnehmung eines Tunnels ist eine veränderte Wahrnehmung, die euch die anderen Sinne bereiten, die ohne die Sinne des Körpers entstehen. Diese Sinne nehmen anders wahr als die Sinnesorgane eures Körpers. Dennoch nehmt ihr als Vorlage eure Wahrnehmung, die ihr bisher durch die körperlichen Sinne hattet. Das macht, dass die sich veränderte feinstoffliche Wahrnehmung durch die Erinnerung an die Sinne des Körpers verzerrt wahrgenommen wird. Das bedeutet, dass ihr nicht durch einen Tunnel geht, der um euch ist oder ensteht, sondern dass ihr eure Wahrnehmung weitet und aus der Enge, die als Tunnel empfunden wird, in die Weite bewegt. Der ein oder andere bewegt sich schneller, der ein oder andere langsamer, doch letztlich ist es allen erlaubt, eine hellere Wahrnehmung als die bisherige zu empfinden. Die Erklärung der einzelnen Frequenzen möchte ich nicht

hier an dieser Stelle bringen, doch bitte übermittle den Menschen, dass diese Wahrnehmung letztlich nur die veränderte Wahrnehmung bedeutet, die ohne eure Sinnesorgane die eigentlichen Kräfte des Kosmos zeigt, doch noch verzerrt wahrgenommen wird über die Erinnerungen der menschlichen Sinneswerkzeuge. Dann wird eine niedrig schwingende Frequenz zu Dunkelheit und eine weite Frequenz zu hellem Licht. Diejenigen, die keinerlei Angst haben und die sich schnell bewegen, diejenigen erfahren die Frequenz der helleren Ebenen als dieses hellere Licht. Doch nicht alle erreichen diesen Zustand.

Aber viele wollen es doch erreichen, oder?

Das mag sein, doch sie schaffen es nicht ganz, da ihre Frequenz nicht schnell genug, freudig genug und liebevoll genug schwingt. Dann müssen sie einen anderen Weg wählen.

Die meisten kommen dann einfach wieder und inkarnieren relativ schnell, richtig?

Ja, das ist richtig.

Wie lange halten sich derartige Energien dann eigentlich in einem solchen Zustand auf?

Das ist unterschiedlich und hängt ausschließlich von der freien Entscheidung dieser Wesen ab. Daher kann ich dazu keine Zeitangabe machen, die ich so oder so nicht aus einer Perspektive ohne eure Zeit geben kann.

∞

Es gibt aber auch Menschen, die berichten, dass sie in derartigen Zuständen auch andere Energien getroffen haben, dass sie sich mit ihnen austauschen konnten usw. - was geschieht da?

Das und noch vieles, vieles mehr würde ein weiteres Buch füllen, doch ich möchte nicht in die feinstofflichen Ebenen hinein. Das ist nicht Thema dieses Werkes. Das können wir gerne ein andermal betrachten.
Wer möchte, kann diese ganzen Ebenen alle auch ohne dass er den Übergang jetzt einleiten muss, erfahren. Diese ganzen Ebenen sind über euer Bewusstsein und die Schulungen eurer Kraft möglich. Das möchte ich als einzigstes Werkzeug zu dem Thema mitgeben.

Das habe ich mir notiert. Gerne. Eine Frage habe ich dazu aber noch. Viele Menschen, die derartiges erfahren haben, haben bewusstseinserweiternde Erfahrungen gemacht und sind zu der Erkenntnis gekommen, dass bestimmte Dinge einen Sinn ergeben, die vorher sinnnlos erschienen. Womit hängt das zusammen?

Das hängt ganz einfach mit der veränderten Wahrnehmung zusammen. Sie haben die Kraft ihrer Seele wieder gespürt und diese wusste, viel mehr noch als das Ego, dass alles unendlich wirkt und besteht und lebt. Und dass es noch so vieles mehr gibt, als ihr mit euren Sinnem wahrnehmen könnt. Diese Erweiterung des Bewusstseins bewirkt diese veränderte Lebenseinstellung.

Wenn die Menschen, die in einem Koma sind, künstlich am Leben erhalten werden, meintest du, dies sei Stress für die Seele. Doch oft ist

es so, dass sich diese Menschen, wenn sie erwachen, nicht an einen Stress in dem Sinne erinnern, sondern eher eben diese bewusstseinserweiternden Erfahrungen gemacht haben ... lichtvoll, kraftvoll, liebevoll. Wie kann das sein, dass die Seele einerseits Stress empfindet aber andererseits meist keinerlei Erinnerung an diesen Stress existiert?

Die Menschen erinnern sich an die Wahrnehmung der Weite, doch das Empfinden der Seele, besonders in einem derartigen Zustand, ist vielfältiger, als ihr glaubt; da die Seele allgemein Freude mehr sucht als alles andere, wird diese Erfahrung besser gespeichert als die Erfahrung des generellen verzweifelten Zustandes. Wie ein Kind, das die Lichter am Horizont besser erinnert als die ganze Dunkelheit um sich herum, verstehst du?

Ja, das verstehe ich. Das scheint wie eine Art der Seele, derartigen Stress eher auszublenden, und dann bleibt die freudige, schöne Wahrnehmung präsenter, richtig?

Ja, das ist richtig.

Und was ist mit den Menschen, die so krank sind, dass sie eigentlich gar nicht mehr lebensfähig wären, doch mit allen möglichen Medikamenten und anderen Geräten am Leben gehalten werden?

Das ist ähnlich, doch nicht so intensiv disharmonisch, wie wenn der Körper tatsächlich Belebung ausschließlich über Maschinen erfährt. Aber es ist die gleiche Frage, die ihr euch stellen müsst. ***Wenn der Kosmos alles lenkt und leitet, wenn***

die Seele die einzig wirkliche Kraft ist, die entscheidet, wann sie lebt und wann sie geht, dann ist jeder Eingriff, den die Menschen und ihre Maschinen, wie auch ihre Medikamente, alles, um diesen Körper weiter am Leben zu halten doch ein Eingriff in diese höhere Entscheidung?!

Ja natürlich.

Daher bitte übermittle, dass die Menschen endlich aufhören, IHRE Gesetzmäßigkeiten als die höchsten anzusehen und endlich die Gesetzmäßigkeiten des Kosmos und damit auch die Entscheidungen der Seele respektvoll zu behandeln und über diese Menschengesetze zu stellen. Das ist wichtig, wirklich wichtig.

Kann man denn sagen, dass die Seelen eines Komapatienten sich in einer Art Fegefeuer befinden?

Ja, das kann man. Die meisten befinden sich dann in einem Zwischenzustand, der sie nicht leben und nicht wirklich wandeln lässt. Alles Ableben ist nicht möglich, alles wandeln als Seele ist nicht möglich. Alles in allem ein furchtbarer Zustand. Ich kann dir nicht beschreiben, was für Leid dies in der Seele verursacht. Wenige wissen dies, wenn sie wieder ins Leben zurückkehren, doch manche erinnern sich. Viele versuchen sich an die Erfahrungen der Freude in der Zwischenwelt zu erinnern, in traumartigen Erlebnissen, doch letztlich war es Stress und Hilflosigkeit, die die Seele in diesem Zustand erfahren hat.

∞

Also eine Art Ohnmacht.

Ja genau.

Worüber möchtest du als Nächstes referieren?

Die Verbreitung der verschiedenen Seelenkräfte auf eurem Planeten.

Was genau meinst Du damit?

Ich meine die unterschiedlichen vielfältigen Arten von Seelenkräften in euch. Das ist ein wichtiges Kapitel. Damit umzugehen, ist ein wichtiger praktischer Teil.

∞

Die Essenz

Anders als im Prozess der Inkarnation, in welchem die Seele sich nach und nach an die Enge der Körperlichkeit und die Sinneswahrnehmung im Körper gewöhnt, so geschieht die Ablösung hauptsächlich langsam, aber beständig in einem Zug. Nur unter besonderen Umständen, zum Beispiel bei einem Unfall oder Mord, wird die Seele aus dem Körper „geschleudert", weil die Verankerung im Körper schnell und plötzlich gelöst wurde. Dies führt zu einer weiteren Bewusstseinswandlung in den Seelen, wobei sie aber von helfenden kosmischen Kräften begleitet werden.

Im gesunden Ablösungsprozess löst sich mit der Kraftverringerung des Körpers die „Verankerung" der Seele langsam mehr und mehr auf und beginnt die Formlosigkeit des Kosmos - die Weite - wieder zu empfinden. Auch daran muss sie sich wieder langsam „gewöhnen". Ohne die Sinne und die Enge des Körpers, langsam wieder in die Verbundenheit aller Energien im Kosmos, ins Feld des Bewusstseins und die alles verbindende Liebeskraft einzutauchen, bedarf einer gewissen Phase des Übergangs. Die angereicherte (oder verlorene) Seelenkraft ist nun ausschlaggebend und entscheidet, wie dieser Übergang sowie das körperlose Verweilen im Kosmos wahrgenommen wird. Hat der Mensch Zeit seiner Inkarnation durch die erfüllende Erfahrung der Freude, Liebe und Verbundenheit seine Seelenkraft gereinigt oder rein gehalten, so nimmt er die Fülle des Kosmos auch in diesem Zustand wahr. Klar und sehr bewusst fühlt diese Seele die sie durchfließende Liebeskraft des Kosmos und damit die Verbundenheit mit allen Formen des Seins. Lichtvoll, liebevoll, unbeschreiblich weit, warm, befreit und freudvoll nimmt diese Seele ihre neue, alte, eigentliche Form, ihre eigentliche Heimat wahr. War das Leben aber voller Gram, Freudlosigkeit, Hass, Missgunst, voller Lieblosigkeit und womöglich mit der Erfahrung versehen, ein Feind des Lebens geworden zu sein, so wird all diese Fülle

getrübt wahrgenommen. Stattdessen sind Gefühle von Mangel, Einsamkeit, Verlorenheit und Traurigkeit die Energetik der Seele geworden. Doch all das Licht, die Liebe und die Verbundenheit sind immer da. Lediglich die „Augen der Seele" sind getrübt. Und mit dieser verunreinigten Wahrnehmung wandelt sie anders im Kosmos, anders im Übergang. Es ist letztlich ein komplexes Thema, doch andererseits ist es auch sehr einfach. Denn die Essenz der Lehre ist - wie soll es auch anders sein? - eine jede Seele hat die Eigenverantwortung, sich selbst und damit ihr Schicksal durch Äonen hindurch in Licht oder in Dunkelheit zu wandeln.

∞

Kraftpotentiale

Lieber Freund der Indianer, du wolltest als Nächstes über die unterschiedlichen Kraftpotenziale der Seelen sprechen. Bitte beginne.

Du verzerrst die Bezeichnung, Liebes. Die Bezeichnung dieses Kapitels müsste beschreiben, dass weite und unendliche Seelen sowie auch negative und beengte Seelenkräfte auf eurem Planeten inkarnieren.

Wie nennen wir es denn? Die verschiedenen Seelenkräfte, die inkarnieren?

Die verschiedenen Käfte der Menschen.

Dann bitte beginne.

Du beschreibst oft, dass du verzweifelst über die Lieblosigkeit und die Negativität, welche die Menschen in den alltäglichen Vorgängen leben. Diese Lieblosigkeit und Herzlosigkeit ist letztlich eine Folge der Handlungen der einzelnen Wesen und Seelen, die keine Verbindung und keine Verbundenheit wahrnehmen. Das bedeutet, dass sie getrennt und abgetrennt von allem Liebevollen, das der Kosmos ihnen dauerhaft schenkt, wahrnehmen und aus dieser Empfindung heraus derartig unbewusste negative Impulse setzen.
Dann findest du aber auch verschiedene Seelen auf der Erde, die Weite leben und lebendig machen durch ihre Taten. ***Dies***

sind die beiden Pole des Potenzials der Seelenenergien auf der Erde. Die Seelen, die Liebe fördern und leben, und diejenigen, die sie nehmen und das Leben zerstören. *Diese beiden Pole oder besser Ausgangspunkte eines jeden Extrems, bieten den Rahmen, in dem ihr euch bewegt.* ***Damit möchte ich sagen, dass ihr keineswegs alle GLEICH seid.*** *Die Kraft der Seele in euch ist entscheidend, wie ihr die Verbindung in den Kosmos lebt. Das bedeutet, dass jeder Mensch, der Kraft verliert, die unumgängliche Gefahr lebt, dass er negative Impulse setzt. Doch es bedeutet auch, dass diejenigen, die ihre Kraft erweitern, positive Impulse und viele liebevolle Impulse setzen, dass diese ihre Kraft so erhöhen und beschleunigen können, dass sie viele positive Erfahrungen machen dürfen.*

Die Menschheit befindet sich allgemein in einem Zustand, den ich sehr kritisch betrachte, denn alle Impulse, die durch unbewusste Taten und Lieblosigkeit gesetzt wurden und werden, werden einmal den Ausgleich von euch fordern. Von jedem Einzelnen, der gegen die kosmischen Gesetze verstoßen hat. Doch wenn kein Ausgleich stattfindet, dann wird die Erde diesen bringen.

Was meinst du damit?

Dann wird die Erde diesen bringen.

Kannst du das nicht konkreter beschreiben?

Nein. Weil es nicht erlaubt ist. Du brauchst nicht tiefer in die Thematik WIE die Zukunft sein könnte. Du darfst nicht in die

Zukunft fragen, doch wäre es wichtig, dass die Menschen verstehen, wie wichtig der eigene einzelne Ausgleich ist.

Okay, dann zurück zu den vielen verschiedenen Kraftpotenzialen, die wir hier alle vorfinden. Warum ist das so?

Das liegt an der Kraft der Erde, die eine sehr warme Ausstrahlung hat. Diese Kraft zieht Seelen an, die hoffen, in dieser Kraft ihre Verbindung zu stärken. Dass aber die Entstehung eines Egos hier auch ein breites Feld an Erweiterrung der egoistischen Ziele und Taten findet, ist eine ganz, ganz andere Geschichte.

Warum ist das so, dass hier der Geist des Menschen Derartiges erschaffen kann?

Das wiederum ist eine rein manipulierte Sache. Der Mensch selbst war nicht so voller Intelligenz und gleichzeitig unbewusster Berechnung. Dies brachte die Manipulation von außen mit sich. Dadurch wurde euch eine Art Kanal gelegt, der für die eigentliche Form viel zu kraftvoll war. Damit meine ich, dass die Seelen, wenn sie sehr kraftvoll sind und auf der Erde als helfende reinigende Wesen dienen wollen, immer einen Körper beleben, der aber nur langsam an diese Anhebung der Energie gewöhnt werden muss. Er hält die Energie nicht. Das Gefäß musste zu schnell solch eine große Kraft aufnehmen. Wäre dies natürlich geführt gewesen, hätte sich der Körper der Menschen ganz langsam weiterentwickelt und Stück für Stück größere Seelenkräfte aufgenommen.

∞

Ah, das heißt der Kanal der Seelenkraft war zu stark, als würde man in eine Maus die Kraft einer Seele geben, die eigentlich nur in einen Menschen gehen kann ... verstehe ... aber wie konnte denn das passieren? War das kosmisch denn tatsächlich erlaubt?

Es war eine Bitte, die die Wesen eines anderen Sternes hatten, und der Kosmos konnte diesen Bitten nicht schonend nachgeben, sondern musste die Bitte erlauben, da sie tief aus dem Herzen dieser Wesen kam.

Sehe ich das also richtig, dass der Körper des Menschen also ein sehr weites Spektrum an Potenzialen aufnehmen kann. Kleinere Energien und eben auch sehr große.

Ja, das ist richtig. ***Die Kraft der Seele bedingt ihre Bewusstheit.*** *Das Eine bedingt das Andere, und wenn die Kraft sich verringert, so verringert sich natürlich auch die Verbindung in den Kosmos, dort, wo die liebevollen Impulse herkommen.* ***Diese Verringerung der Verbindung bedeutet, dass Leid und Macht eure gesellschaftlichen Regeln formen.***

Du möchtest also betonen, dass nicht alle Menschen gleich sind, weil sie eigentlich Seelen sind, die aber ganz individuell sind und niemals eine wie die andere, richtig?

Das ist richtig, das hast du schön gesagt.

Und was ist mit den Seelen? Warum sind die nicht alle gleich?

Aber das weißt du doch jetzt mittlerweile. Das ist keine sinn-

volle Frage, Liebes.

Aber ich meine, warum kommen die Seelen denn alle überhaupt hierher, wenn sie wissen und auch sehen, welche Risiken das eigentlich mit sich bringt?

Es ist nicht einsehbar, Liebes. Keineswegs. Die Seelen möchten liebevoll wachsen, und ein Planet wie die Erde, die liebevolle Energie strahlt, suggeriert natürlich, dass dort auch nur und ausschließlich liebevolle Wesen wirken, aber dem ist eben nicht so, durch die Manipulation in euren genetischen Mustern. So sagt ihr doch ...

Ja, so sagen wir.
Okay, das heißt, wir haben hier weite und wirklich weite Seelen und gleichzeitig auch die engsten, lieblosesten und verunreinigtesten Energien, um es nett auszudrücken?

Das ist richtig.

Was möchtest du den Menschen mit auf den Weg geben, die von Kindheit an gelehrt bekommen, dass wir alle gleich sind ... um auf deine Weise noch einmal zu betonen, dass wir eben NICHT alle gleich sind ...?

Das Leben ist die Plattform, die ihr bereitgestellt bekommt und in ihr spielen solltet. Die Unterschiedlichkeit der Seelenkräfte bedeutet auch, vielerlei Möglichkeiten an Begegnungen. Die einzige Formel, oder sagen wir das einzige Werkzeug, das ich euch dazu mitgebe, heißt Abstand, und wir

haben schon über den Abstand gesprochen, doch ist es hier einmal mehr deutlich, wie wichtig er ist.

Das heißt für alle Menschen, die den Weg der Seele gehen und ihren eigenen Tempel betreten: „Geht in den Abstand, schützt euch und wirkt aus dem Abstand liebevoll und hilfreich."

Das wäre meine Wahrnehmung, ja. Denn alle Menschen, die nicht aus dem Abstand positive Impulse aussandten, wurden dafür von den weniger bewussten Menschen verbrannt, gesteinigt, verletzt in jeglicher Art und Weise und gekreuzigt, wie ihr es nennt. <u>Daher ist für mich als Resumee die Endformel, um auf Planet Erde zu wachsen, mit seiner warmen Kraft, die er weiterhin ausstrahlt, dass die Menschen, die diesen Weg bestreiten, bitte in Abstand gehen zu all diesen Grausamkeiten und lieblosen Taten der unbewussten kranken Seelen.</u>

Aber viele Menschen glauben, mit ganz viel Liebe und Hinwendung, also nicht im Abstand sondern im direkten Zusammensein, die unbewussten Menschen bekehren zu können - und ihnen dadurch helfen zu können?

*Das ist nicht möglich, **die Wandlung einer Energie passiert ausschließlich in ihr. Sie ist niemals von außen zu initiieren.** Die Wandlung beginnt in dem Wesen, das sich wandeln sollte von allein oder über eine bewusstseinserweiternde Erfahrung. Doch niemals von außen, weil andere Menschen das möchten, tun oder initiieren. Das ist eine falsche Wahrnehmung. Selbst diese Worte hier können nur IN euch aufgenom-*

men und Kraft eurer Eigenverantwortung IN euch umgesetzt werden oder eben nicht.

Also müssen alle Menschen, die liebevoll wachsen wollen, in eine Art Schutz gehen, um nicht von den anderen verletzt zu werden, und dann können sie ganz in ihrer Kraft wirken, richtig?

Das ist richtig, ja.

Gibt es noch etwas, das zu beachten ist bezüglich dieser verschiedenen Kraftpotenziale?

Das ist es und ich möchte es gerne benennen. Denn wenn Energie kraftlos ist, so empfindet sie kraftvolle Energien meist als störend und möchte diese allgemein verringern. Dies entspricht einem bestimmten Bewusstseinszustand, den ich „kalt" nenne. Diese Wesen sind in sich kalt, weil sie nicht nur wenig Verbindung fühlen, sondern auch lieblos auf der Erde wirken und dadurch dann zu Feinden des Lebens werden, die allesamt einen Ausgleich erzeugen müssen. Doch das ist jetzt hier nicht unser Thema. Diese Energien befürchten, dass die kraftvollen Seelen ihnen die Macht ihres Egos durchstrahlen und daher haben sie Angst vor kraftvollen Seelen. Aus dieser Angst heraus, und wir wissen, dass Angst ausschließlich eine Krankheit des Geistes und der Seele bedeutet, aus dieser Angst heraus beginnen sie, diese kraftvollen Seelen zu bekämpfen. Der Teufelskreis, wie ihr es gerne nennt, beginnt. ***Denn wer liebevolle Seelen bekämpft, wandelt auf einem sehr, sehr negativen Pfad. Der Kosmos will fördern. Wer nicht fördert, lebt gegen die kosmischen Gesetze und diese***

fordern den Ausgleich.

Das heißt für alle liebevollen Seelen dieser Welt: „Achtung, der Gegenwind an Unbewusstheit und Verletzungen ist so selbstverständlich wie die untergehende Sonne am Abend, richtig?

Das ist richtig. Und auch dazu kann der Abstand helfen, um aus dem Abstand heraus diese Energien besser auszuhalten. Das ist wichtig, ja.

Mich würde noch interessieren, warum die Erde diese Ausstrahlung hat, die sie hat? Weißt du das?

Nein, das weiß ich nicht. Es ist so wie es ist. Es ist ein wunderschöner Planet, der wie ein Paradies die Pflanzenvielfalt, die Tiervielfalt und alle Naturvielfalt trägt, wie sie selten im Kosmos anzutreffen ist, doch die dunkle Seite dieses Planeten heißt unbewusster Mensch.

Aber eigentlich ist das doch so schade. Das muss doch so nicht sein ...Warum sind sie denn nicht einfach nur lieb zueinander?

Das ist eine liebe Frage, doch der Kosmos erlaubt viele Formen und nicht wertend belebt er ALLES, was ist. Die Erde ist ein wunderschöner Planet, doch er wird über die Art und Weise, wie die Menschen ihn beleben, weniger und weniger kraftvoll.

Aber meinst du die Erde, die Kraft eines solchen Planeten „schert" sich um die Menschen? Sie ist doch bei weitem kraftvoller als alle

Menschen zusammen?

Das hast du lustig gesagt, ja und eigentlich ist es so auch, denn die Natur ist nicht über die Kraft der Menschen zu bändigen, doch bedauere ich es sehr, dass ein Planet unter der Kraft seiner Bewohner so leidet ...

Hm, ja ... und du meinst, es gibt nicht noch eine bessere Alternative in all den Millionen Galaxien?

Doch. Doch, wer nun einmal wählt, die Erde zu besuchen, der wählt freien Willens die Erde. Das ist mit keiner Logik zu erklären, Liebes.

Kannst du den Seelen nicht eine Art Beipackzettel geben, so nach dem Motto: Lass das mal lieber mit der Erde, das ist zu gefährlich für deine weitere Entwicklung?

Nein das kann ich nicht, doch ich weiß, was du meinst. Du könntest sie hier mit diesem Wissen dahingehend informieren, dass es noch andere Planeten gibt und sie doch bitte andere wählen und nicht unbedingt die Erde wählen müssen. Das wäre mein Hinweis, obwohl ich prinzipiell ungern in derartige Abläufe eingreifen möchte.

Das hab ich verstanden. Es ist ja auch kein wirkliches Eingreifen, es ist ja ein Kommunizieren. Und wenn Kommunikation schon Eingreifen ist, das nicht erlaubt wäre, dann könnten wir ja all dies hier nicht festhalten. Es gibt auch Seelen, die wollen unbedingt wieder hierher kommen, weil sie noch eine Menge Hausaufgaben hier zu erledigen haben ...

Das ist richtig und so mancher MUSS wieder auf der Erde inkarnieren, da er die Wesensenergie des anderen Wesens trifft, die den Ausgleich bewirken sollte. Aber das schweift zu weit ab, lass uns bitte nicht bei der Energie der Erde bleiben. Dass die Erde ein besonderer Planet ist, wisst ihr; dass sie eine warme Ausstrahlung für die Seelen hat, wisst ihr nun auch. Dass sie Herzlichkeit bringt, wisst ihr und dass ihr ihre Kraft leben könntet oder mit ihr wachsen könntet, wisst ihr auch, und dass all dies viel zu wenige von euch tun, habt ihr auch schon erfahren.

Du hattest einmal gesagt, zur Zeit sind relativ wenige Licht bringende, sehr bewusste und beschleunigende Seelen auf der Erde ... ist das wirklich so?

Das ist leider richtig. Die Menschen, die beseelt werden durch eine lichtvolle, hohe und beschleunigende Kraft, um hier zu wirken, werden so stark bekämpft und so abgelenkt von den festen Regeln eurer Strukturen, dass diese Art des Wirkens immer weniger effektiv wirkt. Daher wählen weniger und weniger lichtvolle Wesen diesen Weg.

Aber dennoch hat ja jeder jederzeit die Möglichkeit, sich positiv aufzuschwingen und in Freude und Frieden die Kraft der eigenen Seele zu erheben ...

Das ist richtig, ja, und genau dafür schreiben wir ja auch diese Worte auf. Dass ihr versteht, worum es geht. Dass ihr versteht, WIE es geht.

Aktuell sind sehr viele Menschen auf der Erde, vielleicht sogar so viele wie noch nie ... Es gibt Massentierhaltung, Überfischung der Meere ... all dies sind Realitäten, die meines Erachtens auf ein Ungleichgewicht hinweisen. Was meinst du dazu? Sind zu viele da?

Das ist nicht richtig. Es ist kein Ungleichgewicht. Die Menschen leben nur nicht in Einklang mit den kosmischen Gesetzen und dem Kosmos. Die gleiche Masse an Menschen könnte auch überleben, wenn sie nicht derartig unbewusst Tiere mordet und Pflanzen vernichtet. Das einzige Problem, das die Menschheit diesbezüglich hat, ist ihre Unbewusstheit. Der Kosmos ist die Fülle, die immer da ist und die immer da wäre, wenn ihr sie nicht zerstören würdet. Doch wer die Fülle nicht erkennt, der beraubt sie.

Sollte man nicht lieber sagen, wer die Fülle nicht respektiert, der beraubt sie?

Das könnte man auch sagen, doch musst du erst etwas erkennen, bevor du es respektieren lernen kannst.

Stimmt.
Und warum sind dann so viele gerade auf der Erde?

Das ist eine Frage, die ich nicht beantworten kann, Liebes. Dazu musst du eine andere Wesenheit fragen.

Weißt du, wer mir dazu eine Antwort geben könnte?

Die Weise Bruderschaft.

Ah. Verstehe. Danke.
Zurück zu den unterschiedlichen Kraftpotenzialen der Seelen, die wir hier auf der Erde vorfinden. Ist das nicht prinzipiell ein tolles Potenzial, solch eine Bandbreite an Potenzialen zu ermöglichen?

Das ist es. ***Ich möchte ja, dass ihr dieses Potenzial erkennt, denn wo so viel Schönheit in der Natur herrscht, kann auch ein Lebewesen, das so kraftvoll wie die Menschen handelt, liebevoll leben. Es muss nicht morden und es muss nicht lieblos existieren. Das Eine bedingt NICHT das Andere.***

Was möchtest du den Menschen noch sagen?

Nichts weiter. Das Wichtigste ist kommuniziert. Beachtet, dass nicht alle Menschen gleich sind. Diese Information ist falsch. Diese Information ist die Ursache für viele Missverständnisse, die euch in Gruppen verweilen lassen, die gar nicht eurer Energie entsprechen. ***Daher ist es mir so wichtig, dass ihr bitte, bitte, bitte eure Seelenkraft findet und lebt, egal wie. Lebt die Kraft eurer Seele und findet die Liebe in ihr, dann werdet ihr bemerken, wie wenig ihr mit Anderen gleich seid, doch vielleicht ähnlich.***

Du meinst also, gleich ist man nie, wenn, dann hat man Ähnlichkeiten, doch vor alle dem ist der Kosmos und damit auch die Seelen individuell, richtig?

Das ist richtig.

∞

Gibt es eigentlich Menschen, die nicht beseelt sind?

Nein.

Ich frage, weil es einige Menschen gibt, die sehr kalt und herzlos wirken, fast als hätten sie keine Seele. Aber das sind dann wohl diejenigen, deren Verbindung sehr schwach ist oder?

Ja, das ist richtig.

Gibt es eine Rettung für die Erde? Ich frage das ganz plakativ, um es auch deutlich beantwortet zu bekommen. Gibt es eine Rettung für eine Erde, die von so vielen unbewussten Seelen bewohnt wird?

Das ist eine große Frage. ***Ich weiß nicht, wohin ihr euch entscheidet. Es ist die Entscheidung der Menschheit; doch ich weiß nur, dass jeder Einzelne, wenn er diese Worte hier liest, die Liebe in sich finden kann. Der Weg ist immer offen. Die kosmischen Kräfte sind immer da. Die Einsamkeit, die ihr empfindet, und die Traurigkeit existieren nur aufgrund der verunreinigten Wahrnehmung. Alles ist immer da und es ist Liebe. Also bitte begebt euch auf den Pfad der Liebe und ihr werdet reich. Reich an Liebe, liebevollen Erfahrungen und Kraft.***

Ist das Thema damit beendet?

Ja, das ist es.

Über worüber möchtest du als Nächstes berichten?

Die Reinheit.

∞

Die Essenz

Mutter Erde lädt mit ihrer „warmen, liebevollen Frequenz" unterschiedliche Seelenqualitäten ein. Rein resonanztechnisch wäre es der perfekte Planet, um - wie im Film „Avatar" beschrieben - den menschlichen Organismus in innigem Zusammenspiel mit der Natur des Planeten zu einem perfekten Instrument des Wachstums und der Reifung der Seelen zu erfahren. Wäre da nicht das Manipulationsrisiko durch den menschlichen Geist. Freund der Indianer weist dazu immer wieder auf die Einwirkung einer Zivilisation hin, die die menschlichen Körper, doch vor allem sein Gehirn dahingehend manipuliert haben, dass sie zu folgsamen, leicht beeinflussbaren Wesen wurden, deren Körperlichkeit die Seelenkraft unterdrückt und damit die Geisteskraft des Egos stärken kann. Und dies führt in der Folge zu Fanatismus, Kälte und Lieblosigkeit. Die Menschen fühlen sich von ihrem göttlichen Ursprung getrennt und werden schlimmstenfalls zu Feinden des Lebens (Mördern). Bewusst genug, um wie Ameisen in einer Struktur zu dienen, aber unbewusst genug, um all dies ohne die Empfindung des großen Ganzen, des Kosmos und seiner alles durchdringenden, alles erschaffenden Energie zu erfahren - abgetrennt und fremdgesteuert.

Diese beiden Pole des Potentials des Seins kennzeichnen die Problematik auf Mutter Erde. Finde die Mitte und erschaffe das Gute, Lichtvolle, Kraftvolle und Liebevolle. Alles andere ist auf eine gewisse Art Verschwendung deines Potentials als Seele an den Dienst an der Materie.

Reinheit

Mein lieber Freund, du wolltest heute über die Reinheit sprechen. Bitte beginne.

Die Reinheit eines jeden Wesens ist seine Einweihung in die volle Ganzheit der kosmischen Kraft. Damit möchte ich sagen, dass alle Energie, die es schafft, aus sich heraus den Zustand der Reinheit zu erreichen, die Unendlichkeit ihrer Weite erfahren darf. Und damit alles, was Teil dieser Weite und Teil dieser Unendlichkeit ist.
Ich möchte die Aufmerksamkeit eurer Seelen dahin lenken, dass sie verstehen, dass ihre tiefe innere Bestimmung nicht die Verunreinigung ist, sondern die Reinheit ihrer Kraft.
Das bedeutet, dass alle Wege, die eine Geschichte voller Erfahrungen und Verunreinigungen beinhalten, immer auch die Reinigung und die Weite als Abschluss beinhalten. Nicht nur das Eintauchen in die Formen und das Erfahren der Verunreinigung in diesen Formen sowie durch diese Formen ist die Einweihung, sondern die Erfahrung auch aus dieser Kraft in die reine Kraft zurück. ***Doch Reinheit nach der Verunreinigung wird eine andere Reinheit als die davor.*** *Das ist ein entscheidender Punkt, den ich gerne benennen möchte, denn Verunreinigung bedingt die bewusste Verwandlung der Energie aus einer liebevollen und sich hingebenden Kraft in eine lieblose und traurige Energie.*
Die Gefühle, die ihr alle bei euren Lebensdurchläufen erfahrt, sind also das Werkzeug, das euch belehrt und die Möglichkeit

bietet, die Erfahrungen zu machen durch die Gefühle des jeweiligen Körpers. Diese Gefühle wiederum prägen die Seelenkraft und damit ist eine ewige Verbindung zwischen den Körpern und den Seelen allgemein essentiell. Damit möchte ich sagen, dass ihr wahrnehmt über die Körper, die Sinne des Körpers, doch letztlich die Bereitschaft einer Seele dabei geformt wird. Die Bereitschaft, die nächsten Schritte zu setzen. Welche auch immer das sind ... Doch geformt werden diese nach und nach und niemals als eine Entscheidung.

Du möchtest also sagen, dass die Verunreinigung ein fester Bestandteil des ganzen Weges ist und dass die Seelen über diese Gefühle wie „programmiert" werden, kann man das sagen? Kennst du dieses Wort?

Das kenne ich ... nachdem ich mit einem Menschenkanal kommuniziere, der sehr viel mit diesen Maschinen arbeitet, die man programmiert...

Ja, ich weiß, aber es hätte ja sein können ...

Die Bezeichnung Programmierung ist aber nicht ganz richtig. Denn wenn ihr etwas programmiert, dann ist die Vorlage eine Maschine. Der Mensch ist aber keine Maschine. Der Organismus ist immer auch in Wechselwirkung mit den natürlichen Umwelteinflüssen.

Okay, ja gut, das ist natürlich noch einmal eine andere Stufe. Generell habe ich trotzdem versuchen wollen festzuhalten, dass die Seele die Werkzeuge des Körpers braucht, um zu wachsen.

∞

Das ist richtig. Das hast du schön gesagt.

Und warum passiert es dann, dass sie irgendwann einmal an den Punkt kommen, an dem die Seelen diesem Werkzeug entsagen?

Das ist nur dann möglich, wenn die Programmierungen, wie du sagen würdest, verursacht haben, dass nur noch Liebe die einzig wirkliche Kraft in ihnen ist - nach all den Erfahrungen. Dann braucht man kein Körperkleid, um diese Liebe zu leben. Es bedarf dann nur noch der freien Energiebahnen.

Also ohne Abgrenzung des Körpers, richtig?

Ja.

Lass uns bitte beim Thema Reinheit bleiben. Möchtest du noch etwas dazu sagen?

Ja, ich möchte zum Thema Reinheit noch etwas sagen. ***Reinheit, liebe Menschen, ist die Essenz eurer Kraft. Reinheit ist der Pfad eurer Erkenntnisse.*** *Daher bitte ich euch, diese Thematik richtig und wahrhaftig, tief und nicht von Menschenberichten zu betrachten. Damit möchte ich sagen, dass ihr bitte die eigenen Wege geht, um eure Reinheit zu finden. Den Ausgleich zu tun, der euch erscheint und nicht den Ausgleich, der von außen an euch herangetragen wird.*

Okay, ich verstehe. Du möchtest den Menschen also sagen, dass sie nicht die Reinheitsrituale von anderen Religionen nutzen, sondern ihre eigenen finden ... Oder?

∞

Das ist richtig. Die Religionen eurer Welt allesamt bieten zwar reinigende Rituale an, doch sind diese lange nicht individuell und Reinigung ist aber absolut individuell. Jede Seele hat ihre eigene Geschichte, ihre eigenen Erfahrungen und Prägungen, und all diese Geschichten und Prägungen, Taten und Lügen oder Verletzungen anderer Wesen brauchen einen Ausgleich. Doch die Regeln dazu können nicht allgemein formuliert werden. Die Antworten dazu liegen alle im Kosmos bereit für euch. Diese Antworten finden ist die erste wichtige Prüfung auf diesem Pfad.

Okay. Bitte sprich weiter.

Du kannst gerne fragen.

Wir haben gesagt, dass die Menschen Individualität erfahren müssen, wenn sie reinigen. Aber kannst du nicht trotzdem ein paar Kniffe mitgeben, die sie wissen müssen, damit sie reinigen können?

Das ist wirklich nicht möglich, Liebes. Nur zu berichten, dass Wasser euch reinigen kann, hilft dem Einzelnen nicht, wenn er vielleicht bestimmtes Wasser und bestimmte Orte braucht, um diese Reinigung zu erfahren. Oder wieder andere brauchen Liebe, und wer kann dazu eine Regel geben, dass diese Menschen die Liebe finden? Ich kann und darf dazu keine Informationen allgemein formulieren. Dazu habt ihr den Tagesablauf eines jeden Menschen auf diesem Papier festgehalten bekommen (Kapitel „Ein Tag der Reinigung“). Dies ist ein erster Anhalt um eine Art „Form“ zu finden, die euch körperliche Reinigung ermöglicht, eine Beschreibung der täglichen

Reinigung zur Belebung des Körpers. Doch hier benenne ich die tiefe seelische Reinigung durch den immer nur individuell möglichen, seelischen Ausgleich. Und wie diese Reinigung letztlich vollbracht wird, ist tatsächlich eine ausschließliche Handlung in kosmischer Führung. Dazu gibt es keine Faustregel, wie du sagen würdest.

Also Reinigung kann jeder tatsächlich nur auf seine Weise finden. Das ist echt schwer, wenn die Menschen noch gar keine Verbindung haben.

Das ist es. Doch wer um Führung und Hilfe bittet, wird die richtigen Impulse erfahren, um zu reinigen und die eigentliche Kraft wiederfinden, die in ihm ruht.

Ich verstehe. Dann habe ich eine Frage: Wenn alle Seelen, die jemals irgendwann entstanden sind, alle irgendwie dann doch einmal den Zustand der Reinheit in Liebe erreicht haben ... Sind dann alle Seelen im Kosmos irgendwann einmal rein?

Das ist eine schöne Frage, und ich würde sie dir gerne beantworten, doch ich kann es nicht, denn ich weiß die Antwort nicht. Die Seelen sind immer da, und jede weitere Mutterseele beseelt weitere Formen über ihre „Kinder“, die einzelnen Seelen. Doch wenn alle Seelen einmal rein und mit Liebe erfüllt sind, vielleicht beginnt dann ein anderer Prozess, den der Kosmos bereithält. Ich weiß es nicht.

Hattest du dir nie diese Frage gestellt?

∞

Das ist eine listige Frage. Wir fragen nicht listig. List ist Berechnung und wir berechnen nicht, wir vertrauen.

Ist sie wirklich listig?

Ja, das ist sie. Denn sie beinhaltet, dass die Form des Kosmos nicht vollendet ist, sondern deine Frage versucht zu erfragen, ob ein weiterer Prozess versteckt stattfindet, den du noch nicht kennst, und du möchtest ihn erfahren. Diese Wahrheit wird dir zuteil, wenn du dafür bereit bist. Ich jedenfalls darf sie noch nicht erfahren.

Keine Sorge, ich möchte nicht listig erscheinen. Bitte entschuldige. Es war nur so ein Gedanke.

Das weiß ich. Doch vertraut bitte. Alles ist Fülle und alles wird durch diese Fülle erfüllt. Die Frage des anderen Weges ist eine Frage des Mangelempfindens. Der Mangel, dass dieser Weg nicht der einzige, letzte und richtige ist.

Ich habe noch eine andere Frage zu der Thematik. Ich hatte einmal eine Theorie: Es sind so viele Menschen so unbewusst ... dass der Mensch dauernd in diese unbewussten Leben eintaucht und über eine Riesenmasse an Hunderten, vielleicht Tausenden von Leben dann eine Art Schritt erfahren darf, der Bewusstwerdung vollzieht. Und eine andere Art, diesen Weg zu gehen, wäre eine Art Abkürzung. Die, in der man am schnellsten reinigt. Ist das richtig? Kann man das so sehen, dass Reinigung im Sinne von Anreicherung der Liebeskraft entweder über viele, viele, viele Leben passiert oder tatsächlich innerhalb kürzester Zeit, vielleicht sogar in einem Leben passieren kann?

Das ist richtig. Der Kosmos hat dazu keine Vorgabe. Alles ist erlaubt. Wer viel reinigen will, der darf viel reinigen. Ob und wie man es schafft in einem Leben, ist eine Thematik, die ich nicht beantworten kann, doch es ist möglich. Das hängt von den Verunreinigungen ab, die ihr mit euch tragt und die in eurer Energie leben.

Okay, es gibt also den langen Weg und den kurzen Weg. Und beide sind sie in Ordnung.

Das ist richtig. Die Menschen, die den kurzen Weg wählen, müssen nur aufpassen, dass sie die Freude nicht verlieren. Denn oftmals sind die reinigenden Rituale und Taten, Ausgleich von Dingen, die Leid verursachten und ein Ungleichgewicht schufen. Dieser Ausgleich ist mit viel Dienerschaft verbunden und Dienerschaft freudig zu erleben, alle Formen des Seins voller Freude zu durchleben, ist eine nicht leichte Aufgabe und große Herausforderung.

Hm, verstehe. Möchtest du noch etwas zum Thema Reinheit sagen?

Das Thema ist mit diesen Worten einigermaßen festgehalten. Die Essenz habt ihr verstanden.
Die Reinheit zu erreichen, ist eine weitere Prüfung des Kosmos an euren Willen, wer wirklich reinigen will. Doch wer auf diesem Weg nur leidet, wird nur neue Verunreinigung erschaffen. ***Die Freude ist das Werkzeug, die Liebe ist das Ziel, die Reinheit ist das besondere Kleid, das ihr erschaffen müsst***

∞

aus euch heraus, um es dann in Liebe zu tragen. Die Reinheit ist das Kleid, das ihr erschaffen müsst, das ihr nur ganz alleine einzig und alleine erreichen müsst. Dazu gibt es niemanden, der euch behilflich sein kann, außer die Impulse aus dem Kosmos, doch umsetzen müsst ihr sie alle selbst.

Weißt du, warum der Kosmos diese Art von Weg erfunden hat, dass man reinen Herzens und mit reiner Seele einen Weg beginnt, der viel Risiko in sich trägt, dass man so viel Verunreinigung erfährt, und dass man dann viele Dinge aufführen muss, um diese Reinigung wiederzuerlangen und dann wiederum ohne Form zu sein?

Das ist eine wichtige Frage und ich versuche sie gerne zu beantworten.
Die Seelen sind zu Beginn ihrer Reise rein, doch sie sind wie leere Hüllen. Die Erfahrungen füllen euch an und Liebe füllt das Gefäß der Seele wie eine eigene Kraft, die aber rein sein muss. Das ist, als würdest du einen Kelch in ein Wasser halten, dieses Wasser ist noch angereichert mit verschiedenen Mikroorganismen, und die Liebe beginnt dieses Wasser anzureichern und zu klären, und am Ende ist das Wasser rein. Diese Verwandlung der Energie, die vorher keine Kraft und keine solche Kraft der Liebe in sich trug, diese Energie beginnt sich anzureichern mit dieser Kraft der Liebe.

Moment, das heißt, dass die Seelen, die aus der Quelle kommen und die rein sind keine Liebe in sich tragen?

Das ist richtig.

Was? Ich dachte, dass sie alle sowieso immer die Kraft der Liebe in sich tragen?

Das ist nicht richtig. Sie sind kraftvoll und beleben einen Organismus, der Bewusstheit verträgt, doch keineswegs Liebe als alles-durchschimmernde Kraft in sich tragend. Diese Energie muss erst wachsen. Das ist die Folge der Beschleunigung.

Wie meinst du das?

Die Seelen erfahren die Entschleunigung über die Inkarnationen, dabei verunreinigen sie.
Die Sehnsucht nach Fülle und Kraft beginnt dann eine Veränderung ihres Weges und ihrer Energie, damit diese wieder zu einer Wahrnehmung der Fülle kommt. Diese Fülle aber wird nun nicht mehr in den Dingen wahrgenommen, die noch zu Beginn der Reise der Seele als Fülle wahrgenommen wurden, sondern nun wird Fülle durch die empfundene Liebe empfunden. Das ist dann die Kraft, die sie weiter und weiter anfüllt in dem Gefäß. Und am Ende bleibt eine Energie, die kraftvoller ist als zuvor und gleichzeitig Liebe in sich trägt.

Echt? Ich finde das wirklich spannend. Das heißt, dass die Seelen geboren werden aus der Mutterseele heraus; sie sind eine Kraft mit Bewusstheit, gehen in die Körper, verunreinigen, entwickeln die Sehnsucht und beginnen dann Liebe zu suchen, Liebe zu empfinden. Dann reichern sie Liebe an, reinigen über diese und sind schließlich eine andere Energie als die, die sie waren, als sie aus der Mutterseele heraus diesen Weg begannen. Als würden sie die Liebeskraft erst einatmen, aufsaugen oder eben irgendwie „erfahren“ müssen?

Das ist richtig. Das ist genau das, was ich vermitteln möchte. Die Kraft, die ihr erfahrt, wenn ihr aus der Verunreinigung taucht, wird eine liebevolle und noch viel stärkere als sie war, als ihr diesen Weg begonnen habt als naive, reine Seele.

Moment, da benutzt du ein Wort, das heißt „naiv“. Ich habe mir schon oft gedacht, dass die Seelen irgendwie naiv zu Beginn ihrer Reise sind. Ist das tatsächlich ein passender Begriff? Oder wie würdest du Seelen noch beschreiben, die frisch aus der Quelle kommen und diese Reise beginnen?

Die Seelen, die aus der Quelle treten, sind naiv, weil sie keinerlei Wissen haben über die alles-beseelenden Formen. Sie gehen also in die Formen mit einer gewissen Naivität. Das ist schon das richtige Wort und doch passt es nicht ganz, da Seelen natürlich noch immer weit intelligenter existieren als jeder intelligente Mensch. Die Naivität, die ich meine, ist also nicht direkt mit der Naivität vergleichbar, die tatsächlich Menschen als Naivität bezeichnen. Es ist eine Art allgemeine Unschuld. Vielleicht passt dieses Wort besser. Die Unschuld der Seelen, wie sie diesen Weg beginnen, ist eine liebevolle Kraft, die keinerlei Bösartigkeit in sich trägt, doch noch wie ein jungfräuliches, unschuldiges Gefäß diesen Weg beginnt und dabei Fehler macht. Diese Fehler aber belehren die Seele, nächste Schritte anders zu tun. Dann beginnt sie zu realisieren, wer sie ist, was sie will, wohin sie will. Dabei beginnen die Ziele sich zu verwandeln und irgendwann einmal wird das erklärte Ziel die Aneignung von Liebe, die Er-

fahrung von Liebe in allen Formen. Und dann darf sie auch ihre Kraft erweitern.

Das heißt, nur der Entschluss, die Liebe zu erfahren, ist letztlich die Erlaubnis, sich zu weiten?

Richtig.

Heißt das, dass die Seelen, die aus der Quelle kommen, alle weniger weit sind als die, die den ganzen Prozess durchlaufen haben?

Das ist richtig, denn die Weite ist eine Erfahrung der Seelen über ihr Bewusstsein, nicht über ihr Wissen. Das Wissen bedeutet nicht, dieses Wissen liebevoll zu fühlen.

Also geht es um das Fühlen? Die Seelen wollen eintauchen, um die Liebe zu fühlen.

Das ist richtig. Das ist die Essenz des Seins.

Und dann haben wir ja schon erfahren, dass die Seelen so viel Kraft entwickeln ... Ist das dann Liebeskraft?

Das ist Liebe.

... dass sie dann so viel Liebe in sich tragen, dass sie dann ganz weit werden. Diese Weite kann sogar bewirken, dass sie zu Mutterseelen werden. Das haben wir ja erfahren.

Das haben wir bereits erwähnt, ja.

Und dann ensteht eine weitere Mutterseele und bleibt diese auch.

Da ist das, was ich gelehrt bekommen habe.

Und in den Ebenen, wo die Mutterseelen sich aufhalten, was ja relativ nah an dem Zustand der Quelle ist, warum geht eine Mutterseele nicht wieder in eine Quelle? Weißt du das?

Das weiß ich nicht, doch ich vermute, dass das liebende Geben diesen Zustand erhalten will und weiter und weiter wachsen will, doch nicht in die Naivität der Kräfte tauchen möchte, die sie zu Beginn der Reise hatte.

Moment, ganz kurz, wir müssen deutlich unterscheiden. Die Seelen kommen aus der Quelle oder kommen die Seelen aus der Mutterseele?

Das ist ein feinstoffliches Thema. Dazu würde ich gerne ein anderes Mal berichten. Nicht hier. Die Menschen brauchen nicht verstehen, ob eine Seele direkt aus der Quelle entspringt oder ob sie aus einer Mutterseele entspringt. Der Unterschied ist minimal, doch er ist da. Doch letztlich ist es nicht die Frage hier.

Okay, entschuldige. Es hat mich nur interessiert. Aber Tatsache bleibt doch trotzdem, dass die Quelle immer in einer Energie bleibt und die Mutterseelen in einer anderen Energie. Das ist beides nicht die gleiche Kraft.

Da ist richtig. Es gibt Unterschiede. Sie sind minimal, doch

sie sind da. Ich würde dies gerne in einem anderen Werk beschreiben.

Gut, das hab ich mir notiert. Kann man denn sagen, dass die Quelle der kosmische Vater ist und die mit Liebe angereicherte Mutterseele, die der Quelle sehr nahe ist, die kosmische Mutter?

Die kosmische Mutter ist die Liebe, Liebes. Der kosmische Vater ist das Bewusstsein. Beides sind Energien, die in euch leben und nicht als eigenständige Kräfte existieren. Sie sind immer Teil der Energien, aber nicht jeweils eine Energie.

Okay. Aber kann man denn sagen, dass die Energien, die aus der Quelle kommen, weniger die kosmische Mutter, also die Liebe in sich tragen und mehr den kosmischen Vater in sich tragen?

Da ist nicht richtig. Denn Liebe bedeutet auch Bewusstheit. Daher versorgt der Kosmos bei dieser Reise, die die Seelen erfahren, um zu reifen, diese beiden Kräfte immer und überall.

Du meinst, der Kosmos versorgt die Seelen mit diesen beiden Kräften?

Das meine ich, ja. Manchmal ist es schwer, diese Komplexität in einfache Worte zu formem. Ich danke dir, dass du immer mitdenkst. Im wahrsten Sinne des Wortes, auch wenn Denken hier nicht wirklich die Form gibt.

Okay, ich habe verstanden. Also Liebe und Bewusstheit kommen beide immer gemeinsam und sie sind wie die beiden Zutaten, mit denen alle Energien schließlich angereichert werden.

Das ist richtig.

Jetzt sind wir aber weit abgeschweift. Wir wollten doch eigentlich über die Reinheit reden. Bist du denn zufrieden soweit?

Das bin ich.

Was möchtest du denn als Nächstes berichten?

Die besondere Versiegelung.

∞

Die Essenz

Reinheit ist der Schlüssel für den Kosmos. Jede Seele beginnt die Reise rein und unschuldig, mit Bewusstsein ausgestattet und die Liebeskraft empfindend. Durch das Eintauchen in unterschiedliche Körperlichkeiten und Formen verliert sie an Reinheit. Das Bewusstsein wird getrübt, die Kraft nimmt ab, die Fülle der alles durchdringenden Liebeskraft wird weniger und weniger empfunden, doch die Erfahrungen prägen und formen in jeder Seele früher oder später die Sehnsucht und damit die Bereitschaft, Liebe aus sich heraus wieder zu entfalten. Diese Bereitschaft, mehr zu lieben, das heißt, mehr Liebe zu empfinden und Liebe zu geben, wie auch Liebe als die Hauptkraft aller Kreation zu entwickeln, öffnet die Seelenkraft für die Erfahrung der Verbundenheit im Kosmos. Und mit jedem Schritt in dieser Verbundenheit mit allem, was ist, erweitert die Seele ihr Wirkungsfeld. Ihre Wahrnehmung wandelt sich, ihre Bewusstheit wandelt sich. Ihre Kraft wandelt sich und schließlich erlangt die Seele dadurch erneut ihre Reinheit zurück. Dieses Mal aber ist sie erfüllt von Bewusstheit und Liebe und sie „sieht" klaren „Blickes" die Ganzheit des Kosmos. Weil sie diese erfährt. Sie FÜHLT den Kosmos. Was aus der Mutterseele hervorgebracht nur eine kleine Energieeinheit war, ist nun fähig sich so weit zu dehnen, dass sie selbst eine Mutterseele werden kann. So viel Liebeskraft, so viel Bewusstheit und Klarheit, so viel bewusste Reinheit lässt diese Energieeinheit aus sich herauswachsen. Und diese Form von Reinheit, diesen Zustand kann man sich nicht erkaufen oder von Außen erwerben. Er ist der Verdienst eines langen inneren Weges voller Erkenntnisse, an dessen Ende bewusstes, liebevolles Geben steht.

Die besondere Versiegelung

Lieber Freund der Indianer, bitte berichte mir, was ist die besondere Versiegelung?

Die besondere Versiegelung ist die Art und Weise, wie Seelen, welche sich reinigen wollen, diesen Prozess unterstützen können, wenn sie auf verunreinigte andere Energien treffen sowie verunreinigte Orte eures Planeten beschreiten und dort leben können, ohne dabei weitere Verunreinigungen zu erfahren.

Also Schutz. Was ist der Unterschied zwischen Schutz und besonderer Versiegelung?

Die besondere Versiegelung ist eine Form des Schutzes, die höchste Form.

Dann bitte berichte mir, für wen ist die besondere Versiegelung gedacht? Wirklich nur für die, die sich auf den Weg der Reinigung begeben?

Das ist richtig. Die besondere Versiegelung dient ausschließlich dem Schutz der Seelen, die verunreinigt sind und diese Verunreinigung beseitigen möchten, indem sie den Weg der Reinigung gehen. Der Entschluss dazu ist der erste Schritt, die weiteren konzentrierten Schritte sind dann alle in einer gesonderten Energetik begleitet vom Kosmos. Du musst dir das vorstellen wie ein Kleid, das ihr anzieht, bevor ihr die-

sen Weg geht.

Das heißt, das Eine geht mit dem Anderen einher. Wer dieses Kleid, diese Formeln des Schutzes trägt, kann es schaffen, in diesem Meer an Verunreinigung tatsächlich auch zu reinigen, richtig?

Das ist richtig, denn die Verunreinigung umgibt euch und die natürlichen Kräfte wirken weiterhin um euch herum, doch die feinstoffliche Reinigung, die letztlich in eurer Seele vonstatten gehen soll, braucht eine ganz bestimmte schützende Begleitung.

Bitte berichte weiter und sage mir, wie dieser Schutz funktioniert, was man machen muss ...

Das tue ich gerne.
Der Schutz ist das Geschenk, das der Kosmos euch bereitet, wenn ihr diesen Weg gehen möchtet und um Hilfe bittet. Dieses Kleid, wie ich es nenne, beginnt euch zu umhüllen, wenn ihr es erlaubt. Und es ist wichtig, dass es das tut. Wie ein energetischer Umhang bleibt dieser Schutz bei euch all die Zeit, und ihr müsst vertrauen, dass dies bleibt, solange ihr in Absicht der Reinigung handelt und wandelt.

Und wann beginnt dieser Schutz wirklich? Wenn man die Absicht formuliert, oder wenn man direkt um den Schutz bittet?

Der Schutz beginnt mit der Formulierung der Absicht reinigen zu wollen, und die Bitte um Hilfe bringt diese energetische Begleitung in Bewegung. Damit meine ich, dass die Bitte selbst die Energien beginnt, dahingehend zu wandeln, dass sie um euch herum einen Schutz bauen. Das ist ein ganz allgemeiner Prozess, der aus dem Entschluss zur Reinigung sowie den Werkzeugen der Hilfe beginnt, sodass ihr eine Form des Schutzes erhaltet. Dieser Schutz wirkt dann weiter und weiter, solange ihr in der Absicht der Reinigung fest verankert bleibt. Erst wenn diese Absicht nicht mehr formuliert und nicht mehr materialisiert in Wort und Tat wird, löst sich dieser Schutz auf wie eine Wolke, die um euch war und dann verschwindet.

Heißt das, man muss diese Absicht immer wieder erneuern, oder muss man dem Kosmos beweisen, dass man es ernst meint, Disziplin zeigen? Wie funktioniert die Konzentration dieser Absicht?

Es bedingt viel Aufmerksamkeit. Ihr solltet jeden Tag diese Formulierung nutzen, die ich euch nun gerne mitteile:

Die Reinigung meiner Seele ist mein höchstes Ziel.
Ich bitte die Kräfte des Kosmos um
Hilfe und Liebe auf diesem Weg.
Ich vertraue, dass alles immer und immer weiter wandelt.
Doch möchte ich diese Wandlung in Reinheit und Liebe tun.
Danke.
Liebe.

Und diesen Satz sollen die Menschen jeden Tag formulieren, wenn sie aufstehen?

Das wäre toll, denn somit beginnt die Energetik dieser Komponenten, die ich euch erklärt habe, jeden Tag in seiner neuen

Kraft und eurer neuen Kraft zu wirken. Das ist wie Häuser zu putzen. Danach ist alles sauber und kraftvoll.

Das ist ein lustiges Beispiel, finde ich. Danke dir. Und wenn ein Mensch über mehrere Tage vergisst, dieses Mantra oder Gebet zu sprechen, ist es schlimm?

Nein. Die Absicht in euch ist entscheidend. Doch hilft es durch die Worte diese Absicht zu unterstützen und zu verstärken.

Und wenn ein Mensch so abgelenkt wird, dass er total vergisst, dass er eigentlich dieses Ziel der Reinigung hatte, was passiert dann mit dem Energiekleid?

Dann verwandelt sich die Energie eurer umgebenden Aura in eine andere Qualität. Das Kleid wird ein anderes Kleid. Die „Farbe", die „Stoffe" beginnen die andere Ausrichtung zu füllen. Versteht ihr? Alle Ausrichtungen werden zu einer Materialisierung im feinstofflichen Bereich. Doch wer die Reinheit als Ziel materialisieren möchte, bekommt kosmische Unterstützung anders, als wenn die Absicht ein Ziel der Umsetzung egoistischer materieller Wünsche formuliert.

Verstehe. Also - wenn man dieses Ziel formuliert und wenn man es reinen Herzens ganz stark und deutlich, diszipliniert formuliert, dann hat man ganz viel kosmische Unterstützung. Und sowie man nachlässig wird, dann vergeht auch die Unterstützung.

Das ist richtig. ***Denn der Kosmos kann nur handeln nach euren Bitten und Vorhaben.*** *Er kann und darf niemals alles* *für euer Sein lenken und führen ohne eure Einladung.*

Das heißt, wer diesen Weg geht, bekommt wirklich eine tolle Unterstützung und zieht dann dieses energetische Kleid an, das sich jeden Tag erneuert und dann bleibt es. Gibt es einen Moment, in dem man die Reinigung erfahren hat und dieses Gebet nicht mehr machen muss?

Das Handeln der Menschen, die diese Bitte formulieren, beginnt sich zu verwandeln und das Leben richtet sich neu aus. Daher kann es sein, dass eines Tages andere Bitten euch erfüllen, doch werden es Bitten für die Liebe im Kosmos bleiben.

Ah, das heißt, dass der eine oder andere eventuell eine neue Bitte formuliert wie zum Beispiel: „Ich möchte dem Kosmos als helfendes Wesen dienen, in dem ich dieses oder jenes tue und den Menschen dadurch auf meine Weise helfe.“?

Das ist richtig. Dabei beginnt die Reinigung die neue Stufe zu erfahren, indem diese Seelen eine Handlung unter dieses Ziel der Reinigung stellen. Diese Handlung beginnt sich von Innen heraus zu formen und wird weiterhin die Reinigung unterstützen, doch wird die Handlung das neue Ziel werden.

Und das ist erlaubt, dass man unter dieses Ziel der Reinigung ein anderes Ziel stellt?

Das ist ein ganz normaler Prozess, Liebes. Erst ist es die Formulierung des ganz großen Zieles, dann beginnen sich die einzelnen detaillierten Formen zu zeigen, die euch auf die-

sem Weg entfalten. Und diese einzelnen Formulierungen sind alle Teil des Großen Ganzen, doch weil jeder Mensch diesen Prozess der Wandlung dabei erfährt, ist es ganz normal, dass diese Menschen dann die kleineren Ziele des Dienens zu ihren neuen Zielen machen, da diese kleinen Ziele das große Ziel der Reinigung verwirklichen.

Das heißt der Satz, den du mir eben genannt hast, ist schon die große, besondere Versiegelung. Gibt es noch andere Sachen, die man beachten muss?

Das ist die große Versiegelung.

Warum heißt es Versiegelung? Letzten Endes hat man doch gar nicht direkt um Schutz gebeten, man hat um Begleitung gebeten, oder?

Die Versiegelung bedeutet eine Art Begleitung, die aber gleichzeitig schützt. Das Eine bedeutet das Andere.

Und warum nennst du das Versiegelung?

Das bezeichnet die Dichtheit, die dabei entsteht. Dann wenn ihr derartige Formulierungen verwendet, beginnt die Energie um euch dichter zu werden. Die Versiegelung bedeutet allgemeines Verdichten dieses Wunsches.

Gibt es einen Ort, Menschen oder Zustände, an denen man noch irgendwelche anderen Versiegelungen für dieses Ziel anwenden sollte?

Nein. Du kannst den Menschen diese einfachen Sätze weiter-

geben und alles ist auf dem Weg, dann, wenn ihr es wieder und wieder konzentriert befolgt.

Wenn Menschen andere Schutzrituale machen wollen, dic vielleicht in anderen Büchern stehen oder ihnen gelehrt wurden, ist das dann auch hilfreich für diesen Weg?

Das kann ich nicht beurteilen, doch wären dies meine Unterstützungen und Impulse, die ich euch hier geben möchte.

Verstehe. Was möchtest du noch zur besonderen Versiegelung sagen?

Das war die Essenz.

Und wenn dieser Prozess abgeschlossen ist, man also ganz gereinigt ist, braucht man dann noch diese Bitte?

Das tut man immer, wenn man unter Menschen und an Orten weilt, da es besonders für die Umstände eurer Umwelt und Außeneinwirkung den besonderen Schutz bietet. Es trägt euch wie eine Kugel durch diesen Moment, diese Taten, diese Möglichkeiten und diese Umgebungen.

Wie eine Schutzglocke. Dann braucht man sich keine Sorgen zu machen, kann vertrauen und weiter seinen Weg gehen. Richtig?

Ja.

Oh, lieber Freund der Indianer, dann sind wir mit diesem Kapitel durch.

Ja.

Das freut mich. Über was möchtest du als Nächstes berichten?

Das Belehren in einer Schule.

Was genau meinst du damit?

Damit möchte ich euch Impulse geben, wie ihr die energetischen Gesetzmäßigkeiten und Regeln besser in euer Wachstum integriert.

∞

Die Essenz

Der Kosmos und seine Energieregeln sind einfach und klar. Wer bittet, wird erhört. Wer nicht bittet, dem wird Kraft dieser Entscheidung (nicht zu bitten) der Raum gegeben, dass er ohne zusätzliche Unterstützung ausschließlich in Resonanz auf seine Aktionen und Reaktionen agiert. Niemals greift der Kosmos in die Entscheidungen der Seelen ein. Grundlage dazu ist das Gesetz der Erlaubnis.

Kommt eine Seele auf ihren vielen Wegen durch die Zeit an den Punkt, an dem sie den Weg der Reinigung antritt, weg von dem unbewussten Taumeln in Ohnmachtsgefühlen und Einsamkeit, so stehen ihr all die helfenden und unterstützenden Energien des Kosmos zur Seite.

Sie muss nur darum bitten. Und um diesen Prozess der Reinigung beschützt einzuleiten, ist die besondere Versiegelung ein wichtiges Werkzeug. Wer um die besondere Versiegelung bittet, erfährt nicht nur Schutz, sondern auch eine besonders starke Energetik an Dichtheit dieser Schutzenergien. Sie hält die Seele in ihrer Absicht zu reinigen, sie bringt den Körper in die Balance, diese Energetik deutlicher zu fühlen und sie beruhigt den Geist des Menschen, um so seinen Fokus in all den anstehenden Schritten nicht in Ablenkungen zu zerstreuen. Der Kosmos „hüllt" die Seele von nun an in ein „Schutzkleid", welches hilfreich und unterstützend dieses neue Ziel der Seele - die Reinigung - begleitet.

Das Lehren

Dann bitte beginne uns zu erzählen, wie die Belehrung der Menschen aussehen könnte, sollte, müsste.

Das Erste, was ihr tun müsstet, wäre, die Kinder nicht in diese Institutionen zu geben, wie sie die Kindergärten allesamt bereiten ... Das Problem dieser Kindergärten ist die Unterdrückung der einzelnen Gaben.

Ehrlich, ist das so? Ich habe da keine Einsicht, ich habe keine Kinder. Ist das wirklich so, dass sie die Gaben unterdrücken?

Das weißt du doch. Wer hat denn deine Gabe gefördert?

Hm, ja stimmt, niemand, nicht einmal ansatzweise - aber wie könnten sie die Gaben fördern?

Diejenigen, die eine solche Institution besuchen, müssten zuerst einige Tests vollziehen, in denen festgestellt wird, wer wie hellfühlig und feinfühlig ist. Diese Sensibilität könnte man in Gruppen einteilen. Diejenigen, die sehr weit in ihrer Seele fühlen, müssten in eine andere Gruppierung als diejenigen, die noch eine relativ unbewusste und enge Wahrnehmung haben. Dann könnten die einzelnen Belehrungen dieser Gruppen die jeweilige Auffassungsgabe fördern.

Aha, das heißt, die feinsinnigen Menschen würden mit feinstofflichen Dingen mehr und mehr belehrt und geschult werden und diejenigen, die eine gröbere Wahrnehmung haben, würden mit anderen Dingen belehrt?

Genau, das ist das, was ich meine. Die feinfühligen Seelen würden feinstoffliches Wissen beginnen zu erlernen. Und die Seelen mit groben Wahrnehmungen würden die materiellen Wahrnehmungen gelehrt bekommen. Ich sage dies ohne Wertung. Ich möchte nur die Vielfalt eurer unterschiedlichen Seelen besser fördern.

Und wie geht es dann weiter?

Dann müssten alle auch in unterschiedlichen Schulen belehrt werden. Die feinsinnigen Seelen brauchen eine ganz andere Art der Weitergabe des Wissens als die weniger feinsinnig Wahrnehmenden. Die Feinsinnigen könnten bald die feinstofflichen Ebenen nutzen, um das Wissen daraus anzuwenden. Und die Gröberen könnten das Wissen der Materie, wie ihr sie als Menschen erlebt, nutzen, und mit diesem Wissen auf der Erde die Dinge vollbringen, die ihr tut. Das eine braucht das andere. Wertfrei. Doch die Feinstofflichkeit ganz aus den Schulen zu verbannen, finde ich eine wirkliche Schande. Bitte entschuldige, aber das Wort hilft mir die Verzweiflung zu unterstreichen.

Okay, das verstehe ich. Wie viele Unterteilungen würdest du machen?

Die Feinsinnigen, die Mischform, die Grobsinnigen.

∞

Wie ich dich einschätze, würdest du dieses System sicherlich immer offen halten, wenn jemand vielleicht doch im Laufe der Zeit Feinsinnigkeit entwickelt, dass er dann auch trotzdem in eine andere Gruppe wechseln kann?

Ja. Flexibilität ist das oberste Gebot dieser Art der Schule.

Gut, also sind die Kinder dann auch in unterschiedlichen Schulen, und jeder kann sich in seiner Kraft ausdrücken, in seiner Gabe jeweils, richtig?

Das ist richtig. Wichtig wäre hier, dass die feinstofflich Wirkenden nicht weniger beachtet werden und weniger Respekt erfahren als die grobstofflich Wirkenden. Die Feinstofflichkeit sollte noch viel mehr Teil eures ganzen Seins sein. Denn nur dann seid ihr ganz. Dann würden die feinstofflichen Menschen die nächsten feinstofflichen Menschen belehren und dieses Wissen weitergegeben.
Die unendliche Vielfalt wäre besser erkennbar und ihr alle wäret glücklicher, da keiner seine Gaben unterdrücken müsste, die in ihm schlummern, und alle in ihre eigentliche Kraft tauchen könnten, in Liebe und Respekt zueinander.

Das hast du sehr schön gesagt und das macht auch viel Sinn. Doch noch leben wir in einer Welt, in der die feinstofflich Wissenden tatsächlich darben, hungern und Mangel erleiden müssen, zumindest materiellen Mangel. Vielleicht schaffen wir es, dass wir eine Art Institution erschaffen, in der die Menschen die Feinstofflichkeit mehr gelehrt bekommen. Ich würde es mir wünschen, aber mir fehlen die finanziellen Mittel dazu.

∞

Das wäre eine großartige Tat, Liebes, doch wird sich alles formen, wenn die Zeit dafür bereit ist.

Das heißt, wir lehren die ganze Zeit die Kinder in den Schulen nur die grobstofflichen Dinge, und alle die, die feinstoffliches Wissen aufnehmen könnten, werden in keiner Weise beachtet, und dieses feinstoffliche Wissen wird in den Seelen überhaupt nicht gefördert.

Da ist leider die Wahrheit, ja.

Was können wir den Menschen mitgeben, dass diese Werke, wie wir es hier tun, hoffentlich einen großen Beitrag dazu leisten, dass sie beginnen ihre eigentliche Kraft zu leben?

Das wäre mir sehr wichtig. Dann helfen wir denen, die bisher keinerlei Förderung erfuhren, die Kraft in sich zu fördern, damit sie blühen und wachsen kann.

Nun ja, ich bin auch der Meinung, es gibt nie wirklich ein „zu spät“. Man kann doch auch noch in hohem Alter die Feinstofflichkeit entdecken. Deswegen wäre das auch eine Schule, die keinerlei Altersgrenze kennt.

Das ist richtig, Liebes. Alle Formen, die ihr kennt, wären anders in dieser Art. Das ist sogar wichtig. ***Denn nur, wer die alten Formen bricht, ist bereit, die neuen in sich zu lassen.***

Okay, möchtest du noch etwas zu der Belehrung sagen?

Dass seelische Weite nicht über menschlich erschaffene enge

Formen eurer Schulen gelehrt werden kann. Die Schulen eurer Welt sind eine Ausdrucksform der Enge und lehren keineswegs Weite oder Flexibilität, Liebe oder Hingabe in die feinstofflichen Welten. Dies ist eine sehr traurige Angelegenheit, die ich wirklich nicht verstehe. Denn alles Wissen ist immer da, ihr müsst es nur leben. Ihr müsst es nur abfragen.

Gut, vielleicht schaffen die Menschen ja einen Wandel, was das angeht. Ich glaube das einzige Problem ist, dass Menschen, die derartige Impulse geben wollen, nur irgendwie mit dieser Materie in Einklang kommen müssen, dass sie trotzdem ein System erfinden, das so weit und so flexibel ist, dass es ermöglicht, finanzierbar zu sein. Letzten Endes ist Geld das Zahlungsmittel auf diesem Planeten und auch ein Parameter, der bei aller Feinstofflichkeit nicht auszublenden ist.

Das weiß ich, doch ich weiß, dass es auch eine Lösung gibt. Ihr werdet sie finden, wenn ihr wollt.

Möchtest du noch etwas zu dem Thema sagen?

Nein.

Was ist dann unser nächstes Thema?

Unser nächstes Thema wären die Fragen zu unterschiedlichen Themen von dir.

∞

Die Essenz

Wir leben in einer Welt, die alles daran setzt, Individualität zu unterdrücken. Sind die Eltern weise und bewusst, sind sie oft die einzige Chance einer Seele, dass bereits in frühen Jahren ihr Seelenpotential erkannt und gefördert wird. Alle Kindergärten, Kitas, Schulen und Universitäten sind darauf ausgerichtet, eine folgsame, nichts hinterfragende „Armee Menschheit" zu formen, um die Systeme und Strukturen aufrechtzuerhalten, die ein paar wenigen (und zwar nicht intelligenteren, weiseren, fleißigeren oder herzlicheren) Menschen ein schönes Leben erschaffen. Angst ist dabei eines der wichtigsten Werkzeuge, um die Masse der Menschen in ihrer Illusion gefangen zu halten. Angst aber ist eine Krankheit der Seele, wie wir schon erfahren haben. Und um diese zu überwinden, bedürfte es ganz anderer Lehren als bisher.

Kein Mensch, keine Seele ist wie die Andere. Die eine Seele ist schon oftmals inkarniert und hat in der festen Absicht zu reinigen ein ganz anderes Ziel als die gerade frisch aus der Mutterseele in eine Körperlichkeit inkarnierte Seele. Letztere will das grobe Stoffliche, die Materie und all deren Geschenke erfahren.

Um diese Vielfalt der Seelenqualitäten wirklich zu fördern und die Lebenschancen und Momente nicht ungeachtet der unterschiedlichen Potentiale zu „vergeuden", wäre eine frühe Kategorisierung der Seelenqualitäten durch die Lehrer unserer Schulen hilfreich.

Doch solange das kollektive Ziel der Menschheit nicht Individualismus sondern absolute Konformität ist, wird all das nur eine Vision bleiben. Kreation kommt von erschaffen, nicht von Unterdrücken.

Fragen und Antworten

Lieber Freund der Indianer. Ich beginne nun mit den Fragen, die ich zu vielen verschiedenen Themen habe. Bitte entschuldige, wenn sie so unterschiedliche Themen streifen, aber ich möchte aus der Wahrnehmung als Mensch versuchen, so viel, wie ich nur kann, deine Sicht auf unsere Welt zu erfragen, jetzt, heute und hier in der Zeitlinie der Erde. Woran liegt es, dass Impulse der kosmischen Gesetze von manchen Menschen zwar richtig empfangen werden, aber schon sehr bald im Laufe der Geschichte völlig pervertiert und sogar ins Gegenteil verwandelt werden?

Ausschließlich in ihrer Verunreinigung. Die Menschen leben keinerlei bewusste Verbindung in den Kosmos und so wird ein liebevoller Impuls zu einem negativen Impuls. Die Verunreinigung der ausführenden Menschen macht alle Liebe zu Kräften des unbewussten Negativen.

Wodurch entsteht der Wunsch einer Seele, die in einen menschlichen Körper inkarniert, gleichgeschlechtlich zu lieben?

Soweit ich es weiß, ist dies eine genetische Ausrichtung, doch wirkt die Kraft der Seele immer auch in Zusammenspiel mit diesen Formen der Körper. Ich vermute hinter dieser Art zu lieben eine ganz andere Ausrichtung der Seele als du vermutest. Diese Menschen, diese Seelen, wählen Formen, die ihnen einige unterschiedliche und außergewöhnliche Erfahrungen bringen. Die gleichgeschlechtliche Liebe zieht unter

anderem auch eine andere Art der Resonanzen eurer Welt auf sich. Dies ist alles Teil dieser Erfahrungen, welche die Seele wählt, in einen Körper mit derartigen Ausrichtungen seiner Sinne zu inkarnieren, welcher derartige Absichten begünstigt. Verstehst du?

Ja, das verstehe ich. Man könnte vermuten, die Seelen „wissen" um die genetische Ausrichtung dieses entstehenden Körpers und wählen dann frei diese Werkzeuge, um eben ganz andere Erfahrungen zu sammeln. Danke Dir. Eine andere Frage, die ich habe, ist: Sind Pflanzen beseelt?

Nein.

Es ist unseren Wissenschaftlern schon gelungen, Tiere zu klonen. Eines Tages werden sie es sicher auch mit Menschen tun. Kann ein Menschenklon beseelt sein?

Das kann und das muss er. Denn der menschliche Körper kann ohne die beseelende Energie gar nicht existieren. Daher ist meine Antwort ganz klar: Ja.
Bei den Tieren ist es eine andere Sache, wie ihr erfahren habt. Dort wirken die Kräfte der Seele, und nicht in alle Formen der Tiere inkarnieren auch selbstverständlich Seelen. Doch bei den Menschen ist dies eine Notwendigkeit. Ohne die Beseelung ist der Körper nicht lebensfähig.

Also könnte man sagen, wenn diese Form erschaffen ist, die ein Klon-Mensch bedeutet, heißt das, es ist alles gegeben, damit eine Seele inkarniert, und es ist ihr egal, ob sie normal erzeugte Formen

belebt oder künstlich erzeugte?

Dieses Thema ist relativ komplex. Ich möchte es dabei belassen, dass die Seelen die Formen wählen. Die Seelen, die derartige Formen wählen, haben dies letztlich bewusst gewählt.

Wir haben erfahren, dass man durch Hingabe und Meditation und liebevolle Absichten kosmische Energien in den Körper lenken und leiten kann. Kann diese kosmische Energie dafür sorgen, dass der Körper länger lebt oder den Alterungsprozess beeinflussen?

Das kann sie, ja, und weit mehr noch das körperliche Empfinden und die körperlichen Glücksgefühle um ein Vielfaches beschleunigen. Doch um deine Frage zu beantworten, die Kraft des Kosmos ist unendlich und damit ist bereits klar, wie viel Kraft ihr über diese Einleitung dieser Kraft in euren Körper sowie durch bewusste Hingabe an diese Kraft, diesen um ein Vielfaches lebensverlängernd beeinflussen könnt.
Die Kraft des Kosmos wirkt wie eine besondere Quelle an Kraft, die das Lebens-Chi durch euch lenkt. Diese Kraft belebt euren Körper und wer viel davon hat, der wird auch viel und lange seine körperliche Kraft erfahren können.

Du weißt, dass die Menschen zurzeit durchschnittlich 80 bis 90 Jahre alt werden. Was würdest du sagen, wenn ein Mensch seit früher Kindheit an sein Leben in tiefer Bewusstheit und Verbundenheit lebt - wie viel länger oder wie lange könnte so ein menschlicher Körper leben?

Du fragst mich Sachen.

∞

Bitte versuch's.

Die Länge ist nicht nur von der seelischen Kraft abhängig. Es sind auch die Abnutzungserscheinungen, die ihr eurem Körper durch eure Art der Bewegung und eure Art zu leben erzeugt. Doch ich würde sagen, dass die Menschen ungefähr weitere 40 Jahre mehr leben könnten, wenn sie diese Form der Verbindung besser und reiner leben würden.

Unsere Wissenschaftler sagen uns, dass wir unsere Gehirnkapazität nur zu rund 10 Prozent nutzen. Sie sagen, dass 90 Prozent des Potenzials des menschlichen Gehirns ungenutzt vorhanden sind. Gibt es eine Möglichkeit, diese Gehirnkapazität zu erweitern? Wie geht das?

Das weiß ich nicht. Ich kann dir nur zu seelischen und energetischen Fragen Antworten geben. Dies sind Fragen, die den Körper betreffen und nicht die Seele. Mag sein, dass die Erweiterung und Stärkung der Verbindung dies auch verändern würde, doch ich weiß es nicht.

Danke. Lieber Freund der Indianer, kannst du uns bitte deine Beschreibung für Kundalini mitteilen?

Das ist die kosmische Kraft, übermittelt durch eure Chakren in die unteren Bereiche des Körpers.

Nun ist es so, es gibt gewisse Schulen aus dem fernen Osten, die diese Kundalini Kraft erwecken wollen, indem man sich auf die unteren Chakren konzentriert und sich vorstellt, wie diese Kraft über die Wirbelsäule nach oben geleitet wird. Ist diese Übung tatsächlich

so wichtig, oder ist sie ein Irrtum?

Sie ist richtig. Denn sie stellt die Verbindung in den Kosmos her über diesen Weg. Die Art und Weise, wie ihr die kosmische Kraft erfahrt, ist mannigfaltig, daher ist DIESE Art auch eine richtige.

Ist das Kreuz der Zentrierung (aus dem Kapitel „Ein Tag der Reinigung“) mit der Erweckung der Kundalini Kraft vergleichbar?

Das ist es.

Lieber Freund der Indianer, es gibt auf der Erde verschiedene Kulturen, die für ihre Verstorbenen Texte verfasst haben. Man nennt es die Totenbücher. Es gibt das Ägyptische Totenbuch, das Tibetanische Totenbuch und auch noch andere. Haben diese Totenbücher eine tatsächliche Wirkung? Sind sie aus einer Wahrheit heraus geschrieben?

Diese Bücher sind verunreinigt und helfen keineswegs. Denn sie dienen der Unterhaltung der Menschen.

Es gibt in der Physik einen Begriff, er heißt „kommunizierende Gefäße“. Das bedeutet, dass eine Flüssigkeit in zwei miteinander verbundenen Gefäßen mit Druck und Gegendruck sich immer ausgleicht. Ich nehme dieses Bild für die nächste Frage. Gibt es eine unbewusste Kommunikation aller Seelen untereinander, so wie es kommunizierende Gefäße tun?

Das ist eine listige Frage. Du weißt, dass ihr alle verbunden seid, wieso fragst du mich nach der Verbindung?

∞

Ach so. Dann darf ich das erklären, warum ich das frage? Ich erlebe oft, dass Menschen in eigenartige Konflikte kommen, die sie in ihrem Denken und ihrem Bewusstsein als große Überraschung erfahren. Da das stimmt, was du sagst, müssten doch ihre Seelen wissen, dass es zum Beispiel zu einem Konflikt oder zu einem liebevollen Austausch kommen muss.

Das tun sie auch. Doch die Verunreinigung dieser Menschen macht es nicht möglich, dass diese Signale empfangen werden. Ganz einfach.

Heißt das, und ich weiche jetzt ein bisschen in der Fragestellung aus ... Eine Wesenheit hat mir einmal geraten: „Erkenne, wem du gegenüberstehst und entscheide dich, ob du bleiben oder dich in Abstand begeben willst." Heißt das, dass die Seele die tatsächliche Fähigkeit hat, wirklich zu fühlen und zu wissen, ob mir Freund oder Feind gegenübersteht?

Ja, das hat sie.

Das war die Frage, auf die ich hinauswollte.
Das heißt, es liegt immer an unserer Wahrnehmung, das zu erkennen und konventionelle Formen zu überspringen, um sich in Abstand zu begeben, wenn die Seele erkennt: Abstand ist der gesündere Weg?

Der Respekt kann auch in der Kommunikation und der folgenden Ausführung des Abstandes leben.
Daher bitte, vergiss nie, WIE du den Menschen begegnest, auch wenn es jemand ist, den deine Seele als negativ erkennt, respektiere seine Wahrnehmung, respektiere seine Verunreini-

gung und wandle weiter. Doch wie auch immer, begegne ihm in Respekt. Denn diese Resonanz bleibt zwischen euch.

Verstehe. Ich möchte dazu noch eine Zusatzfrage stellen. Die Menschen haben sehr viele Formen erschaffen, die sie in ihrer Menschenwelt als unauflöslich bezeichnen. Diese Formen sollen dazu dienen, dass Menschen beisammen bleiben, um ein materielles Überleben zu gewährleisten, auch wenn ihre Seelen in Wirklichkeit in Respekt auseinandergehen wollen. Dies ist doch, wenn ich es richtig verstehe, ein Ausdruck einer tiefen, schweren menschlichen Krankheit, richtig?

Das Problem ist nicht die Form selbst, sondern die Menschen, die diese Formen unbewusst erschaffen haben.
Daher ist es immer auch in ihrer vollen Eigenverantwortung, die Formen wieder zu lösen. Das Ganze ist dennoch auch respektvoll möglich. Die Angst treibt euch, dies nicht zu tun, oder die Angst treibt euch, es respektlos zu tun. Doch sind beides falsche Interpretationen eines richtigen Weges, die Wahrheit eure Kraft zu leben. Den Fehler einer Form kann man jederzeit korrigieren. Die Verantwortung bleibt immer Teil eurer Geschichte. Auch die Verantwortung anderen Menschen gegenüber. Doch alles dies ist lösbar in Respekt.

Danke. Lieber Freund der Indianer, wir haben durch dich gelernt, dass nach einer Befruchtung einer Eizelle durch einen Samen es ungefähr vier Monate dauert, bis eine Seele inkarniert in diesen materiellen Zustand.

Das ist korrekt.

∞

Können die Mutter oder der Vater oder beide in dieser Zeit eine Bereitschaft ausstrahlen, eine gewisse Seelenqualität einzuladen, um zu inkarnieren, also sie bewusst „rufen"?

Nein.

Warum nicht?

Die Seelen wählen, nicht die Eltern. Dazu ist ein weiteres Werk nötig, diese Komplexität zu beschreiben. Vielleicht widmen wir uns diesem.

Aber wenn du sagst, dass es sowieso nicht möglich ist, dass die Eltern die Kinder einladen, dann brauchen wir doch kein Buch dazu.

Doch, denn die Eltern können über ihre geistige, spirituelle Entfaltung Resonanzen der Seelen erreichen, die sie erreichen wollen. Verstehst du? Dies geschieht nicht über eine Einladung. Es geschieht über die Resonanzen, die ihr erzeugt, und dies ist unbeeinflussbar durch den menschlichen Willen.

Lieber Freund der Indianer, du kennst doch die Einbalsamierungen, in Ägypten war das populär und bestimmt auch noch an anderen Orten und zu anderen Zeiten der Welt. Kannst du sehen, ob Einbalsamierungen einen energetischen Vor- oder Nachteil für die Seele hatten?

Diese Art der Konservierung war eine Folter für die Seelen. Denn sie konnten nicht gehen, solange der Körper nicht verwest war.

Dann sind sie ja teilweise noch dort.

Das ist richtig.

Kann man ihnen irgendwie helfen?

Nein.

Ich werde gerade ganz traurig. Wie konnte denn das passieren?

Das konnte passieren, weil die Menschen versucht haben, die Ewigkeit in ihre Welt zu holen, weil sie die Verbindung verloren haben und dadurch falsche Impulse setzten. Das waren die ersten Schritte der vergebens versuchten Wiederherstellung der Verbindung in den Kosmos und zu den Göttern.

Ich möchte dazu eine Zusatzfrage stellen. Ich habe einmal gehört, dass die Menschen beobachtet haben, bei denjenigen Wesen, die sie Götter genannt haben, dass sie einen Schlaf hervorrufen konnten, in welchem der Körper wie tot da lag, aber noch am Leben war ... Haben die Menschen über die Einbalsamierungen versucht, diese von ihnen als göttlich interpretierte Form nachzuahmen?

Ja, das haben sie.

Aber wir sind uns einig, dass diese Wesen, die das getan haben, in keinster Weise so eingewickelt waren und dass das eigentlich ganz anders war. Oder?

Das war es, völlig anders. Dennoch wirkte es und die Men-

schen wollten es auch.

Weißt du, ob diese Wesen, die das konnten, reine kosmische Energie in die Körper geleitet haben?

Das haben sie.

Okay, danke. War das dieser Vorgang, den man in der Pyramide vollzogen hat?

Das war es, ja.

Danke, lieber Freund. Ich danke dir sehr herzlich. Viele Seelen re-inkarnieren in der Menschenwelt in großer Armut. Warum wählen so viele Seelen die tatsächliche Armut?

Die Frage ist falsch. Denn Armut ist nicht gleich Mangel. Die Menschen nehmen Armut nicht immer als Mangel wahr. Die Frage sollte sein, warum Seelen die Erfahrung des Mangels wählen.

Okay, warum wählen so viele Seelen die Erfahrung des materiellen Mangels?

Das Bewusstsein folgt den Kräften der Seele. Und die Seelen verlieren über die Verunreinigung viel Kraft. Das bedeutet, dass diese wieder und wieder inkarnieren und jedes Mal weniger Energie bereit steht, die sie durchfließt. Das wiederum erschafft in ihrem Umfeld die mangelnden materiellen Umstände, die sie erfahren und die besonderen Beschleunigun-

gen des Bewusstseins noch schwerer machen.
Doch du musst unterscheiden, dass viele Menschen, die in Armut leben, sehr glücklich sind, weil sie die Wahrnehmung des Mangels nicht in ihre Seele lassen. Das heißt, wenn wir die Frage beantworten, so betrachten wir wirklich nur die Menschen, die in dieser Armut wirklich seelischen Mangel empfinden. Diese Menschen befinden sich dabei, die Dunkelheit des lieblosen und nicht verbundenen Seins zu erfahren. Und sie haben dies frei gewählt und jeden Tag, jeden Moment die Möglichkeit, durch verschiedene Übungen die Verbindungen wieder zu finden, und dann würden sie die Impulse des Kosmos auch aus der Wahrnehmung des Mangels leiten und ihnen helfen, wieder zu Kräften zu kommen. Dies bedeutet wiederum, dass sie in einem anderen Leben weniger Mangel erfahren und empfinden würden.

Das bringt mich natürlich an den Punkt, an dem ich sage: Es gibt viele sehr reiche Menschen, die trotzdem das Gefühl von Mangel haben. Sehr, sehr viele sogar.

Das ist richtig. Und genau deshalb habe ich diese Unterscheidung vorgenommen. Die Erfahrung des Mangels ist entscheidend, nicht die Erfahrung von Armut. Das müsst ihr klar unterscheiden. Die Erfahrung des Mangels ist an die Kraft der Seele gebunden. Die Menschen, die Mangel empfinden, egal ob in wohlhabenden Häusern oder wirklich armen Häusern, ist ausschließlich eine Sache der Wahrnehmung IN euch. Und damit eine Komponente der Seelenkraft. Diese Menschen müssen Seelenkraft erlangen und dazu gibt es verschiedene Werkzeuge, die allesamt nichts mit Materie zu tun haben, wie ihr wisst.

Ja, stimmt. Da reicht schon eine Meditation.

Das ist genau, was ich meine. Diese Kräfte stehen allen immer zur Verfügung. Der Weg dorthin muss aber alleine gegangen werden.

Lieber Freund der Indianer, wenn eine Seele in einen Menschen inkarniert, in einen Körper und dann geboren wird, weiß sie von dem Moment an, wann ihr Todesmoment, also der Übergang sein wird?

Das weiß sie, ja.

Wie geht das? Wie hängt das zusammen?

Die Kraft der Seele weiß, was sie erfahren kann, und wenn sie diese Erfahrung erlebt hat, weiß sie, dass sie diese Form wechselt.

Aber es gibt sehr viele Menschen, die eben nicht ihre Lebensaufgabe leben und die ihr Leben taumelnd, energetisch blind und völlig verunreinigt leben, ein Leben, bei dem es nicht einmal ansatzweise um die eigentliche Bestimmung geht. Was ist den mit denen?

Diese leben einfach nur so lange, wie die kosmische Energie genügend, ausreichend belebend ist und dann gehen sie wieder. Dann aber weiß die Seele dennoch, dass sie weiter andere Formen bereist und dann dort die Körper belebt. Damit möchte ich sagen, dass derartige Seelen, die unter der Kraft des Egos weilen, nur die Kraft des Körpers fühlen und damit wissen, wie lange er belebt werden kann.

Okay, aber das heißt doch trotzdem, dass ein Mensch, in der Mitte seines Lebens vielleicht, sich entscheiden kann: Ich möchte doch die kosmische Kraft bewusst in mich lenken. Und dass dann eine andere „Zeitrechnung“ beginnt. Oder anders ausgedrückt: Das Eine ist die Zeitrechnung des Egos, die die körperliche Kraft vergehen lässt. Und das Andere ist die seelische Kraft, die eine Erfahrung machen will. Und dann sagt die Seele: jetzt reicht´s, jetzt habe ich die Erfahrung, jetzt gehe ich und verlasse diese Form wieder.

Das ist ungefähr das, was ich meine. Diese beiden Wege sind die Komponenten. Doch, wenn du mich fragst, ob die Seele es weiß, weiß sie es in jeder der beiden Möglichkeiten. Entweder bewusst, durch die bewusste Verbindung und die Erfahrung, die sie machen will, oder eben unbewusst über die körperliche Kraft, die ihr ausschliesslich bleibt.

Ist die Frage erlaubt? Wie fühlt der Kosmos in Bezug auf die Menschheit?

....

Ist das keine Frage?

Nein.

Weil?

∞

Der Kosmos wertet nicht, ihr Lieben. Die Antwort, die ihr möchtet, gibt es nicht. Der Kosmos fühlt nicht, er liebt.

Heißt das also, er liebt die Menschen so, wie sie sind, auch wenn sie Fehler machen?

Das wäre die Formulierung, wie du sie magst.

Vielen Dank, lieber Freund. Ich möchte dich jetzt zu zwei Begriffen etwas fragen. Was sagst du zu dem Begriff „Fegefeuer"?

Dazu hatte ich schon Beschreibungen gegeben. Aber gerne hier noch einmal: Die Seelen, die nicht die Körper verlassen können und lange in der Nähe dieser weilen müssen, oder diejenigen, die von Unfällen oder anderen plötzlichen Ereignissen aus den Körpern geschleudert werden.

Und der andere Begriff in der Menschensprache ist „Hölle".

Das ist eine Menschensprache, wahrlich. Denn die Hölle und alles, was ihr damit verbindet, ist die Unbewusstheit eurer Wahrnehmung der Verbindung, der Liebe und der Fülle des Kosmos, die alle immer da sind.

Lieber Freund der Indianer, ich stelle diese plakativen Wörter deswegen als Frage hin, damit die Menschen, die diese Worte gewohnt sind, in einer neuen und weitergehenden seelischen Interpretation durch dich ihr Bewusstsein erweitern können.

Gerne.

Der nächste Begriff ist: „Jüngstes Gericht".

Die Erfahrung der Seele nach dem Ableben in einem Körper, wenn sie nicht mehr durch die Kraft des Egos im Körper überschattet wird, doch noch immer in der Erfahrung der Sinne des Körpers „erinnert". Dann erfährt die Seele die Betrachtung des letzten Lebens unter der Perspektive seelischer, energetisch reinerer feinstofflicher Wahrnehmungen. Diese bringt die Erkenntnis der Ungleichgewichte, die Einsicht in die erschaffenen Handlungen ohne kosmische Abstimmungen und Erlaubnisse, Fehler, die auf Grund der Verunreinigung und der verlorenen Verbindung erfolgten.

Es gibt in der Menschenwelt eine Geistesschule, die versucht das menschliche Leben zu betrachten, zu berechnen und wenn möglich auch Vorhersagen zu treffen. Diese Geistesschule nennt sich Astrologie. Kannst du bitte etwas zum Thema Astrologie sagen?

Astrologie ist das Lesen der Sternenbewegung und das folgliche Interpretieren der Bewegung der Seele. Doch ist es keineswegs die Erklärung für das, was ihr wirklich seid und wohin eure Seelen wirklich weiten wollen. Daher betrachte die Astrologie wie eine Form, die dir sagt, dass morgen weniger Sonne scheint oder es regnen wird, aber keineswegs die Antwort gibt, ob du besondere Ereignisse erfahren kannst an diesem Tag.

Alles ist immer nur eine Frage deiner Verbundenheit, deiner Entscheidungen, deiner Eigenverantwortung, deiner unbewussten oder bewussten Entscheidungen.

∞

Aber, lieber Freund der Indianer, es ist doch trotzdem so, dass der Kosmos und diese Dinge, die man da so sieht, schon irgendwie eine Form geben. Ich habe schon erlebt, dass Menschen gesagt haben: „Ui, dein Leben wird sich total ändern und du wirst neue transformierte Dinge erfahren ...“ Und das hat sich dann schon letzten Endes damit gedeckt, was meine Seele wollte.

Das ist richtig, Liebes. Doch letztlich sagt es dir nur, wie das Wetter, das, was möglich ist. Ob du diese Möglichkeiten nutzt, oder wie du sie nutzt, liegt letztlich in deiner Verantwortung.

Ah ... ja, das habe ich verstanden, danke.
Der nächste Begriff heißt: „Akasha Chronik“.

Die Akasha Chronik ist die Bereitschaft des Kosmos, immer alles Wissen zugänglich zu machen für die fragenden Seelen. Das beinhaltet aber verschiedene Komponenten, denn nicht jede Seele will alles wissen, doch jede Seele hat einen Weg und auf diesem fragt sie die Dinge, wie sie sie braucht. Diese Verfügbarkeit ist letztlich das, was ihr Akasha nennt. Es ist kein Raum, es ist kein Ort. Es ist das Wissen und die Bereitstellung dieses Wissens.

Oh, das klingt ziemlich komplex. Kannst du uns trotzdem ein Bild geben, inwiefern dieses Wissen gespeist wird?

Das ist tatsächlich eine sehr komplexe Frage, Liebes. Die Antwort braucht weitere Bücher.

Okay, dann ist das vielleicht eines der Themen, die wir uns vielleicht

ein andermal anschauen. Ich habe es mir notiert.

Das können wir, ja.

Lieber Freund der Indianer, ich möchte eine Formulierung von dir aufgreifen, die du gerade verwendet hast: Bereitstellung von Wissen. Es gibt in Indien Jahrtausende alte Überlieferungen, die sie die Palmblatt-Bibliothek nennen. Die Menschen sagen, dass vor Tausenden von Jahren einige weise Menschen, sie haben sie Rishis genannt, die Leben zukünftiger Menschen auf Palmblättern niedergeschrieben haben. Es gibt Reisende aus unserer Kultur, die in diese Palmblatt Bibliotheken gehen und dort tatsächlich Informationen über ihr Leben erfahren. Warum wurde so etwas niedergelegt und wie ist das möglich?

Das weiß ich nicht.

Okay. Nächstes Wort: „Seelenpartner".

Die Ausdehnung der Seele bedeutet auch die Erweiterung in andere Bereiche, dort, wo andere Frequenzen wirken. Die Parallelität dieser Frequenzen vermittelt das Gefühl des partnerschaftlichen Wirkens.

Ich möchte nachhaken, weil ich weiß, dass es sehr viele Menschen gibt, die denken, dass es für sie diesen einen Seelenpartner gibt. Und dass sie den unbedingt finden müssen. Wie verhält sich das?

Das mag sein, doch meine Antwort ist die einer Frequenz, die miteinander schwingt. Das muss nicht unbedingt dazu füh-

ren, dass ihr einander als Paar liebt. Das zeigt sich eventuell auch in anderen Formen - dann wenn Eltern Kinder bekommen, dann wenn Freunde sich begegnen, dann wenn allgemein Menschen sich begegnen. Diese Bezeichnung „Partner" ist nicht an die Liebe gebunden.

Auf unserem Weg des Lernens hören wir von dir immer wieder zwei Worte: „Kosmos" und „Quelle". Kannst du uns bitte sagen, ob das ein und dasselbe ist in unserem Verständnis, oder ob die Quelle ein Teil des Kosmos ist. Bitte hilf uns beim Begreifen dieser Worte.

Die Quelle ist die besondere Kraft, die den Kosmos erzeugt. Doch der Kosmos beinhaltet auch die Quelle. Ich kann dies schwer trennen. Es ist eins und es ist doch verschieden. Das Beschreiben der Quelle ist unmöglich, denn sie ist wie eine Luft in eurem Raum. Immer da. Doch der Raum selbst ist der Kosmos, verstehst du?

Aber dann ist doch die Quelle der Kosmos.

Das ist nicht richtig, Liebes. Die Quelle beschleunigt die Kraft, die der Kosmos ist. Sie wirkt wie hinter dieser Kraft, doch ist sie auch diese Kraft.

Okay, verstehe. Das mit dem Raum ist schon sehr schön, danke. Ich möchte jetzt einige Sätze sagen, die zu einer Frage führen. Ist mir das erlaubt?

Ja.

Lieber Freund der Indianer, auf dem Weg der Seele erreicht man durch Vertrauen und Hingabe den Punkt, an dem man für das große Mysterium der Quelle und des Kosmos keine logische Antwort mehr erwartet. Richtig?

Das ist richtig, weil du über die Erfahrung der Weite die Kraft von ihr fühlst. Das wiederum ermöglicht dir, die Frage zu beantworten oder besser - die Frage zu nivellieren.

Ich versuche mit diesen Fragen für die Menschen, die dieses Buch lesen, eine logische Pyramide zu errichten. Darf ich demnach weiterfragen?

Das darfst du. Gern.

Durch deine Lehre, die du uns gibst, erfahren wir durch die Art, wie Menschen denken, ein logisches Gebäude. Wir erfahren, dass es Absicht gibt, dass es Weite gibt, dass es Konzentration gibt, dass es eine Ausrichtung der Seele geben kann - durch Absicht und Leben. Habe ich das bisher richtig formuliert?

Das hast du, ja.

Unser menschliches Denken führt uns demnach zu einem Punkt, den ich als sehr wichtig empfinde, dass wir ihn besprechen. Ist es so, dass wir in einem Raum - ich muss das menschliche Wort „Raum“ verwenden -, den wir als den Kosmos bezeichnen können, der für unser logisches Denken nicht erfassbar ist, doch logisch nachvollziehbare Wege haben, die zur Befreiung und zur Erweiterung unserer Seele hilfreich sind?

∞

Kannst du sagen, ja.

Also ist es der menschlichen Seele erlaubt, über das Bewusstsein des Denkens, welches hilfreiche logische Gebäude errichtet, unserer Seele Führung zu geben hin zur Reinigung, hin zum Licht, hin zur Liebe.

Es ist so, es braucht die logische Komponente und immer auch die seelische, sich hingebende den Dingen, die nicht logisch erklärbar sind. Es muss und es wird immer etwas mitschwingen, das ihr nicht logisch erkennen und erfahren könnt. Dann erfahrt ihr die Vielfalt und die Komplexität des ganzen Kosmos. Mit dem menschlichen Denken ist dies nur bis zu einem bestimmten Punkt möglich.

Mir fällt dazu ein Beispiel ein aus einer Geistesschule der Menschen, das ich persönlich sehr schätze. Es ist das sogenannte Koan aus dem japanischen Zen-Buddhismus. Ein Koan ist eine scheinbar logische Fragestellung, die dem Denken klarmacht, dass es mit Denken nicht zur Lösung kommen kann, und wenn die Frage gefühlt gelöst wird, dann hat man das Gefühl der Erleuchtung durch Hingabe. Habe ich mich klar genug ausgedrückt?

Das klang sehr menschlich und kompliziert. Doch ich glaube, du meinst das, was ich eh schon gesagt habe.

Ja, ich wollte mit der menschlich komplizierten Frage dir liebevoll die Bestätigung geben, dass ich deine einfache Klarheit verstanden habe.

∞

Das Verbinden des Logos mit dem Eros. Ja.

Danke, danke, danke. Ich verstehe. Andere Frage: Wie nehmen feinstoffliche Energien die materielle Welt wahr? Die Galaxien, die Sonne, die Körper, wie nehmen sie diese materiellen Erscheinungsformen wahr?

Das ist eine schöne Frage. Die feinstofflichen Energien leben oft auch in dem, was ihr als Weltall bezeichnet. Ihre Frequenzen bestehen dort in diesem Raum, der für eure Materie nicht greifbar ist. Das ist also eine Art Zwischenwelt, die ihr wahrnehmt aber doch nicht ganz.

Wie nehmen die feinstofflichen Welten Galaxien wahr?

Als sich drehende, bewegende Körper. Das ist alles.

Und Sonnen?

Sonnen sind verbunden mit der Kraft der Quelle, die wie eine Verbündete mit ihnen wirkt. Diese Art der Energie ist eine extrem wunderbare, weil über Sonnen die Kraft der Quelle belebend wirkt und sie weitere Impulse in die Materie geben kann über diese Sonnenimpulse. Dennoch ist es natürlich nur ein Stern, wie ihr sagt. Doch er hat besondere Eigenschaften. Seine Frequenz ist angebunden an die der Quellenkraft. Das ist schwer zu beschreiben. Doch es gibt eine Verbindung zwischen den beiden. Das ist das, was ich sagen wollte.

Lieber Freund der Indianer, in der Menschenwelt gibt es eine Form des Respekts und der Demut und der Hingabe in der Sprache, die für eine Energie das Wort „Gott“ verwendet. Auf deiner Ebene, in der du dich wahrnimmst, wie würdest du in deiner Sprache, mit deinen Worten diese Kraft beschreiben?

Das ist die Quelle.

Menschen träumen manchmal. Kannst du bitte zu den verschiedenen Möglichkeiten, welche Träume bieten oder darstellen, etwas sagen?

Die Träume sind ein sehr komplexes Thema. Ihr solltet dazu keinerlei kurze Kommentare geben, da Träume einerseits die Möglichkeit sind, die Verbindung in den Kosmos zu finden, doch andererseits nichts bedeuten können. Dieses Feld ist so weit und so groß, dass ich bitte, dass wir dies ein andermal intensiver betrachten.

Lieber Freund der Indianer, ich habe selber schon starke energetische Phänomene wahrgenommen auf Friedhöfen. Ich habe nun aber gehört, dass mit dem Verfall und dem Verwesen des Körpers die Seele sich trennen und lösen kann vom Körper. Ist das trotzdem so, dass auf Friedhöfen viele Seelen bei ihrem ehemaligen Körper verweilen?

Das ist richtig. Und das hat viel damit zu tun, dass sie nicht wissen, wie sie beschleunigen. Diese Seelen verweilen dann an dem Ort, der ihr letzter wahrgenommener Ort war. Das ist dann meist der Friedhof oder der Ort an dem sie die körperliche Wahrnehmung verließen.

Inwieweit beeinflusst die Seele den Körper und das körperliche

Wachstum oder gar die Genetik?

Die seelische Kraft, wenn sie wirklich unbeeinflusst, weit und stark in euch wirken darf, hat das Potenzial, die Körper zu verwandeln. Sie formt die Zellen mit.

Die Gene geben vor, wie wir aussehen und geben vor, was für Genmaterial wir bekommen ... Blaue Augen, schöne Haare, schöne Haut ...

Diese Dinge sind tatsächlich körperliche Komponenten, doch kann die seelische Kraft, und das tut sie, wenn sie wirklich stark in euch lebt, diese Komponenten beeinflussen und verwandeln. Damit möchte ich sagen, dass die Seelen sich in den Körpern AUSDRÜCKEN. Und je mehr ihr verbunden wirkt, umso mehr wird diese Kraft aus euch heraus strahlen, euch vielleicht anders gehen lassen, anders sitzen lassen, euch anders halten lassen.
Diese Dinge ziehen wiederum eine andere Muskularität mit sich, das wiederum formt eure Körper und Gesichter. Alles ist immer mit allem verbunden. Und je mehr ihr das Seelische aus euch heraus sprechen lasst, umso mehr wird es gesehen.

Das ist toll, dass du das gesagt hast. Weil man sehr gut in den Gesichtern der Menschen sehen kann, was für ein Geist darin wohnt - in der Art, wie sie sich bewegen, wie die Seele sich fühlt usw.

Das ist richtig. Darum beobachte, wenn du den Menschen begegnest, ihre Haltung, ihre Art, ihr ganzes Sein. Es ist eine Ausdrucksform des inneren Wesens, das entweder ganz wirkt oder unterdrückt wird vom Ego.

Und wenn es unterdrückt wird, dann baut die Kraft des Egos letzten Endes den Körper ...

Das ist schwer kurz zu beschreiben ... Doch letztlich wirkt die Seelenkraft dann nicht so stark, was bedeutet, dass der Körper dann überwiegend von anderen Kräften beeinflusst wächst. Die Umwelt, die Gedanken ... die Arbeit ... die täglichen Bewegungen, der Schlaf, die Art zu sitzen ... und so vieles Äußere mehr.

Ich habe noch eine Frage zu deinem letzten Leben als Mensch. Du hast festgehalten, dass die Art in einem Kloster zu leben nur eine Zeit lang hilfreich für die Entfaltung der Seele ist, da das Leben viele Sinneseindrücke bereit hält, die man nur mit den Sinnen des Körpers erfahren kann und sollte. Wie ist das bei dir gewesen, der du doch so sehr im Abstand von den Menschen lebtest? Wie hast du die Sinne des Körpers gelenkt?

Du benennst die Vereinsamung, die ich fühlte, richtig?

Ja die Vereinsamung, die einen Menschen ja erreichen muss, wenn er in der Menschenwelt keine Verletzungen mehr erfahren will.

Diese Einsamkeit war mir kein Problem, denn weil ich den Kontakt in die geistigen Welten hatte, fühlte ich mich nicht einsam, wenn du von menschlichem Empfinden redest. Doch ich glaube deine Frage ist vielfältiger gemeint. Du möchtest wissen, wie ich mit der Sinnlichkeit des Lebens umgegangen

∞

bin, richtig?

Ja.

Das war eine sehr interessante Beobachtung, die ich machen durfte. Weil ich Sinne hatte, die ich nicht in ihrer vollen Kraft ausleben konnte, wurden sie mehr und mehr. Das war eine Art Kasteiung der Gefühle, die der Körper aber nun einmal auch und vielfältig bringt. Diese Bewegung in dem Körper musste dann ausgeglichen werden, und das habe ich durch die Verarztung von Tieren erreicht. Denn die Tiere waren liebevoll und konnten mir keine Boshaftigkeiten entgegenbringen, doch gleichzeitig wollte ich dienen, lieben, geben und fühlen. Wie kann ich dienen und helfen, ohne dabei mit Menschen in Kontakt zu kommen ... über die Tiere. Daher lebte ich meine Libido, wie ihr sagen würdet, mit dem Wissen, das ich hatte, und half dabei den Tieren.

Es gibt eine wissenschaftliche Theorie, die sich mit meinen Informationen im Buch „Das 1x1 des Seins" deckt, dass das langsamere Licht die Materie erschafft, die wir wahrnehmen. Wie siehst du das?

Ja, so ist es. Dazu haben wir schon viel in diesem deinem anderen Werk festgehalten. Die langsamen Ebenen sind die der Materie, wie ihr sie wahrnehmt.

Ich möchte unsere Aufmerksamkeit noch einmal zur Sonne lenken, die du als sehr besondere Form benannt hast. Wenn du sagst, Licht ist eine Ausdrucksform des Kosmos, was genau ist dann ein Stern, der auf unserer Ebene das Licht erschafft?

∞

Das ist wieder eine wunderbare Frage, Liebes. Ich versuche dir darauf eine Antwort zu geben.
Die Sonne als etwas, das Licht erschafft, ist natürlich dadurch auch ein besonderes Objekt im ganzen Kosmos, da sie kosmische Kraft, die ich benannt habe, also die kosmische Energie, als konzentrierte Form aufnimmt und wandelt und aus dieser Kraft die Energie formt, die euch wiederum das Leben ermöglicht. Dies ist wie ein Objekt, das auf der einen Seite feinstoffliche Energie aufnimmt, und auf der anderen materielle Energie abgibt.

Aber unter den Menschen ist die Sonne einfach nur ein Stern, der aus physikalischen Gesetzmäßigkeiten heraus Energie erzeugt?!

Das mag sein, doch ist es nur die halbe Wahrheit, liebe Menschen. Die kosmische Energie einer Sonne ist nicht nur physikalisch erklärbar, sie ist feinstofflich verursacht.

Das habe ich verstanden. Doch nun zur Seele. Ist die Seele für dich Licht?

Seelen sind nicht nur Licht, das sich bewegt. Licht ist die Ausdrucksform der kosmischen Energie, die euch umgibt. Doch Seelen sind Bewusstsein und Licht hat kein Bewusstsein. Es ist die Luft um die Seelen herum, die alles bewegt, wenn ich das in euren Bildern versuchen sollte zu beschreiben. Die Kraft des Lichtes bewegt die Seelen, doch beseelt es sie nicht. Das war hoffentlich eine richtige Beschreibung.

Inwiefern können sich die Seelen die Kraft des Lichtes zunutze

machen?

Die Seelen leben mit der Kraft des Lichtes wie in einer Art Umgebung, in der sie weilen, doch alle Kraft wirkt immer auch durch sie hindurch, und das Licht bewegt dies, verstehst du? Die Seelen bewegen sich von allein, sie sind nicht das Licht, doch sind sie umgeben von ihm und daher auch immer eingebunden in die Bewegung des Lichtes.

Aber wenn das Licht die Seelen umgibt und gleichzeitig eine sich bewegende Kraft ist, dann ist das Licht die kosmische Kraft, nicht?

Das ist richtig und auch eine Art der Beschreibung, doch ist das Licht eben nur EINE Form der kosmischen Ausdrucksformen. Verstehst du?

Ja, das würde ja bedeuten, dass es noch andere Ausdrucksformen der kosmischen Kraft gibt.

Lichtenergie ist EINE Art der kosmischen Energie, die du wahrnehmen kannst, die DU messen kannst - wenn man das so beschreiben möchte.

Ist diese kosmische Ausdrucksform dann die angebliche, von unseren Wissenschaftlern benannte „Dunkle Materie“?

Das ist keine dunkle Materie. Es ist die für euch noch nicht messbare Materie, doch wenn ihr die richtigen Instrumente habt, werdet ihr auch dies als Licht erfahren. Das ist keine negative Kraft, doch es ist eine Kraft. Da gebe ich euch recht.

∞

Kannst du dich an das Bild erinnern mit dem Meer und den Fischen und der kosmischen Kraft, die wie das Meer die Menschen umgibt - aber eben auch durchdringt? Wo genau ist in diesem Bild dann das Licht?

Das wäre die Bewegung dieser Kraft. Liebes. Du bist schon nah, es richtig zu begreifen. Diese kosmische Kraft, die euch alle umgibt, bewegt sich und diese Bewegung kennt unterschiedliche Geschwindigkeiten. Das ist richtig. Doch wer unterschiedliche Wahrnehmungen hat, nimmt jeweils nur eine dieser Formen wahr. Der Eine nimmt also dieses Meer wahr, der Andere das andere und am Ende sind sie alle eins. Verstehst du?

Jetzt beginne ich es langsam zu begreifen. Das heißt, die Qualität des jeweiligen Wassers (in dem Fall der jeweiligen Ebene) beheimatet dann die jeweiligen Formen, und letzten Endes ist diese Kraft immer in Bewegung.richtig?

Das ist richtig und das ist die Essenz.

Die Wissenschaft unserer Zeit meint, dass es einen Urknall gab, aus dem heraus sich das Universum immer weiter ausdehnt ... aber wenn sich etwas ausdehnt, dann hat es einen Raum, in dem es sich ausdehnt ... ich dachte aber, der Kosmos selbst ist unendlich? Wie stehst du dazu?

Diese Beschreibung sprengt eure Auffassungsgabe. Das Thema würde ich gerne in einem anderen Werk aufgreifen. Es ist zu komplex.

Ja gerne, ich notiere es mir.

Dann sei dir nur bewusst, dass die Bewegung des Kosmos keineswegs eine ist, die an einem Punkt begann und an einem Punkt endet. Diese Bewegung beschleunigt dauerhaft und besteht weit und weiter, doch niemals als Formen der Weite oder Nähe, sondern als Formen, die ihr nicht kennt.

Eine Frage zum Übergang. Die Menschen, die den Übergang nicht ganz erfahren haben und wieder in den Körper zurückgekommen sind, berichten von einer Wahrnehmung eines Tunnels. Dazu hast du schon etwas gesagt, und du wolltest nicht zu sehr in die Beschreibung der Frequenzen hineingehen. Doch möchte ich kurz zum Thema Lichtgeschwindigkeit in diesem Zusammenhang nachfragen. Ist diese Wahrnehmung des Tunnels eine Folge der Beschleunigung?

Das ist es, ja. Ich habe dazu schon einige Impulse gegeben. Die Wahrnehmung verändert sich, die verunreinigenden Wahrnehmungen um euch herum beginnen sich zu zeigen und die lichtvollen Ebenen auch.
Dies alles ist sehr komplex, doch, ja natürlich ist es auch und vor allem ein Prozess der Beschleunigung und der Befreiung der Seele aus der Enge heraus. Die Beschreibung der Beschleunigung als eine Geschwindigkeit ist nicht richtig. Die Lichtgeschwindigkeit, wie du sie benennst und worauf du hinauswillst ist nur EINE Art der Bewegung, doch in jedem Fall die untere. Diejenigen Seelen, die rein und verbunden übergehen, beschleunigen um ein Vielfaches mehr, und wenn du mich fragen würdest, ich habe in die fünfte Ebene beschleunigt.

∞

Als Nächstes möchte ich die Heisenbergsche Unschärferelation von dir kurz kommentiert bekommen. Sie besagt, dass der Beobachter das zu beobachtende Objekt beeinflusst. Es erweckt den Eindruck, als würde der Beobachter mit seinem Bewusstsein in diese Aktion eingreifen. Kannst du dazu etwas sagen?

Das beschreibt die Verbindung aller Energien miteinander. Dadurch wird offensichtlich, dass keine Kraft im Kosmos ohne die andere existiert und alle in Wechselwirkung zueinander stehen und sich bewegen.
Die freien Willenskräfte in den jeweiligen Energien bezeichnen jeweils die Verantwortungen der Energien untereinander, miteinander und füreinander.
Das Experiment, das du benennst, ist für mich die komplizierte Beschreibung einer völlig einfachen Gesetzmäßigkeit. Die Verbindung aller Energien miteinander.
Die Menschen müssen verstehen, dass alles miteinander und ineinander wirkt. Die voneinander abgetrennte Wirkung gibt es nicht, liebe Menschen, auch wenn ihr das durch eure verunreinigte Wahrnehmung so empfindet. Es ist und bleibt alles immer Teil des Ganzen. Egal, was ihr aufführt und was ihr als Trennung erschafft, es wird nie getrennt sein können, denn es ist Teil des Ganzen, das sich in verschiedenen Formen ausdrückt. Das ist die Botschaft.

Bitte benenne mir aus deiner Wahrnehmung und deinem Wissen heraus in kurzen Worten das größte Problem der Menschheit.

Die Herzlosigkeit. Ihr lebt mit einem Organ, das euch eine Brücke in den Kosmos schenkt, doch ihr nutzt es nicht. Das ist das größte Problem eurer Zivilisation.

Bitte benenne mir aus deiner Wahrnehmung und deinem Wissen heraus in kurzen Worten das schönste Potenzial der Menschheit.

Die Verbundenheit mit den kosmischen Welten, weil sie immer da ist und ihr nur beginnen müsst, sie wahrzunehmen.

Aber sind nicht auf allen Planeten alle Wesen immer auch mit diesen Welten verbunden?

Das sind sie, doch die Menschen haben die Fähigkeit, diese Verbindung intensiv zu erfahren und dadurch wirklich viel Kraft zu wandeln. Die Wandlung eurer Seele auf der Erde ist wie ein besonderes Potenzial. Hier könnt ihr wandeln wie sonst selten, denn hier ist die Breite der Möglichkeiten, wandeln zu können sehr vielfältig.

Du meinst, hier findet man alles, von den hellsten Lehrern des Komsos bis zu den verunreinigtesten Seelen des Kosmos.

Das könnte man auch sagen, doch meine ich es vor allem auch wegen den verschiedenen Plätzen, Menschen und Möglichkeiten, die ihr untereinander erschafft. Die Potenziale, die die Erde euch schenkt, sind ausgezeichnet, um zu reinigen und zu wachsen, doch gleichzeitig auch, um zu verunreinigen und zu entschleunigen.

Jetzt am Ende dieses Werkes hat sich in mir ein Gefühl geformt, das ich dir kurz mitteilen möchte. Wo ich früher den Kosmos als ungerecht empfand, habe ich durch deine Worte realisiert, dass alles von den Seelen frei gewählt und immer wieder auch frei entschieden wurde und wird, und dass diese Gesetzmäßigkeit essentiell für das Verständnis aller weiteren Gesetze im Kosmos scheint.

Ja genau. Diese Erkenntnis bedeutet gleichzeitig auch, die Eigenverantwortung einer jeden Energie wertzuschätzen und sich niemals über sie hinwegzubewegen und für sie zu entscheiden. Dieser Respekt wiederum bedeutet Demut, und Demut bringt dir Weite. So entsteht aus einer einzigen Erkenntnis eine Folge an Erkenntnissen aller Gesetzmäßigkeiten.

Das klingt nach einem wunderbaren Schlusswort hier an dieser Stelle. Ich danke dir dafür.

Hast du noch eine Frage, die du unbedingt beantworten möchtest?

Das war schon sehr toll. Vielen Dank für diese Vielfalt an unterschiedlichen Fragen. Ich freue mich auf das nächste Mal.

Ich mich auch. Vielen, vielen Dank!

∞

Schlusswort Freund der Indianer

Lieber Freund der Indianer, es ist soweit. Wir haben dieses Werk an einen Punkt gebracht, an dem wir beginnen können, es in die Welt zu tragen. Dies ist der Moment, an dem du die Möglichkeit hast, noch ein Schlusswort an die Menschheit zu richten, nachdem du all diese tollen Botschaften schon übermittelt hast:

Die Freiheit, liebe Menschen, ist das höchste Gut, das ihr als Seele und Mensch empfinden könnt. Die Kraft, die euch dadurch zuteil wird, ist unendlich und grenzenlos. Das, was wir hier für euch festgehalten haben, soll euch und vor allem eure Seelen, erinnern, an diese Unendlichkeit. Diesem Werk werden noch eine Vielzahl anderer Werke zu all den anderen Themen folgen, da es viel Verunreinigung und Missverständnis auf der Erde und in den Menschen gibt. Daher, liebe Menschen, bitte, bitte, bitte, nutzt diese Möglichkeit, die Informationen aus diesem Buch für euer Leben und das Leben eurer Mitmenschen umzusetzen und danach zu leben.

Du bist unendlich, du bist eine außergewöhnliche Kraft, die leben will und lieben will. Lebe all dein Potenzial und lass dich von der Liebe führen in die freudigen Ebenen des Kosmos hinein. Lebe in Liebe und Licht. Folge nicht dem Pfad der Angst, folge der Kraft der Liebe und du wirst ausschließlich Freiheit und Kraft finden.

Daher verabschiede ich mich nun für eine kleine Weile und werde bald das nächste Buch mit Sylvias Hilfe erschaffen. Ich

bitte die Menschen, diese Worte in Ehren zu halten und liebevoll umzusetzen. Das ist alles, wozu ich euch hier als Letztes bitte. Dann entlasse ich euch in eure Eigenverantwortung!

Danke dir von Herzen. Hast du denn schon eine Idee, über welches Thema das nächste Buch berichten soll?

Die Formen eurer Religionen.

Wie meinst du das?

Die Formen eurer Religionen betrachten wir und werden sie aus energetischer Sicht erfassen und erklären, was sie bewirken oder nicht bewirken.

Oh, darauf freue ich mich sehr.

Es ist wichtig, da ihr viele falsche Interpretationen eines guten Impulses lebt, das können wir korrigieren.

Danke dir vielmals. Ich freue mich darauf!

∞

Nachwort

Freund der Indianer hat uns einen ersten Einblick in seine weite Seele und all ihr Wissen gewährt und mich dabei oft sehr überrascht. Vieles von dem, was unsere Religionen und Glaubensrichtungen lehren, scheint falsch verstanden oder falsch übermittelt zu sein. Oft hat mich seine Reinheit und vor allem seine unbestechliche Klarheit an meine eigenen Glaubensgrenzen geführt und immer durfte ich liebevoll durch ihn erfahren, warum die Gesetze im Kosmos so sind, wie sie sind. Nie war er ungehalten, nie war er ungeduldig, immer nur waren seine Worte geduldig und liebevoll - und war die Frage noch so naiv aus seiner Sicht. Ich habe die Liebe des Kosmos durch ihn in jedem einzelnen Buchstaben gefühlt und dabei mit seiner Hilfe selbst einige entscheidende Stufen meiner Entfaltung genommen. Und nun hoffe ich, dass auch du deinem innersten, tiefen Wesen näher gekommen bist und deinem Leben die Kraft schenken kannst, die es eigentlich verdient hat. Nicht mehr taumelnd, nicht mehr verwirrt und verzweifelt, sondern dass du kraftvoll und liebevoll, hoffnungsvoll und zuversichtlich deinen Weg der Seele gehen kannst.

Der Freund der Indianer ist mir ein treuer Begleiter geworden, mit dessen Hilfe ich noch viele andere Werke dieser Art auf die Erde bringen werde. Ein erster Anfang ist gemacht.

∞

Ich möchte dieses Buch mit den zwei Worten beenden, die mich Freund der Indianer gelehrt hat:

Danke,

Liebe.

Sylvia Leifheit

P.S. Da ich in den nächsten Jahren weiter mit Freund der Indianer verbunden wirken werde, bitte ich darum, Fragen, die ihr beantwortet haben möchtet, zuzusenden an info@silverline-publishing.com. Sie werden dann in einem nächsten Teil der Kommunikation mit ihm berücksichtigt.

Bitte verbindet Euch mit mir, um immer über Neuerscheinungen informiert zu sein: www.sylvialeifheit.de und in den Social Netzwerken.

∞

Das neue Kybalion *

Aufgrund meiner eigenen Erfahrungen und Erkenntnisse möchte ich diese Gesetze nun etwas korrigieren und dadurch vervollständigen.

1. Das Prinzip der Mentalität:
Das All ist Geist, der Kosmos ist geistig. Alles ist mit allem verbunden.

2. Das Prinzip der Entsprechung:
Wie unten, so oben, wie oben, so unten.

3. Das Prinzip der Schwingung:
Nichts ist in Ruhe, alles ist in ständiger Bewegung.
Aus sich heraus und in sich hinein sind die zwei Richtungen dieser Bewegungen.

4. Das Prinzip der Resonanzen:
Die Resonanzen agieren und reagieren in Form von Ursachen und Wirkungen zu- und miteinander.

5. Das Prinzip der Bewusstheit:
Energie ist Bewusstsein.
Bewusstsein formt Wahrnehmung –
Wahrnehmung formt Aufmerksamkeit.
Aufmerksamkeit formt Bewusstheit.
Bewusstheit formt bewusstes Sein.

∞

6. Das Prinzip der Reinheit:
»Verunreinigung« ist der Auslöser für das Wachstum des Bewusstseins.

7. Das Prinzip der Transformation:
Die Gesetze sind ewig, der Geist ist ewig, aber wandelbar – von Zustand zu Zustand, von Grad zu Grad, von Lage zu Lage, von Schwingung zu Schwingung …

Die Gesetze der Dualität – wie Polarität, Geschlecht und Rhythmus – sind keine universellen Gesetze, sondern sie gelten nur in der grobstofflichen Materie bis in die erste Energiewelt hinein, aber nicht über sie hinaus.

* Aus „Das 1x1 des Seins"

∞

Die zehn Gebote des Neuen Zeitalters *

SEI IN VERBUNDENHEIT
Alles ist mit allem verbunden. Es gibt keine Trennung außer der Illusion einer Trennung, die du selbst (er-)schaffst.

SEI GÖTTLICH
Du bist Gott. Du bist der Schöpfer deines Lebens – niemand anderes.

SEI VERANTWORTUNGSVOLL
Du trägst die Verantwortung für alles, was du tust oder nicht tust.

SEI MUTIG
Du entscheidest. Auch nicht entscheiden zu wollen ist eine Entscheidung.

SEI WACHSAM
Öffne dein Herz. Bewusstes Sein entsteht in deinem Herzen. Deine Bewusstheit bestimmt deine Wahrnehmung, und diese formt deine Erfahrungen und damit dein Wirken. Vertrauen und Hingabe sind Schlussfolgerungen der Herzöffnung.

SEI RESPEKTVOLL
Begegne den Menschen, Tieren und Pflanzen mit Respekt. Respektlosigkeit ist eine Form der Trennung. Sei dir bewusst, dass diese Trennung Resonanzen hervorruft, die dir schaden können.

SEI BEWUSST
Du bist ewig. Du bist Energie mit einem Bewusstsein, die nie verge-

∞

hen kann und durch die Zeiten, Welten und die Planeten reist.

SEI LIEBEVOLL

Liebe oder Macht. Niemand hat Macht über dich und dein Leben. Alles, was du tust – liebe es! Lieben heißt, bewusst zu sein.

SEI DANKBAR

Das Leben ist ein Geschenk, jeder Moment kehrt nie wieder zurück, daher sei dir dieser Kostbarkeit des Seins bewusst. Lebe den Moment, als sei er dein letzter hier auf diesem Planeten und in dieser Form.

SEI DIR DEINES WERTES BEWUSST

Du bist wertvoll und einzigartig. Niemand hat das Recht, dir Leid zuzufügen.

* Aus „Das 1x1 des Seins“

∞

Bezugsquellen

Zum Stabilisieren der Energie:
Weihrauch Oman
http://www.bitto.at/

Schutz:
Ich habe lange gesucht, um ein universelles Werkzeug zu finden. Es ist leider nicht sehr günstig, aber dennoch hat es mich durch wirklich dauerhafte Effizienz überzeugt. Man sollte bei diesem Thema nicht sparen, da es essentiell für unser seelisches Wachstum ist. Dieses Produkt baut für den Träger ein Schutzfeld, das nach meinen Erfahrungen wirklich dauerhaft bestehen bleibt, ohne dass wir bewusst etwas dafür tun müssen. Man muss es nicht zwingend am Hals tragen, sondern nur in Körpernähe.
„Om Tat Sat Anhänger“
http://www.fostac.de

Weitere Werke von Sylvia Leifheit

(Leseproben und E-Book Ausgaben erhältlich)

Das 1x1 des Seins
Fachbuch - ISBN: 978-3941837478

JAVAH
Roman - ISBN: 978-9962-702-01-6

Interviews mit den Wesenheiten von Abadiânia (Band 1)
Fachbuch - ISBN: 978-9962-702-04-7

Einweihung in den energetischen Jahreskreis (Band 2)
Fachbuch - ISBN: 978-9962-702-17-7

Einweihung in Geburt und Tod (Band 3)
Fachbuch - ISBN: 978-9962-702-19-1

Einweihung in die Lebensweisheiten König Salomon´s (Band 4)
Fachbuch - ISBN: 978-9962-702-25-2

Einweihung in die Kartografie der feinstofflichen Welten (Band 5)
Fachbuch - Teil 1: ISBN: 978-9962-702-32-0
Teil 2: ISBN: 978-9962-702-33-7

„Es gibt keine Grenzen, außer die unserer Wahrnehmung.“

Sylvia Leifheit

Danke.

Liebe.

529

∞

∞